하늘의 소리
사람의 말씀

天聲人語

Preface

종교란 무엇인가? 종교는 초월적, 선험적 또는 영적인 존재에 대한 믿음을 공유하는 이들로 이루어진 신앙 공동체와 그들이 가진 신앙 체계나 문화적 체계를 말한다고 한다. 종교인들은 주로 초월적인 대상, 세계에 대한 궁극적인 진실, 사람은 어떠한 도덕을 지키며 어떻게 살아가야 하는지에 대해 각자의 믿음을 갖고 있다. 종교는 본래 산스크리트어를 번역한 불교 용어로 중국에 불교가 전래되었을 때 능가경에서 '근본이 되는 가르침'이라는 의미를 가지고 있는 'Siddhanta Desana'를 종교로 한역한 용어였다고 한다. 한편, '신과 인간을 잇는다'를 의미하는 'religion'을 종교로 해석하여 지금에 이르고 있다. 종교宗敎라고 하는 글자의 뜻은 '으뜸의 가르침'이라고 풀이할 만하다.

종교적 체험religious experience이 곧 신앙 그 자체는 아니다. 일부분일 뿐이다. 종교적 체험은 또 어떤 존재를 증명하지 않는다. 어떤 종교를 믿는 사람이 기적이나 황홀경, 무아지경 같은 것을 체험한다고 해서 그 체험이 예컨대 부처님이 말씀하신 사성제四聖諦·팔정도八正道가 맞다거나 신神이 존재한다는 것을 증명하는 것은 아닐 것이다. 예수님께서는 여러 가지 기적들을 행하셨다고 한다. 물을 포도주로 만드신 기적, 여러가지 병들을 고치신 기적, 소경의 눈을 뜨게 하신 기적, 문둥병자를 고치신 기적, 귀신을 쫓아내신 기적, 그리고 죽은 자를 살려내신 기적 등이다. 예수님께서 이런 초자연적인 기적들을 행하셨다는 자체가 예수님이 하나님의 아들이심을 명백하게 증거하고 있다. 왜냐하면 인간으로서는 예수님께서 행하신 기적의 어느 한 가지라도 행할 수 없으며 전지전능하신 하나님의 권능을 받은 하나님의 아들이 아니라면 결코 행하지 못하는 기적들이기 때문이다.

하지만 종교적 체험은 적어도 종교 생활에서 아주 큰 부분을 차지한다. 뭔가 좋은 것, 재미·보람·뿌듯함·성취감 같은 것을 체험해야 교회·성당·절에 계속 다닐 수 있다. 체험이 없으면 믿음을 얻기도 힘들다. 공부에 흥미가 없으면서 가방 들고 학교에 억지로 왔다갔다하는 것과 비슷하게 된다. 체험 없이 억지로 '연명'하는 신앙이 오래갈 수 있을까? 체험 없는 신앙은 지속가능하지 않다.

저자의 종교적 체험은 정철 영어 선생님과의 만남으로 소급된다. 우연히 정철 영어 TV를 통하여 영어 공부를 시작했는데, 소위 '요한복음 영어로 듣고 말하기' 프로에서 학습한 노트가 지금까지 10여 권에 이른다. 그것도 성경을 한국어, 영어, 일본어 등 3개국어로 필사하면서 하는 공부로 고생을 낙으로 알고 계속하고 있다. 영어로 배우는 요한복음이야말로 하나님의 말씀으로 머릿속에 새겨 넣듯 깊이 기억되었다. 본인도 모르는 사이에 넘치는 은혜와 은총으로 하루하루를 행복하게 보내고 있다. 얼마 전부터는 새벽기도에 참여하여 믿음을 더욱 신실하게 하고 있다.

이러한 저자의 행복한 종교적 체험을 주변의 이웃들과 공유하고 싶은 마음에서 이 책을 집필하게 되었다. 책의 제목을 《하늘의 소리 사람의 말씀天聲人語》이라고 지은 것은 저자의 성경 공부 과정을 그대로 말해주고 있는 것이다. 《천성인어 天声人語》는 일본 아사히 신문 조간에 연재 중인 칼럼 이름이기도 하다. 1904년 1월 5일에 처음 게재된 이래 시사 이슈를 다루고 있다. '하늘의 뜻은 사람을 통해 전해진다'는 중국의 고전 명언에서 따왔다고 한다.

이 책이 나오기까지는 주위의 많은 분들의 격려와 도움이 있었다. 이 자리를 빌어 감사의 말씀을 드린다. 한국에 살고 있는 딸 가족과 교회의 목사님들, 성당의 신부님들, 그리고 주변의 많은 일가친척과 교우님들은 저자를 하나님의 집에 안내해 주셨다. 집필과정에서는 저자의 대학원 스승이신 경기대학교 노형진 교수님의 조언과 격려에 힘입은 바 크다. 마지막으로 이 책의 출판에 많은 도움을 주신 한올출판사 임순재 사장님 이하 관계자 여러분의 노고에 깊은 감사의 말씀을 드린다.

2022년 5월
저자 김청자 마리아

Vox populi, vox Dei.

Contents

Vox populi, vox Dei.

요한복음
1장

天聲

1 태초에 '말씀'이 계셨다. 그 '말씀'은 하나님과 함께 계셨다. 그 '말씀'은 하나님이셨다.

2 그는 태초에 하나님과 함께 계셨다.

3 모든 것이 그로 말미암아 창조되었으니, 그가 없이 창조된 것은 하나도 없다. 창조된 것은

4 그에게서 생명을 얻었으니, 그 생명은 사람의 빛이었다.

5 그 빛이 어둠 속에서 비치니, 어둠이 그 빛을 이기지 못하였다.

1 In the beginning was the Word, and the Word was with God, and the Word was God.

2 He was with God in the beginning.

3 Through him all things were made; without him nothing was made that has been made.

4 In him was life, and that life was the light of men.

5 The light shines in the darkness, but the darkness has not understood it.

1 初めに, ことばがあった。ことばは神とともにあった。ことばは神であった。

2 この方は, 初めに神とともにおられた。

3 すべてのものは, この方によって造られた。造られたもので, この方によらずにできたものは 一つもない。

4 この方にいのちがあった。このいのちは人の光であった。

5   光はやみの中に輝いている。やみはこれに打ち勝たなかった。

6   하나님께서 보내신 사람이 있었다. 그 이름은 요한이었다.

7   그 사람은 그 빛을 증언하러 왔으니, 자기를 통하여 모든 사람을 믿게 하려는 것이 었다.

8   그 사람은 빛이 아니었다. 그는 그 빛을 증언하러 왔을 따름이다.

9   참 빛이 있었다. 그 빛이 세상에 와서 모든 사람을 비추고 있다.

10   그는 세상에 계셨다. 세상이 그로 말미암아 생겨났는데도, 세상은 그를 알아보지 못하였다.

6   There came a man who was sent from God; his name was John.

7   He came as a witness to testify concerning that light, so that through him all men might believe.

8   He himself was not the light; he came only as a witness to the light.

9   The true light that gives light to every man was coming into the world.

10   He was in the world, and though the world was made through him, the world did not recognize him.

6   神から遣わされたヨハネという人が現われた。

7   この人はあかしのために來た。光についてあかしするためであり，すべての人が彼によって信じるためである。

8   彼は光ではなかった。ただ光についてあかしするために來たのである。

9   すべての人を照らすそのまことの光が世に來ようとしていた。

10   この方はもとから世におられ，世はこの方によって造られたのに，世はこの方を知らなかっ た。

11 그가 자기 땅에 오셨으나, 그의 백성은 그를 맞아들이지 않았다.

12 그러나 그를 맞아들인 사람들, 곧 그 이름을 믿는 사람들에게는, 하나님의 자녀가 되는 특권을 주셨다.

13 이들은 혈통에서나, 육정에서나, 사람의 뜻에서 나지 아니하고, 하나님에게서 났다.

14 그 말씀은 육신이 되어 우리 가운데 사셨다. 우리는 그의 영광을 보았다. 그것은 아버지께서 주신, 외아들의 영광이었다. 그는 은혜와 진리가 충만하였다.

15 요한은 그에 대하여 증언하여 외쳤다. "이분이 내가 말씀드린 바로 그분입니다. 내 뒤에 오시는 분이 나보다 앞서신 분이라고 말씀드린 것은, 이분을 두고 말한 것입니다. 그 분은 사실 나보다 먼저 계신 분이기 때문입니다."

11 He came to that which was his own, but his own did not receive him.

12 Yet to all who received him, to those who believed in his name, he gave the right to become children of God—

13 children born not of natural descent, nor of human decision or a husband's will, but born of God.

14 The Word became flesh and made his dwelling among us. We have seen his glory, the glory of the One and Only, who came from the Father, full of grace and truth.

15 John testifies concerning him. He cries out, saying, "This was he of whom I said, 'He who comes after me has surpassed me because he was before me.'"

11 この方はご自分のくにに來られたのに, ご自分の民は受け入れなかった。

12 しかし, この方を受け入れた人々, すなわち, その名を信じた人々には, 神の子どもとされる特權をお與えになった。

13 この人々は, 血によってではなく, 肉の欲求や人の意欲によってでもなく, ただ, 神によって 生まれたのである。

14 ことばは人となって, 私たちの間に住まわれた。私たちはこの方の榮光を見た。父のみもとから來られたひとり子としての榮光である。この方は惠みとまことに滿ちておられた。

15 ヨハネはこの方について證言し, 叫んで言った。「『私のあとから來る方は, 私にまさる方である。私より先におられたからである。』と私が言ったのは, この方のことです。」

16 우리는 모두 그의 충만함에서 선물을 받되, 은혜에 은혜를 더하여 받았다.

17 율법은 모세를 통하여 받았고, 은혜와 진리는 예수 그리스도로 말미암아 생겨났다.

18 일찍이, 하나님을 본 사람은 아무도 없다. 아버지의 품속에 계신 외아들이신 하나님께서 하나님을 알려주셨다.

19 유대 사람들이 예루살렘에서 제사장들과 레위 지파 사람들을 [요한에게] 보내어서 "당신은 누구요?" 하고 물어보게 하였다. 그 때에 요한의 증언은 이러하였다.

20 그는 거절하지 않고 고백하였다. "나는 그리스도가 아니오" 하고 그는 고백하였다.

16 From the fullness of his grace we have all received one blessing after another.

17 For the law was given through Moses; grace and truth came through Jesus Christ.

18 No one has ever seen God, but God the One and Only, who is at the Father's side, has made him known.

19 Now this was John's testimony when the Jews of Jerusalem sent priests and Levites to ask him who he was.

20 He did not fail to confess, but confessed freely, "I am not the Christ."

16 私たちはみな, この方の滿ち滿ちた豊かさの中から, 惠みの上にさらに惠み
を受けたのである。

17 というのは, 律法はモ―セによって與えられ, 惠みとまことはイエス・キリスト
によって實現したからである。

18 いまだかつて神を見た者はいない。父のふところにおられるひとり子の神が,
神を說き明かされたのである。

19 ヨハネの證言は, こうである。ユダヤ人たちが祭司とレビ人をエルサレムから
ヨハネのもとに遣わして, 「あなたはどなたですか。」と尋ねさせた。

20 彼は告白して否まず,「私はキリストではありません。」と言明した。

21 그들이 다시 요한에게 물었다. "그러면, 당신은 누구란 말이오? 엘리야요?" 요한은
"아니오" 하고 대답하였다. "당신은 그 예언자요?" 하고 그들이 물으니, 요한은 "아니
오" 하고 대답하였다.

22 그래서 그들이 말하였다. "그러면, 당신은 누구란 말이오? 우리를 보낸 사람들에게
대답할 말을 좀 해주시오. 당신은 자신을 무엇이라고 말하시오?"

23 요한이 대답하였다. "예언자 이사야가 말한 대로, 나는 '광야에서 외치는 이의 소리'
요. '너희는 주님의 길을 곧게 하여라' 하고 말이오."

24 그들은 바리새파 사람들이 보낸 사람들이었다.

25 그들이 또 요한에게 물었다. "당신이 그리스도도 아니고, 엘리야도 아니고, 그 예언
자도 아니면, 어찌하여 세례를 주시오?"

21 They asked him, "Then who are you? Are you Elijah?" He said, "I
am not." "Are you the Prophet?" He answered, "No."

22 Finally they said, "Who are you? Give us an answer to take back
to those who sent us. What do you say about yourself?"

23 John replied in the words of Isaiah the prophet, "I am the voice of one calling in the desert, 'Make straight the way for the Lord.'"

24 Now some Pharisees who had been sent

25 questioned him, "Why then do you baptize if you are not the Christ, nor Elijah, nor the Prophet?"

21 また, 彼らは聞いた。「では, いったい何ですか。あなたはエリヤですか。」彼は言った。「そうではありません。」「あなたはあの預言者ですか。」彼は答えた。「違います。」

22 そこで, 彼らは言った。「あなたはだれですか。私たちを遣わした人々に返事をしたいのですが, あなたは自分を何だと言われるのですか。」

23 彼は言った。「私は, 預言者イザヤが言ったように 『主の道をまっすぐにせよ。』と荒野で叫んでいる者の聲です。」

24 彼らは, パリサイ人の中から遣わされたのであった。

25 彼らはまた尋ねて言った。「キリストでもなく, エリヤでもなく, またあの預言者でもないなら, なぜ, あなたはバプテスマを授けているのですか。」

26 요한이 대답하였다. "나는 물로 세례를 주오. 그런데 여러분 가운데 여러분이 알지 못하는 이가 한 분 서 계시오.

27 그는 내 뒤에 오시는 분이지만, [나는] 그분의 신발 끈을 풀 만한 자격도 없소."

28 이것은 요한이 세례를 주던 요단강 건너편 베다니에서 일어난 일이다.

29 다음 날 요한은 예수께서 자기에게 오시는 것을 보고 말하였다. "보시오, 세상 죄를 지고 가는 하나님의 어린 양입니다.

30 내가 전에 말하기를 '내 뒤에 한 분이 오실 터인데, 그분은 나보다 먼저 계시기에, 나보다 앞서신 분입니다' 한 적이 있습니다. 그것은 이분을 두고 한 말입니다.

26 "I baptize with water," John replied, "but among you stands one you do not know.

27 He is the one who comes after me, the thongs of whose sandals I am not worthy to untie."

28 This all happened at Bethany on the other side of the Jordan, where John was baptizing.

29 The next day John saw Jesus coming toward him and said, "Look, the Lamb of God, who takes away the sin of the world!

30 This is the one I meant when I said, 'A man who comes after me has surpassed me because he was before me.'

26 ヨハネは答えて言った。「私は水でバプテスマを授けているが，あなたがたの中に，あなたがたの知らない方が立っておられます。

27 その方は私のあとから來られる方で，私はその方のくつのひもを解く値うちもありません。」

28 この事があったのは，ヨルダンの向こう岸のベタニヤであって，ヨハネはそこでバプテスマを授けていた。

29 その翌日，ヨハネは自分のほうにイエスが來られるのを見て言った。「見よ，世の罪を取り除く神の小羊。

30 私が 『私のあとから來る人がある。その方は私にまさる方である。私より先におられたからだ。』と言ったのは，この方のことです。

31 나도 이분을 알지 못하였습니다. 내가 와서 물로 세례를 주는 것은, 이분을 이스라엘에게 알리려고 하는 것입니다."

32 요한이 또 증언하여 말하였다. "나는 성령이 비둘기같이 하늘에서 내려와서 이분 위에 머무는 것을 보았습니다.

33 나도 이분을 몰랐습니다. 그러나 나를 보내어 물로 세례를 주게 하신 분이 나에게 말씀하시기를, '성령이 어떤 사람 위에 내려와서 머무는 것을 보거든, 그가 바로 성령으로 세례를 주시는 분임을 알아라' 하셨습니다.

34 그런데 나는 그것을 보았습니다. 그래서 나는, 이분이 하나님의 아들이라고 증언 하였습니 다."

35 다음 날 요한이 다시 자기 제자 두 사람과 같이 서 있다가,

31 I myself did not know him, but the reason I came baptizing with water was that he might be revealed to Israel."

32 Then John gave this testimony: "I saw the Spirit come down from heaven as a dove and remain on him.

33 I would not have known him, except that the one who sent me to baptize with water told me, 'The man on whom you see the Spirit come down and remain is he who will baptize with the Holy Spirit.'

34 I have seen and I testify that this is the Son of God."

35 The next day John was there again with two of his disciples.

31 私もこの方を知りませんでした。しかし，この方がイスラエルに明らかにされるために，私は來て，水でバプテスマを授けているのです。」

32 またヨハネは證言して言った。「御靈が鳩のように天から下って，この方の上にとどまられるのを私は見ました。

33 私もこの方を知りませんでした。しかし，水でバプテスマを授けさせるために私を遣わされた方が，私に言われました。『聖靈がある方の上に下って，その上にとどまられるのがあなたに見えたなら，その方こそ，聖靈によってバプテスマを授ける方である。』

34 私はそれを見たのです。それで，この方が神の子であると證言しているのです。」

35 その翌日, またヨハネは, ふたりの弟子とともに立っていたが,

36 예수께서 지나가시는 것을 보고서, "보아라, 하나님의 어린 양이다" 하고 말하였다.

37 그 두 제자는 요한이 하는 말을 듣고, 예수를 따라갔다.

38 예수께서 돌아서서, 그들이 따라오는 것을 보시고 물으셨다. "너희는 무엇을 찾고 있느냐?" 그들은 "랍비님, 어디에 묵고 계십니까?" 하고 말하였다. ('랍비'는 '선생님' 이라는 말이다.)

39 예수께서 그들에게 대답하셨다. "와서 보아라." 그들이 따라가서, 예수께서 묵고 계시는 곳을 보고, 그 날을 그와 함께 지냈다. 때는 오후 네 시 쯤이었다.

40 요한의 말을 듣고 예수를 따라간 두 사람 가운데 한 사람은, 시몬 베드로와 형제 간인 안드레였다.

36 When he saw Jesus passing by, he said, "Look, the Lamb of God!"

37 When the two disciples heard him say this, they followed Jesus.

38 Turning around, Jesus saw them following and asked, "What do you want?" They said, "Rabbi" (which means Teacher), "where are you staying?"

39 "Come," he replied, "and you will see." So they went and saw where he was staying, and spent that day with him. It was about the tenth hour.

40 Andrew, Simon Peter's brother, was one of the two who heard what John had said and who had followed Jesus.

36 イエスが歩いて行かれるのを見て, 「見よ, 神の小羊。」と言った。

37 ふたりの弟子は, 彼がそう言うのを聞いて, イエスについて行った。

38 イエスは振り向いて, 彼らがついて來るのを見て, 言われた。「あなたがたは

何を求めているのですか。」彼らは言った。「ラビ（譯して言えば，先生）。今どこにお泊まりですか。」

39 イエスは彼らに言われた。「來なさい。そうすればわかります。」そこで，彼らはついて行って，イエスの泊まっておられる所を知った。そして，その日彼らはイエスといっしょにいた。時は十時ごろであった。

40 ヨハネから聞いて，イエスについて行ったふたりのうちのひとりは，シモン・ペテロの兄弟アンデレであった。

41 이 사람은 먼저 자기 형 시몬을 만나서 말하였다. "우리가 메시아를 만났소." ('메시아'는 '그리스도'라는 말이다.)

42 그런 다음에 시몬을 예수께로 데리고 왔다. 예수께서 그를 보시고 말씀하셨다. "너는 요한의 아들 시몬이로구나. 앞으로는 너를 게바라고 부르겠다." ('게바'는 '베드로' 곧 '바위'라는 말이다.)

43 다음 날 예수께서 갈릴리로 떠나려고 하셨다. 그 때에 빌립을 만나서 말씀하셨다. "나를 따라오너라."

44 빌립은 벳새다 출신으로, 안드레와 베드로와 한 고향 사람이었다.

45 빌립이 나다나엘을 만나서 말하였다. "모세가 율법책에 기록하였고, 또 예언자들이 기록한 그분을 우리가 만났습니다. 그분은 나사렛 출신으로, 요셉의 아들 예수입니다."

41 The first thing Andrew did was to find his brother Simon and tell him, "We have found the Messiah" (that is, the Christ).

42 And he brought him to Jesus. Jesus looked at him and said, "You are Simon son of John. You will be called Cephas" (which, when translated, is Peter).

43 The next day Jesus decided to leave for Galilee. Finding Philip, he said to him, "Follow me."

44 Philip, like Andrew and Peter, was from the town of Bethsaida.

45 Philip found Nathanael and told him, "We have found the one Moses wrote about in the Law, and about whom the prophets also wrote—Jesus of Nazareth, the son of Joseph."

---

41 彼はまず自分の兄弟シモンを見つけて，「私たちはメシヤ（譯して言えば，キリスト）に會った。」と言った。

42 彼はシモンをイエスのもとに連れて來た。イエスはシモンに目を留めて言われた。「あなたはヨハネの子シモンです。あなたをケパ（譯すとペテロ）と呼ぶことにします。」

43 その翌日，イエスはガリラヤに行こうとされた。そして，ピリポを見つけて「わたしに從って來なさい。」と言われた。

44 ピリポは，ベツサイダの人で，アンデレやペテロと同じ町の出身であった。

45 彼はナタナエルを見つけて言った。「私たちは，モ―セが律法の中に書き，預言者たちも書いている方に會いました。ナザレの人で，ヨセフの子イエスです。」

46 나다나엘이 그에게 말하였다. "나사렛에서 무슨 선한 것이 나올 수 있겠소?" 빌립이 그에게 말하였다. "와서 보시오."

47 예수께서 나다나엘이 자기에게로 오는 것을 보시고, 그를 두고 말씀하셨다. "보아라, 저 사람이야말로 참으로 이스라엘 사람이다. 그에게는 거짓이 없다."

48 나다나엘이 예수께 물었다. "어떻게 나를 아십니까?" 예수께서 대답하셨다. "빌립이 너를 부르기 전에, 네가 무화과나무 아래에 있는 것을 내가 보았다."

49 나다나엘이 말하였다. "선생님, 선생님은 하나님의 아들이시요, 이스라엘의 왕이십니다."

50 예수께서 그에게 말씀하셨다. "네가 무화과나무 아래 있을 때에 내가 너를 보았다고 해서 믿느냐? 이것보다 더 큰 일을 네가 볼 것이다."

46 "Nazareth! Can anything good come from there?" Nathanael asked. "Come and see," said Philip.

47 When Jesus saw Nathanael approaching, he said of him, "Here is a true Israelite, in whom there is nothing false."

48 "How do you know me?" Nathanael asked. Jesus answered, "I saw you while you were still under the fig tree before Philip called you."

49 Then Nathanael declared, "Rabbi, you are the Son of God; you are the King of Israel."

50 Jesus said, "You believe because I told you I saw you under the fig tree. You shall see greater things than that."

46 ナタナエルは彼に言った。「ナザレから何の良いものが出るだろう。」ピリポは言った。「來て, そして, 見なさい。」

47 イエスはナタナエルが自分のほうに來るのを見て, 彼について言われた。「これこそ, ほんとうのイスラエル人だ. 彼のうちには偽りがない。」

48 ナタナエルはイエスに言った。「どうして私をご存じなのですか。」イエスは言われた。「わたしは, ピリポがあなたを呼ぶ前に, あなたがいちじくの木の下にいるのを見たのです。」

49 ナタナエルは答えた。「先生。あなたは神の子です。あなたはイスラエルの王です。」

50 イエスは答えて言われた。「あなたがいちじくの木の下にいるのを見た, とわたしが言ったので, あなたは信じるのですか。あなたは, それよりもさらに大きなことを見ることになりま す。」

51 예수께서 그에게 또 말씀하셨다. "내가 진정으로 진정으로 너희에게 말한다. 너희는, 하늘이 열리고 하나님의 천사들이 인자 위에 오르락내리락하는 것을 보게 될 것이다."

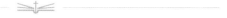

51 He then added, "I tell you the truth, you shall see heaven open, and the angels of God ascending and descending on the Son of Man."

51 そして言われた。「まことに, まことに, あなたがたに告げます。天が開けて, 神の御使いたちが人の子の上を上り下りするのを, あなたがたはいまに見ます。」

Vox populi, vox Dei.

人語

개 요

요한복음 1장은 신약성경 중 요한의 복음서의 첫 번째 장을 의미한다. 본문 내에 저자가 명시되어 있지는 않지만, 기독교 전승들은 공통적으로 이 복음서를 사도 요한이 작성했다고 증언한다.

요한복음 1장은 총 51개의 절로 이루어져 있는데, 1절에서 18절은 말씀에 대한 찬미로 이루어진 프롤로그로, 19절에서 34절은 세례자 요한의 증언으로, 35절에서 51절은 첫 번째 사도들에 대한 내용으로 구분할 수 있다.

말씀에 대한 찬미

말씀으로 번역되는 로고스를 하나님이라고 선언함으로써 요한복음이 시작된다. '태초에'로 시작하고 어두움과 빛의 대조를 강조하는 부분에서 창세기 1장과도 유사한 구조를 가진다.

감리교의 창시자 존 웨슬리는 이 요한복음 1장을 다음과 같이 요약했다.

- 1장 1~2절: 창세 이전의 세상을 묘사함
- 1장 3절: 만물에 대한 서술
- 1장 4절: 사람이 타락하지 않았을 때의 만물
- 1장 5절: 사람이 타락할 때의 만물

1장 4절의 '사람들의 빛'이라는 구절에 대해 목회자들마다 다양한 해석이 존재한다. 장 칼뱅은 이 구절이 오성悟性, 즉 깨달음에 대한 진술이며, 사람이 동물과 바로 이 점에서 차이가 있다고 말했다. 헹스텐베르크Ernst Wilhelm Hengstenberg는 성경에서 '빛'과 '구원'의 관계에 대해 서술한 것을 분석함으로써 이 빛이 구원과 동일한 의미라고 말했다. 루터르트Christoph Ernst Luthardt는 빛이 거룩함 또는 영생을 의미한다고 말했다.

1장 5절은 헬라어 원문으로 κατελαβεν인데 개역개정판은 이를 '깨달음'으로, 새번역 성경과 공동번역성서에서는 어두움과 빛의 투쟁에서 '이김'으로 번역하고 있다. 10~11절에 대해서도 학자들마다 다양한 의견이 존재한다. 존 웨슬리는 이 구절에서 '세상'이란 창조 이래를 의미하는 것으로 보았다. 반면 이를 '말씀'의 현현 이전 활동을 묘사하는 구절로 보는 학자들도 있다. 조셉 벤슨이 이러한 관점을 견지한 데 반해, 알버트 반즈는 현현 이후의 활동을 묘사한 것이라고 주장했다.

Vox populi, vox Dei.

Codex Vaticanus: Ending of Luke, Beginning of John

4세기에 기록된 코덱스 바티카누스에서 루가의 복음서 마지막 부분에서 요한의 복음서 1장 내용으로 넘어가고 있다.

자료: ko.wikipedia.org

세례자 요한의 증언

두 번째 부분은 오실 메시아를 위한 세례자 요한의 준비과정을 보여준다. 요한은 6절에서 '하나님께서 보낸 사람'으로 먼저 등장한다. 19절부터 34절에서는 바리새인들이 보낸 제사장, 레위인들이 요한의 메시지가 무엇인지 묻고, 요한은 자신이 메시아나 엘리야가 아니며, 선지자도 아니라고 대답한다. 이는 마태복음 11장 14절에서 예수가 요한을 일컬어 다시 온 엘리야라고 한 것과 대비된다. 요한은 자신이 곧 오실 분의 신발끈을 풀 수도 없다고 말한다. 또한 그가 말하는 이를 두고 하나님의 어린 양이라는 표현을 사용한다.

요한복음의 저자는 이 일련의 사건들이 총 4일에 거쳐 발생한 것으로 설명한다. 첫째 날에는 예루살렘에서 보낸 사람들이 요한을 만나며, 29절의 배경인 그 다음날이 바로 둘째 날이고, 35절에서 나오는 그 다음날이 셋째 날이며, 43절의 배경인 그 이튿날이 넷째 날이다. 요한 알브레히트 벵겔Johann Albrecht Bengel은 사도 요한이 이 날짜들을 구분한 것이 매우 특별한 것이라고 말한다.

예수의 첫 번째 제자들

장의 말미에서 예수가 첫 번째 사도들을 어떻게 불렀는지 알 수 있다. 사도 안드레아와 이름이 등장하지 않는 사도가 35~40절에서 처음으로 불린다. 이때 같이 불린 제자가 바로 사도 요한인 것으로 추정한다. 안드레아는 그의 형제 시몬을 찾아가고, 예수는 시몬에게 게바, 즉 베드로라는 이름을 준다. 게바는 헬라어로 Κηφᾶς인데, 곧 바위라는 의미이다. 성경에서는 인물의 이름이 바뀜으로써 삶이 바뀌는 사람들이 등장하는데, 아브라함과 야곱이 대표적이다. 이는 십자가 사건 이후 베드로의 행적에 대한 복선으로 작용한다. 이후 예수는 나다나엘에게 처음으로 기적의 일부를 보여주고, 나다나엘은 예수의 인성과 예지력에 감동받아 그를 좇는다.

요한복음 1장 29절에서 35절까지의
말씀이 3세기에 적힌 106번 파피루스

자료: ko.wikipedia.org

태초에 도가 있다

'태초에 도가 있다'太初有道는 말은 중국 성경의 요한복음 첫 구절이다.[1]

즉, 중국어 성경은 '말씀'을 '도道'로 번역하고 있다. 요한복음 1장 1절의 "태초에 말씀이 계셨다"를 "우주가 창조되기 이전에 도가 이미 있었다宇宙被造以前, 道已經存在"로, "그 말씀은 하나님과 함께 계셨다"는 "도가 상제와 함께 있었다道與上帝同在"로 해석하고, "그 말씀은 하나님이셨다"를 "도가 곧 상제다道是上帝"라고 적고 있다. 그리고 1장 14절의 "그 말씀은 육신이 되어 우리 가운데 사셨다"는 것도 "도가 사람이 되었다道成爲人"고 번역하고 있다. 여기에서 '말씀'은 헬라어 원문에 '로고스'이다. 이 로고스라는 말은 로마-헬라인들에게 그리스도인들이 신앙하는 하

[1] 이창돈, 태초에 도가 있다, 뉴스앤조이, 2010.9.4

나님에 대하여 가르치고자 하는 내용을 담는 데 유익한 단어였다.

그러나 중국어 성경이 로고스를 번역하기 위해 노자의 《도덕경》과 공자의 《논어》에서 가져온 '도' 개념은 요한이 말한 로고스와는 차이가 있다. 요한의 로고스와는 달리 그들이 말한 '하늘의 도'는 인격적인 실체를 결여하고 있다. 재미있는 것은 노자와 공자 모두 도의 실천을 소중히 하되 그 기준이 각각 달랐다는 점이다. 노자는 무위자연無爲自然의 사상에 기초를 두고 있고, 공자는 군자다운 사회-정치적 이상으로서의 도를 천명하고 있다.

하늘의 도를 이 땅에 몸소 보여주기 위해 우리와 같이 육신을 입으신 하나님, 그분이 예수님이다. 육신을 입으신 말씀이고 인격적 실체로서의 도다. 그 도道, 즉 로고스는 예수라는 몸을 매개로 하여 이 땅에서 열병 앓는 시몬의 장모를 손잡아 일으키고, 한센병 환자의 환부에 손을 대고, 앞 못 보는 사람의 눈을 어루만져 주셨다. 로고스는 우리와 오감을 통해 만나기 위해 육신을 입어야 했다. 예수는 이 땅에서 사는 우리에게 하늘의 길과 이치를 보여주시기 위해 직접 길이 되셨다.

여기에서 태초라는 말을 시간적 의미로만 생각할 필요는 없다. 존재론적으로 생각해 볼 수 있다. 오히려 존재론적 표현이라고 이해해야 할 것이다.

존재에 대한 근원적 표현을 태초라는 말로 표현했다는 것이다. 시간의 시작이 아니라, 영원의 차원을 말하고 있다. 즉, 태초유도太初有道는 영원한 지금, 여기에 도가 있다는 선언이다. 그래서 예수도 요한의 증언을 통해 '자신이 아브라함보다 먼저'라고 말씀하셨던 것이다.

그 도를 깨닫고, 그 도에 비추어 마음의 미흡함을 알아차리도록 수련하는 과정이 목회의 본질이며, 신앙생활의 본질이다. 그 도의 인격화를 예수라고 할 수 있다. 인격화한 예수가 다시 도의 차원으로 승화되고 부활한 존재를 그리스도라고 한다. 나중에는 예수와 그리스도를 구분하지 않고, 예수 그리스도라고 사용하게 되었다.

그런데 노자 《도덕경》 제1장에는 '도가도비상도道可道非常道'라는 말이 가장 처음에 나온다. 이게 과연 무슨 말일까?

노자에게 있어서 '도道'는 완전하고 영원하며, 포괄적인 존재다. 빛도 없고, 소리도 없으며, 모양도 없는 것이기에 말로 표현할 수 없는 그 무엇이다. 즉 '도'는 모든 감각적이고 지각적인 파악을 초월하고 있으면서 삼라만상의 근원에 실재하는 신비적인 속성을 지닌 것이다. 이런 도이기에 인간의 말언어은 그 한계혹은 속성로 인해 본질을 일그러뜨리는 일이 허다하므로 참다운 인식의 방해물이라고 생각했던 것이다.

그는 도는 스스로 그냥 있는 존재 일반을 가리키며, 스스로 그냥 있는 것이란 언어로 표현되기 이전의 것을 의미하므로 '현지우현玄之又玄', 즉 현묘하고 현묘한 것으로 모든 현묘함의 문衆妙之門이라고 했다. 그렇기에 도는 그 의미를 그대로 간직하기 위해서는 말로 표현되기 이전의 상태를 고수해야 한다는 것이다. 이미 개념화된 도, 말언어로 표현된 도는 우리의 관념 속에 고정되고 추상화되어 버린 것이기에 이미 실재적 도의 의미는 상실되어 버린 것이라는 주장이다.

이 말은 언어를 초월하여 도를 접근하고 이해하려고 해야 도에 대한 최소한의 접근이 이루어질 수 있다는 의미다. 바꿔 말해서 말언어은 '도'라는 것을 규정하여 표현하기에는 턱없이 부족하다. 그렇기에 노자는 "아는 이는 말하지 않고, 말하는 사람은 알지 못한다知者不言, 言者不知"老子 56장라고 말함으로써 '도가도비상도道可道非常道'에 대한 부연 설명을 덧붙이고 있는 것이다. 이 구절의 논지는 말을 내세우는 자란 진정한 의미의 도를 알지 못한다는 의미로 해석된다. 그럼에도 불구하고

마왕퇴(馬王堆) 백서(帛書) 「노자」 을본
(乙本)

자료: m.blog.naver.com

노자가 자신이 체득한 도의 의미를 5,000자라는 적지 않은 글자로 남겨놓았다는 점은 역설적으로 노자의 이율배반적 태도를 드러낸다. 노자 역시 말이나 언어로 자신의 생각을 표현할 수밖에 없다는 불가항력을 인정할 수밖에 없었던 것이 아닐까.

노자의 도와 예수의 도

도는 만물의 심오한 근본이다.
착한 사람의 보배요
착하지 않은 사람도 간직해야 하는 것이다.

멋진 말은 저자거리에서도 통할 수 있고
훌륭한 행실은 사람에게 영향력을 줄 수 있으니
사람에게 좋지 않은 것이 있다고 해서 그 사람을 어찌 버리겠는가.

그러므로 천자가 즉위하고 삼공을 설치하여
큰 벽옥을 앞세우고 네 필의 말이 이끄는 수레를 뒤따르게 할지라도
가만히 앉아서 이 도에 나아가는 것만 못하다.

옛날부터 이 도를 귀하게 여겼던 이유는 무엇인가?
도를 지키면 구하여 얻고, 죄가 있어도 면한다고 하지 않았던가?
그러므로 천하의 귀한 것이 된다.

道者, 萬物之奧, 善人之寶, 不善人之所保,
美言可以市, 尊行可以加人, 人之不善, 何棄之有,
故立天下, 置三公, 雖有拱壁以先駟馬, 不如坐進此道,
古之所以貴此道者何, 不曰以求得, 有罪以免邪, 故爲天下貴.

《도덕경》 제62장

노자는 시종일관 도의 중요성을 말하고 있다. 도는 참으로 오묘한 이치로서 가히 만물의 으뜸이자 근본이 될 수 있다고 한다. 이는 그리스도교에서 '그리스도가 만물의 으뜸이 되었다'고 했던 이치와 같다. 그 이유는 예수가 자신을 복종시켜 하나님의 '말씀_{로고스}' 곧 도에 순종했기 때문이다. 도에 순종함으로써 도의 주인이 될 수 있었다는 역설이다. 노자에게서 도는 만물의 으뜸이 되니 착한 사람 착하지 않은 사람 가릴 것 없이 누구나 간직해야 할 보배라고 하였다. 마치 사람이라면 누구나 태양을 외면할 수 없듯이 도를 간직하고 살아야 하는 생명과도 같은 보물에 비유했다.

노자는 착하지 못한 사람이라고 해서 함부로 배척하지 말아야 할 이유를 들었는데, 그것은 그러한 사람에게도 바르게 살 수 있는 도의 원리가 내장되어 있기 때문이라는 것이다. 예컨대 그리스도교에서 선인이나 악인이나 모두가 다 '하나님의 형상'으로 지음 받은 '신성_{神性}'이 내재 되어 있다는 것과 같다. 누구에게나 재능은 있게 마련이고 그 재능을 선용하는 것이 중요하다. 훌륭한 선행이 만인에게 귀감이 되는 것이야 말할 필요도 없다. 그래서 예수도 "의인을 부르러 온 것이 아니라, 죄인을 부르러 왔다."고 했고, "너희 중에 죄 없는 자가 먼저 돌로 쳐라." 하지 않았던가? 도의 가치와 위엄은 무한한 포용력에 있는 것이다. 아무리 큰 죄인이라 할지라도 생각을 돌이켜 도_道, 즉 '하나님의 뜻'을 얻고 실천하면 그 죄는 용서받게 마련이다.

노자(老子)는 춘추시대 초나라의 철학자로 전해지고 있다.
성은 이(李), 이름은 이(耳), 시호는 담(聃)이다. 그는 중국에서 우주의 만물에 대하여 생각한 최초의 사람으로, 그가 발견한 우주의 진리를 '도(道)'라고 이름지었다. 그 도를 중심으로 하는 신앙을 '도교'라고 하며, 그는 우주 만물이 이루어지는 근본적인 이치가 곧 '도'라고 설명하였다.

자료: ko.wikipedia.org

노자가 말하는 도는 '청정무위淸靜無爲'의 도다. 그러기에 사람을 교화하기 위해서 천자가 즉위하고 삼공 즉, 태사太師, 태부太傅, 태보太保를 설치하는데, 네 마리 마차가 이끄는 수레에 커다란 벽옥碧玉 같은 보석을 싣고 갔다 바치는 것보다도, 가만히 앉아 이 도道에 나아가는 것만 못하다고 하였다. 도는 화려하거나 요란하지 않다. 물론 천자나 삼공이 어진 정치를 실현하도록 이러한 헌상의 예를 올리는 것은 중요한 것이지만, 그것보다도 고요한 청정 무위의 도를 지키는 것이 더 중요하다는 것이다. 어지러운 시대일수록 더욱 고요한 정신이 필요하다. 절대적 진리의 세계는 화려한 벽옥처럼 눈에 쉽게 드러나는 것이 아니라, 보이지는 않지만 영원한 생명을 지닌 것이다.

변화 속에서도 변화하지 않는 것, 그것을 기독교적으로 말하면 영생과 부활이다. 영생이나 부활이 우리의 감각적 경험과는 먼 것으로 느껴지기에 머리로 이해할 수 없는 영역이지만, 믿음 곧 깨달음의 세계에서는 가능하다. 예수가 "나를 믿으면, 죽어도 죽지 않는다."고 한 것도 도를 깨달으면, 상대적 세계에 걸림이 없는 절대의 세계를 본다는 것이다. 또 "나를 본 자는 하나님을 보았다."고 한 것도, 절대 곧, '도'에 나아간다는 뜻이리라. 그래서 도는 천하의 귀한 것이 되고 으뜸이 된다. 문제는 깨달음이다. 각자 자기에게 운명처럼 주어진 존재를 겸허히 내어놓고 '한 알의 밀알'처럼 죽음에서 생명으로 나아가는 역설의 과정을 고요히 응시하며, 그러나 실존적으로 터득할 일이다. 대내외적으로 요란한 시대, 고요히 무릎을 꿇고 잠시라도 '도'를 생각해 보자.

요한은 누구인가

사람들은 이름을 지을 때에 성자들의 이름을 가장 많이 인용한다. 성자들의 이름을 자기 이름으로 삼으면 무한한 복을 받을 수 있다고 믿기 때문이다. 성자의 이름 중에서 요한의 이름이 가장 인기가 있다. 서양에서 특히 그러하다. 요한은 예수께서 가장 사랑하는 제자였을 뿐만 아니라 가장 장수한 제자여서 모두들 요한처럼 되기를 원하는 것 같다. 요한이라는 이름은 그리스어로 이와브스Ιωάννης라고 한다. 이것을 마르틴 루터가 요한Johann이라고 독일식으로 번역했다. 그로부터 요한이라는 이름은 유럽 각국에서 즐겨 사용하는 이름이 되었다. 다만, 나라에 따라서 조금씩 표현상 차이는 있다. 독일에서는 요한 또는 요한네스이지만 영국에서는 존John, 스페인에서는 후안Juan, 프랑스에서는 장Jean, 러시아에서는 이반Ivan, 이탈리아에서는 조반니Giovanni, 핀란드에서는 얀Jan, 스코틀랜드에서는 이안Ian, 헝가리에서는 얀켈Jankel 등의 이름으로 변형되어 사용되고 있다. 기독교를 받아들인 후의 중국과 한국에서도 요한耀翰이라는 이름을 즐겨 사용하고 있다. 주요한朱耀翰, 한요한韓耀翰 등이 대표적인 예다. 그만큼 사도 요한에 대한 인기가 높다는 의미라고 볼 수 있다. 사도 요한보다 먼저 나타난 요한이 있다. 세례 요한이다. 세례 요한의 이름을 받아들이고자 하는 경우에는 요한이라는 이름 앞에 세례자라는 단어를 사용하는 것이 일반이다. 예를 들어 이탈리아의 조반니 데 바티스타Giovanni de Battista, 프랑스의 장 드 밥티스트Jean de Baptist라는 표현이 그러하다. 그렇게 하여 사도 요한과 세례 요한을 구별한다.

　세상 많은 사람들의 이름에 영향을 준 사도 요한은 어떤 사람인가? 예수가 열두 제자 중에서 가장 사랑하셨다는 요한은 어떤 사람인가? 왜 예수는 요한을 가장 사랑하셨을까? 어떻게 해야 예수로부터 '사랑하는 제자'라는 소리를 들을 수

Vox populi, vox Dei.

복음서를 쓴 요한

자료: blog.daum.net

있는 것일까? 상식적으로 보면 사랑의 예수이기 때문에 열두 제자들을 모두 하나같이 사랑하셨다고 말할 수 있다. 하지만 기록에 의하면 요한을 가장 많이 사랑하셨다. 성경에 몇 번이나 그런 표현이 나온다. 예수는 십자가상에서 요한에게 어머니인 마리아의 앞날을 부탁하기까지 하셨다. 그래서 요한은 성모 마리아가 세상을 떠날 때까지 모셨다고 한다. 사도 요한John: Johann은 예수의 이종사촌 동생이라고 한다. 즉, 요한의 어머니 살로메Salome가 예수의 어머니 마리아의 동생이라는 것이다. 그리고 보면 예수도 혈연에는 마음이 약하셨던 모양이다. 기록에 의하면 요한은 세베대Zebedee의 아들이며 그의 동생은 야고보James라고 되어 있다. 요한은 야고보와 함께 예수의 부르심을 받아 제자가 되었다. 요한은 대단한 문필가였다. 그는 요한복음을 썼으며 요한 1서, 요한 2서, 요한 3서를 썼고 성경의 마지막에 나오는 요한계시록묵시록을 썼다. 사도 바울 다음으로 많은 성경을 남긴 인물이다.

요한은 예수보다 6년 늦게 태어났다고 알려져 있다. 갈릴리에서 태어났다. 그리고 94세까지 살다가 소아시아의 에베소에서 세상을 떠났다고 한다. 일설에는 로마에서 순교를 당했다고 되어 있다. 로마 가톨릭은 12월 27일을 성 요한의 축일로 지키고 있지만 동방교회는 9월 26일, 또는 5월 8일을 축일로 지키고 있다. 성 요한의 상징물은 책, 성배에 들어 있는 뱀, 큰 솥, 독수리이다. 성 요한은 저술가, 화상을 입은 사람, 독에 번진 사람, 신학자, 출판인, 서적상인, 편집인, 화가의 수호 성인으로 받들어지고 있다.

십자가 아래에 있는 성모와 요한. 요한은 모든 제자 중에서 예수를 끝까지 따른 사람이다. 예수는 요한에게 어머니를 부탁하셨다.

자료: blog.daum.net

Vox populi, vox Dei.

사도 요한은 94세에 세상을 떠났다고 한다. 서기 6년쯤에 태어나서 서기 100년쯤에 세상을 떠났다는 것이다. 일부에서는 104세까지 살았다는 주장도 펼치고 있다. 요한은 열두 사도들 중에서 가장 장수한 제자였다. 열두 사도들 중에서 요한만이 순교하지 않고 노쇠하여 자연사했다. 베드로를 포함한 다른 모든 제자들은 대부분 순교했다. 앞에서 말한 바와 같이 에베소에는 지금도 장엄한 사도 요한의 묘지가 있다. 하지만 사도 요한은 엘리아처럼 하늘로 들림을 받아 올라갔다는 설도 있다.

요한복음
2장

天聲

1 사흘째 되는 날에 갈릴리 가나에 혼인 잔치가 있었다. 예수의 어머니가 거기에 계셨고,

2 예수와 그의 제자들도 그 잔치에 초대를 받았다.

3 그런데 포도주가 떨어지니, 예수의 어머니가 예수에게 말하기를 "포도주가 떨어졌다" 하였다.

4 예수께서 어머니에게 말씀하셨다. "여자여, 그것이 나와 당신에게 무슨 상관이 있습니까? 아직도 내 때가 오지 않았습니다."

5 그 어머니가 일꾼들에게 이르기를 "무엇이든지, 그가 시키는 대로 하세요" 하였다.

1 On the third day a wedding took place at Cana in Galilee. Jesus' mother was there,

2 and Jesus and his disciples had also been invited to the wedding.

3 When the wine was gone, Jesus' mother said to him, "They have no more wine."

4 "Dear woman, why do you involve me?" Jesus replied, "My time has not yet come."

5 His mother said to the servants, "Do whatever he tells you."

1 それから三日目に, ガリラヤのカナで婚禮があって, そこにイエスの母がいた。

2 イエスも, また弟子たちも, その婚禮に招かれた。

Vox populi, vox Dei.

3　ぶどう酒がなくなったとき, 母がイエスに向かって「ぶどう酒がありません。」と言った。

4　すると, イエスは母に言われた。「あなたはわたしと何の關係があるのでしょう。女の方。わたしの時はまだ來ていません。」

5　母は手傳いの人たちに言った。「あの方が言われることを, 何でもしてあげてください。」

6　그런데 유대 사람의 정결 예법을 따라, 거기에는 돌로 만든 물항아리 여섯이 놓여 있었는데, 그것은 물 두세 동이들이 항아리였다.

7　예수께서 일꾼들에게 말씀하셨다. "이 항아리에 물을 채워라." 그래서 그들은 항아리마다 물을 가득 채웠다.

8　예수께서 그들에게 말씀하시기를 "이제는 떠서, 잔치를 맡은 이에게 가져다 주어라" 하시니, 그들이 그대로 하였다.

9　잔치를 맡은 이는, 포도주로 변한 물을 맛보고, 그것이 어디에서 났는지 알지 못하였으나, 물을 떠온 일꾼들은 알았다. 그래서 잔치를 맡은 이는 신랑을 불러서

10　그에게 말하기를 "누구든지 먼저 좋은 포도주를 내놓고, 손님들이 취한 뒤에 덜 좋은 것을 내놓는데, 그대는 이렇게 좋은 포도주를 지금까지 남겨 두었구려!" 하였다.

6　Nearby stood six stone water jars, the kind used by the Jews for ceremonial washing, each holding from twenty to thirty gallons.

7　Jesus said to the servants, "Fill the jars with water"; so they filled them to the brim.

8　Then he told them, "Now draw some out and take it to the master of the banquet." They did so,

9　and the master of the banquet tasted the water that had been turned into wine. He did not realize where it had come from, though the servants who had drawn the water knew. Then he called the bridegroom aside

10 and said, "Everyone brings out the choice wine first and then the cheaper wine after the guests have had too much to drink; but you have saved the best till now."

---

6 さて, そこには, ユダヤ人のきよめのしきたりによって, それぞれ八十リットルから百二十 リットル入りの石の水がめが六つ置いてあった。

7 イエスは彼らに言われた。「水がめに水を滿たしなさい。」 彼らは水がめを緣までいっぱいに した。

8 イエスは彼らに言われた。「さあ, 今くみなさい。そして宴會の世話役のところに持って行き なさい。」 彼らは持って行った。

9 宴會の世話役はぶどう酒になったその水を味わってみた。それがどこから來たのか, 知らな かったので, ―しかし, 水をくんだ手傳いの者たちは知っていた。―彼は, 花婿を呼んで,

10 言った。「だれでも初めに良いぶどう酒を出し, 人々が十分飮んだころになると, 惡いのを出すものだが, あなたは良いぶどう酒をよくも今まで取っておきました。」

11 예수께서 이 첫 번 표징을 갈릴리 가나에서 행하여 자기의 영광을 드러내시니, 그의 제자들이 그를 믿게 되었다.

12 이 일이 있은 뒤에, 예수께서는 그의 어머니와 형제들과 제자들과 함께 가버나움에 내려 가셔서, 거기에 며칠 동안 머물러 계셨다.

13 유대 사람의 유월절이 가까워져서, 예수께서 예루살렘으로 올라가셨다.

14 그는 성전 뜰에서, 소와 양과 비둘기를 파는 사람들과 돈 바꾸어 주는 사람들이 앉아 있는 것을 보시고,

15 노끈으로 채찍을 만들어 양과 소와 함께 그들을 모두 성전에서 내쫓으시고, 돈 바꾸어 주는 사람들의 돈을 쏟아 버리시고, 상을 둘러 엎으셨다.

11   This, the first of his miraculous signs, Jesus performed in Cana of Galilee. He thus revealed his glory, and his disciples put their faith in him.

12   After this he went down to Capernaum with his mother and brothers and his disciples. There they stayed for a few days.

13   When it was almost time for the Jewish Passover, Jesus went up to Jerusalem.

14   In the temple courts he found men selling cattle, sheep and doves, and others sitting at tables exchanging money.

15   So he made a whip out of cords, and drove all from the temple area, both sheep and cattle; he scattered the coins of the money changers and overturned their tables.

11   イエスはこのことを最初のしるしとしてガリラヤのカナで行ない, ご自分の榮光を現わされた。それで, 弟子たちはイエスを信じた。

12   その後, イエスは母や兄弟たちや弟子たちといっしょに, カペナウムに下って行き, 長い日數ではなかったが, そこに滯在された。

13   ユダヤ人の過越の祭りが近づき, イエスはエルサレムに上られた。

14   そして, 宮の中に, 牛や羊や鳩を賣る者たちと兩替人たちがすわっているのをご覽になり,

15   細なわでむちを作って, 羊も牛もみな, 宮から追い出し, 兩替人の金を散らし, その台を倒し,

16   비둘기 파는 사람들에게는 "이것을 걷어치워라. 내 아버지의 집을 장사하는 집으로 만들지 말아라" 하고 말씀하셨다.

17   제자들은 '주님의 집을 생각하는 열정이 나를 삼킬 것이다' 하고 기록한 성경 말씀을 기억하였다.

18 유대 사람들이 예수께 물었다. "당신이 이런 일을 하다니, 무슨 표징을 우리에게 보여 주겠소?"

19 예수께서 그들에게 말씀하셨다. "이 성전을 허물어라. 그러면 내가 사흘 만에 다시 세우겠다."

20 그러자 유대 사람들이 말하였다. "이 성전을 짓는 데에 마흔여섯 해나 걸렸는데, 이것을 사흘 만에 세우겠다구요?"

16 To those who sold doves he said, "Get these out of here! How dare you turn my Father's house into a market!"

17 His disciples remembered that it is written: "Zeal for your house will consume me."

18 Then the Jews demanded of him, "What miraculous sign can you show us to prove your authority to do all this?"

19 Jesus answered them, "Destroy this temple, and I will raise it again in three days."

20 The Jews replied, "It has taken forty-six years to build this temple, and you are going to raise it in three days?"

16 また, 鳩を賣る者に言われた。「それをここから持って行け。わたしの父の家を商賣の家としてはならない。」

17 弟子たちは,「あなたの家を思う熱心がわたしを食い盡くす。」と 書いてあるのを思い起こした。

18 そこで, ユダヤ人たちが答えて言った。「あなたがこのようなことをするからには, どんなしるしを私たちに見せてくれるのですか。」

19 イエスは彼らに答えて言われた。「この神殿をこわしてみなさい。わたしは, 三日でそれを建てよう。」

20 そこで, ユダヤ人たちは言った。「この神殿は建てるのに四十六年かかりました。あなたはそれを, 三日で建てるのですか。」

21 그러나 예수께서 성전이라고 하신 것은 자기 몸을 두고 하신 말씀이었다.

22 제자들은, 예수께서 죽은 사람들 가운데서 살아나신 뒤에야, 그가 말씀하신 것을 기억하고서, 성경 말씀과 예수께서 하신 말씀을 믿게 되었다.

23 예수께서 유월절에 예루살렘에 계시는 동안에, 많은 사람이 그가 행하시는 표징을 보고 그 이름을 믿었다.

24 그러나 예수께서는 모든 사람을 알고 계시므로, 그들에게 몸을 맡기지 않으셨다.

25 그는 사람에 대해서는 어느 누구의 증언도 필요하지 않으셨기 때문이다. 그는 사람의 마음속에 있는 것까지도 알고 계셨던 것이다.

21 But the temple he had spoken of was his body.

22 After he was raised from the dead, his disciples recalled what he had said. Then they believed the Scripture and the words that Jesus had spoken.

23 Now while he was in Jerusalem at the Passover Feast, many people saw the miraculous signs he was doing and believed in his name.

24 But Jesus would not entrust himself to them, for he knew all men.

25 He did not need man's testimony about man, for he knew what was in a man.

21 しかし, イエスはご自分のからだの神殿のことを言われたのである。

22 それで, イエスが死人の中からよみがえられたとき, 弟子たちは, イエスがこのように言われたことを思い起こして, 聖書とイエスが言われたことばとを信じた。

23 イエスが, 過越の祭りの祝いの間, エルサレムにおられたとき, 多くの人々が, イエスの行なわれたしるしを見て, 御名を信じた。

24 しかし，イエスは，ご自身を彼らにお任せにならなかった。なぜなら，イエス
はすべての人を知っておられたからであり，

25 また，イエスはご自身で，人のうちにあるものを知っておられたので，人につ
いてだれの證言も必要とされなかったからである。

Vox populi, vox Dei.

예수께서 유월절에 예루살렘에
계시는 동안에, 많은 사람이 그가
행하시는 표징을 보고 그 이름을
믿었다. (2:23)

자료: blog.daum.net

人語

개요

요한복음 2장은 신약성경 중 요한의 복음서의 두 번째 장을 의미한다. 물을 포도주로 바꾼 이야기와 성전 정화 사건이 여기 실려있다.

요한의 복음서 1장은 베다니아에서 일어난 사건들을 기록하고 있는데, 그 말미인 43절에서 예수는 갈릴래아 지역으로 이동하고자 했음을 알 수 있다. 2장은 예수가 성모 마리아와 그의 사도들과 함께 갈릴래아 가나에 있는 모습으로 시작한다. 1절은 "사흘째 되던 날"로 시작하는데, 서기 2~3세기의 신학자 오리게네스는 이것이 1장 44절에 해당하는 날로부터 3일 후라고 설명하는데, 페레아의 베다니아에서 갈릴래아의 가나로 이동하는 데 3일이 걸렸다는 견해와, 가나에 도착한 후 3일째 되는 날이라는 하인리히 에발트의 견해가 있다.

가나의 혼인잔치

요한의 복음서 2장은 예수가 어머니와 제자들과 함께 가나의 혼인잔치에 초대받는 장면에서 시작한다. 예식장에 포도주가 다 떨어지자 어머니가 예수에게 도움을 구하고, 예수는 "어머니, 그것이 저에게 무슨 상관이 있다고 그러십니까?고대 그리스어: τι εμοι και σοι 아직 제 때가 오지 않았습니다."라고 대답한다. 이에 대해 예수가 기적을 요구하는 어머니의 요청에 기분이 상했다고 해석하는 학자들도 존재한다. 대표적으로 이 대답이 "당신의 우려가 저와 무슨 상관입니까?" 혹은 "당신

가나의 혼인잔치, 14세기의 조토 디
본도네의 작품: Marriage at Cana

자료: ko.wikipedia.org

Vox populi, vox Dei.

과 저는 사물을 다르게 봅니다."는 의미를 가진다는 주해와, "이 문제를 제 손에
서 떨어뜨려 두십시오"라는 의미를 가진다는 주해가 존재한다. 정통 유대인 성경
Orthodox Jewish Bible에서는 이를 창세기 3장의 사람의 타락 기사에서 "나는 너를 여
자와 원수가 되게 하리라. 네 후손을 여자의 후손과 원수가 되게 하리라."는 기사
와 연관짓는다.

그러나 예수의 어머니는 하인들을 예수에게 보내어 그가 하라는대로 하라 하
고, 결국 예수는 빈 포도주 돌항아리를 물로 채우게끔 한다. 이 돌항아리는 유대
의 정결의식을 위해 거기 있었다고 설명한다. 이후 연회장은 신랑을 불러 가장 좋
은 포도주를 마지막까지 남겨두었느냐고 말한다.

요한에 의하면 이는 예수가 보인 첫 번째 기적이며, 나타나엘에게 "앞으로는
그보다 더 큰 일을 보게 될 것이다."라고 한 직후에 나타난다는 점에서 의미가 있
다. 이 기적은 요한복음에서만 등장하는데, 요한의 복음서가 참고한 별도의 기록
이 있다는 표적 복음서 가설에서는 이 기적이 표적 복음서의 일부라고 주장한다.
요한은 다른 공관복음서에서는 기적을 서술할 때 권능을 의미하는 '뒤나미스'를

사용한 데 반해 표적을 의미하는 '세메이온'과 일, 업적을 의미하는 '에르곤'을 사용한다.

이 기적을 통해 아모스서 9장 13~14절과 창세기 49장 10~11절에서 메시아가 강림할 때에 포도주가 넘칠 것이라는 구약성경의 예언이 성취되었다는 견해도 존재한다. 일부 학자들은 마르코의 복음서 2장 21~22절에서 새 포도주는 새 부대에 담아야 한다는 말씀이 바로 이 자리에서 나왔다고 주장한다. 가나의 혼인잔치는 기독교에서 물을 포도주로 바꾼 요한복음서에 나오는 최초의 예수의 기적 이야기이다. 성경에 따르면 예수와 그의 제자들은 혼인잔치에 초대 받았는데, 포도주가 떨어지자 예수는 물을 포도주로 바꾸는 기적을 일으켰다.

가나의 정확한 위치는 성경학자들과 고고학자들 사이에 분분한데, 갈릴리 안의 마을 몇 군데가 그 후보 지역들이다.

예수의 기적

예수께서 이 세상에 계실 때 행하신 기적들은 신약성경의 4복음서에 기록되어 있다. 그러나 실제로는 기록된 것 이상의 기적을 행하시었다. 요한복음 21장 25절을 보면 요한복음의 마지막 소절이며 4복음서의 마지막 소절, "예수께서 하신 일은 이 밖에도 많이

가나의 혼인잔치.
얀 코시어(Jan Cossiers) 작

자료: blog.daum.net

있어서, 그것을 낱낱이 기록한다면, 이 세상이라도 그 기록한 책들을 다 담아 두기에 부족할 것이라고 생각한다."라는 말씀이 있다. 예수께서 이 세상에 계실 때에 행하신 기적들이 얼마나 많으면 그 기록들을 적은 책들이 너무 많아서 이 세상에 둘 곳이 없을 정도인지를 설명한 글이다. 그러나 우리는 어쩔 수 없이 성경에 기록된 기적들만을 정리할 수밖에 없다.

- 물을 포도주로 만드심 _{요한복음 2: 1-11}
- 왕의 신하의 아들을 고치심 _{요한복음 4: 46-47}
- 많은 고기를 잡도록 해주심 _{누가복음 5: 1-11}

- 베드로의 장모의 열병을 고치심 _{마가복음 1: 30-31}
- 문둥병자를 고치심 _{마가복음 1: 40-45}

예수께서 문둥병자들을 고치심

자료: blog.daum.net

- 막달라 마리아로부터 일곱 귀신을 쫓아내심 누가복음 8: 2-3

예수께서 막달라 마리아의 귀신을
쫓아내심

자료: blog.daum.net

- 백부장의 하인을 고치심 마태복음 8: 5-13
- 과부의 아들을 살리심 누가복음 7: 11-18
- 풍랑을 잔잔케 하심 마태복음 8: 23-27

예수께서 풍랑을 잔잔케 하심.
렘브란트

자료: blog.daum.net

- 관리의 딸을 살리심마태복음 9: 18-26
- 혈루증 앓는 여자를 고치심루가복음 8: 43-48
- 두 눈먼 소경의 눈을 뜨게 하심마태복음 9: 27-31
- 귀신들려 말 못하는 사람을 고치심마태복음 9: 32-33
- 베데스다 못에서 서른 여덟해 병자를 고치심요한복음 5: 1-9

- 한쪽 손 마른 사람을 고치심마태복음 12: 10-13
- 귀신들려 눈 멀고 말 못하는 사람을 고치심마태복음 12: 22
- 오병이어五餠二魚로 5천 명을 먹이심마태복음 14: 15-21
- 가나안 여인의 귀신들린 딸을 고치심마태복음 15: 22-28
- 귀먹고 말더듬는 사람을 고치심마가복음 7: 31-37

베데스다 못에서 병자를 고치심
마로틀로메 에스테반 무리요(Bartolome
Esteban Mrillo) 작

자료: blog.daum.net

- 4천 명을 먹이심_{마태복음 15: 32-39}
- 맹인의 눈을 뜨게 하심_{마가복음 8: 22-26}
- 간질걸린 소년을 고치심_{마태복음 17: 14-21}
- 날 때부터 맹인된 사람의 눈을 뜨게 하심_{요한복음 9: 1-38}
- 열여덟해 동안 귀신들려 앓은 여인을 고치심_{누가복음 13: 10-17}

- 수종병들린 사람을 고치심_{누가복음 14: 1-4}
- 열 문둥병자를 깨끗게 하심_{누가복음 17: 11-19}
- 라사로를 살리심_{요안복음 11: 1-46}

- 맹인 두 사람의 눈을 뜨게 하심_{마태복음 20: 30-34}
- 무화과 나무가 열매를 맺지 못하고 마르게 하심_{마태복음 21: 18-22}

오병이어의 기적.
암브로시우스 프랑켄 엘더(Ambrosius
Francken the Elder) 작

자료: blog.daum.net

날 때부터 맹인된 사람의 눈을 뜨게 하심.
작자 미상

자료: blog.daum.net

라사로를 살리심. 장 바티스트 주브네
(Jean-Baptiste Jouvenet) 작

자료: blog.daum.net

맹인 두 사람의 눈을 뜨게 하심

자료: blog.daum.net

Vox populi, vox Dei.

- 대제사장의 종의 귀가 칼에 의해 떨어지자 원상대로 만드심_{누가복음 22: 50-51}
- 죽은자 가운데서 살아나심_{누가복음 24: 5-6}

- 두 번째로 고기를 그물 가득히 잡도록 하심_{요한복음 21: 1-14}

부활하신 예수께서 막달라 마리아에게
처음으로 나타나심

자료: blog.daum.net

그물 가득히 고기를 잡음. 라파엘(1515) 작

자료: blog.daum.net

요한복음의 7가지 기적

요한복음은 예수의 이적과 기적 중에서 7가지만을 골라 소개하고 있다. 요한복음이 성례전聖禮典적 관점에서 쓰여졌다는 것과 성육신을 특별히 강조하고 있다. 이것은 예수의 하나님 되심에 대한 표시로서 주어지는 것들이다. 그러므로 첫 번째 이적은 창조주로서의 기사를, 네 번째 이적은 재-출애굽의 의미를 마지막 일곱 번째는 다시 살아남의 이적이다. 이것을 통해 궁극적으로 모든 것을 치유하시고 회복하시며 새롭게 하시는 하나님이심에 대한 완전한 표지로 이적들이 사용되고 있다는 것을 분명히 안다.[1]

1) 물을 포도주로 만드심(2:1-12)

창조주 하나님에 대한 표적. 가나의 혼인잔치는 아마도 예수의 공생애 사역 중 최초로 행하신 기적으로 보인다. 물로 포도주를 만든 사건을 통해 예수의 하나님 되심을 선포한다. 기적이 일어난 날이 모호하지만, 요한은 의도적으로 1장에서 6

물을 포도주로 바꾸신 예수

자료: blog.daum.net

[1] 샤마임, 요한복음의 7가지 기적, Pensées, 2018. 1. 4.

일을 흘러가게 하고, 2장의 혼인잔치를 제7칠일로 설정한다. 창세기 1장과 날짜적으로 병행을 이루고 있는 것이 분명하다.

예수는 이 사건을 통해 하나님이심을 드러내신다. 이때부터 제자들이 '그예수를 믿었다'는 표현이 나온다. 말씀을 통해 창조적 능력이 발현되는 사건으로 말씀이신 예수가 만물을 존재케 하심을 드러낸다.

2) 왕의 신하의 아들을 고치심(4:46-54)

말씀으로 치유하심. 말씀으로 창조하심과 비교해 보자. 창세기 1장에서 말씀하시니 그대로 되니라의 또 다른 표현일 수 있다. 말씀만으로 충분히 치유를 행하실 수 있는 분임을 선포한다. 예수를 치유하시는 분이며, 말씀으로도 충분히 치유하신다.

4:50 예수께서 이르시되 가라 네 아들이 살아 있다 하시니 그 사람이 예수께서 하신 말씀을 믿고 가더니 말씀의 목적은 치유와 회복이다. 예수는 세상을 치유하시기 위하여 오셨다. 왕의 신하를 치유하심으로 이 땅의 오심의 목적을 드러내신다. 또한 말씀을 보냄으로 치유하고 계신다. 하나님은 세상을 치유하실 때 말씀을 보내신다.

3) 38년 된 병자를 고치심(5:1-9)

병자에 대한 치유는 부정에 대한 치유다. 38년은 정확히 광야의 시간이며, 오래되었으며 치유 불가능을 말한다. 주님은 이 병자를 치유하심으로 정상으로 회복시킨다. 요한은 의도적으로 38년을 강조함으로써 앉은뱅이가 철저히 선에 무능했던 배역한 이스라엘의 광야 시기를 말하는 것처럼 보인다. 주님은 그를 긍휼로 치료해 주신다. 그는 다른 어떤 행위도 할 필요가 없다. 그저 나음을 입을 뿐이다.

4) 5,000명을 먹이심(6:1-14)

광야에서 인도하시고 먹이시는 하나님, 만나로서 예수 그리스도를 보여준다. 요한은 철저히 예수의 생애 자체를 광야에서 인도하시는 하나님에 대입시키고 있다. 하나님께서 이스라엘 백성들을 광야에서 인도하시고, 먹이신 것처럼 목자 없는 양처럼 헤매는 이들을 인도하고 먹이신다. 예수가 자신을 하늘에서 내려온 만나와 비교하는 것은 다분히 신학적 의도에서 비롯된 것이다.

주님은 자신을 하늘에서 내려온 떡으로 비유하신다. 떡은 양식이며, 먹지 않으면 죽는다. 하지만 먹음으로 생명이 연장된다. 광야의 떡과 참떡인 예수의 결정적인 차이는 일시적 생명 연장인가 아니면 영원한 생명인가의 차이다. 광야에서 만나를 먹었던 이들은 모두 죽었다. 당시 아무도 살아 있지 않았다. 그러나 예수를 먹는 이들은 영원히 살게 될 것이다. 이 얼마나 파격적인 선언이고 기적인가.

5) 물 위를 걸으심(6:16-21)

모든 만물의 주인이신 하나님, 혼돈과 무질서를 정복하시는 하나님. 홍해와 요단강 사건과 연결됨. 땅 하늘 사이에 보이지 않는 혼돈을 존재함. 이곳을 정복하심. 무질서에서 질서로의 이동은 구원을 의미한다. 물은 혼돈과 모호함을 상징하며, 악마가 거하는 장소이기도 하다. 그렇다고 하나님의 피조 세계가 아닌 다른 어떤 곳이 아니다. 그곳도 하나님의 지배를 받는다. 하나님의 창조는 물에서 땅이 솟아오르게 하셨다. 반창조인 홍수 사건은 땅이 다시 물속으로 가라앉는 사건이었다. 예수는 물의 혼돈을 정복_{발도 딛고}하시고 그 위를 걸으신다. 즉 지배하신다. 물을 가르시거나, 마르게 하지 않았다는 점도 유의할 필요가 있다. 기적의 차이가 다르다. 주님은 단지 '물 위'를 걸으신다.

둘째날 물과 물이 갈라지고, 셋째날 물에서 땅이 솟아나고, 넷째날부터 땅이 풍요로워진다. 마지막 날 에덴 동산을 창설하심으로 인간이 거할 집을 마련하셨

예수의 '물 위를 걸은, 수상도하 이야기'는 마가복음에만이 아니라 요한복음에도 나타난다   자료: m.dangdangnews.com

다. 창조의 마지막은 인간이며, 인간을 위해 모든 피조물이 준비되었다. 인간이 창조의 끝이자 정점이다. 하나님은 그 인간을 물속에서 불러낸 땅에레츠에 인간을 두셨다. 요한은 철저히 출애굽 관점에서 예수의 기적을 서술해 나가고 있다.

6) 소경을 고치심(9:1-7)

소경을 보게 하는 것은 메시아의 표징이다. 구약에서 소경을 보게 한 적은 없다. 이것은 전적으로 메시아의 일이다. 육신적 봄은 영적인 각성이며, 영혼의 창조이다. 마음이 깨끗한 자가 하나님을 본다는 성경과 유대 전통이 있다. 보는 것은 인식을 넘어 참여이다. 또한 향유이다.

소경은 봄으로 피조 세계를 체험하고 향유한다. 주님은 그를 보게 함으로써 육신의 차원을 넘어 영적인 교훈을 더하신다. 육신 안에 갇혀 유대인들이 보지 못하는 하나님 되심의 신성을 기적을 통해 체득한다. 그는 이제 주님을 본다. 이것이 진정한 치유이다. 유대인들은 보기 때문에 치유함을 받지 못하다. 믿음은 언제나 세상의 것들과 대치되며 역치되며 역전된다.

7) 죽은 나사로를 살리심(11:38-44)

죽은 자를 살리는 것은 하나님의 일이다. 생명을 부여하는 능력이 예수에게 있음을 알린다. 즉 예수는 하나님이시다. 죽음은 죄로 인해 찾아왔다. 주님은 죽음을 정복하신다. 기이하게 자신의 죽음으로 죽음을 정복하신다. 하나님께서 말씀으로 생명을 창조하시고, 죽은 자를 살리시듯 예수는 마지막 기적인 죽은 나사로를 통해 생명의 창조자 주관자이심을 드러내신다.

요한복음의 7가지 기적은 치밀하게 구성되어 있다. 그러나 아직 마지막 기적이 남아 있다. 이것은 예수가 행한 것이 아닌 예수 자신에게 나타난 것으로 부활이다. 그러므로 나사로의 부활 사건은 마지막 종말에 임할 하나님 나라의 임함, 즉 재림과 연결된다.

리처드 보컴은 이곳에서 다섯 번째 물 위를 걸으심6:16-21을 빼고 '예수의 부활' 자체를 마지막 일곱 번째 기적으로 넣는다. 이유는 물 위를 걸으심의 이적 자체에 '표적'이란 단어가 사용되지 않았기 때문이다. 우리는 충분히 그의 분석에 공감할 수 있다.

죽은 나사로를 살리신 예수 　　　　　　　　　　　　　　　　　　자료: m.blog.daum.net

요한복음
3장

天聲

1 바리새파 사람 가운데 니고데모라는 사람이 있었다. 그는 유대 사람의 한 지도자 였다.

2 이 사람이 밤에 예수께 와서 말하였다. "랍비님, 우리는, 선생님이 하나님께로부터 오신 분임을 압니다. 하나님께서 함께 하지 않으시면, 선생님께서 행하시는 그런 표 징들을, 아무도 행할 수 없습니다."

3 예수께서 그에게 말씀하셨다. "내가 진정으로 진정으로 너에게 말한다. 누구든지 다시 나지 않으면, 하나님 나라를 볼 수 없다."

4 니고데모가 예수께 말하였다. "사람이 늙었는데, 그가 어떻게 태어날 수 있겠습니 까? 어머니 뱃속에 다시 들어갔다가 태어날 수야 없지 않습니까?"

5 예수께서 대답하셨다. "내가 진정으로 진정으로 너에게 말한다. 누구든지 물과 성 령으로 나지 아니하면, 하나님 나라에 들어갈 수 없다.

1 Now there was a man of the Pharisees named Nicodemus, a member of the Jewish ruling council.

2 He came to Jesus at night and said, "Rabbi, we know you are a teacher who has come from God. For no one could perform the miraculous signs you are doing if God were not with him."

3 In reply Jesus declared, "I tell you the truth, no one can see the kingdom of God unless he is born again."

4 "How can a man be born when he is old?" Nicodemus asked. "Surely he cannot enter a second time into his mother's womb to be born!"

5 Jesus answered, "I tell you the truth, no one can enter the kingdom of God unless he is born of water and the Spirit.

1 さて, パリサイ人の中にニコデモという人がいた. ユダヤ人の指導者であった。

2 この人が, 夜, イエスのもとに來て言った。「先生。私たちは, あなたが神のもとから來られた教師であることを知っています。神がともにおられるのでなければ, あなたがなさるこのようなしるしは, だれも行なうことができません。」

3 イエスは答えて言われた。「まことに, まことに, あなたに告げます. 人は, 新しく生まれなければ, 神の國を見ることはできません。」

4 ニコデモは言った。「人は, 老年になっていて, どのようにして生まれることができるのですか。もう一度, 母の胎にはいって生まれることができましょうか。」

5 イエスは答えられた。「まことに, まことに, あなたに告げます。人は, 水と御靈によって生ま れなければ, 神の國にはいることができません。

6 육에서 난 것은 육이요, 영에서 난 것은 영이다.

7 너희가 다시 태어나야 한다고 내가 말한 것을, 너는 이상히 여기지 말아라.

8 바람은 불고 싶은 대로 분다. 너는 그 소리는 듣지만, 어디에서 와서 어디로 가는지는 모른다. 성령으로 태어난 사람은 다 이와 같다."

9 니고데모가 예수께 물었다. "어떻게 이런 일이 있을 수 있습니까?"

10 예수께서 대답하셨다. "너는 이스라엘의 선생이면서, 이런 것도 알지 못하느냐?

6 Flesh gives birth to flesh, but the Spirit gives birth to spirit.

7 You should not be surprised at my saying, 'You must be born again.'

8 The wind blows wherever it pleases. You hear its sound, but you cannot tell where it comes from or where it is going. So it is with everyone born of the Spirit."

9 "How can this be?" Nicodemus asked.

10 "You are Israel's teacher," said Jesus, "and do you not understand these things?

---

6 肉によって生まれた者は肉です。御靈によって生まれた者は靈です。

7 あなたがたは新しく生まれなければならない, とわたしが言ったことを不思議に思ってはなりません。

8 風はその思いのままに吹き, あなたはその音を聞くが, それがどこから來てどこへ行くかを知らない。御靈によって生まれる者もみな, そのとおりです。」

9 ニコデモは答えて言った, 「どうして, そのようなことがありうるのでしょう。」

10 イエスは答えて言われた。「あなたはイスラエルの教師でありながら, こういうことがわからないのですか。

11 내가 진정으로 진정으로 너에게 말한다. 우리는, 우리가 아는 것을 말하고, 우리가 본 것을 증언하는데, 너희는 우리의 증언을 받아들이지 않는다.

12 내가 땅의 일을 말하여도 너희가 믿지 않거든, 하물며 하늘의 일을 말하면 어떻게 믿겠느냐?

13 하늘에서 내려온 이 곧 인자♟1 밖에는 하늘로 올라간 이가 없다.

14 모세가 광야에서 뱀을 든 것 같이, 인자도 들려야 한다.

15 그것은 그를 믿는 사람마다 영생을 얻게 하려는 것이다.

♟1 '인자'(the Son of Man)는 예수 그리스도를 가리키는 하나님의 이름에 속한다. '인자'(the Son of Man)와 단순한 '사람의 아들'(a son of man)을 구분하지 못하고 혼동하면 예수를 하나님이 아닌 단순한 인간으로 오해하게 된다.

11 I tell you the truth, we speak of what we know, and we testify to what we have seen, but still you people do not accept our testimony.

12 I have spoken to you of earthly things and you do not believe; how then will you believe if I speak of heavenly things?

13 No one has ever gone into heaven except the one who came from heaven—the Son of Man.

14 Just as Moses lifted up the snake in the desert, so the Son of Man must be lifted up,

15 that everyone who believes in him may have eternal life.

11 まことに, まことに, あなたに告げます。わたしたちは, 知っていることを話し, 見たことをあかししているのに, あなたがたは, わたしたちのあかしを受け入れません。

12 あなたがたは, わたしが地上のことを話したとき, 信じないくらいなら, 天上のことを話したとて, どうして信じるでしょう。

13 だれも天に上った者はいません。しかし天から下った者はいます。すなわち人の子です。

14 モ―セが荒野で蛇を上げたように。人の子もまた上げられなければなりません。

15 それは, 信じる者がみな, 人の子にあって永遠のいのちを持つためです。」

16 하나님께서 세상을 이처럼 사랑하셔서 외아들을 주셨으니, 이는 그를 믿는 사람마다 멸망하지 않고 영생을 얻게 하려는 것이다.

17 하나님께서 아들을 세상에 보내신 것은, 세상을 심판하려는 것이 아니라, 아들을 통하여 세상을 구원하시려는 것이다.

18 아들을 믿는 사람은 심판을 받지 않는다. 그러나 믿지 않는 사람은 이미 심판을

받았다. 그것은 하나님의 독생자의 이름을 믿지 않았기 때문이다.

19 심판을 받았다고 하는 것은, 빛이 세상에 들어왔지만, 사람들이 자기들의 행위가 악하므로, 빛보다 어둠을 더 좋아하였다는 것을 뜻한다.

20 악한 일을 저지르는 사람은, 누구나 빛을 미워하며, 빛으로 나아오지 않는다. 그것은 자기 행위가 드러날까 보아 두려워하기 때문이다.

16 "For God so loved the world that he gave his one and only Son, that whoever believes in him shall not perish but have eternal life.

17 For God did not send his Son into the world to condemn the world, but to save the world through him.

18 Whoever believes in him is not condemned, but whoever does not believe stands condemned already because he has not believed in the name of God's one and only Son.

19 This is the verdict: Light has come into the world, but men loved darkness instead of light because their deeds were evil.

20 Everyone who does evil hates the light, and will not come into the light for fear that his deeds will be exposed.

16 神は, 實に, そのひとり子をお與えになったほどに, 世を愛された。それは御子を信じる者が, ひとりとして滅びることなく, 永遠のいのちを持つためである。

17 神が御子を世に遣わされたのは, 世をさばくためではなく, 御子によって世が救われるためである。

18 御子を信じる者はさばかれない。信じない者は神のひとり子の御名を信じなかったので, すでにさばかれている。

19 そのさばきというのは, こうである。光が世に來ているのに, 人々は光よりもやみを愛した。その行ないが惡かったからである。

20 惡いことをする者は光を憎み, その行ないが明るみに出されることを恐れて, 光のほうに來ない。

21 그러나 진리를 행하는 사람은 빛으로 나아온다. 그것은 자기의 행위가 하나님 안에서 이루어졌음을 드러내려는 것이다."

22 그 뒤에 예수께서 제자들과 함께 유대 지방으로 가셔서, 거기서 그들과 함께 지내시면서, 세례를 주셨다.

23 살렘 근처에 있는 애논에는 물이 많아서, 요한도 거기서 세례를 주었다. 사람들이 나와서 세례를 받았다.

24 그 때는 요한이 아직 옥에 갇히기 전이었다.

25 요한의 제자들과 어떤 유대 사람 사이에 정결예법을 두고 논쟁이 벌어졌다.

21 But whoever lives by the truth comes into the light, so that it may be seen plainly that what he has done has been done through God."

22 After this, Jesus and his disciples went out into the Judean countryside, where he spent some time with them, and baptized.

23 Now John also was baptizing at Aenon near Salim, because there was plenty of water, and people were constantly coming to be baptized.

24 (This was before John was put in prison.)

25 An argument developed between some of John's disciples and a certain Jew over the matter of ceremonial washing.

21 しかし, 眞理を行なう者は, 光のほうに來る。その行ないが神にあってなされたことが明らかにされるためである。

22 その後, イエスは弟子たちと, ユダヤの地に行き, 彼らとともにそこに滯在して, バプテスマを授けておられた。

23 一方ヨハネもサリムに近いアイノンでバプテスマを授けていた。そこには水が多かったからである。人々は次々にやって來て，バプテスマを受けていた。

24 ―ヨハネは，まだ投獄されていなかったからである。―

25 それで，ヨハネの弟子たちが，あるユダヤ人ときよめについて論議した。

26 요한의 제자들이 요한에게 와서 말하였다. "랍비님, 보십시오. 요단강 건너편에서 선생님과 함께 계시던 분 곧 선생님께서 증언하신 그분이 세례를 주고 있는데, 사람들이 모두 그분에게로 모여듭니다."

27 요한이 대답하였다. "하늘이 주시지 않으면, 사람은 아무것도 받을 수 없다.

28 너희야말로 내가 말한 바 '나는 그리스도가 아니고, 그분보다 앞서서 보내심을 받은 사람이다' 한 말을 증언할 사람들이다.

29 신부를 차지하는 사람은 신랑이다. 신랑의 친구는 신랑이 오는 소리를 들으려고 서 있다가, 신랑의 음성을 들으면 크게 기뻐한다. 나는 이런 기쁨으로 가득 차 있다.

30 그는 흥하여야 하고, 나는 쇠하여야 한다."

26 They came to John and said to him, "Rabbi, that man who was with you on the other side of the Jordan—the one you testified about—well, he is baptizing, and everyone is going to him."

27 To this John replied, "A man can receive only what is given him from heaven.

28 You yourselves can testify that I said, 'I am not the Christ but am sent ahead of him.'

29 The bride belongs to the bridegroom. The friend who attends the bridegroom waits and listens for him, and is full of joy when he hears the bridegroom's voice. That joy is mine, and it is now complete.

30 He must become greater; I must become less.

26 彼らはヨハネのところに來て言った。「先生。見てください。ヨルダンの向こう岸であなたといっしょにいて, あなたが證言なさったあの方が, バプテスマを授けておられます。そして, みなあの方のほうへ行きます。」

27 ヨハネは答えて言った。「人は, 天から與えられるのでなければ, 何も受けることはできません。

28 あなたがたこそ, 『私はキリストではなく, その前に遣わされた者である。』と私が言ったことの證人です。

29 花嫁を迎える者は花婿です。そこにいて, 花婿のことばに耳を傾けているその友人は, 花婿の聲を聞いて大いに喜びます。それで, 私もその喜びで満たされているのです。

30 あの方は盛んになり私は衰えなければなりません。」

31 위에서 오시는 이는 모든 것 위에 계신다. 땅에서 난 사람은 땅에 속하여서, 땅의 것을 말한다. 하늘에서 오시는 이는 [모든 것 위에 계시고],

32 자기가 본 것과 들은 것을 증언하신다. 그러나 아무도 그의 증언을 받아들이지 않는다.

33 그의 증언을 받아들인 사람은, 하나님의 참되심을 인정한 것이다.

34 하나님께서 보내신 이는 하나님의 말씀을 전한다. 그것은, 하나님께서 그에게 성령을 아김없이 주시기 때문이다.

35 아버지는 아들을 사랑하셔서, 모든 것을 아들의 손에 맡기셨다.

31 "The one who comes from above is above all; the one who is from the earth belongs to the earth, and speaks as one from the earth. The one who comes from heaven is above all.

32 He testifies to what he has seen and heard, but no one accepts his testimony.

33　The man who has accepted it has certified that God is truthful.

34　For the one whom God has sent speaks the words of God, for God gives the Spirit without limit.

35　The Father loves the Son and has placed everything in his hands.

31　上から來る方は, すべてのものの上におられ, 地から出る者は地に屬し, 地のことばを話す, 天から來る方は, すべてのものの上におられる。

32　この方は見たこと, また聞いたことをあかしされるが, だれもそのあかしを受け入れない。

33　そのあかしを受け入れた者は, 神は眞實であるということに確認の印を押したのである。

34　神がお遣わしになった方は, 神のことばを話される。神が御靈を無限に與えられるからである。

35　父は御子を愛しておられ, 万物を御子の手にお渡しになった。

36　아들을 믿는 사람에게는 영생이 있다. 아들에게 순종하지 않는 사람은 생명을 얻지 못하고, 도리어 하나님의 진노를 산다.

36　Whoever believes in the Son has eternal life, but whoever rejects the Son will not see life, for God's wrath remains on him."

36　御子を信じる者は永遠のいのちを持つが, 御子に聞き從わない者は, いのちを見ることがなく, 神の怒りがその上にとどまる。

Vox populi, vox Dei.

人語

개요

요한복음 3장에는 매우 중요한 내용이 기록되어 있다. 예수와 니고데모의 대화이다. 그 대화 중에 어린 아이들까지도 다 외우고 있는 요한복음 3장 16절의 말씀이 나온다. 어떤 내용의 대화를 하는 중에 이 유명한 3장 16절의 말씀을 하고 계시는지, 이 대화 전체의 핵심 주제가 무엇인지를 파악하는 것이 매우 중요하다. 기독교의 기본 진리라고 할 수 있는 핵심적인 내용이 있다.

요한복음 3장 16절

요한복음 3장 16절은 성경 중에서 가장 많이 인용되는 구절 중의 하나이다. 이 구절은 또한 '껍질 속의 성경'이라고 불리는데, 이는 이 구절이 가장 전통적인 기독교에서 중심적인 교리의 일부분의 정리로 생각되기 때문이다.

"하나님께서 세상을 이처럼 사랑하셔서 외아들을 주셨으니, 이는 그를 믿는 사람마다 멸망하지 않고 영생을 얻게 하려는 것이다."

- 새번역

"하나님은 이 세상을 극진히 사랑하셔서 외아들을 보내주시어 그를 믿는 사람은 누구든지 멸망하지 않고 영원한 생명을 얻게 하여 주셨다."

- 공동번역

"하느님께서는 세상을 너무나 사랑하신 나머지 외아들을 내 주시어, 그를 믿는 사람은 누구나 멸망하지 않고 영원한 생명을 얻게 하셨다."

- 가톨릭

하나님의 독생자이신 예수님

자료: saeunyak.org

"하나님이 세상을 이처럼 사랑하사, 독생자를 주셨으니, 이는 그를 믿는 자마다 멸망하지 않고 영생을 얻게 하려 하심이라."

- 개역개정

이 구절에 대한 일반적인 해석은 다음과 같다.

- 하나님은 이 세상을 극진히 사랑하셔서… - 하나님은 사랑의 하나님이시고, 이 사랑은 이절의 나머지 내용을 실행하는 데 동기가 되었다.
- …외아들을… - 인간이신 예수 그리스도는 또한 삼위일체의 두 번째 분이시기 때문에, 하나님의 아들이다.
- …보내주시어… - 하나님은 뭔가 그의 아들을 희생으로 드리고 싶으셨다.
- …그를… - 구원에 이르는 믿음이 구주되신 예수를 바탕으로 한다는 사실을 내포한다.
- …믿는… - 구원은 사람의 행실보다 믿음을 바탕으로 한다.
- …사람은 누구든지… - 구원이 모든 믿는 자에게 열려 있음을 의미한다.
- …멸망하지 않고… - 그리스도를 거부하는 자들이 심판받을 것을 말하고 있다.
- …영원한 생명을 얻게 하여 주셨다. - 그리스도를 믿는 자들이 영원한 삶을 얻을 것을 말하는 구절이다. 영원한 삶, 생명은 요한의 복음서 저자의 주요관심사 중 하나이다.

Vox populi, vox Dei.

🔔 중요한 구절의 연결

밤 중에 찾아온 니고데모가 예수에게 말한다.

- "랍비님, 우리는, 선생님이 하나님께로부터 오신 분임을 압니다. 하나님께서 함께 하지 않으시면, 선생님께서 행하시는 그런 표징들을, 아무도 행할 수 없습니다." 2절

예수가 하시는 표적을 보니까 하나님이 보낸 사람 같다는 것이다. 하나님이 함께 하시는 사람 같다는 것이다.

그랬더니 예수가 말씀하신다.

- "내가 진정으로 진정으로 너에게 말한다. 누구든지 다시 나지 않으면, 하나님 나라를 볼 수 없다." 3절

예수와 니고데모의 대화

자료: fingerofthomas.org

요한복음은 예수가 하나님의 아들, 즉 하나님이심을 강조하기 위하여 쓰여진 책이다. 그래서 요한복음 전체의 내용은 예수가 하나님이심을 나타내는, 여느 표현대로 하면, 하나님의 영광을 나타내는 것과 관련이 있다.

예수와 니고데모의 대화도 그것과 관련이 있다. 누가 하나님의 나라를 볼 수 있는 자인가, 누가 하나님 나라에 들어갈 수 있는 자인가, 쉽게 말해, 누가 예수를 하나님으로 알아볼 수 있는가, 예수를 그저 훌륭한 사람 정도가 아니라 이 땅에 오신 메시아, 그리스도, 하나님의 아들로 알아볼 수 있는 자가 누구인가 하는 것을 예수가 말씀하고 있다.

바리새인이며 유대인의 지도자였던 니고데모가 드러내 놓고 예수를 만날 수 없어서 밤중에 조용히 찾아왔다. 그리고는 먼저 말을 시작한다. 니고데모의 이 말은 모든 사람이 하는 질문을 대표하는 것이다. 예수님 당신은 누구냐는 것이다. 니고데모의 눈에는 그냥 보통 사람으로 보이지 않는다는 것이다. 하나님께로부터 온 분이라는 것이다.

그에 대해 예수가 말씀하신다. 누가 예수를 하나님으로 알아볼 수 있는가, 누가 하나님 나라를 볼 수 있는가를 말씀하신다.

그것이 누구인가? 바로 거듭난 사람이다. "누구든지 다시 나지 않으면, 하나님

Vox populi, vox Dei.

'바리새파 사람 가운데 니고데모라는 사람이 있었다.' 그는 유대 사람의 한 지도자였다. 요한복음 3:1-21은 '예수와 니고데모와의 대화'

자료: catholicpress.kr

나라를 볼 수 없다." 거듭난 사람이 하나님의 나라를 볼 수 있다고 말씀하신다. 그 다음 대화는 계속 이것과 연결되는 내용이다.

> • "내가 진정으로 진정으로 너에게 말한다. 누구든지 물과 성령으로 나
>   지 아니하면, 하나님 나라에 들어갈 수 없다." 5절

같은 말씀이다. 3절의 사람이 거듭나야 하나님의 나라를 볼 수 있다, 5절의 사람이 물과 성령으로 나지 아니하면 하나님의 나라에 들어갈 수 없다, 결국 같은 말씀이다.

거듭나는 것이 무엇인가? 물과 성령으로 나는 것이다. 하나님의 나라를 보는 것이 무엇인가? 하나님의 나라에 들어가는 것이다.

거듭난다는 것이 무슨 의미인가? 그것이 6-8절의 설명이다. 그것을 어렵게, 이상하게 생각하지 말라고 말씀하신다. 육신에서 사람의 몸이 태어나듯, 성령으로 다시 태어나는 것, 그것이 거듭나는 것이라고 말씀하신다.

> • "육에서 난 것은 육이요, 영에서 난 것은 영이다." 6절

> • "너희가 다시 태어나야 한다고 내가 말한 것을, 너는 이상히 여기지
>   말아라." 7절

> • "바람은 불고 싶은 대로 분다. 너는 그 소리는 듣지만, 어디에서 와서
>   어디로 가는지는 모른다. 성령으로 태어난 사람은 다 이와 같다." 8절

바람이 보이지도 않고, 어디서 와서 어디로 가는지 모르지만, 바람이 부는 현상은 느낄 수 있는 것처럼, 성령으로 난 사람도 그렇다는 것이다. 성령으로 거듭난

사람은 반드시 다시 태어나야 한다고 예수가 니고데모에게 가르치셨다. 인간 생명은 하느님의 능력에 의하여 변화되기 때문에, 다시 태어난다는 것은 위로부터 태어나는 것이다. 육적인 인간이 주 하느님의 권능에 의하여 영적인 인간으로 변화된 것이다.

자료: blog.daum.net

사람은, 그게 뭔지, 어떻게 되는 건지, 뭐 어렵게 설명할 필요 없다는 것이다. 성령으로 거듭난 사람은 그냥 안다는 것이다. 현상이 나타난다는 것이다. 바람이 불어 나뭇잎이 흔들리듯이, 거듭난 증거가 나타난다는 것이다.

그렇게 성령으로 거듭난 자에게 나타나는 증거가 무엇인가? 그것이 곧 예수를 하나님으로 알아보는 것이다. 예수를 구주로, 주님으로, 메시아로, 그리스도로, 하나님의 아들로, 하나님으로 믿는 것이다. 예수를 믿는 믿음으로 거듭난 증거가 나타난다는 것이다.

반대로 거듭나지 않은 사람은 예수가 하나님이신 것을 믿지 못한다. 아무리 말해도, 아무리 논리적으로, 이성적으로, 합리적으로, 별 방법으로 다 설명을 해도 믿지 않는다. 믿어지지 않는다. 이상하게만 들린다. 말도 안 되는 소리로만 들린다. 예수가 십자가에 달려 죽은 것을 믿어야 구원받는다는 것을 말도 안 되는 어이없는 이론이라고 여긴다.

그런 사람들은 아무것도 믿지 못한다. 하늘에서 일어난 일은 물론이요 땅에서 일어난 일도 믿지 못한다.

Moses and the Brazen Serpent
(모세와 놋뱀),
세바스티앙 부르동, 1653-1654

자료: bonhd.net

• "내가 땅의 일을 말하여도 너희가 믿지 않거든, 하물며 하늘의 일을 말하면 어떻게 믿겠느냐?" 12절

광야에서 뱀에 물린 이스라엘 백성들이 장대에 매단 놋뱀🐍2 을 쳐다보아야 했다. 그래야 살 수 있었다. '말도 안 돼, 그것을 본다고 어떻게 살아? 무슨 조치를 취해야지, 약을 먹든지, 독을 빼내든지, 어떤 처방을 해야지…' 그렇게 생각하며 놋뱀을 쳐다보지 않는 자는 모두 죽었다. 믿지 못하여 죽었다.

거듭나지 못한 사람들은 십자가에 달린 예수를 쳐다보아야, 즉 그 예수를 믿어야 구원을 받는다는 것을 받아들이지 못한다. '선하게 살아야지, 구원받을 만한 무슨 행동을 해야지, 어떻게 보기만 한다고 구원을 받아' 그렇게 생각하면서 믿지 않는다. 그러면 죽는다는 것이다. 그러면 구원을 받지 못한다는 것이다. 그러면 하나님의 심판을 받게 된다는 것이다 18절.

🐍2 놋으로 만든 뱀. 이스라엘 백성이 광야에서 불뱀에게 물려 고통 중에 죽어 가고 있을 때 모세는 하나님의 명을 좇아 놋뱀을 만들어 장대 끝에 달아 사람들로 하여금 그것을 쳐다보게 하여 죽음에서 구했다(민 21:4~9). 신약에서 예수는 모세의 놋뱀을 인용하여 자신의 십자가와 부활을 바라보는 자만이 영생을 얻을 수 있음을 가르치셨다(요 3:14~15).

그런데 거듭난 사람은, 성령으로 다시 태어난 사람은 그것을 믿는다는 것이다. 그것이 거듭난 사람에게 나타나는 증거라는 것이다. 말도 안 되는 일을, 설명할 수 없는 일을, 그냥 믿어지는 현상이 나타난다는 것이다.

그렇게 믿는 자들, 성령으로 거듭난 자들, 그들이 하나님의 나라에 들어갈 수 있다. 하나님의 나라를 볼 수 있다. 그것이 곧 영생을 얻는 것이다. 그래서 이렇게 말씀하시는 것이다. 그래서 이 유명한 구절이 나왔다.

- "그것은 그를 믿는 사람마다 영생을 얻게 하려는 것이다." 15절

- "하나님께서 세상을 이처럼 사랑하셔서 외아들을 주셨으니, 이는 그를 믿는 사람마다 멸망하지 않고 영생을 얻게 하려는 것이다." 16절

하나님은 다 믿게 하려고, 다 구원하려고, 다 영생을 얻게 하려고, 세상을 사랑하셔서 독생자 예수를 보내 주셨다. 믿지 않는 자를 구별해서 심판하려고 보내신 것이 아니라, 다 믿어서 구원받게 하려고 보내셨다.

Vox populi, vox Dei.

성령으로 다시 태어난 삶을 영위하며 무한한 기쁨을 가지게 하옵소서

자료: kor.theasian.asia

- "하나님께서 아들을 세상에 보내신 것은, 세상을 심판하시려는 것이 아니라, 아들을 통하여 세상을 구원하시려는 것이다." 17절

그런데 사람들이 믿지 않는다. 믿지 않는 자들은 영생을 얻지 못한다. 구원을 받지 못한다. 하나님의 나라에 들어갈 수 없다. 하나님의 심판을 받는다. 믿지 않는 그들은 믿지 않기 때문에 이미 심판을 받은 것과 같다고 말씀하신다.

- "아들을 믿는 사람은 심판을 받지 않는다. 그러나 믿지 않는 사람은 이미 심판을 받았다. 그것은 하나님의 독생자의 이름을 믿지 않았기 때문이다." 18절

그들이 믿지 않는 이유를 이렇게 말씀하신다. 빛이 세상에 왔지만 그 빛으로 나아오지 않는 이유를 이렇게 말씀하신다. 자기 행위가 악하기 때문이라는 것이다. 빛보다 어둠을 더 사랑하기 때문이라는 것이다.

- "심판을 받았다고 하는 것은, 빛이 세상에 들어왔지만, 사람들이 자기들의 행위가 악하므로, 빛보다 어둠을 더 좋아하였다는 것을 뜻한다." 19절

왜 빛으로 나오지 않는가? 왜 변화되지 않는가? 왜 버리지 못하는가? 왜 끊지 못하는가? 왜 순종하지 않는가? 왜 믿지 않는가? 다 같은 이유이다. 싫기 때문이다. 그것이 더 좋기 때문이다. 자기가 악하기 때문이다. 변화되는 것, 끊는 것, 버리는 것, 순종하는 것 등이 실제로는 싫기 때문에 안 하는 것이다.

하나님이 능력을 주시지 않아서, 은혜를 주시지 않아서, 믿음을 주시지 않아서, 거듭나게 해 주시지 않아서…, 그랬다구요? 하나님 때문에 그랬다구요?

미켈란젤로 – 최후의 심판(중앙 부분)

자료: blog.naver.com

요한복음 3장을 간단히 정리하면 다음과 같다.

- 하나님의 나라에 들어갈 수 있는 자, 성령으로 거듭난 자이어야 한다.
- 거듭난 자에게는 '믿음'이라는 증거가 나타난다.
- 그렇게 예수를 믿는 자에게는 하나님 나라의 영생을 주신다.
- 하나님 나라 - 거듭난 자 - 믿음 - 영생
- 반대로 하면, 하나님 나라에 들어가지 못하는 자 - 거듭나지 못한 자 - 믿지 않는 자 - 멸망하게 되는 자, 곧 하나님의 심판을 받게 되는 자
- 요한복음은 예수가 하나님이심을 강조하고 있다. 예수가 하나님이심을 보라는 것이다.

'믿으면 하나님의 영광을 보리라' 아무나 하나님의 영광을 보지 못한다. 기적은 볼 수 있다. 하지만 예수가 하나님이신 것은 못 본다. 예수가 하나님이신 것은 둘째 문제다 그들에게는. 기적과 표적이 먼저다. 일이 풀리는 것이 먼저다.

믿는 자, 거듭난 자, 그들만이 하나님의 영광을 볼 수 있다. 예수에게서 하나님의 영광을 볼 수 있다. 그들은 기적이 아니라 영광을 원한다. 하나님을 보길 원한

거듭남의 진리

자료: zzznara.tistory.com

다. 오직 하나님을 원한다. 기적과 표적이 아니라, 일이 풀리는 것이 아니라 하나님을 원한다.

그렇다면 나는 거듭난 자인가?

🔺 난곡동성당에서 기도하고 있는 저자

하늘의 소리 사람의 믿음

Vox populi, vox Dei.

요한복음
4장

天聲

1 요한보다 예수께서 더 많은 사람을 제자로 삼고 세례를 주신다는 소문이 바리새파 사람들의 귀에 들어간 것을 예수께서 아셨다.

2 ― 사실은, 예수께서 직접 세례를 주신 것이 아니라, 그 제자들이 준 것이다. ―

3 예수께서는 유대를 떠나, 다시 갈릴리로 가셨다.

4 그렇게 하려면, 사마리아를 거쳐서 가실 수밖에 없었다.

5 예수께서 사마리아에 있는 수가라는 마을에 이르셨다. 이 마을은 야곱이 아들 요셉에게 준 땅에서 가까운 곳이며,

1 The Pharisees heard that Jesus was gaining and baptizing more disciples than John,

2 although in fact it was not Jesus who baptized, but his disciples.

3 When the Lord learned of this, he left Judea and went back once more to Galilee.

4 Now he had to go through Samaria.

5 So he came to a town in Samaria called Sychar, near the plot of ground Jacob had given to his son Joseph.

1 イエスがヨハネよりも弟子を多くつくって, バプテスマを授けていることがパリサイ人の耳に はいった。それを主が知られたとき,

2 ―イエスご自身はバプテスマを授けておられたのではなく, 弟子たちであったが,―

Vox populi, vox Dei.

3　主はユダヤを去って, またガリラヤへ行かれた。

4　しかし, サマリヤを通って行かなければならなかった。

5　それで主は, ヤコブがその子ヨセフに與えた地所に近いスカルというサマリヤの町に來られた。

6　야곱의 우물이 거기에 있었다. 예수께서 길을 가시다가, 피로하셔서 우물가에 앉으셨다. 때는 오정쯤이었다.

7　한 사마리아 여자가 물을 길으러 나왔다. 예수께서 그 여자에게 마실 물을 좀 달라고 말씀하셨다.

8　제자들은 먹을 것을 사러 동네에 들어가서, 그 자리에 없었다.

9　사마리아 여자가 예수께 말하였다. "선생님은 유대 사람인데, 어떻게 사마리아 여자인 나에게 물을 달라고 하십니까?" (유대 사람은 사마리아 사람과 상종하지 않기 때문이다.)

10　예수께서 그 여자에게 대답하셨다. "네가 하나님의 선물을 알고, 또 너에게 물을 달라는 사람이 누구인지를 알았더라면, 도리어 네가 그에게 청하였을 것이고, 그는 너에게 생수를 주었을 것이다."

6　Jacob's well was there, and Jesus, tired as he was from the journey, sat down by the well. It was about the sixth hour.

7　When a Samaritan woman came to draw water, Jesus said to her, "Will you give me a drink?"

8　(His disciples had gone into the town to buy food.)

9　The Samaritan woman said to him, "You are a Jew and I am a Samaritan woman. How can you ask me for a drink?" (For Jews do not associate with Samaritans.)

10　Jesus answered her, "If you knew the gift of God and who it is that asks you for a drink, you would have asked him and he would have given you living water."

6 そこにはヤコブの井戸があった。イエスは旅の疲れで, 井戸のかたわらに腰をおろしておられた。時は六時ごろであった。

7 ひとりのサマリヤの女が水をくみに來た。イエスは 「わたしに水を飲ませてください。」と言われた。

8 弟子たちは食物を買いに, 町へ出かけていた。

9 そこで, そのサマリヤの女は言った。「あなたはユダヤ人なのに, どうしてサマリヤの女の私に, 飲み水をお求めになるのですか。—ユダヤ人はサマリヤ人とつきあいをしなかったからである。—

10 イエスは答えて言われた。「もしあなたが神の賜物を知り, また, あなたに水を飲ませてくれと言う者がだれであるかを知っていたなら, あなたのほうでその人に求めたことでしょう。そしてその人はあなたに生ける水を與えたことでしょう。」

11 여자가 말하였다. "선생님, 선생님에게는 두레박도 없고, 이 우물은 깊은데, 선생님은 어디에서 생수를 구하신다는 말입니까?

12 선생님이 우리 조상 야곱보다 더 위대하신 분이라는 말입니까? 그는 우리에게 이 우물을 주었고, 그와 그 자녀들과 그 가축까지, 다 이 우물의 물을 마셨습니다."

13 예수께서 말씀하셨다. "이 물을 마시는 사람은 다시 목마를 것이다.

14 그러나 내가 주는 물을 마시는 사람은, 영원히 목마르지 아니할 것이다. 내가 주는 물은, 그 사람 속에서, 영생에 이르게 하는 샘물이 될 것이다."

15 그 여자가 말하였다. "선생님, 그 물을 나에게 주셔서, 내가 목마르지도 않고, 또 물을 길으러 여기까지 나오지도 않게 해주십시오."

11 "Sir," the woman said, "you have nothing to draw with and the well is deep. Where can you get this living water?

12 Are you greater than our father Jacob, who gave us the well and drank from it himself, as did also his sons and his flocks and herds?"

13 Jesus answered, "Everyone who drinks this water will be thirsty again,

14 but whoever drinks the water I give him will never thirst. Indeed, the water I give him will become in him a spring of water welling up to eternal life."

15 The woman said to him, "Sir, give me this water so that I won't get thirsty and have to keep coming here to draw water."

11 彼女は言った。「先生。あなたはくむ物を持っておいでにならず，この井戸は深いのです。その生ける水をどこから手にお入れになるのですか。

12 あなたは，私たちの先祖ヤコブよりも偉いのでしょうか。ヤコブは私たちにこの井戸を與え，彼自身も，彼の子たちも家畜も，この井戸から飲んだのです。」

13 イエスは答えて言われた。「この水を飲む者はだれでも，また渇きます。

14 しかし，わたしが與える水を飲む者はだれでも，決して渇くことがありません。わたしが與える水は，その人のうちで泉となり，永遠のいのちへの水がわき出ます。」

15 女はイエスに言った。「先生。私が渇くことがなく，もうここまでくみに來なくてもよいように，その水を私に下さい。」

16 예수께서 그 여자에게 말씀하셨다. "가서, 네 남편을 불러 오너라."

17 그 여자가 대답하였다. "나에게는 남편이 없습니다." 예수께서 여자에게 말씀하셨다. "남편이 없다고 한 말이 옳다.

18 너에게는, 남편이 다섯이나 있었고, 지금 같이 살고 있는 남자도 네 남편이 아니니, 바로 말하였다."

19 여자가 말하였다. "선생님, 내가 보니, 선생님은 예언자이십니다.

20 우리 조상은 이 산에서 예배를 드렸는데, 선생님네 사람들은 예배드려야 할 곳이 예루살렘에 있다고 합니다."

16 He told her, "Go, call your husband and come back."

17 "I have no husband," she replied. Jesus said to her, "You are right when you say you have no husband.

18 The fact is, you have had five husbands, and the man you now have is not your husband. What you have just said is quite true."

19 "Sir," the woman said, "I can see that you are a prophet.

20 Our fathers worshiped on this mountain, but you Jews claim that the place where we must worship is in Jerusalem."

16 イエスは彼女に言われた。「行って, あなたの夫をここに呼んで來なさい。」

17 女は答えて言った。「私には夫はありません。」 イエスは言われた。「私には夫がないというのは, もっともです。

18 あなたには夫が五人あったが, 今あなたといっしょにいるのは, あなたの夫ではないからです。あなたが言ったことはほんとうです。」

19 女は言った。「先生。あなたは預言者だと思います。

20 私たちの先祖は, この山で禮拜しましたが, あなたがたは, 禮拜すべき場所はエルサレムだと言われます。」

21 예수께서 말씀하셨다. "여자여, 내 말을 믿어라. 너희가 아버지께, 이 산에서 예배를 드려야 한다거나, 예루살렘에서 예배를 드려야 한다거나, 하지 않을 때가 올 것이다.

22 너희는 너희가 알지 못하는 것을 예배하고, 우리는 우리가 아는 분을 예배한다. 구원은 유대 사람들에게서 나기 때문이다.

23 참되게 예배를 드리는 사람들이 영과 진리로 아버지께 예배를 드릴 때가 온다. 지금이 바로 그 때이다. 아버지께서는 이렇게 예배를 드리는 사람들을 찾으신다.

24 하나님은 영이시다. 그러므로 하나님께 예배를 드리는 사람은 영과 진리로 예배를 드려야 한다."

25 여자가 예수께 말했다. "나는 그리스도라고 하는 메시아가 오실 것을 압니다. 그가 오시면, 우리에게 모든 것을 알려 주실 것입니다."

21 Jesus declared, "Believe me, woman, a time is coming when you will worship the Father neither on this mountain nor in Jerusalem.

22 You Samaritans worship what you do not know; we worship what we do know, for salvation is from the Jews.

23 Yet a time is coming and has now come when the true worshipers will worship the Father in spirit and truth, for they are the kind of worshipers the Father seeks.

24 God is spirit, and his worshipers must worship in spirit and in truth."

25 The woman said, "I know that Messiah" (called Christ) "is coming. When he comes, he will explain everything to us."

21 イエスは彼女に言われた。「わたしの言うことを信じなさい。あなたがたが 父を禮拜するのは，この山でもなく，エルサレムでもない，そういう時が來 ます。

22 救いはユダヤ人から出るのですから，わたしたちは知って禮拜していますが， あなたがたは知らないで禮拜しています。

23 しかし，眞の禮拜者たちが靈とまことによって父を禮拜する時が來ます。今が その時です。父はこのような人々を禮拜者として求めておられるからです。

24 神は靈ですから，神を禮拜する者は，靈とまことによって禮拜しなければな りません。」

25 女はイエスに言った。「私は，キリストと呼ばれるメシヤの來られることを知 っています。その方が來られるときには，いっさいのことを私たちに知らせて くださるでしょう。」

26 예수께서 말씀하셨다. "너에게 말하고 있는 내가 그다."

27 이때에 제자들이 돌아와서, 예수께서 그 여자와 말씀을 나누시는 것을 보고 놀랐다. 그러나 예수께 "웬일이십니까?" 하거나, "어찌하여 이 여자와 말씀을 나누고 계십니까?" 하고 묻는 사람이 한 사람도 없었다.

28 그 여자는 물동이를 버려 두고 동네로 들어가서, 사람들에게 말하였다.

29 "내가 한 일을 모두 알아맞히신 분이 계십니다. 와서 보십시오. 그분이 그리스도가 아닐까요?"

30 사람들이 동네에서 나와서, 예수께로 갔다.

26 Then Jesus declared, "I who speak to you am he."

27 Just then his disciples returned and were surprised to find him talking with a woman. But no one asked, "What do you want?" or "Why are you talking with her?"

28 Then, leaving her water jar, the woman went back to the town and said to the people,

29 "Come, see a man who told me everything I ever did. Could this be the Christ?"

30 They came out of the town and made their way toward him.

26 イエスは言われた。「あなたと話しているこのわたしがそれです。」

27 このとき, 弟子たちが歸って來て, イエスが女の人と話しておられるのを不思議に思った。しかし, だれも, 「何を求めておられるのですか。」とも,「なぜ彼女と話しておられるのですか。」とも言わなかった。

28 女は, 自分の水がめを置いて町へ行き, 人々に言った。

29 「來て, 見てください。私のしたこと全部を私に言った人がいるのです。この方がキリストなのでしょうか。」

30 그래서, 彼らは町を出て, イエスのほうへやって來た。

31 그러는 동안에, 제자들이 예수께, "랍비님, 잡수십시오" 하고 권하였다.

32 그러나 예수께서는 그들에게 말씀하시기를 "나에게는 너희가 알지 못하는 먹을 양식이 있다" 하셨다.

33 제자들은 "누가 잡수실 것을 가져다 드렸을까?" 하고 서로 말하였다.

34 예수께서 그들에게 말씀하셨다. "나의 양식은, 나를 보내신 분의 뜻을 행하고, 그 분의 일을 이루는 것이다.

35 너희는 넉 달이 지나야 추수 때가 된다고 하지 않느냐? 그러나 나는 너희에게 말한다. 눈을 들어서 밭을 보아라. 이미 곡식이 익어서, 거둘 때가 되었다.

31 Meanwhile his disciples urged him, "Rabbi, eat something."

32 But he said to them, "I have food to eat that you know nothing about."

33 Then his disciples said to each other, "Could someone have brought him food?"

34 "My food," said Jesus, "is to do the will of him who sent me and to finish his work.

35 Do you not say, 'Four months more and then the harvest'? I tell you, open your eyes and look at the fields! They are ripe for harvest.

31 そのころ, 弟子たちはイエスに, 「先生。召し上がってください。」とお願いした。

32 しかし, イエスは彼らに言われた。「わたしには, あなたがたの知らない食物があります。」

33 そこで, 弟子たちは互いに言った。「だれか食べる物を持って來たのだろうか。」

34 イエスは彼らに言われた。「わたしを遣わした方のみこころを行ない, そのみわざを成し遂げることが, わたしの食物です。

35 あなたがたは, 『刈り入れ時が來るまでに, まだ四か月ある。』と言ってはいませんか。さあ, わたしの言うことを聞きなさい。目を上げて畑を見なさい。色づいて, 刈り入れるばかりになっています。

36 추수하는 사람은 품삯을 받으며, 영생에 이르는 열매를 거두어들인다. 그리하면 씨를 뿌리는 사람과 추수하는 사람이 함께 기뻐할 것이다.

37 그러므로 '한 사람은 심고, 한 사람은 거둔다'는 말이 옳다.

38 나는 너희를 보내서, 너희가 수고하지 않은 것을 거두게 하였다. 수고는 남들이 하였는데, 너희는 그들의 수고의 결실에 참여하게 된 것이다."

39 그 동네에서 많은 사마리아 사람이 예수를 믿게 되었다. 그것은 그 여자가, 자기가 한 일을 예수께서 다 알아맞히셨다고 증언하였기 때문이다.

40 사마리아 사람들이 예수께 와서, 자기들과 함께 머무시기를 청하므로, 예수께서는 이틀 동안 거기에 머무르셨다.

36 Even now the reaper draws his wages, even now he harvests the crop for eternal life, so that the sower and the reaper may be glad together.

37 Thus the saying 'One sows and another reaps' is true.

38 I sent you to reap what you have not worked for. Others have done the hard work, and you have reaped the benefits of their labor."

39 Many of the Samaritans from that town believed in him because of the woman's testimony, "He told me everything I ever did."

40 So when the Samaritans came to him, they urged him to stay with them, and he stayed two days.

36 すでに, 刈る者は報酬を受け, 永遠のいのちに入れられる實を集めています。それは蒔く者と刈る者がともに喜ぶためです。

37 こういうわけで, 『ひとりが種を蒔き, ほかの者が刈り取る。』 ということわざは, ほんとうなのです。

38 わたしは, あなたがたに自分で勞苦しなかったものを刈り取らせるために, あなたがたを遣わしました。ほかの人々が勞苦して, あなたがたはその勞苦の實を得ているのです。」

39 さて, その町のサマリヤ人のうち多くの者が, 「あの方は, 私がしたこと全部を私に言った。」と證言したその女のことばによってイエスを信じた。

40 そこで, サマリヤ人たちはイエスのところに來たとき, 自分たちのところに滯在してくださるように願った。そこでイエスは二日間そこに滯在された。

41 그래서 더 많은 사람들이 예수의 말씀을 듣고서, 믿게 되었다.

42 그들은 그 여자에게 말하였다. "우리가 믿는 것은, 이제 당신의 말 때문만은 아니오. 우리가 그 말씀을 직접 들어보고, 이분이 참으로 세상의 구주이심을 알았기 때문이오."

43 이틀 뒤에 예수께서는 거기를 떠나서 갈릴리로 가셨다.

44 (예수께서 친히 밝히시기를 "예언자는 자기 고향에서는 존경을 받지 못한다" 하셨다.)

45 예수께서 갈릴리에 도착하시니, 갈릴리 사람들이 예수를 환영하였다. 그들도 명절을 지키러 예루살렘에 갔다가, 예수께서 거기서 하신 모든 일을 보았기 때문이다.

41 And because of his words many more became believers.

42 They said to the woman, "We no longer believe just because of what you said; now we have heard for ourselves, and we know that this man really is the Savior of the world."

43 After the two days he left for Galilee.

44 (Now Jesus himself had pointed out that a prophet has no honor in his own country.)

45 When he arrived in Galilee, the Galileans welcomed him. They had seen all that he had done in Jerusalem at the Passover Feast, for they also had been there.

---

41 そして, さらに多くの人々が, イエスのことばによって信じた。

42 そして彼らはその女に言った。「もう私たちは, あなたが話したことによって信じているのではありません。自分で聞いて, この方がほんとうに世の救い主だと知っているのです。」

43 さて, 二日の後, イエスはここを去って, ガリラヤへ行かれた。

44 イエスご自身が, 「預言者は自分の故郷では尊ばれない。」と證言しておられたからである。

45 そういうわけで, イエス がガリラヤに行かれたとき, ガリラヤ人はイエスを歡迎した。彼らも祭りに行っていたので, イエスが祭りの間にエルサレムでなさったすべてのことを見てい たからである。

46 예수께서 또다시 갈릴리 가나로 가셨다. 그 곳은 전에 물로 포도주를 만드신 곳이다. 거기에 왕의 신하가 한 사람 있었는데, 그의 아들이 가버나움에서 앓고 있었다.

47 그 사람은, 예수께서 유대에서 나와 갈릴리로 들어오셨다는 소문을 듣고, 예수께 와서 "제발 가버나움으로 내려오셔서, 아들을 고쳐 주십시오"하고 애원하였다. 아들이 거의 죽게 되었기 때문이다.

48 예수께서 그에게 말씀하셨다. "너희는 표징이나 기이한 일들을 보지 않고는, 결코 믿으려고 하지 않는다."

49 그 신하가 예수께 간청하였다. "선생님, 내 아이가 죽기 전에 내려와 주십시오."

50 예수께서 말씀하셨다. "돌아가거라. 네 아들이 살 것이다." 그는 예수께서 자기에게 하신 말씀을 믿고 떠나갔다.

46 Once more he visited Cana in Galilee, where he had turned the water into wine. And there was a certain royal official whose son lay sick at Capernaum.

47 When this man heard that Jesus had arrived in Galilee from Judea, he went to him and begged him to come and heal his son, who was close to death.

48 "Unless you people see miraculous signs and wonders," Jesus told him, "you will never believe."

49 The royal official said, "Sir, come down before my child dies."

50 Jesus replied, "You may go. Your son will live." The man took Jesus at his word and departed.

46 イエスは再びガリラヤのカナに行かれた。そこは, かつて水をぶどう酒にされた所である。さて, カペナウムに病氣の息子がいる王室の役人がいた。

47 この人は, イエスがユダヤからガリラヤに來られたと聞いて, イエスのところへ行き, 下って來て息子をいやしてくださるように願った。息子が死にかかっていたからである。

48 そこで, イエスは彼に言われた。「あなたがたは, しるしと不思議を見ないかぎり, 決して信じない。」

49 その王室の役人はイエスに言った。「主よ。どうか私の子どもが死なないうちに下って來てください。」

50 イエスは彼に言われた。「歸って行きなさい。あなたの息子は直っています。」 その人はイエスが言われたことばを信じて, 歸途についた。

51 그가 내려가는 도중에, 종들이 마중나와 그 아이가 살았다고 보고하였다.

52 그가 종들에게 아이가 낫게 된 때를 물어보니 "어제 오후 한 시에, 열기가 떨어졌습니다" 하고 종들이 대답하였다.

53 아이 아버지는 그 때가, 예수께서 그에게 "네 아들이 살 것이다" 하고 말씀하신, 바로 그 시각인 것을 알았다. 그래서 그와 그의 온 집안이 함께 예수를 믿었다.

54 이것은 예수께서 유대에서 나와서 갈릴리로 돌아오신 뒤에 행하신 두 번째 표징이다.

51 While he was still on the way, his servants met him with the news that his boy was living.

52 When he inquired as to the time when his son got better, they said to him, "The fever left him yesterday at the seventh hour."

53 Then the father realized that this was the exact time at which Jesus had said to him, "Your son will live." So he and all his household believed.

54 This was the second miraculous sign that Jesus performed, having come from Judea to Galilee.

51 彼が下って行く途中, そのしもべたちが彼に出會って, 彼の息子が直ったことを告げた。

52 そこで子どもがよくなった時刻を彼らに尋ねると,「きのう, 七時に熱がひきました。」と言った。

53 それで父親は, イエスが 「あなたの息子は直っている。」と言われた時刻と同じであることを知った。そして彼自身と彼の家の者がみな信じた。

54 イエスはユダヤを去ってガリラヤにはいられてから, またこのことを第二のしるしとして行なわれたのである。

人語

🏠 개요

　예수는 요한복음 3장에서 니고데모와 대화를 나누신 것처럼 4장에서 다시 한 번 대화를 나누신다. 그런데 그 대화상대가 니고데모와는 너무나 대조적이다. 니고데모는 유대인 남성이며 바리새인이자 산헤드린 의회의 일원이었다. 이에 반해 본문에 등장하는 예수의 새로운 대화상대는 사마리아인이며 여성이었고, 율법에 어긋나는 생활을 하고 있었다. 주님께서는 두 사람의 배경에 연연하지 않으셨으며 주님의 구주 되심을 나타내셨고, 이들에게 영원한 생명이 되어 주셨다.

우물가에서 예수와 사마리아 여인의 만남

자료: m.blog.naver.com

⌂ 예수가 유대를 떠나다

바리새인들이 예수가 세례자 요한보다 더 많은 사람들에게 세례를 베푼다는 것을 알게 되었다. 이때 세례의 주체를 두고 요한복음 4장 2절에서는 예수의 제자들로, 요한복음 3장 26절에서는 예수 본인으로 서술한다. 예수는 바리새인들이 이를 알자 유대를 떠나 갈릴래아로 돌아간다. 바리새인들의 반발감이 귀향의 이유로 여겨지나, 당시 갈릴래아 지역에서도 바리새인들의 영향력이 있었다는 점을 고려하면 확실치 않다. 이에 대해 유진 피터슨은 실제로 세례를 행한 것은 예수의 제자들이며, 바리새인들이 예수와 세례자 요한에게 가는 사람들의 수에 대해 떠벌리면서 민중이 이 둘을 라이벌로 인식하게끔 했다고 주장했다.

4절에서는 갈릴래아로 돌아가기 위해 사마리아를 거칠 필요가 있었다고 서술하나, 요세푸스는 당시 갈릴래아 사람들이 유월절을 위해 예루살렘을 갈 때 일반적으로 취하는 길은 요르단강 동편의 페레아를 지나는 것이라고 전한다. 이는 바리새인들이 사마리아 사람들과의 접촉을 피하기 위한 것인데, 예수는 경로상의 이점보다도 진리가 모든 국가와 민족을 위한 것임을 보여주기 위해 이 길을 선택한 것으로 여겨진다.

갈릴래아호

자료: ko.wikipedia.org

Vox populi, vox Dei.

예수는 이후 정오 즈음하여 사마리아의 시카르, 또는 수가라고 하는 마을에 도착해 제자들이 식량을 사러 도시에 간 동안 야곱의 우물에서 휴식을 취한다.

사마리아 여인

예수가 제자들이 돌아오기를 기다리는 동안 사마리아 여인이 우물에 다가오고, 예수는 물을 달라고 청한다. 여인은 유대인이 사마리아인을 상종하지 않지 않느냐며 놀라고, 예수는 자기에게 청하였더라면 샘솟는 물을 주었을 것이라고 말하는데, 이는 비유적으로 해석할 수도 있고 문자 그대로 해석할 수도 있다. 사마리아 여인은 그 물을 구하고, 예수는 사마리아 여인의 남편에 대한 비밀을 말하여 선지자로 받아들여진다. 이후 예수는 하나님께 예배하는 것에 대한 가르침을 전하고, 사마리아 여인이 메시아가 올 것을 안다고 하자 자신이 메시아임을 밝힌다.

예수가 여기서 사마리아 여인에게 보인 모습과 유대인들에게 보인 모습은 사뭇 다르다. 예수는 유대인들에게는 메시아란 정벌 군주로 적들의 목을 꺾고 억압과 박해를 응보하는 자라고 가르침으로써 정치적 해석의 위험을 안았는데, 요한복음 6장 15절에서 시민들이 예수를 왕으로 추대하려고 하는 모습에서 이를 볼 수 있다. 하지만 사마리아인들에게는 메시아란 하나님을 경배하는 방법을 가르치는 자로서 드러낸다.

사마리아인들에게 복음을 전함

예수의 제자들이 우물가에 돌아오자 여인은 마을로 돌아가 메시아로 보이는 사람이 있다며 다 같이 그 이야기를 들을 것을 청한다. 제자들은 예수에게 음식을 좀 먹으라고 권하자 예수는 "너희들이 모르는 양식이 있다"며 거절한다. 예수는 사마리아인[1] 들에게 추수에 대한 비유를 전하고, 사마리아인들은 예수를 구세주로 영접한다. 이는 예수의 목회가 한 번에 많은 사람들의 깨우침을 이끌어냈

유월절 기간에 게리짐산에 있는
사마리아인들

자료: ko.wikipedia.org

다는 데에서 특별한 사건으로 여겨진다.

사마리아의 복음화는 사도행전 1장 8절에서 예수가 제자들에게 사마리아까지 복음을 전해야 한다고 이야기하는 부분과, 전도자 빌립보가 사마리아에서 그리스도를 전함으로써 이어진다. 특히 8장에서는 본 장의 사건을 인용하며 사마리아가 하나님의 말씀을 받았으니 베드로와 요한을 보내어 그들이 성령을 받도록 기도하는 장면이 등장한다.

이후 예수는 이어 원래의 목적지인 갈릴래아로 돌아가 환영을 받는다.

영원히 목마르지 아니하리니(1-15절)

예수가 유대에서의 사역을 중단하시고 갈릴리로 가신 이유를 증거한다. 그것은 바리새인들이 예수의 사역과 요한의 사역을 비교하기 시작했기 때문이다.

> **1** 사마리아인은 고대 근동의 이스라엘인, 혹은 히브리인에게서 기원한 레반트 지역의 민족종교 집단이다. 예로부터 사마리아인들은 가나안 지역으로 이주한 때부터 고대 사마리아 지역(오늘날에는 웨스트 뱅크라고 알려진 지역의 대부분을 구성)과 관련된 레위인뿐만 아니라 에브라임 지파와 므낫세 지파(두 명 모두 요셉의 아들들)의 후손이라 주장하는 반면에, 일부 정통 유대인들은 바빌론 유수부터 시작되어 바바 랍바의 사마리아인 정권 시기에 사마리아인들이 나타났다고 주장한다.

예수는 요한의 사역을 존중하셨으며, 요한이 사역하고 있는 유대를 떠나 갈릴리로 올라가셨다. 어떤 주석학자들은 당시 유대인들이 사마리아 사람들을 대단히 혐오해서 사마리아 땅을 지나가는 것이 아니라 우회해서 돌아가는 좀 더 긴 노선을 택했다고 한다. 그러나 주님은 갈릴리로 가실 때 먼 길로 우회하실 필요가 없으셨다. 주님은 사마리아인을 향한 어떤 혐오나 편견이 없으셨을뿐더러, 사마리아를 통과하면서 꼭 만나셔야 할 한 사람이 있었기 때문이다.

　예수가 여섯 시쯤, 오늘날 시간으로는 정오쯤, 야곱의 우물이 있는 수가라는 동네에 도착하셨다. 한낮의 열기와 긴 여정으로 예수가 얼마나 목마르셨으며 피곤하셨을지 생각해 볼 수 있다. 그 때 한 사마리아 여인이, 한낮인 정오에 홀로 우물에 물을 길으러 왔다.

당시 여인들은 태양의 열기가 가장 강렬하게 내리쬐는 한낮을 피해서 그 이전이나 이후에 무리를 지어 물을 길으러 오곤 했다. 따라서 이 여인은 의도적으로 아무도 우물에 오지 않는 한낮이라는 시간에 물을 길으러 온 것을 보아 사람들을 마주치기 거부하는 부끄러운 처지에 놓여 있었음을 예상해 볼 수 있다. 1-4

예수가 홀로 우물에 온 사마리아 여인에게 물을 좀 달라고 요청하셨을 때, 여인은 당황할 수밖에 없었다.

자료: blog.daum.net

예수가 홀로 우물에 온 사마리아 여인에게 물을 좀 달라고 요청하셨을 때, 여인은 당황할 수밖에 없었다. 그 당시 유대인 남자들은 여자에게 어떤 인사라도 하는 것을 금했을 뿐만 아니라 유대인들은 사마리아인과 상종하지 않았기 때문이다. "유대인이 사마리아인과 상종하지 아니함이러라"를 문자적으로 표현하면 "유대인들은 사마리아인과 같은 그릇을 사용하지 않았다"이다. 만약 사마리아 여인이 예수의 요청에 응한다면 예수는 그녀가 가진 물그릇으로 물을 마시게 되며, 이러한 일은 유대인에게는 자신의 정결함이 훼손되는 것을 의미한다. 유대인들은 불경한 사마리아인들과 그릇조차 함께 사용하지 않음으로써 철저히 자신들의 정결함을 지키려 했다. 당시 유대인들에게 심각한 교만이 있었는데 그것은 '영적인 교만'이었다. 우리가 잘 아는 선한 사마리아인의 비유눅 10:25-37는 예수가 영적 교만에 빠진 유대인들, 특히 그것을 조장하고 앞장서는 율법교사에게 말씀하심으로 그들의 영적인 교만함을 폭로하시는 내용이다.

사마리아 여인이 물을 달라 요청하시는 예수에게 당황하며 질문했던 이유는 유대인이면서 사마리아 여자인 자신에게 물을 달라 요청하시는 예수의 낮은 태도 때문이었다. 7-9

예수는 사마리아 여인에게 물을 달라 요청하셨지만, 예수의 요청은 여인에게 생수를 주시기 위한 은총의 초청이었다. '생수'는 이중적인 의미를 지니고 있다. 문자적으로 '생수'는 샘에서 흘러나오는 신선한 물이다. 한 해의 대부분이 지

생수의 근원이자 수여자이신
그리스도

자료: blog.daum.net

Vox populi, vox Dei.

독하게 메말라 있는 지역에서 사람들은 이 신선한 물을 아주 귀하게 여겼다. 문자적인 의미뿐만 아니라 '생수'는 구약에서 하나님의 신실하심, 은혜, 하나님을 아는 지식, 영생, 성령의 능력에 대한 비유로 등장한다렘 2:13, 슥 14:8. 예수가 여인에게 주시겠다는 '생수'는 오직 세상의 구주이신 예수만이 줄 수 있는 '영생'을 가리킨다.

그러나 안타깝게도 사마리아 여인은 예수가 주시겠다는 '생수'를 문자적인 의미로만 이해했다. 당시 우물의 깊이는 상당히 깊었기에 물길을 그릇인 두레박도 없으신 예수에게 여인은 이 우물을 판 야곱보다 크냐며 질문한다.

예수가 야곱보다 크신 이유는 무엇인가? 야곱이 준 물을 먹은 자는 계속 목마를 것이나 예수가 주시는 생수를 마시는 자는 영원히 목마르지 않을 것이기 때문이다. 야곱은 구약시대와 옛 언약을 대표하는 인물이라면, 예수는 새 언약을 주시는 분이시며, 자신의 몸을 단번에 드리심으로 구원을 완성하실 뿐만 아니라 보혜사 성령을 우리에게 부어주심으로 우리를 영원히 온전하게 하시는 그리스도이시다. 10

여인은 예수가 말씀하신 '목마름'을 문자적으로 이해했다. 여인에게 지금 중요한 것은 이곳 '야곱의 우물'에 물을 길으러 오지 않는 것이다. 여인에게 있어서 우물은 자신의 목마름을 해결하기 위해 올 수밖에 없는 장소이면서 동시에 사람들의 눈을 피해 정오의 뜨거운 햇살을 받으며 홀로 와야만 하는 비참한 자신의 인생을 마주하는 곳이기도 하다. 반복되는 목마름과 반복해서 우물에 와야 하는 여인의 인생 속에 영생을 베푸시는 예수가 찾아오셨다. 그것도 바로 그 우물에서 말이다.

우리에게도 인생의 목마름이 있지 않은가? 비참한 현실을 매일 마주해야만 하는 우물가는 어디인가? 현실의 문제에 얽매여 하루하루 살아가는 우리의 인생에 주님은 찾아오셔서, 이 땅에서 겪는 인생의 목마름을 통해 영혼의 목마름 깨닫게 하시고, 현실의 문제를 도구 삼으셔서 '영생하도록 솟아나는 샘물'인 영원한 삶을 얻게 하신다. 지금 겪고 있는 고난, 아픔, 실패 속에 찾아오시는 주님으로 말미암아 영생을 바라보시는 우리 모두 되기를 소망한다. 15

네 남편을 불러오라(16-18)

예수가 여인에게 '네 남편을 불러 오라'고 말씀하신 것은 현재 그녀를 메마른 인생으로 이끈 세상의 갈망을 들춰내시기 위함이었다. 우리는 여인의 남편이 모두 죽은 것인지, 다섯 남편에게 차례대로 버림받은 것인지 알 도리가 없다. 그녀는 변화무쌍했던 결혼생활을 하였고, 현재 정상적으로 결혼하지 않은 한 남자와 살고 있다. 이 여인이라고 왜 평범한 가정을 꾸리며 행복한 삶을 살고 싶지 않았겠는가? 예수가 여인이 가진 아픈 과거와 수치스러운 현실을 굳이 왜 들춰내셨을까? 자신의 힘과 노력으로 행복을 움켜쥐려 그토록 몸부림을 쳤던 대가가 과연 무엇이었으며, 메마른 인생을 시원하게 해줄 수 있는 것이 이 땅에 결코 없음을 절실하게 깨닫게 하시기 위함이었다.

이 땅에 속한 인생으로 이 땅의 것을 바라보던 여인에게, 하늘로부터 오신 예수 그리스도께서 여인으로 하여금 하늘의 것, 영원한 생명을 바라보도록 하신다.

네 남편을 불러오라, 사마리아 여인에 관한 또 다른 관점

자료: m.blog.naver.com

Vox populi, vox Dei.

 네가 말하는 내가 그라(19-26)

🐟 예수와 여인의 대화 주제가 생수에서 남편, 그리고 예배로 옮기는 것은 결코 어색한 전개가 아니다. 예배는 세속적인 것과 이 땅의 것을 갈망하던 사람이 하늘로부터 오는 생명을 갈망하는 영적인 행위이기 때문이다.

여인은 예수에게 어느 곳에서 드리는 예배가 하나님께서 받으시는 참된 예배인지 질문했다. 이 질문은 유대인과 사마리아인 사이에 가장 문제가 되는 주제이기도 하다. 유대인들은 하나님께서 다윗에게 약속하셨고 그 아들 솔로몬에게 성전을 짓도록 인준하셨던 예루살렘_{시온 산}이 하나님을 예배하는 처소라고 믿었다. 하지만 사마리아인들은 모세 오경_{창세기, 출애굽기, 레위기, 민수기, 신명기}만을 하나님의 말씀으로 인정했기에 아브라함이 약속의 땅에 들어온 후 제단을 쌓은 최초의 장소가 '세겜'이며, 약속의 땅에 들어온 이스라엘을 향해 복이 선포된 장소가 세겜에 있는 '그리심 산'이기에 사마리아인들은 '그리심 산'을 하나님께서 택하신 예배의 처소라고 믿었다. 19-20

🐟 여인이 예수에게 들은 대답은 그녀가 기대했던 것과 전혀 다른 것이었다. 예수는 그리심 산이냐, 시온 산이냐를 가지고 따지는 시대는 이제 끝날 것이라고

축복의 산, 그리심 산

자료: blog.naver.com

말씀하신다. 이제 새로운 질서, 새로운 시대가 막 당도하고 있었다. 중요한 문제는 사람들이 하나님을 '어디서' 예배하느냐가 아니라, '어떻게' 하나님을 예배하느냐이다. 하나님께서 찾으시는 참된 예배 즉, '영과 진리'로 드리는 예배이다. 영적인 예배, 순전한 예배는 어떤 장소나 어떤 시기에 매여 있을 수 없다. 예배를 받으시는 하나님은 '영'이시기 때문이다.

예수는 하나님께 영과 진리로 참되게 예배하는 '때'가 오고 있다고 확언하신다. 요한복음에서 '때'라는 단어는 일관되게 '예수님께서 죽으심과 부활을 통해 높임을 받게 될 때'를 의미한다. 주님께서 죽으셨다가 다시 살아나심으로 말미암아 그분의 희생과 살아계신 임재에 근거한 새로운 영과 진리의 예배로 대체될 것을 분명히 말씀하셨다.

'영'이신 하나님 앞에 우리의 어떠한 물리적인 방식과 육체적인 열심으로는 하나님과 만족한 관계를 맺을 수 없다는 것이 자명하다. 하나님께서 먼저 주도권을 쥐고 우리가 하나님을 알고 하나님께 집중할 수 있도록 우리에게 자신을 드러내셔야만 가능하다. 하나님께서 처음에는 이스라엘을 통해서 이 일을 하셨고 그렇기에 유대인들은 아는 것을 예배할 수 있었다. 하지만 이제 아버지를 나타내신 아들 예수 그리스도를 통해 하나님을 아는 일이 가능해졌다. 따라서 참된 예배는 예수 그리스도 안에서, 예수 그리스도를 통해 드리는 예배이다. 예수 그리스

영적인 예배

자료: blog.naver.com

Vox populi, vox Dei.

_99

도께서 나타내시는 진리, 예수 그리스도를 통해 허락된 성령을 통해서만 우리는 하나님을 알 수 있고 아버지께 참되게 예배드릴 수 있는 것이다. 21-24

🐟 참되게 예배를 드리는 사람들이 영과 진리로 아버지께 예배를 드릴 때가 온다. 지금이 바로 그 때이다. 아버지께서는 이렇게 예배를 드리는 사람들을 찾으신다.
하나님은 영이시다. 그러므로 하나님께 예배를 드리는 사람은 영과 진리로 예배를 드려야 한다. 23-24

🐟 예배는 이산에도 아니고 저산에도 아닌, 자기 안에 있는 하나님을 기쁘시게 하는 것이며, 이것이 영적 예배니라.

🐟 주님께서는 여인에게 "너에게 말하고 있는 내가 그다 새번역"라고 말씀하심으로 여인은 드디어 주님을 알게 되었다. 한낮 홀로 찾아온 우물가에서 만난 그분, 자신과 같이 뜨거운 햇살을 피해 피곤에 지쳐계신 그분, 유대인이면서 사마리아인 자신에게 물을 달라 요청하신 그분, 자신에게 영원히 목마르지 않을 생수를 주겠다며 자신이 야곱보다 크다고 말씀하신 그분, 자신에게 남편을 데려오라며 말씀하실 뿐만 아니라 자신의 처지를 다 알고 계신 선지자이신 그분, 그리고 우

예수를 알아본 사마리아 여인

자료: m.blog.naver.com

물가에 함께 앉아 참된 예배에 대해 친절하게 말씀하시는 그분이 바로 그리스도이심을 여인은 깨닫게 되었다.

주님은 우리의 삶의 현장에서 우리에게 계속해서 말씀하신다. 우리가 낙심하지 않고 항상 기도할 수 있는 것은 어떠한 메마른 삶의 자리일지라도 주님께서 우리에게 영원히 솟아나는 생명의 근원되시기 때문이다. 오늘도 우리에게 찾아오시고 말씀하시는 주님과 동행하는 삶을 살아가시길 소망한다. 25-26

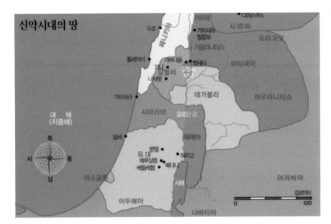

사마리아(Samaria)

자료: m.blog.naver.com

성경에 나오는 사마리아는 현재 유대인들에게는 쉬켐(세겜)으로 불리고, 아랍인들은 '나블루스'라고 부른다.

자료: gddaily.kr

Vox populi, vox Dei.

요한복음
5장

天聲

1 그 뒤에 유대 사람의 명절이 되어서, 예수께서 예루살렘으로 올라가셨다.

2 예루살렘에 있는 '양의 문' 곁에, 히브리 말로 베드자다라는 못이 있는데, 거기에는 주랑이 다섯 있었다.

3 이 주랑 안에는 많은 환자들, 곧 눈먼 사람들과 다리 저는 사람들과 중풍병자들이 누워 있었다. [그들은 물이 움직이기를 기다리고 있었다.

4 주님의 천사가 때때로 못에 내려와 물을 휘저어 놓는데 물이 움직인 뒤에 맨 먼저 들어가는 사람은 무슨 병에 걸렸든지 나았기 때문이다.]

5 거기에는 서른여덟 해가 된 병자 한 사람이 있었다.

1 Some time later, Jesus went up to Jerusalem for a feast of the Jews.

2 Now there is in Jerusalem near the Sheep Gate a pool, which in Aramaic is called Bethesda and which is surrounded by five covered colonnades.

3 Here a great number of disabled people used to lie—the blind, the lame, the paralyzed.

4 [Deficiency]

5 One who was there had been an invalid for thirty-eight years.

1 その後, ユダヤ人の祭りがあって, イエスはエルサレムに上られた。

2 さて, エルサレムには, 羊の門の近くに, ヘブル語でベテスダと呼ばれる池があって, 五つの回廊がついていた。

3 その中に大ぜいの病人, 盲人, 足なえ, やせ衰えた者が伏せっていた。

4   [本節欠如]

5   そこに, 三十八年もの間, 病氣にかかっている人がいた。

6   예수께서 누워 있는 그 사람을 보시고, 또 이미 오랜 세월을 그렇게 보내고 있는 것을 아시고는 물으셨다. "낫고 싶으냐?"

7   그 병자가 대답하였다. "주님, 물이 움직일 때에, 나를 들어서 못에다가 넣어주는 사람이 없습니다. 내가 가는 동안에, 남들이 나보다 먼저 못에 들어갑니다."

8   예수께서 그에게 말씀하셨다. "일어나서 네 자리를 걷어 가지고 걸어가거라."

9   그 사람은 곧 나아서, 자리를 걷어 가지고 걸어갔다. 그 날은 안식일이었다.

10   그래서 유대 사람들은 병이 나은 사람에게 말하였다. "오늘은 안식일이니, 자리를 들고 가는 것은 옳지 않소."

6   When Jesus saw him lying there and learned that he had been in this condition for a long time, he asked him, "Do you want to get well?"

7   "Sir," the invalid replied, "I have no one to help me into the pool when the water is stirred. While I am trying to get in, someone else goes down ahead of me."

8   Then Jesus said to him, "Get up! Pick up your mat and walk."

9   At once the man was cured; he picked up his mat and walked. The day on which this took place was a Sabbath,

10   and so the Jews said to the man who had been healed, "It is the Sabbath; the law forbids you to carry your mat."

6   イエスは彼が伏せっているのを見, それがもう長い間のことなのを知って, 彼に言われた。「よくなりたいか。」

7   病人は答えた。「主よ。私には, 水がかき回されたとき, 池の中に私を入れ

てくれる人がいません。行きかけると, もうほかの人が先に降りて行くのです。」

8 イエスは彼に言われた。「起きて, 床を取り上げて歩きなさい。」

9 すると, その人はすぐに直って, 床を取り上げて歩き出した。ところが, その日は安息日であった。

10 そこでユダヤ人たちは, そのいやされた人に言った。「きょうは安息日だ。床を取り上げてはいけない。」

11 그 사람이 대답하였다. "나를 낫게 해주신 분이 나더러, '네 자리를 걷어 가지고 걸어가거라' 하셨소."

12 유대 사람들이 물었다. "그대에게 자리를 걷어 가지고 걸어가라고 말한 사람이 누구요?"

13 그런데 병 나은 사람은, 자기를 고쳐 주신 분이 누구인지를 알지 못하였다. 거기에는 사람들이 많이 붐비었고, 예수께서는 그 곳을 빠져나가셨기 때문이다.

14 그 뒤에 예수께서 성전에서 그 사람을 만나서 말씀하셨다. "보아라. 네가 말끔히 나았다. 다시는 죄를 짓지 말아라. 그리하여 더 나쁜 일이 너에게 생기지 않도록 하여라."

15 그 사람은 가서, 자기를 낫게 하여 주신 분이 예수라고 유대 사람들에게 말하였다.

11 But he replied, "The man who made me well said to me, 'Pick up your mat and walk.'"

12 So they asked him, "Who is this fellow who told you to pick it up and walk?"

13 The man who was healed had no idea who it was, for Jesus had slipped away into the crowd that was there.

14 Later Jesus found him at the temple and said to him, "See, you are well again. Stop sinning or something worse may happen to you."

15 The man went away and told the Jews that it was Jesus who had made him well.

11 しかし, その人は彼らに答えた。「私を直してくださった方が, 『床を取り上げて歩け。』と言われたのです。」

12 彼らは尋ねた。「『取り上げて歩け。』と言った人はだれだ。」

13 しかし, いやされた人は, それがだれであるか知らなかった。人が大ぜいそこにいる間に, イエスは立ち去られたからである。

14 その後, イエスは宮の中で彼を見つけて言われた。「見なさい。あなたはよくなった。もう罪を犯してはなりません。そうでないともっと悪い事があなたの身に起こるから。」

15 その人は行って, ユダヤ人たちに, 自分を直してくれた方はイエスだと告げた。

16 그 일로 유대 사람들은, 예수께서 안식일에 그러한 일을 하신다고 해서, 그를 박해하였다.

17 그러나 [예수께서는 그들에게 말씀하셨다. "내 아버지께서 이제까지 일하고 계시니, 나도 일한다."

18 유대 사람들은 이 말씀 때문에 더욱더 예수를 죽이려고 하였다. 그것은, 예수께서 안식일을 범하셨을 뿐만 아니라, 하나님을 자기 아버지라고 불러서, 자기를 하나님과 동등한 위치에 놓으셨기 때문이다.

19 예수께서 그들에게 말씀하셨다. "내가 진정으로 진정으로 너희에게 말한다. 아들은 아버지께서 하시는 것을 보는 대로 따라 할 뿐이요, 아무것도 마음대로 할 수 없다. 아버지께서 하시는 일은 무엇이든지, 아들도 그대로 한다.

20 아버지께서는 아들을 사랑하셔서, 하시는 일을 모두 아들에게 보여 주시기 때문이다. 또한 이보다 더 큰 일들을 아들에게 보여 주셔서, 너희를 놀라게 하실 것이다.

16 So, because Jesus was doing these things on the Sabbath, the Jews persecuted him.

17 Jesus said to them, "My Father is always at his work to this very day, and I, too, am working."

18 For this reason the Jews tried all the harder to kill him; not only was he breaking the Sabbath, but he was even calling God his own Father, making himself equal with God.

19 Jesus gave them this answer: "I tell you the truth, the Son can do nothing by himself; he can do only what he sees his Father doing, because whatever the Father does the Son also does.

20 For the Father loves the Son and shows him all he does. Yes, to your amazement he will show him even greater things than these.

16 このためユダヤ人たちは, イエスを迫害した。イエスが安息日にこのようなことをしておられたからである。

17 イエスは彼らに答えられた。「わたしの父は今に至るまで働いておられます。ですからわたしも働いているのです。」

18 このためユダヤ人たちは, ますますイエスを殺そうとするようになった。イエスが安息日を破っておられただけでなく, ご自身を神と等しくして, 神を自分の父と呼んでおられたからである。

19 そこで, イエスは彼らに答えて言われた。「まことに, まことに, あなたがたに告げます。子は, 父がしておられることを見て行なう以外には, 自分からは何事も行なうことができません。父がなさることは何でも, 子も同様に行なうのです。

20 それは, 父が子を愛して, ご自分のなさることをみな, 子にお示しになるからです。また, これよりもさらに大きなわざを子に示されます。それは, あなたがたが驚き怪しむためです。

21 아버지께서 죽은 사람들을 일으켜 살리시니, 아들도 자기가 원하는 사람들을 살린다.

22 아버지께서는 아무도 심판하지 않으시고, 심판하는 일을 모두 아들에게 맡기셨다.

23 그것은, 모든 사람이 아버지를 공경하듯이, 아들도 공경하게 하려는 것이다. 아들을 공경하지 않는 사람은, 아들을 보내신 아버지도 공경하지 않는다.

24 내가 진정으로 진정으로 너희에게 말한다. 내 말을 듣고 또 나를 보내신 분을 믿는 사람은, 영원한 생명을 가지고 있고 심판을 받지 않는다. 그는 죽음에서 생명으로 옮겨갔다.

25 내가 진정으로 진정으로 너희에게 말한다. 죽은 사람들이 하나님의 아들의 음성을 들을 때가 오는데, 지금이 바로 그 때이다. 그리고 그 음성을 든는 사람들은 살 것이다.

21 For just as the Father raises the dead and gives them life, even so the Son gives life to whom he is pleased to give it.

22 Moreover, the Father judges no one, but has entrusted all judgment to the Son,

23 that all may honor the Son just as they honor the Father. He who does not honor the Son does not honor the Father, who sent him.

24 "I tell you the truth, whoever hears my word and believes him who sent me has eternal life and will not be condemned; he has crossed over from death to life.

25 I tell you the truth, a time is coming and has now come when the dead will hear the voice of the Son of God and those who hear will live.

21 父が死人を生かし, いのちをお與えになるように, 子もまた, 與えたいと思う者にいのちを與えます。

22 また, 父はだれをもさばかず, すべてのさばきを子にゆだねられました。

23 それは, すべての者が, 父を敬うように子を敬うためです。子を敬わない者は, 子を遣わした父をも敬いません。

24 まことに, まことに, あなたがたに告げます。わたしのことばを聞いて, わたしを遣わした方を信じる者は, 永遠のいのちを持ち, さばきに會うことがなく, 死からいのちに移っているのです。

25 まことに, まことに, あなたがたに告げます。死人が神の子の聲を聞く時が來ます。今がその時です。そして, 聞く者は生きるのです。

26 그것은, 아버지께서 자기 속에 생명을 가지고 계신 것 같이 아들에게도 생명을 주셔서, 그 속에 생명을 가지게 하여 주셨기 때문이다.

27 또, 아버지께서는 아들에게 심판하는 권한을 주셨다. 그것은 아들이 인자이기 때문이다.

28 이 말에 놀라지 말아라. 무덤 속에 있는 사람들이 다 그의 음성을 들을 때가 온다.

29 선한 일을 한 사람들은 부활하여 생명을 얻고, 악한 일을 한 사람들은 부활하여 심판을 받는다."

30 "나는 아무것도 내 마음대로 할 수 없다. 나는 아버지께서 하라고 하시는 대로 심판한다. 내 심판은 올바르다. 그것은 내가 내 뜻대로 하려 하지 않고, 나를 보내신 분의 뜻대로 하려 하기 때문이다."

26 For as the Father has life in himself, so he has granted the Son to have life in himself.

27 And he has given him authority to judge because he is the Son of Man.

28 "Do not be amazed at this, for a time is coming when all who are in their graves will hear his voice

29 and come out—those who have done good will rise to live, and those who have done evil will rise to be condemned.

30 By myself I can do nothing; I judge only as I hear, and my judgment is just, for I seek not to please myself but him who sent me.

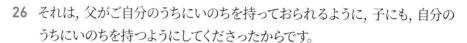

26 それは, 父がご自分のうちにいのちを持っておられるように, 子にも, 自分のうちにいのちを持つようにしてくださったからです。

27 また, 父はさばきを行なう權を子に與えられました。子は人の子だからです。

28 このことに驚いてはなりません。墓の中にいる者がみな, 子の聲を聞いて出て來る時が來ます。

29 善を行なった者は, よみがえっていのちを受け, 惡を行なった者は, よみがえってさばきを受けるのです。

30 わたしは, 自分からは何事も行なうことができません。ただ聞くとおりにさばくのです。そして, わたしのさばきは正しいのです。わたし自身の望むことを求めず, わたしを遣わした方のみこころを求めるからです。

31 "내가 내 자신을 위하여 증언한다면, 내 증언은 참되지 못하다.

32 나를 위하여 증언하여 주시는 분은 따로 있다. 나를 위하여 증언하시는 그 증언이 참되다는 것을 나는 안다.

33 너희가 요한에게 사람을 보냈을 때에 그는 이 진리를 증언하였다.

34 내가 이 말을 하는 것은, 내가 사람의 증언이 필요해서가 아니다. 그것은 다만 너희로 하여금 구원을 얻게 하려는 것이다.

35 요한은 타오르면서 빛을 내는 등불이었다. 너희는 잠시동안 그의 빛 속에서 즐거워하려 하였다.

31 "If I testify about myself, my testimony is not valid.

32 There is another who testifies in my favor, and I know that his testimony about me is valid.

33 "You have sent to John and he has testified to the truth.

34 Not that I accept human testimony; but I mention it that you may be saved.

35 John was a lamp that burned and gave light, and you chose for a time to enjoy his light.

31 もしわたしだけが自分のことを證言するのなら, わたしの證言は眞實ではありません。

32 わたしについて證言する方がほかにあるのです。その方のわたしについて證言される證言が眞實であることは, わたしが知っています。

33 あなたがたは, ヨハネのところに人をやりましたが, 彼は眞理について證言しました。

34 といっても, わたしは人の證言を受けるのではありません。わたしは, あなたがたが救われるために, そのことを言うのです。

35 彼は燃えて輝くともしびであり, あなたがたはしばらくの間, その光の中で樂しむことを願ったのです。

36 그러나 나에게는 요한의 증언보다 더 큰 증언이 있다. 아버지께서 나에게 완성하라고 주신 일들, 곧 내가 지금 하고 있는 바로 그 일들이, 아버지께서 나를 보내셨다는 것을 증언하여 준다.

37 또 나를 보내신 아버지께서 친히 나를 위하여 증언하여 주셨다. 너희는 그 음성을 들은 일도 없고, 그 모습을 본 일도 없다.

38 또 그 말씀이 너희 속에 머물러 있지도 않다. 그것은 너희가, 그분이 보내신 이를 믿지 않기 때문이다.

39 너희가 성경을 연구하는 것은, 영원한 생명이 그 안에 있다고 생각하기 때문이다. 성경은 나에 대하여 증언하고 있다.

40 그런데 너희는 생명을 얻으러 나에게 오려고 하지 않는다.

36 "I have testimony weightier than that of John. For the very work that the Father has given me to finish, and which I am doing, testifies that the Father has sent me.

37 And the Father who sent me has himself testified concerning me. You have never heard his voice nor seen his form,

38 nor does his word dwell in you, for you do not believe the one he sent.

39 You diligently study the Scriptures because you think that by them you possess eternal life. These are the Scriptures that testify about me,

40 yet you refuse to come to me to have life.

36 しかし, わたしにはヨハネの證言よりもすぐれた證言があります。父がわたしに成し遂げさせようとしてお與えになったわざ, すなわちわたしが行なっているわざそのものが, わたしについて, 父がわたしを遣わしたことを證言しているのです。

37 また, わたしを遣わした父ご自身がわたしについて證言しておられます。あなたがたは, まだ一度もその御聲を聞いたこともなく, 御姿を見たこともありません。

38 また, そのみことばをあなたがたのうちにとどめてもいません。父が遣わした者をあなたがたが信じないからです。

39 あなたがたは, 聖書の中に永遠のいのちがあると思うので, 聖書を調べています。その聖書が, わたしについて證言しているのです。

40 それなのに, あなたがたは, いのちを得るためにわたしのもとに來ようとはしません。

41 나는 사람에게서 영광을 받지 않는다.

42 너희에게 하나님을 사랑하는 마음이 없는 것도, 나는 알고 있다.

43 내가 내 아버지의 이름으로 왔는데, 너희는 나를 영접하지 않는다. 그러나 다른 이가 자기 이름으로 오면 너희는 그를 영접할 것이다.

44 너희는 서로 영광을 주고받으면서 오직 한 분이신 하나님께서 주시는 영광은 구하지 않으니, 어떻게 믿을 수 있겠느냐?

45 내가 너희를 아버지께 고발하리라고는 생각하지 말아라. 너희를 고발하는 이는 너희가 희망을 걸어온 모세이다.

41 "I do not accept praise from men,

42 but I know you. I know that you do not have the love of God in your hearts.

43 I have come in my Father's name, and you do not accept me; but if someone else comes in his own name, you will accept him.

44 How can you believe if you accept praise from one another, yet make no effort to obtain the praise that comes from the only God?

45 "But do not think I will accuse you before the Father. Your accuser is Moses, on whom your hopes are set.

41 わたしは人からの榮譽は受けません。

42 ただ, わたしはあなたがたを知っています。あなたがたのうちには, 神の愛がありません。

43 わたしはわたしの父の名によって來ましたが, あなたがたはわたしを受け入れません。ほかの人がその人自身の名において來れば, あなたがたはその人を受け入れるのです。

44 互いの榮譽は受けても, 唯一の神からの榮譽を求めないあなたがたは, どうして信じること ができますか。

45 わたしが, 父の前にあなたがたを訴えようとしていると思ってはなりません。あなたがたを訴える者は, あなたがたが望みをおいているモ—セです。

46 너희가 모세를 믿었더라면 나를 믿었을 것이다. 모세가 나를 두고 썼기 때문이다.

47 그러나 너희가 모세의 글을 믿지 않으니, 어떻게 내 말을 믿겠느냐?"

46 If you believed Moses, you would believe me, for he wrote about me.

47 But since you do not believe what he wrote, how are you going to believe what I say?"

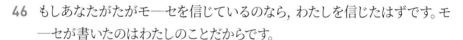

46 もしあなたがたがモ―セを信じているのなら, わたしを信じたはずです。モ―セが書いたのはわたしのことだからです。

47 しかし, あなたがたがモ―セの書を信じないのであれば, どうしてわたしのことばを信じるでしょう。」

38년된 병자를 고친 베데스다 연못

자료: blog.daum.net

人語

개요

요한복음 5장은 신약성경 중 요한의 복음서의 다섯 번째 장을 의미한다. 요한복음에는 하나님의 아들이신 예수가 당신의 신성을 드러내는 7개의 표적Seven Signs이 있다. 첫 번째 표적이 갈릴리 가나의 혼인잔치에서 물로 포도주를 만드신 일이고, 두 번째 표적이 가버나움에서 왕의 신하의 아들을 고쳐 주신 일이며, 5장이 세 번째 표적인데 예루살렘 베데스다 못 가에 있던 38년 된 병자를 고쳐 주신 일이다.

베데스다 연못에 예수가 38년 된 병자를 직접 찾아가서 병을 고쳐주신다.

자료: blog.daum.net

Vox populi, vox Dei.

예루살렘에서의 명절

예수는 1절에서 '명절'을 쇠기 위해 예루살렘을 방문한다. 요한복음 2장과 6장에서 유월절이 한 번씩 등장하는데, 2~6장의 사건이 같은 해에 일어났다는 관점에서는 이 명절이 신명기 16장에서 말하는 칠칠절과 초막절들 중 하나인 것으로, 2~6장의 사건이 3년에 거쳐 일어났다는 관점에서는 5장의 명절 역시 유월절인 것으로 추정한다. 요한 알브레히트 벵겔은 복수의 문헌을 인용하며 이 날이 칠칠절,[1] 즉 현재의 성령강림주일이라고 주장했다. 이 문제에 대해 결론을 내릴 수 없다는 입장도 존재한다. 9절에서는 이 날이 안식일이었다고 말한다.

베데스다 연못

예수는 베데스다 연못에서 "네 자리를 들고 일어나 걸으라"는 말로 38년간 앓던 병자를 고친다. 그러나 그 날이 안식일이었기 때문에 유대인들은 병자를 나무라고, 그를 고친 이를 찾고자 하나 군중 속으로 사라진 예수를 찾지 못한다. 예수는 이후 병자를 만나 죄를 짓지 말며, 죄를 지으면 더 흉한 일이 생길 수도 있다고 말한다. 이후 병자는 자신을 고쳐준 이가 예수였다고 유대인들에게 말한다. 베데스다 연못의 유적은 현재 예루살렘에 남아 있다.

예수가 하나님을 아버지라 부름

16절에서부터 유대인들은 예수를 박해하기 시작하는데, 죽이기로 모의하기 시작했다고 적힌 사본도 존재한다. 그러나 이 '죽이기로 모의했다'고 적힌 것은 18

---

[1] 칠칠절(七七節, Feast of Weeks)은 성경의 절기 중 3대 절기인 무교절·칠칠절·초막절 중의 하나. 모세가 시내산에서 하나님으로부터 십계명과 율법을 받으면서 제정된 날이다. 칠칠절은 일곱 번의 일곱 날이라는 의미이다. 칠칠절의 문자적 의미는 이스라엘 농경 문화에서 비롯되었는데, 초실절(첫 수확의 기쁨을 봉헌하는 종교적인 행사)에 밀 첫 수확을 시작하여, 7주에 걸쳐 밀을 수확하고 그 수확 완성의 기쁨을 기념하는 날이다.

Moritz Daniel Oppenheim작품
– 칠칠절

자료: ko.wikipedia.org

Vox populi, vox Dei.

절에서 "더욱더 예수를 죽이려고 하였다"고 서술된 것을 자연스럽게 하기 위해 후대에 삽입된 것으로 여겨진다. 이 구절부터 유대인들이 예수를 박해하는 기사가 나타난다. 유대인들이 예수를 박해하고자 한 근거는 첫째로 16절에서 말하듯 안식일을 어겼다는 것이고, 둘째로는 18절에서 말하듯 하나님을 "아버지"라 부르며 맞먹으려 들었기 때문이다. 감리교의 창시자 존 웨슬리는 이를 두고 "예수의 말을 들은 사람들은 모두 예수가 하나님과 동등해지려고 한 것으로 이해했다"고 말한다. 아우구스티누스는 예수가 자신이 하나님과 같다고 한 것은 요한복음 1장의 "말씀이 곧 하나님"이라는 서술과 같은 맥락이라고 설명했다.

예수는 이어 자신을 아들에, 하나님을 아버지에 빗대며 이야기한다. 예수는 우선 아들이 아버지와 다른 동기를 가질 수 없고, 오직 아버지가 하는 일을 따라 할 뿐이라고 말한 뒤, 30절에서 이 비유에서 아버지가 하나님이고 아들이 자신임을 밝힌다.

이 비유 이후에 예수는 아멘을 두 번 사용하며 두 가지 이야기를 하는데, 이때 아멘 두 번은 개역개정성경에서는 "진실로 진실로"로 번역되었다. 24절에서는 자기를 보낸 이를 믿으면 영생을 얻으리라 말하고, 25절에서는 죽인 이들이 하나님의 아들의 음성을 들으면 살아날 것인데, 지금이 바로 그 때라고 이야기한다.

D. A. 카슨

자료: m.facebook.com

개혁주의적 복음주의자 신학자인 D. A. 카슨은 24절을 시작된 종말론에 대한 강한 근거로 받아들이며, 신자들이 부활을 기대하며 말세를 기다릴 필요가 없다고 말한다.[2] 루터교 신학자인 하인리히 마이어는 이 '때'가 예수가 처음 온 것으로부터 재림하기까지의 시간이므로, 이미 시작되었으나 아직 끝나지는 않았다고 본다.[3]

사중 증언

31절에서 47절까지에서 예수는 자신을 사중으로 증언한다. 자기 자신이 말로 증언한다면 참되지 못하다고 말하며 다른 네 가지의 증거를 이야기하는데, 각각 다음과 같다.

[2] D. A. Carson, The Gospel According to John (Apollos, 1991), p. 256.
[3] Meyer's NT Commentary on John 5, accessed 8 March 2016.

- 세례자 요한의 증언 33-35절
- 예수 자신의 행적 36절
- 성경을 통한 아버지의 증언 37-40절
- 모세 45-47절

예수는 자신을 죽이려 하는 유대인들이 영생을 구하고자 성경을 공부하였으나, 성경이 자신에 대해 이야기하는 것은 받아들이지 않았다고 이야기한다.

요한복음 5장 줄거리

- 예수가 안식일에 38년 된 중풍병자를 고침. 1절
- 그 일로 유대인들이 예수를 헐뜯고 핍박함. 10절
- 예수는 아버지의 증거로써, 17절
- 요한의 증거로써, 32절
- 자신의 사역의 증거로써, 36절
- 성경의 증거로써 자기가 누구임을 나타내 보이고, 자신을 변호하고 그들을 질책함. 39절

요한복음 5장 도움말

· 양문

예루살렘의 북동쪽 모서리 부근에 위치한 문이다. 이 성문 앞에 양 시장이 있었다. 2절

Vox populi, vox Dei.

양문 곁 베데스다 연못

· 베데스다

'자비의 집'이란 뜻이다. 1888년에 발견되었으며, 지금은 그 위에 기념 교회가 세워져 있다. 2절

· 물이 동함

초자연적인 천사의 활동이나 간헐천의 용천 현상으로 이해될 수 있다. 그 물이 파동을 일으킨 것은 사실이지만, 전설 가운데는 이런 대중 신앙이 더 이상의 사실적인 근거가 없다는 증거가 내포되어 있다. 물이 동할 때 먼저 뛰어 들어가려고 강한 자들이 약한 자들을 짓밟았고, 많은 사람이 그 연못가에서 죽었다. 그러므로 더 이기적이고 집요하고 힘센 사람이 먼저 못에 도달하여 고침을 받기가 쉬웠을 것이다. 가장 치료가 절박한 사람이 유익을 받기가 가장 어려웠을 것이고, 따라서 예수는 최악의 상태에 있는 사람을 택했다. 물이 동할 때마다 가장 먼저 못에 들어가는 사람이 고침을 받은 것으로 보이지만, 반면 하나님의 선물은 그것을 받을 자격을 갖춘 모든 사람을 위한 것이다. 또한 치료는 단지 간헐적으로 이루어졌다. 그 못에서 "낫게 됨"을 받은 자들에 관한 기록에 내포된 원리는, 예수가 표적들을 행할 때 사용한 원리와는 이상하게도 다른 것처럼 보인다. 7절

베데스다 연못 가에서 만난 주님

자료: go-happy008.tistory.com

• 이 날은 안식일이니

이것은 안식일에 행한 일곱 번의 표적 가운데 첫 번째이다. 예수는 여기서 처음으로 랍비들의 안식일 규정에 대하여 공개적으로 도전한다. 명절을 지키러 온 방문객으로 도성이 붐비고 있을 때 그분이 그렇게 도전했으며, 표적을 행함으로 그러한 전통에 대한 거부를 극적으로 드러낼 뿐만 아니라 그 사람에게 자리를 들고 가라고 명함으로써 그 거부를 공표한 것은 그분이 그 문제에 중요성을 부여했음을 나타낸다. 9절

• 유대인들

이들은 율법을 위반하는 증거를 찾기 위해 예루살렘에서 파견된 바리새인이나 서기관이었을 것이다. 10절

• 다시는 죄를 짓지 말아라

"죄짓기를 계속하지 말라." 예수는 그 사람의 마음을 돌려 신체적인 건강으로

예수를 정죄하고 대적하고 있는
바리새인 🗨4

자료: light-of-truth.org

부터 영적인 건강의 필요로 향하도록 했다. 예수가 그에게 "일어나 네 자리를 들고 걸어가라"고 명했을 때, 그가 나타낸 반응은 신체적인 건강뿐만 아니라 영적인 건강의 시작을 나타내는 믿음의 반응이었다. 이제 "다시는 죄를 짓지 말아라"고 예수가 덧붙인 권고는 그의 지나간 생애는 죄된 것이었으나, 이제 그의 죄들이 용서되었음을 암시했다. 육신의 치료와 죄 용서에는 밀접한 관계가 있음이 중풍환자를 고친 사건 가운데서 잘 드러났다막 2:5~12. 14절

• 생명의 부활

영생의 특징을 지닌 부활, 결과적으로 영생을 가져다줄 부활, 참으로 이 부활은 신자가 공유하는 그리스도의 생명에 의하여 효력이 나타나는 생명 자체이다. "그리스도는 우리가 자신과 한 영이 되게 하고자 우리와 한 몸이 되었다. 우리가 무덤에서 나올 수 있는 것은 이 연합의 힘으로 말미암는 것인 바, 이는 단지 그리스도의 능력의 나타남이 아니라 믿음을 통하여 그의 생명이 우리의 것이 되었기 때문이다." 29절

🗨4 바리새인이 예수를 대적하는 데는 크게 두 가지 이유가 있다.
첫째, 바리새인의 본성은 교만하고, 완고하며, 진리에 순종하지 않는다.
둘째, 그들의 지위와 밥줄을 지키기 위해서다.

생명의 부활

자료: anointingch.org

Vox populi, vox Dei.

· 요한의 증거

나는 사람에게서 증거를 취하지 아니하노라 다만 이 말을 하는 것은 너희로 구원을 얻게 하려 함이니라 - 곧, 요한의 증거는, 예수 자신을 위한 것이 아니고 유대인들의 회개를 위한 것뿐이라는 뜻이다. 예수는 하나님의 아들이시니 자증적自證的으로 진리이시며 빛이시다. 그의 참되심의 성립은 어두운 인간에게 의존하시지 않는다. 빛은 그 자체의 증거로 알려질 뿐이고 어두움의 증거를 요구하지 않는다. 밝히 비추고 있는 태양의 존재를 증거하기 위하여 우리가 촛불을 켤 필요는 없다. 태양은 그 자체를 자증한다.

그러나 예수가 여기 세례 요한의 증거에 대하여 말씀하신 목적은, 세례 요한의 증거 목적이 그들의 구원을 위한 것인 만큼, 그것을 그들에게 기억시켜 그들로 하여금 믿어 구원 얻게 하시려는 것이었다. 34절

· 내가 지금 하고 있는 바로 그 일

내게는 요한의 증거보다 더 큰 증거가 있으니 아버지께서 내게 주사 이루게 하시는 역사 곧 내가 지금 하고 있는 일이 아버지께서 나를 보내신 것을 나를 위하여 증거하는 것이요 - "내가 지금 하고 있는 바로 그 일"은 그의 이적들을 가리킨

다. 그 역사는 예수가 메시아이신 사실을 밝히 보여주는 것이다. "아버지께서 나를 보내셨다는"이란 말은 그가 메시아로 오셨다는 뜻이다. 불트만Bultmann은, 이 구절의 "바로 그 일"이란 말이 그리스도의 살리시는 일과 심판하시는 일21-29절이 가르친 것을 가리킨다고 하였으나, "바로 그 일"이란 말이 그런 특수한 일들만 가리킨다고 할 수 없다. 36절

· 성경을 연구하는 것은

이 구절은 단순한 서술인 "너희가 성경을 연구하는 것은" 혹은 명령법인 "성경을 연구하라"라고 번역될 수 있다. 문맥상 이 말씀은 예수가 유대인들에게 한 명백한 선언 곧 "너희가 성경을 연구하는 것은, 영원한 생명이 그 안에 있다고 생각하기 때문이다. 성경은 나에 대하여 증언하고 있다."라는 말로 이해하는 것이 최선이라고 생각된다. 고대 유대 사상에는 율법의 지식이 사람에게 영생을 보장한

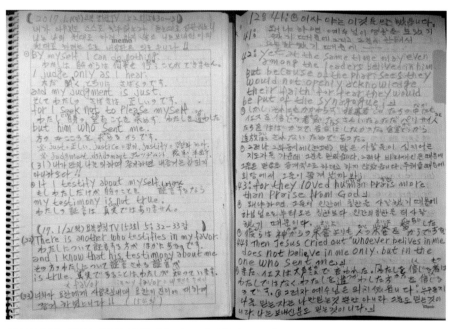

지난 20년여 동안 저자가 정철의 '요한복음 영어로 듣고 말하기'를 통해서 공부한 10여 권의 노트

다는 내용이 있다. BC 1세기경의 랍비 힐렐이 이런 말을 했다고 전해진다. "토라의 말씀을 얻은 사람은 내세의 생명을 얻었다". 예수는 여기서 이러한 주장을 이용하여 유대인들이 영생을 찾을 수 있다고 생각하는 성경이 곧 자기에 관하여 증거하는 기록이라는 사실을 상기시켰다. 또한 이 구절은 성경을 연구하라는 명령으로도 효과적으로 사용되었다. 유대인들이 믿음의 눈으로 성경을 연구했더라면 메시아가 그들 가운데 섰을 때 그를 알아볼 준비가 되었을 것이다. 39절

Vox populi, vox Dei.

저자가 일본 요코하마에 거주할 때 다니던
가톨릭 가마다교회(蒲田敎會) 앞에서

요한복음
6장

天聲

1 그 뒤에 예수께서 갈릴리 바다 곧 디베랴 바다 건너편으로 가시니

2 큰 무리가 예수를 따라갔다. 그것은, 그들이 예수가 병자들을 고치신 표징들을 보았기 때문이다.

3 예수께서 산에 올라가서, 제자들과 함께 앉으셨다.

4 마침 유대 사람의 명절인 유월절이 가까운 때였다.

5 예수께서 눈을 들어서, 큰 무리가 자기에게로 모여드는 것을 보시고, 빌립에게 말씀하셨다. "우리가 어디에서 빵을 사다가, 이 사람들을 먹이겠느냐?"

1 Some time after this, Jesus crossed to the far shore of the Sea of Galilee (that is, the Sea of Tiberias),

2 and a great crowd of people followed him because they saw the miraculous signs he had performed on the sick.

3 Then Jesus went up on a mountainside and sat down with his disciples.

4 The Jewish Passover Feast was near.

5 When Jesus looked up and saw a great crowd coming toward him, he said to Philip, "Where shall we buy bread for these people to eat?"

1 その後, イエスはガリラヤの湖, すなわち, テベリヤの湖の向こう岸へ行かれた。

2 大ぜいの人の群れがイエスにつき従っていた。それはイエスが病人たちになさっていたしるしを見たからである。

3 イエスは山に登り, 弟子たちとともにそこにすわられた。

4 さて, ユダヤ人の祭りである過越が間近になっていた。

5 イエスは目を上げて, 大ぜいの人の群れがご自分のほうに來るのを見て, ピリポに言われた。「どこからパンを買って來て, この人々に食べさせようか。」

6 예수께서는 빌립을 시험해 보시고자 이렇게 말씀하신 것이었다. 예수께서는 자기가 하실 일을 잘 알고 계셨던 것이다.

7 빌립이 예수께 이렇게 대답하였다. "이 사람들에게 모두 조금씩이라도 먹게 하려면, 빵 이백 데나리온어치를 가지고서도 충분하지 못합니다."

8 제자 가운데 하나이며 시몬 베드로와 형제간인 안드레가 예수께 말하였다.

9 "여기에 보리빵 다섯 개와 물고기 두 마리를 가지고 있는 한 아이가 있습니다. 그러나 이렇게 많은 사람에게 그것이 무슨 소용이 있겠습니까?"

10 예수께서는 "사람들을 앉게 하여라" 하고 말씀하셨다. 그 곳에는 풀이 많았다. 그래서 그들이 앉았는데, 남자의 수가 오천 명쯤 되었다.

6 He asked this only to test him, for he already had in mind what he was going to do.

7 Philip answered him, "Eight months' wages would not buy enough bread for each one to have a bite!"

8 Another of his disciples, Andrew, Simon Peter's brother, spoke up,

9 "Here is a boy with five small barley loaves and two small fish, but how far will they go among so many?"

10 Jesus said, "Have the people sit down." There was plenty of grass in that place, and the men sat down, about five thousand of them.

6　もっとも, イエスは, ピリポをためしてこう言われたのであった。イエス は, ご自分では, しようとしていることを知っておられたからである。

7　ピリポはイエスに答えた。「めいめいが少しずつ取るにしても, 二百デナリのパンでは足りま せん。」

8　弟子のひとりシモン・ペテロの兄弟アンデレがイエスに言った。

9　「ここに少年が大麥のパンを五つと小さい魚を二匹持っています。しかし, こんなに大ぜいの人々では, それが何になりましょう。」

10　イエスは言われた。「人々をすわらせなさい。」その場所には草が多かった。そこで男たちはすわった。その數はおよそ五千人であった。

11　예수께서 빵을 들어서 감사를 드리신 다음에, 앉은 사람들에게 나누어주시고, 물고기도 그와 같이 해서, 그들이 원하는 대로 주셨다.

12　그들이 배불리 먹은 뒤에, 예수께서 제자들에게 이렇게 말씀하셨다. "남은 부스러기를 다 모으고, 조금도 버리지 말아라."

13　그래서 보리빵 다섯 덩이에서, 먹고 남은 부스러기를 모으니, 열두 광주리에 가득 찼다.

14　사람들은 예수께서 행하신 표징을 보고 "이분은 참으로 세상에 오시기로 된 그 예언자이다" 하고 말하였다.

15　예수께서는, 사람들이 와서 억지로 자기를 모셔다가 왕으로 삼으려고 한다는 것을 아시고, 혼자서 다시 산으로 물러가셨다.

11　Jesus then took the loaves, gave thanks, and distributed to those who were seated as much as they wanted. He did the same with the fish.

12　When they had all had enough to eat, he said to his disciples, "Gather the pieces that are left over. Let nothing be wasted."

Vox populi, vox Dei.

13 So they gathered them and filled twelve baskets with the pieces of the five barley loaves left over by those who had eaten.

14 After the people saw the miraculous sign that Jesus did, they began to say, "Surely this is the Prophet who is to come into the world."

15 Jesus, knowing that they intended to come and make him king by force, withdrew again to a mountain by himself.

11 そこで, イエスはパンを取り, 感謝をささげてから, すわっている人々に分けてやられた。また, 小さい魚も同じようにして, 彼らにほしいだけ分けられた。

12 そして, 彼らが十分食べたとき, 弟子たちに言われた。「余ったパン切れを, 一つもむだに捨てないように集めなさい。」

13 彼らは集めてみた。すると, 大麥のパン五つから出て來たパン切れを, 人々が食べたうえ, なお余ったもので十二のかごがいっぱいになった。

14 人々は, イエスのなさったしるしを見て, 「まことに, この方こそ, 世に來られるはずの預言者だ。」と言った。

15 そこで, イエス は, 人々が自分を王とするために, むりやりに連れて行こうとしているのを知って, ただひとり, また山に退かれた。

16 날이 저물었을 때에, 예수의 제자들은 바다로 내려가서,

17 배를 타고, 바다 건너편 가버나움으로 갔다. 이미 어두워졌는데도, 예수께서는 아직 그들이 있는 곳으로 오시지 않았다.

18 그런데 큰 바람이 불고, 물결이 사나워졌다.

19 제자들이 배를 저어서, 십여 리쯤 갔을 때였다. 그들은, 예수께서 바다 위로 걸어서 배에 가까이 오시는 것을 보고, 무서워하였다.

20 예수께서 그들에게 말씀하셨다. "나다. 두려워하지 말아라."

16 When evening came, his disciples went down to the lake,

17 where they got into a boat and set off across the lake for Capernaum. By now it was dark, and Jesus had not yet joined them.

18 A strong wind was blowing and the waters grew rough.

19 When they had rowed three or three and a half miles, they saw Jesus approaching the boat, walking on the water; and they were terrified.

20 But he said to them, "It is I; don't be afraid."

16 夕方になって, 弟子たちは湖畔に降りて行った。

17 そして, 舟に乗り込み, カペナウムのほうへ湖を渡っていた。すでに暗くなっていたが, イエスはまだ彼らのところに来ておられなかった。

18 湖は吹きまくる強風に荒れ始めた。

19 こうして, 四, 五キロメ―トルほどこぎ出したころ, 彼らは, イエスが湖の上を歩いて舟に近づいて来られるのを見て, 恐れた。

20 しかし, イエスは彼らに言われた。「わたしだ。恐れることはない。」

21 그래서 그들은 기꺼이 예수를 배 안으로 모셔들였다. 배는 곧 그들이 가려던 땅에 이르렀다.

22 그 다음 날이었다. 바다 건너편에 서 있던 무리는, 거기에 배 한 척만 있었다는 것과, 예수께서는 제자들과 함께 그 배를 타지 않으셨고, 제자들만 따로 떠나갔다는 것을 알았다.

23 그런데 디베랴에서 온 배 몇 척이, 주님께서 감사 기도를 드리고 무리에게 빵을 먹이신 곳에 가까이 닿았다.

24 무리는 거기에 예수도 안 계시고 제자들도 없는 것을 알고서, 배를 나누어 타고, 예수를 찾아 가버나움으로 갔다.

25 그들은 바다 건너편에서 예수를 만나서 말하였다. "선생님, 언제 여기에 오셨습니까?"

21 Then they were willing to take him into the boat, and immediately the boat reached the shore where they were heading.

22 The next day the crowd that had stayed on the opposite shore of the lake realized that only one boat had been there, and that Jesus had not entered it with his disciples, but that they had gone away alone.

23 Then some boats from Tiberias landed near the place where the people had eaten the bread after the Lord had given thanks.

24 Once the crowd realized that neither Jesus nor his disciples were there, they got into the boats and went to Capernaum in search of Jesus.

25 When they found him on the other side of the lake, they asked him, "Rabbi, when did you get here?"

21 それで彼らは, イエスを喜んで舟に迎えた。舟はほどなく目的の地に着いた。

22 その翌日, 湖の向こう岸にいた群衆は, そこには小舟が一隻あっただけで, ほかにはなかったこと, また, その舟にイエスは弟子たちといっしょに乗られないで, 弟子たちだけが行ったということに氣づいた。

23 しかし, 主が感謝をささげられてから, 人々がパンを食べた場所の近くに, テベリヤから數隻の小舟が來た。

24 群衆は, イエスがそこにおられず, 弟子たちもいないことを知ると, 自分たちもその小舟に乗り込んで, イエスを捜してカペナウムに來た。

25 そして湖の向こう側でイエスを見つけたとき, 彼らはイエスに言った。「先生。いつここにおいでになりましたか。」

26 예수께서 그들에게 대답하셨다. "내가 진정으로 진정으로 너희에게 말한다. 너희가 나를 찾는 것은 표징을 보았기 때문이 아니라, 빵을 먹고 배가 불렀기 때문이다.

27 너희는 썩어 없어질 양식을 얻으려고 일하지 말고, 영생에 이르도록 남아 있을 양식을 얻으려고 일하여라. 이 양식은, 인자가 너희에게 줄 것이다. 아버지 하나님께서 인자를 인정하셨기 때문이다."

28 그들이 예수께 물었다. "우리가 무엇을 하여야 하나님의 일을 하는 것이 됩니까?"

29 예수께서 그들에게 대답하셨다. "하나님께서 보내신 이를 믿는 것이 곧 하나님의 일이다."

30 그들은 다시 물었다. "우리에게 무슨 표징을 행하셔서, 우리로 하여금 보고 당신을 믿게 하시겠습니까? 당신이 하시는 일이 무엇입니까?

26 Jesus answered, "I tell you the truth, you are looking for me, not because you saw miraculous signs but because you ate the loaves and had your fill.

27 Do not work for food that spoils, but for food that endures to eternal life, which the Son of Man will give you. On him God the Father has placed his seal of approval."

28 Then they asked him, "What must we do to do the works God requires?"

29 Jesus answered, "The work of God is this: to believe in the one he has sent."

30 So they asked him, "What miraculous sign then will you give that we may see it and believe you? What will you do?

26 イエスは答えて言われた。「まことに, まことに, あなたがたに告げます。あなたがたがわたしを捜しているのは, しるしを見たからではなく, パンを食べて満腹したからです。

27 なくなる食物のためではなく, いつまでも保ち, 永遠のいのちに至る食物のために働きなさい。それこそ, 人の子があなたがたに與えるものです。この人の子を父すなわち神が認證さ れたからです。」

28 すると彼らはイエスに言った。「私たちは, 神のわざを行なうために, 何をすべきでしょうか。」

29 イエスは答えて言われた。「あなたがたが, 神が遣わした者を信じること, それが神のわざです。」

30 そこで彼らはイエスに言った。「それでは, 私たちが見てあなたを信じるために, しるしとして何をしてくださいますか。どのようなことをなさいますか。

31 '그는 하늘에서 빵을 내려서, 그들에게 먹게 하셨다' 한 성경 말씀대로, 우리 조상들은 광야에서 만나를 먹었습니다."

32 예수께서 그들에게 대답하셨다. "내가 진정으로 진정으로 너희에게 말한다. 하늘에서 너희에게 빵을 내려다 주신 이는 모세가 아니다. 하늘에서 참빵을 너희에게 주시는 분은 내 아버지시다.

33 하나님의 빵은 하늘에서 내려와 세상에 생명을 주는 것이다."

34 그들은 예수께 말하였다 "주님, 그 빵을 언제나 우리에게 주십시오."

35 예수께서 그들에게 말씀하셨다. "내가 생명의 빵이다. 내게로 오는 사람은 결코 주리지 않을 것이요, 나를 믿는 사람은 다시는 목마르지 않을 것이다.

31 Our forefathers ate the manna in the desert; as it is written: 'He gave them bread from heaven to eat.'"

32 Jesus said to them, "I tell you the truth, it is not Moses who has given you the bread from heaven, but it is my Father who gives you the true bread from heaven.

33 For the bread of God is he who comes down from heaven and gives life to the world."

34 "Sir," they said, "from now on give us this bread."

35 Then Jesus declared, "I am the bread of life. He who comes to me will never go hungry, and he who believes in me will never be thirsty.

31 私たちの先祖は, 荒野でマナを食べました。『彼は彼らに天からパンを與えて食べさせた。』と書いてあるとおりです。」

32 イエスは彼らに言われた。「まことに, まことに, あなたがたに告げます。モーセはあなたがたに天からのパンを與えたのではありません。しかし, わたしの父は, あなたがたに天からまことのパンをお與えになります。

33 というのは, 神のパンは, 天から下って來て, 世にいのちを與えるものだからです。」

34 そこで彼らはイエスに言った。「主よ。いつもそのパンを私たちにお與えください。」

35 イエスは言われた。「わたしがいのちのパンです。わたしに來る者は決して飢えることがなく, わたしを信じる者はどんなときにも, 決して渇くことがありません。

36 그러나 내가 이미 말한 대로, 너희는 [나를] 보고도 믿지 않는다.

37 아버지께서 내게 주시는 사람은 다 내게로 올 것이요, 또 내게로 오는 사람은 내가 물리치지 않을 것이다.

38 그것은, 내가 내 뜻을 행하려고 하늘에서 내려온 것이 아니라, 나를 보내신 분의 뜻을 행하려고 왔기 때문이다.

39 나를 보내신 분의 뜻은, 내게 주신 사람을 내가 한 사람도 잃어버리지 않고, 마지막 날에 모두 살리는 일이다.

40 또한 아들을 보고 그를 믿는 사람은 누구든지 영생을 얻게 하시는 것이 내 아버지의 뜻이다. 나는 마지막 날에 그들을 살릴 것이다."

36 But as I told you, you have seen me and still you do not believe.

37 All that the Father gives me will come to me, and whoever comes to me I will never drive away.

38 For I have come down from heaven not to do my will but to do the will of him who sent me.

39 And this is the will of him who sent me, that I shall lose none of all that he has given me, but raise them up at the last day.

40 For my Father's will is that everyone who looks to the Son and believes in him shall have eternal life, and I will raise him up at the last day."

36 しかし, あなたがたはわたしを見ながら信じようとしないと, わたしはあなたがたに言いました。

37 父がわたしにお與えになる者はみな, わたしのところに來ます。そしてわたしのところに來る者を, わたしは決して捨てません。

38 わたしが天から下って來たのは, 自分のこころを行なうためではなく, わたしを遣わした方のみこころを行なうためです。

39 わたしを遣わした方のみこころは, わたしに與えてくださったすべての者を, わたしがひとりも失うことなく, ひとりひとりを終わりの日によみがえらせることです。

40 事實, わたしの父のみこころは, 子を見て信じる者がみな永遠のいのちを持つことです。わたしはその人たちをひとりひとり終わりの日によみがえらせます。」

41 유대인들은 예수께서 "내가 하늘에서 내려온 빵이다" 하고 말씀하셨으므로, 그분을 두고 수군거리면서

42 말하였다. "이 사람은 요셉의 아들 예수가 아닌가? 그의 부모를 우리가 알지 않는

가? 그런데 이 사람이 어떻게 하늘에서 내려왔다고 하는가?"

43 그 때에 예수께서 그들에게 말씀하셨다. "서로 수군거리지 말아라.

44 나를 보내신 아버지께서 이끌어 주지 아니하시면, 아무도 내게 올 수 없다. 나는 그 사람들을 마지막 날에 살릴 것이다.

45 예언서에 기록하기를 '그들이 모두 하나님께 가르침을 받을 것이다' 하였다. 아버지께 듣고 배운 사람은 다 내게로 온다.

41 At this the Jews began to grumble about him because he said, "I am the bread that came down from heaven."

42 They said, "Is this not Jesus, the son of Joseph, whose father and mother we know? How can he now say, 'I came down from heaven'?"

43 "Stop grumbling among yourselves," Jesus answered.

44 "No one can come to me unless the Father who sent me draws him, and I will raise him up at the last day.

45 It is written in the Prophets: 'They will all be taught by God.' Everyone who listens to the Father and learns from him comes to me.

41 ユダヤ人たちは, イエスが 「わたしは天から下って來たパンである。」と言われたので, イエスについてつぶやいた。

42 彼らは言った。「あれはヨセフの子で, われわれはその父も母も知っている, そのイエスではないか。どうしていま彼は 『わたしは天から下って來た。』と言うのか。」

43 イエスは彼らに答えて言われた。「互いにつぶやくのはやめなさい。

44 わたしを遣わした父が引き寄せられないかぎり, だれもわたしのところに來ることはできません。わたしは終わりの日にその人をよみがえらせます。

45 預言者の書に, 『そして, 彼らはみな神によって教えられる。』と書かれていますが, 父から聞いて學んだ者はみな, わたしのところに來ます。

46 이 말은, 하나님께로부터 온 사람 외에 누가 아버지를 보았다는 것을 뜻하지 않는다. 하나님께로부터 온 사람만이 아버지를 보았다.

47 내가 진정으로 진정으로 너희에게 말한다. 믿는 사람은 영생을 가지고 있다.

48 나는 생명의 빵이다.

49 너희의 조상은 광야에서 만나를 먹었어도 죽었다.

50 그러나 하늘에서 내려오는 빵은 이러하니, 누구든지 그것을 먹으면 죽지 않는다.

46 No one has seen the Father except the one who is from God; only he has seen the Father.

47 I tell you the truth, he who believes has everlasting life.

48 I am the bread of life.

49 Your forefathers ate the manna in the desert, yet they died.

50 But here is the bread that comes down from heaven, which a man may eat and not die.

46 だれも神を見た者はありません。ただ神から出た者, すなわち, この者だけが, 父を見たのです。

47 まことに, まことに, あなたがたに告げます。信じる者は永遠のいのちを持ちます。

48 わたしはいのちのパンです。

49 あなたがたの先祖は荒野でマナを食べたが, 死にました。

50 しかし, これは天から下って來たパンで, それを食べると死ぬことがないのです。

51 나는 하늘에서 내려온 살아 있는 빵이다. 이 빵을 먹는 사람은 누구나 영원히 살 것이다. 내가 줄 빵은 나의 살이다. 그것은 세상에 생명을 준다."

52 그러자 유대 사람들은 서로 논란을 하면서 말하였다. "이 사람이 어떻게 우리에게 [자기] 살을 먹으라고 줄 수 있을까?"

53 예수께서 그들에게 말씀하셨다. "내가 진정으로 진정으로 너희에게 말한다. 너희가 인자의 살을 먹지 아니하고, 또 인자의 피를 마시지 아니하면, 너희 속에는 생명이 없다.

54 내 살을 먹고, 내 피를 마시는 사람은 영원한 생명을 가지고 있고, 마지막 날에 내가 그를 살릴 것이다.

55 내 살은 참 양식이요, 내 피는 참 음료이다.

51 I am the living bread that came down from heaven. If anyone eats of this bread, he will live forever. This bread is my flesh, which I will give for the life of the world."

52 Then the Jews began to argue sharply among themselves, "How can this man give us his flesh to eat?"

53 Jesus said to them, "I tell you the truth, unless you eat the flesh of the Son of Man and drink his blood, you have no life in you.

54 Whoever eats my flesh and drinks my blood has eternal life, and I will raise him up at the last day.

55 For my flesh is real food and my blood is real drink.

51 わたしは, 天から下って來た生けるパンです。だれでもこのパンを食べるなら, 永遠に生きます。またわたしが與えようとするパンは, 世のいのちのための, わたしの肉です。」

Vox populi, vox Dei.

_139

52 すると, ユダヤ人たちは,「この人は, どのようにしてその肉を私たちに與えて食べさせることができるのか。」と言って互いに議論し合った。

53 イエスは彼らに言われた。「まことに, まことに, あなたがたに告げます。人の子の肉を食べ, またその血を飲まなければ, あなたがたのうちに, いのちはありません。

54 わたしの肉を食べ, わたしの血を飲む者は, 永遠のいのちを持っています。わたしは終わりの日にその人をよみがえらせます。

55 わたしの肉はまことの食物, わたしの血はまことの飲み物だからです。

56 내 살을 먹고, 내 피를 마시는 사람은 내 안에 있고, 나도 그 사람 안에 있다.

57 살아 계신 아버지께서 나를 보내셨고, 내가 아버지 때문에 사는 것과 같이, 나를 먹는 사람도 나 때문에 살 것이다.

58 이것은 하늘에서 내려온 빵이다. 이것은 너희의 조상이 먹고서도 죽은 그런 것과는 같지 아니하다. 이 빵을 먹는 사람은 영원히 살 것이다."

59 이것은 예수께서 가버나움 회당에서 가르치실 때에 하신 말씀이다.

60 예수의 제자들 가운데서 여럿이 이 말씀을 듣고 말하기를 "이 말씀이 이렇게 어려우니 누가 알아들을 수 있겠는가?" 하였다.

56 Whoever eats my flesh and drinks my blood remains in me, and I in him.

57 Just as the living Father sent me and I live because of the Father, so the one who feeds on me will live because of me.

58 This is the bread that came down from heaven. Your forefathers ate manna and died, but he who feeds on this bread will live forever."

59 He said this while teaching in the synagogue in Capernaum.

60 On hearing it, many of his disciples said, "This is a hard teaching. Who can accept it?"

56 わたしの肉を食べ, わたしの血を飲む者は, わたしのうちにとどまり, わたしも彼のうちにとどまります。

57 生ける父がわたしを遣わし, わたしが父によって生きているように, わたしを食べる者も, わたしによって生きるのです。

58 これは, 天から下ってきたパンです。あなたがたの先祖が食べて死んだようなものではありません。このパンを食べる者は永遠に生きます。」

59 これは, イエスがカペナウムで教えられたとき, 會堂で話されたことである。

60 そこで, 弟子たちのうちの多くの者が, これを聞いて言った。「これはひどいことばだ。そんなことをだれが聞いておられようか。」

61 예수께서, 제자들이 자기의 말을 두고 수군거리는 것을 아시고, 그들에게 말씀하셨다. "이말이 너희의 마음에 걸리느냐?

62 인자가 전에 있던 곳으로 올라가는 것을 보면, 어떻게 하겠느냐?

63 생명을 주는 것은 영이다. 육은 아무 데도 소용이 없다. 내가 너희에게 한 이 말은 영이요 생명이다.

64 그러나 너희 가운데는 믿지 않는 사람들이 있다." 처음부터 예수께서는, 믿지 않는 사람이 누구이며, 자기를 넘겨줄 사람이 누구인지를, 알고 계셨던 것이다.

65 예수께서 또 말씀하셨다. "그러므로 내가 너희에게 이르기를, 아버지께서 허락하여 주신 사람이 아니고는 아무도 나에게로 올 수 없다고 말한 것이다."

61 Aware that his disciples were grumbling about this, Jesus said to them, "Does this offend you?

62 What if you see the Son of Man ascend to where he was before!

63 The Spirit gives life; the flesh counts for nothing. The words I have spoken to you are spirit and they are life.

64 Yet there are some of you who do not believe." For Jesus had known

from the beginning which of them did not believe and who would betray him.

65 He went on to say, "This is why I told you that no one can come to me unless the Father has enabled him."

61 しかし, イエスは, 弟子たちがこうつぶやいているのを, 知っておられ, 彼らに言われた。「このことであなたがたはつまずくのか。

62 それでは, もし人の子がもといた所に上るのを見たら, どうなるのか。

63 いのちを與えるのは御靈です。肉は何の益ももたらしません。わたしがあなたがたに話したことばは, 靈であり, またいのちです。

64 しかし, あなたがたのうちには信じない者がいます。」 ―イエスは初めから, 信じない者がだれであるか, 裏切る者がだれであるかを, 知っておられたのである。―

65 そしてイエスは言われた。「それだから, わたしはあなたがたに, 『父のみこころによるのでないかぎり, だれもわたしのところに來ることはできない。』と言ったのです。」

66 이 때문에 제자 가운데서 많은 사람이 떠나갔고, 더 이상 그와 함께 다니지 않았다.

67 예수께서 열두 제자에게 물으셨다. "너희까지도 떠나가려 하느냐?"

68 시몬 베드로가 대답하였다. "주님, 우리가 누구에게로 가겠습니까? 선생님께는 영생의 말씀이 있습니다.

69 우리는, 선생님이 하나님의 거룩한 분이심을 믿고, 또 알았습니다."

70 예수께서 그들에게 대답하셨다. "내가 너희 열둘을 택하지 않았느냐? 그러나 너희 가운데서 하나는 악마이다."

66 From this time many of his disciples turned back and no longer followed him.

67 "You do not want to leave too, do you?" Jesus asked the Twelve.

68 Simon Peter answered him, "Lord, to whom shall we go? You have the words of eternal life.

69 We believe and know that you are the Holy One of God."

70 Then Jesus replied, "Have I not chosen you, the Twelve? Yet one of you is a devil!"

66 こういうわけで, 弟子たちのうちの多くの者が離れ去って行き, もはやイエスとともに歩かなかった。

67 そこで, イエスは十二弟子に言われた。「まさか, あなたがたも離れたいと思うのではないでしょう。」

68 すると, シモン・ペテロが答えた。「主よ。私たちがだれのところに行きましょう。あなたは, 永遠のいのちのことばを持っておられます。

69 私たちは, あなたが神の聖者であることを信じ, また知っています。」

70 イエスは彼らに答えられた。「わたしがあなたがた十二人を選んだのではありませんか。しかしそのうちのひとりは悪魔です。」

71 이것은 시몬 가룟의 아들 유다를 가리켜서 하신 말씀인데, 그는 열두 제자 가운데 한 사람으로, 예수를 넘겨줄 사람이었다.

71 (He meant Judas, the son of Simon Iscariot, who, though one of the Twelve, was later to betray him.)

71 イエスはイスカリオテ・シモンの子ユダのことを言われたのであった。このユダは十二弟子のひとりであったが, イエスを賣ろうとしていた。

人語

개요

요한복음 6장은 신약성경 중 요한의 복음서의 여섯 번째 장을 의미한다. 오병이어의 기적, 물 위를 걷는 예수, 생명의 빵 담론이 모두 여기 서술되어 있으며, 대중이 그의 가르침을 받아들이지 못한 것과 베드로의 신앙고백, 그리고 가룟 유다의 배신도 여기서 등장한다.

본 장에서는 갈릴래아의 여러 장소가 등장하는데, 3절과 15절에서는 갈릴래아호 동편의 산이 등장하고, 이후 갈릴래아호가 직접 등장하며, 카파르나움도 등장한다. 티베리아스에서 온 배들도 등장한다.

오병이어의 기적 👥1

자료: light-of-truth.org

👥1 오병이어의 기적(五餠二魚之奇蹟)은 예수의 기적 가운데 하나로, 예수가 한 소년으로부터 빵 다섯 개와 물고기 두 마리를 취하여 5천 명의 군중을 먹였다는 기적을 가리킨다. 간단히 오병이어라고도 한다. 오병이어의 기적은 빵과 물고기를 취하여 군중을 먹인 예수의 두 기적들 가운데 하나로, 마르코의 복음서 8장과 마태오의 복음서 15장에는 이와 유사하지만 다른 기적이 서술되어 있다.

서두

6장은 요한복음 5장의 배경인 예루살렘에서 북쪽으로 수백 킬로미터 떨어진 장소인 갈릴래아호수에서 시작한다. 유대에서 갈릴래아 사이의 여정은 전혀 언급되지 않는데, 요한복음은 이처럼 모든 사건들을 서술하지 않고 중요한 사건들에 집중하여 자세히 설명하기 때문에 많이 생략된 것처럼 읽힌다. 이에 대해 5장과 6장 사이의 구절이 사라졌다는 주장도 존재하나, 이에 대해 "완전히 제멋대로인 가정"이라는 반발도 존재한다. 예수는 갈릴래아호를 건너는데, 알버트 반즈와 플러머는 모두 이 방향이 서쪽에서 동쪽이라고 이야기한다. 여기서 예수는 제자들을 앉히고 가르침을 전하는데, 이는 마태오의 복음서 5장에 나오는 산상 수훈과 루가의 복음서 6장에 나오는 평상 수훈과 유사하다. 찰스 엘리콧Charles Ellicott은 이때 예수가 오른 산이 실제로 어떤 산을 오른 것이 아닌, 호수 동편의 구릉지를 의미한다고 해석했다.

오천명을 먹이시다

예수는 군중이 그에게 오는 것을 보고 필립보와 안드레아를 시험한다. 같은 장면을 서술한 마태복음과 루가복음에서는 이때가 저녁임을 명시하고 있는 반면, 요한복음은 단지 유월절이 가까웠다고 서술할 뿐이다. 다만 6장과 7장에 의하면 예수와 제자들은 유월절을 쇠기 위해 예루살렘을 방문하지는 않고, 초막절에도 갈릴래아 지역에서 활동을 계속한다.

5절에서 예수는 필립보에게 시험 삼아 빵을 어디서 사올 수 있을지를 묻는다. 감리교 신학자인 조셉 벤슨은 필립보가 베싸이다의 원주민으로 그 지역을 잘 알기 때문에 시험의 대상이 되었다고 말한다. 또한 필립보가 이백 데나리온으로도 부족하다고 말한 부분으로부터, 그가 제자들의 회계와 공급을 담당했다고 보는 시각도 존재한다.

오병이어

안드레아는 한 소년이 보리빵 다섯 개와 물고기 두 마리를 가지고 있다고 말한다. 여기서 안드레아는 시몬 베드로의 형제로 다시 한번 소개된다. 여기서 개역개정판과 새번역 성경에서는 "한 아이"라고 번역한 데 비해 현대의 비평가들은 "한"이라는 부분은 이후에 추가된 것이라고 본다. 공동번역성서는 이를 반영하여 "웬 아이"로 적는다. 아이를 나타내기 위해 사용한 παιδάριον는 신약성경에서 단 한번 등장하는 단어로, 마태복음 14장에서는 그냥 다섯 개의 빵과 두 마리의 물고기만 서술되어 있다. 이에 대해 존 길은 이 아이가 예수의 제자로, 식품 등 물품들을 가지고 다니던 사람이었을 것으로 추정한다.

예수는 제자들로 하여금 사람들을 앉히게 한 후에 빵을 들고 감사의 기도를 드리는데, 이것이 성찬의 영어표현인 eucharist의 어원이다. 이 감사기도는 당시 관습적으로 행해지던 것이 아니라는 주장도 있는데, 사복음서가 모두 이 축사를 언급하고 있다는 점과, 23절에서 콕 집어서 특별한 일처럼 다루고 있다는 것을 근거로 삼는다.

식사가 끝난 후에는 남은 빵 조각들을 제자들이 모으자 열두 광주리가 가득 채워지는데, 12명의 제자가 각각 광주리를 하나씩 들고 빵조각을 수집했기 때문에 12개의 광주리에 모인 것이라는 해설이 있다. 다만 제자의 수가 열둘이라는 것은 이후 67절에서 처음 직접 언급된다. 루터교 신학자인 크리스토프 루타르트 Christoph Ernst Luthardt는 이를 십이지파와 연관지어 설명한다.

예언자와 왕

군중은 요한복음 5장 45절에서 예수가 이미 인정했듯 예수를 모세에 의해 오리라 예언된 예언자라고 믿기 시작한다. 하지만 군중은 이를 정치적으로 해석하여 "억지로라도" 왕으로 추대하려 한다. 이에 따라 예수는 혼자서 다시 산으로 대피한다. 일부 사본에서는 산에 올라가 기도했다는 내용이 추가되기도 하고, 시리아어와 그으즈어, 페르시아어 버전에서는 "다시"라는 부분이 빠져 있다. 아우구스티누스는 여기서 군중이 두 가지 착각을 했다고 말하는데, 첫째는 하느님의 나라가 이미 세워졌다는 착각이고, 둘째는 이 나라가 세상에 물리적으로 현현한다는 착각이다. 루터교 신학자 해롤드 불스는 이것이 예수에게 커다란 시험이 되었기 때문에 제자들과 군중들을 위해 예수가 산에서 기도했다고 주장한다.

예수가 산에 올라간 후 제자들은 예수를 두고 갈릴래아호 서북쪽의 카파르나움으로 배를 타고 간다. 티베리아스에서 카파르나움으로 가기 위해서는 연안을 따라 서쪽으로 가야 했는데, 요단강 북쪽 골짜기에서 불어오는 북풍으로 배가 호수 한가운데로 밀려나게 된다. 22절에서 볼 수 있듯이 이때 호수에 뜬 배는 제자들이 탄 배밖에 없었다.

물 위를 걷는 예수

자료: atticofjoseph.org

🏛 요한복음 6장 주석[2]

🐟 그 뒤에 예수께서 갈릴리 바다 곧 디베랴 바다 건너편으로 가시니 - 여기 '디베랴 바다'란 이름은, 주님 당시의 이름이 아니고 좀 후대의 것이었으나, 저자 가 이방 교회의 식별을 위하여 '갈릴리 바다'란 말에 첨부한 것이다. 디베랴 바다 라고 해야 당시 이방 사람들이 잘 알았다. 1절

🐟 예수께서 산에 올라가서, 제자들과 함께 앉으셨다 - 여기 말한 '산'은 언덕 을 의미하므로 이것은 갈릴리 바다의 해변 언덕을 가리킨다. 유대의 랍비들은 보 통으로 높은 데 앉아서 그 제자들을 가르쳐 주었다. '제자들'은 열두 제자를 가 리킨다. 3절

🐟 예수께서는 빌립을 시험해 보시고자 이렇게 말씀하신 것이었다. 예수께서 는 자기가 하실 일을 잘 알고 계셨던 것이다 - 예수는, 이때에 자기의 권능으로 군중을 먹이실 대책을 벌써 생각하고 계셨다. 그러나 그는 언제나 육신을 먹이는 문제보다 영적 문제, 곧 제자들의 신앙 교육을 더욱 중히 하셨다. 그는 빌립의 신 앙을 시험해 보시려고 그에게 문제를 주셨다. 그것은, 빌립이 그 군중의 가련한 정형을 보고 동정심을 가지는 여부를 아시려는 시험이 아니다. 그것은, 비범한 방 법으로 먹을 것을 준비해 주실 수 있는 주님의 능력에 대한 그의 신앙 여부를 알 아보시려는 시험이었다 Grosheide. 이와 같은 시험은 신앙을 배양하는 데 유익하다. 6절

🐟 제자 가운데 하나이며 시몬 베드로와 형제간인 안드레가 예수께 말하였다 - 빌립과 안드레는 종종 함께 나타난다. 그렇게 되는 이유는, 그들이 같은 고향 사람인 사실과 그들이 제자 중 가장 먼저 선발된 까닭인 듯하다. 안드레의 말9절 은, 이 부분 기사를 깨닫는 데 도움이 된다. 곧, 그 때에 그 많은 사람 가운데 음

🐾2 예수 사랑, 요한복음 6장 주석, 2003. 7. 12.

식물이라고는 떡 다섯 개와 물고기 두 마리뿐이었으므로 이적으로만 문제가 해결되었다는 사실을 밝혀 주었다. 이 부분 기사가 이적이 아니고 단지 각 사람에게 있었던 음식물을 먹도록 하였다는 합리주의 해석은 안드레의 말을 위반하는 것이니, 그것은 그릇된 해석이다. 8절

🐟 예수께서는 "사람들을 앉게 하여라" 하고 말씀하셨다. 그 곳에는 풀이 많았다. 그래서 그들이 앉았는데, 남자의 수가 오천 명쯤 되었다 - 무리를 앉힌 것은 그리스도의 긍휼의 표현이며, 그들이 앉은 것은 그들의 순종이다. 그들은 그저 단순한 마음으로 예수의 권위 있는 지도를 받으려고 감심으로 순종하였다. 언제나 신앙의 태도는 이런 것이다. 사람들은 마땅히 자기 스스로 지혜 있는 체하지 말고 하나님의 말씀 권위權威를 믿고 순종하며 기다려야 한다. 여기 5,000명이란 것은, 여자와 아이들 외에 남자들만을 계수한 것이다 마 14:21. 이때에 남자들만 계수한 것은 여자들과 아이들의 인권을 무시한 것이 아니고, 남자들의 대표적 지위를 염두에 둔 것이다. 10절

🐟 그런데 큰 바람이 불고, 물결이 사나워졌다 - 지중해보다도 682피드나 낮은 갈릴리 바다에는 사방 높은 언덕 사이의 골짜기로부터 강한 바람이 뜻밖에 불어오는 일이 있었다고 한다. 제자들이 예수 없이 배를 타고 풍랑 중에 있는 것은, 마치 교회가 세상에서 환란을 당하고 있음과 같다. 예수는 얼마동안 그 배로 찾아오시지 않았으나, 마침내 오셔서 풍랑을 잔잔케 하셨다. 그와 같이 환란 중에 있는 교회도 마침내 주님의 권고로 말미암아 평안해진다. 18절

🐟 배를 나누어 타고, 예수를 찾아 가버나움으로 갔다 - 이 말씀을 보니, 그들은 예수를 찾는 일에 열중하였다. 그러나 그들이 예수를 바로 알지는 못하였으니, 그것은 예수를 찾는 그들의 동기가 불순한 것을 보아서 알 수 있다. 예수를 찾는 동기는 예수의 말씀이 바로 전해지는 여부에 중대한 관계를 가진다 Grosheide. 24절

🐟 너희는 썩어 없어질 양식을 얻으려고 일하지 말고, 영생에 이르도록 남아 있을 양식을 얻으려고 일하여라. 이 양식은 인자가 너희에게 줄 것이다. 아버지 하나님께서 인자를 인정하셨기 때문이다 - "영생에 이르도록 남아 있을 양식"은, 그리스도께서 주시는 영력靈力을 가리킨다. "인자"는 인성人性을 가지신 그리스도를 가리키는 바 그가 살과 피를 희생하셔서 속죄하여 주시므로 영적 생명이 하나님의 백성에게 임하게 된다. "인자를 인정하셨기 때문이다"라는 뜻은, 예수를 구주로 세우시고 인정하시고 신임하셨다는 뜻이다. 이런 구주를 믿지 않는다면 그것은 자기가 하나님보다 높다는 참람한 죄악이요, 하나님을 거짓말하시는 이로 여기는 죄악이다. 27절

🐟 그들은 다시 물었다. "우리에게 무슨 표징을 행하셔서, 우리로 하여금 보고 당신을 믿게 하시겠습니까? 당신이 하시는 일이 무엇입니까? - 일찌기 예루살렘의 유대인들은 예수와 하나님 아버지와의 관계 곧, 신학적 문제에 접촉하였고, 이제 갈릴리의 유대인들은 예수를 믿는 문제 곧, 구원론에 접촉하여 각각 불신앙을 나타냈다Godet. 예수가 자기가 메시아이신 사실을 보여주시는 '표적'을 행하셨으나, 그들은 그것을 통하여 표적다운 내용을 보지 못하였다. 고데이Godet는 말하기를, "그들이 예수님을 임금 삼으려고 할 때에 그의 거절하신 태도로 인하여 그들은 낙망하게 된 것이다. 그리하여 그들은 그를 메시아 아닌 줄로 생각하게 되었다. 그러므로 그들은 다시 표적을 찾게 되었다"라고 하였다. 그들은 예수의 메시아격이 이 세상의 정치적 임금이 아닌 사실을 깨닫지 못하였다. 다시 말하면, 예수가 떡 다섯 개와 물고기 두 마리로 5천 명 이상의 무리에게 먹이신 표적메시아 표적을 그들이 깨닫지 못했으니 유감스럽다26절. 30절

🐟 예수께서 그들에게 대답하셨다. "내가 진정으로 진정으로 너희에게 말한다. 하늘에서 너희에게 빵을 내려다 주신 이는 모세가 아니다. 하늘에서 참빵을 너희에게 주시는 분은 내 아버지시다 - 예수가 '하늘에서 내린 떡'이란 말을 쓰실 때에 만나를 염두에 두시고 하신 말씀이 아니다. 이것은 신령한 떡, 곧 예수 그리

하늘에서 내린 떡

자료: fellowshipch.tistory.com

스도를 가리킨다. 유대인들은, 하늘에서 내린 떡이란 말로써 옛날의 물질적인 떡 곧, 만나를 생각하였다. 그러나 예수는 진정한 의미의 하늘 떡은 그것이 아니라고 하신다. 진정한 의미의 하늘 떡은 예수 그리스도 자신이시다. 저 유대인들은 만나보다 더욱 위대하신 떡'참떡' 곧, 예수을 소유할 수 있음에 대하여 불신앙했으므로 이해하지 못했던 것이다. 32절

🐟 나를 보내신 아버지께서 이끌어 주지 아니하시면, 아무도 내게 올 수 없다. 나는 그 사람들을 마지막 날에 살릴 것이다 - 유대인이 그리스도를 믿지 못한 이유는 그 실상 그리스도에게 하늘로서 오신 증표가 없는 까닭이 아니었다. 다만 그들만은 하나님께서 그리스도에게로 이끌지 않으신 까닭이다. 하나님께서는 그리스도를 세상에 보내신 동시에, 그의 백성도 이끌어 그에게그리스도에게로 모으신다. 이끈다 함은 성령으로 말미암은 중생의 역사를 가리킨다. 그 때는 아직 성령이 강림하시기 전이었음으로 여기서는 성령의 인도에 관한 말이 사용되지 않았다. 44절

🐟 믿는 사람은 영생을 가지고 있다. 나는 생명의 빵이다 - "믿는 사람"이란 말은 예수를 믿는 자란 뜻이다. 크로솨이데Grosheide는 이 문구의 짧은 것을 가리켜

하늘의 소리 **사람의 말씀**

너는 생명의 빵이다

사상의 표현을 강력하게 하려는 문체라고 하였다. 그것이야말로 간단명료한 진리 표현이다. "나는 생명의 빵이다." 이 문구에 대하여는 35절의 해석을 참조하여라.

47, 48절

🐟 예수께서 그들에게 말씀하셨다. "내가 진정으로 진정으로 너희에게 말한다. 너희가 인자의 살을 먹지 아니하고 또 인자의 피를 마시지 아니하면, 너희 속에는 생명이 없다 - 여기서는, "인자의 살"이란 말에 "인자의 피"란 말을 더하여 말씀하신다. 그렇게 말씀하시는 이유는 무엇인가? (1) 그것은 살과 피는 인간성을 모두 가리키기 때문이다. 예수의 인간성 전체가 우리의 속죄 제물이 되셨으니, 그것은 우리 구원의 완성을 위하신 것이다. (2) 피를 첨부하여 말씀하신 또 한 가지 이유는, 피는 특별히 생명을 의미하는데 그것을 흘려서 속죄 제물을 성립시키기 때문이다. 살을 먹으며 피를 마신다는 말씀은 문자적 의미보다 비유적 의미를 가진다. 그것은 믿음으로 그리스도와 연합하는 생활을 의미한다. 예수 그리스도의 속죄를 믿는 것은 곧, 그의 살과 피를 먹으며 마시는 행위와 같이, 예수를 영접하여 나 자신의 분깃으로 만드는 실제적 행위이다. 신앙은 이론뿐이 아니다. 이 말씀에 근거한 기독교 성찬 교리에 대하여, 불트만Bultmann은 그것이 헬라 신비 종

교의 영향을 받았다고 한다_{Theology of the New Testamant I, p.148}. 그러나 헬라 신비 종교에서 그 의식에 참여한 자들이 신_神을 먹는다고 한 것_{그들의 신으로 표상된 소위 고기 같은 것을 먹는 것}은, 범신론 사상과 마술적 사상에 근거한 것이다. 따라서 그 먹음에 참여하는 자가 신_神이 된다는 그릇된 주장도 거기 있다. 그러나 기독교의 성찬은 그와 정반대로서 유신론적인 속죄의 역사적 사실을 기념하는 것이다. 그뿐만 아니라, 기독교의 성찬은 구약에 있는 유월절 잔치의 후신_{後身}이다. 예수가 성찬을 제정하실 때에 바로 유월절 만찬을 잡수시면서 그것을 성찬으로 변전시키신 것 뿐이다. 요한복음 6장에서 신자들이 그의 살을 먹으며 그의 피를 마실 필요성에 대하여, 그가 강조하신 때도 유월절이 가까운 시기였다. 그뿐만 아니라 유월절 잔치의 영적 의미가 성찬의 그것과 같다. (1) 유월절 잔치를 먹는 것이 이스라엘에게 구속을 준 것처럼, 성찬을 먹는 것이 기독 신자에게 그런 의미를 가지며, (2) 유월절의 만찬이 애굽을 떠나 먼 길을 가는 이스라엘에게 양식이 된 것처럼, 성찬은 기독자에게 영적 양식이 되기도 한다. 이와 같은 사실들을 보면, 성찬과 헬라의 신비 종교와는 전연 관계가 없다. 헬라의 신비 종교들 중 다요니시스_{Dionysys}란 신을 예배하는 제사에서는, 거기 참여하는 자들이 그들의 신을 상징하는 소의 고기를 생으로 먹었다. 그들은 그렇게 하므로 그들 자신이 신화_{神化}한다고 믿었던 것이다 _{Machen, The Origin of Paul's Religion, pp.281-282}. 이런 사상은 범신론_{汎神論}으로서, 유신론_{有神論}인 기독교와 반대된다. _{53절}

인자의 살과 피

자료: blog.daum.net

〜 생명을 주는 것은 영이다. 육은 아무 데도 소용이 없다. 내가 너희에게 한 이 말은 영이요 생명이다 - 이것은 예수의 역사가 성령으로 말미암는다는 새로운 선언이다Schlatter. 이것은 "인자의 살을 먹고 그의 피를 마시는 자가 영생을 가졌다"는 말씀에 대한 유대인의 오해를 시정하는 것이다. 살을 먹는다 함은 육체적 식음으로 오해할 것이 아니고 영적 식음靈的食飮으로 간주해야 된다. 그리스도께서 하신 말씀은 영적인 것으로서 살리는 성령의 역사가 함께 하는 것이다. 63절

〜 아버지께서 허락하여 주신 사람이 아니고는 아무도 나에게로 올 수 없다고 말한 것이다 - 예수가 이 말씀을 하시는 목적은, 그의 주장이 저렇게 탁월하심에도 불구하고 믿지 않는 자들이 있는 모순을 해결하시기 위한 것이다. 곧, 예수를 안 믿는 원인은 예수 자신의 증거가 불충분하여서가 아니었다. 그것은 하나님의 오묘한 작정에 달려 있는 것이었다. 65절

〜 제자 가운데서 많은 사람이 떠나갔고 - 이 귀절에 대하여 어거스틴Augustine 은 말하기를, "그들이 생명체와 교제를 끊었으니 만큼 그들의 생명은 떠났다"고

예수에게 입맞춤을 하는
유다 이스카리옷

자료: ko.wikipedia.org

하였다. 고데이_{Godet}는 이 사건에 있어서 예수의 메시아 역사_{役事}의 비결이 나타난 것을 지적하였다. 곧, 이렇게 오합군중_{烏合群衆}은 일단 헤어질 대로 헤어지고 소수_{少數}만 남게 된다. 기드온의 300명 군대는 많은 군대보다 오히려 유력하였다. _{66절}

🐟 예수께서 그들에게 대답하셨다. "내가 너희 열둘을 택하지 않았느냐? 그러나 너희 가운데서 하나는 악마이다." 이것은 시몬 가룟의 아들 유다를 가리켜서 하신 말씀인데, 그는 열두 제자 가운데 한 사람으로 예수를 넘겨줄 사람이었다 - 이 말씀은 제자들이 신앙생활에 있어서 너무 자신 있게 지나지 말아야 할 것을 암시하신다. 그가 택하신 열두 사도 중에도 넘어질 자가 있다고, 그는 경고하신다. 가룟 유다[3]를 가리켜 "마귀"라고 하신 것은, 그가 마귀의 도구로 사용되리라는 의미이다. _{70, 71절}

Vox populi, vox Dei.

---

[3] 가룟 유다 또는 유다 이스카리옷은 신약성서에 따르면, 예수 그리스도의 열두 사도 가운데 한 사람이었으나, 나중에 예수를 배반하여 기독교에서는 최대의 죄인이자 악마의 하수인, 배신자의 대명사로 불린다. '이스카리옷'이란 말에는 남부 유대의 지명인 '카리옷 사람' 외에 '암살자', '가짜', '위선자', '거짓말쟁이', '단검' 등의 의미를 가지고 있다.

요한복음
7장

天聲

Vox populi, vox Dei.

1 그 뒤에 예수께서는 갈릴리를 두루 다니셨다. 유대 사람들이 자기를 죽이려고 하였으므로, 유대 지방에는 돌아다니기를 원하지 않으셨다.

2 그런데 유대 사람의 명절인 초막절이 가까워지니,

3 예수의 형제들이 예수께 말하였다. "형님은 여기에서 떠나 유대로 가서서, 거기에 있는 형님의 제자들도 형님이 하는 일을 보게 하십시오.

4 알려지기를 바라면서 숨어서 일하는 사람은 없습니다. 형님이 이런 일을 하는 바에는, 자기를 세상에 드러내십시오."

5 (예수의 형제들까지도 예수를 믿지 않았기 때문이다.)

1 After this, Jesus went around in Galilee, purposely staying away from Judea because the Jews there were waiting to take his life.

2 But when the Jewish Feast of Tabernacles was near,

3 Jesus' brothers said to him, "You ought to leave here and go to Judea, so that your disciples may see the miracles you do.

4 No one who wants to become a public figure acts in secret. Since you are doing these things, show yourself to the world."

5 For even his own brothers did not believe in him.

1 その後, イエスはガリラヤを巡っておられた。それは, ユダヤ人たちがイエスを殺そうとしていたので, ユダヤを巡りたいとは思われなかったからである。

2 さて, 假庵の祭りというユダヤ人の祝いが近づいていた。

3 そこで, イエスの兄弟たちはイエスに向かって言った。「あなたの弟子たちも あなたがしているわざを見ることができるように, ここを去ってユダヤに行き なさい。

4 自分から公の場に出たいと思いながら, 隠れた所で事を行なう者はありませ ん。あなたがこれらの事を行なうのなら, 自分を世に現わしなさい。」

5 兄弟たちもイエスを信じていなかったのである。

6 예수께서 그들에게 말씀하셨다. "내 때는 아직 오지 않았다. 그러나 너희의 때는 언제나 마련되어 있다.

7 세상이 너희를 미워할 수 없다. 그러나 세상은 나를 미워한다. 그것은, 내가 세상을 보고서, 그 하는 일들이 악하다고 증언하기 때문이다.

8 너희는 명절을 지키러 올라가거라. 나는 아직 내 때가 차지 않았으므로, 이번 명절에는 올라가지 않겠다."

9 이렇게 그들에게 말씀하시고, 예수께서는 갈릴리에 그냥 머물러 계셨다.

10 그러나 예수의 형제들이 명절을 지키러 올라간 뒤에, 예수께서도 아무도 모르게 올라가셨다.

6 Therefore Jesus told them, "The right time for me has not yet come; for you any time is right.

7 The world cannot hate you, but it hates me because I testify that what it does is evil.

8 You go to the Feast. I am not yet going up to this Feast, because for me the right time has not yet come."

9 Having said this, he stayed in Galilee.

10 However, after his brothers had left for the Feast, he went also, not publicly, but in secret.

6 そこでイエスは彼らに言われた。「わたしの時はまだ來ていません。しかし, あなたがたの時はいつでも來ているのです。

7 世はあなたがたを憎むことはできません。しかしわたしを憎んでいます。わたしが, 世について, その行ないが惡いことをあかしするからです。

8 あなたがたは祭りに上って行きなさい。わたしはこの祭りには行きません。わたしの時がまだ滿ちていないからです。」

9 こう言って, イエスはガリラヤにとどまられた。

10 しかし, 兄弟たちが祭りに上ったとき, イエスご自身も, 公にではなく, いわば內密に上って行かれた。

11 명절에 유대 사람들이 예수를 찾으면서 물었다. "그 사람이 어디에 있소?"

12 무리 가운데서는 예수를 두고 말들이 많았다. 더러는 그를 좋은 사람이라고 말하고, 더러는 무리를 미혹하는 사람이라고 말하였다.

13 그러나 유대 사람들이 무서워서, 예수에 대하여 드러내 놓고 말하는 사람은 아무도 없었다.

14 명절이 중간에 접어들었을 즈음에, 예수께서 성전에 올라가서 가르치셨다.

15 유대 사람들이 놀라서 말하였다. "이 사람은 배우지도 않았는데, 어떻게 저런 학식을 갖추었을까?"

11 Now at the Feast the Jews were watching for him and asking, "Where is that man?"

12 Among the crowds there was widespread whispering about him. Some said, "He is a good man." Others replied, "No, he deceives the people."

13 But no one would say anything publicly about him for fear of the Jews.

14 Not until halfway through the Feast did Jesus go up to the temple courts and begin to teach.

15 The Jews were amazed and asked, "How did this man get such learning without having studied?"

11 ユダヤ人たちは, 祭りのとき,「あの方はどこにおられるのか。」と言って, イエスを捜していた。

12 そして群衆の間には, イエスについて, いろいろとひそひそ話がされていた。「良い人だ。」と言う者もあり, 「違う。群衆を惑わしているのだ。」と言う者もいた。

13 しかし, ユダヤ人たちを恐れたため, イエスについて公然と語る者はひとりもいなかった。

14 しかし, 祭りもすでに中ごろになったとき, イエスは宮に上って教え始められた。

15 ユダヤ人たちは驚いて言った。「この人は正規に學んだことがないのに, どうして學問があるのか。」

16 예수께서 그들에게 대답하셨다. "나의 가르침은 내 것이 아니라, 나를 보내신 분의 것이다.

17 하나님의 뜻을 따르려는 사람은 누구든지, 이 가르침이 하나님에게서 난 것인지, 내가 내마음대로 말하는 것인지를 알 것이다.

18 자기 마음대로 말하는 사람은 자기의 영광을 구하지만, 자기를 보내신 분의 영광을 구하는 사람은 진실하며, 그 사람 속에는 불의가 없다.

19 모세가 너희에게 율법을 주지 않았느냐? 그런데 너희 가운데 그 율법을 지키는 사람은 한 사람도 없다. 어찌하여 너희가 나를 죽이려고 하느냐?"

20 무리가 대답하였다. "당신은 귀신이 들렸소. 누가 당신을 죽이려고 한다는 말이오?"

16 Jesus answered, "My teaching is not my own. It comes from him who sent me.

17 If anyone chooses to do God's will, he will find out whether my teaching comes from God or whether I speak on my own.

18 He who speaks on his own does so to gain honor for himself, but he who works for the honor of the one who sent him is a man of truth; there is nothing false about him.

19 Has not Moses given you the law? Yet not one of you keeps the law. Why are you trying to kill me?"

20 "You are demon-possessed," the crowd answered. "Who is trying to kill you?"

16 そこでイエスは彼らに答えて言われた。「わたしの教えは, わたしのものではなく, わたしを遣わした方のものです。

17 だれでも神のみこころを行なおうと願うなら, その人には, この教えが神から出たものか, わたしが自分から語っているのかがわかります。

18 自分から語る者は, 自分の榮光を求めます。しかし自分を遣わした方の榮光を求める者は眞實であり, その人には不正がありません。

19 モ一セがあなたがたに律法を與えたではありませんか。それなのに, あなたがたはだれも, 律法を守っていません。あなたがたは, なぜわたしを殺そうとするのですか。」

20 群衆は答えた。「あなたは惡靈につかれています。だれがあなたを殺そうとしているのですか。」

21 예수께서 그들에게 말씀하셨다. "내가 한 가지 일을 하였는데, 너희는 모두 놀라고 있다.

22 모세가 너희에게 할례법을 주었다. —사실, 할례는 모세에게서 비롯한 것이 아니라, 조상들에게서 비롯한 것이다. — 이 때문에 너희는 안식일에도 사람에게 할례를 준다.

23 모세의 율법을 어기지 않으려고, 사람이 안식일에도 할례를 받는데, 내가 안식일에 한 사람의 몸 전체를 성하게 해주었다고 해서, 너희가 어찌하여 나에게 분개하느냐?

24 겉모양으로 심판하지 말고, 공정한 심판을 내려라."

25 예루살렘 사람들 가운데서 몇 사람이 말하였다. "그들이 죽이려고 하는 이가 바로 이 사람이 아닙니까?

21 Jesus said to them, "I did one miracle, and you are all astonished.

22 Yet, because Moses gave you circumcision (though actually it did not come from Moses, but from the patriarchs), you circumcise a child on the Sabbath.

23 Now if a child can be circumcised on the Sabbath so that the law of Moses may not be broken, why are you angry with me for healing the whole man on the Sabbath?

24 Stop judging by mere appearances, and make a right judgment."

25 At that point some of the people of Jerusalem began to ask, "Isn't this the man they are trying to kill?

21 イエスは彼らに答えて言われた。「わたしは一つのわざをしました。それであなたがたはみな驚いています。

22 モ―セはこのためにあなたがたに割禮を與えました。―ただし, それはモ―セから始まったのではなく, 先祖たちからです。―それで, あなたがたは安息日にも人に割禮を施しています。

23 もし, 人がモ―セの律法が破られないようにと, 安息日にも割禮を受けるのなら, わたしが 安息日に人の全身をすこやかにしたからといって, 何でわたしに腹を立てるのですか。

24 うわべによって人をさばかないで, 正しいさばきをしなさい。」

25 そこで, エルサレムのある人たちが言った。「この人は, 彼らが殺そうとしている人ではないか。

26 보십시오. 그가 드러내 놓고 말하는데도, 사람들이 그에게 아무 말도 못합니다. 지도자들은 정말로 이 사람을 그리스도로 알고 있는 것입니까?

27 우리는 이 사람이 어디에서 왔는지를 알고 있습니다. 그러나 그리스도가 오실 때에는, 어디에서 오셨는지 아는 사람이 없을 것입니다."

28 예수께서 성전에서 가르치실 때에, 큰 소리로 말씀하셨다. "너희는 나를 알고, 또 내가 어디에서 왔는지를 알고 있다. 그런데 나는 내 마음대로 온 것이 아니다. 나를 보내신 분은 참되시다. 너희는 그분을 알지 못하지만,

29 나는 그분을 안다. 나는 그분에게서 왔고, 그분은 나를 보내셨기 때문이다."

30 사람들이 예수를 잡으려고 하였으나, 아무도 그에게 손을 대는 사람이 없었다. 그것은 그의 때가 아직 이르지 않았기 때문이다.

26 Here he is, speaking publicly, and they are not saying a word to him. Have the authorities really concluded that he is the Christ?

27 But we know where this man is from; when the Christ comes, no one will know where he is from."

28 Then Jesus, still teaching in the temple courts, cried out, "Yes, you know me, and you know where I am from. I am not here on my own, but he who sent me is true. You do not know him,

29 but I know him because I am from him and he sent me."

30 At this they tried to seize him, but no one laid a hand on him, because his time had not yet come.

26 見なさい。この人は公然と語っているのに, 彼らはこの人に何も言わない。議員たちは, この人がキリストであることを, ほんとうに知ったのだろうか。

27 けれども, 私たちはこの人がどこから來たのか知っている。しかし, キリストが來られるとき, それが, どこからか知っている者はだれもいないのだ。」

28 イエスは, 宮で教えておられるとき, 大聲をあげて言われた。「あなたがたは わたしを知っており, また, わたしがどこから來たかも知っています。しかし, わたしは自分で來たのではありません。わたしを遣わした方は眞實です。なたがたは, その方を知らないのです。

29 わたしはその方を知っています。なぜなら, わたしはその方から出たのであり, その方がわたしを遣わしたからです。」

30 そこで人々はイエスを捕えようとしたが, しかし, だれもイエスに手をかけた者はなかった。イエスの時が, まだ來ていなかったからである。

31 무리 가운데서 많은 사람이 예수를 믿었다. 그들이 말하였다. "그리스도가 오신다고 해도, 이분이 하신 것보다 더 많은 표징을 행하시겠는가?"

32 무리가 예수를 두고 이런 말로 수군거리는 것을, 바리새파 사람들이 들었다. 그래서 대제 사장들과 바리새파 사람들은 예수를 잡으려고 성전 경비병들을 보냈다.

33 예수께서 그들에게 말씀하셨다. "나는 잠시동안 너희와 함께 있다가, 나를 보내신 분께로 간다.

34 그러면 너희가 나를 찾아도 만나지 못할 것이요, 내가 있는 곳에 너희가 올 수도 없을 것이다."

35 유대 사람들이 서로 말하였다. "이 사람이 어디로 가려고 하기에, 자기를 만나지 못할 것이라고 하는가? 그리스 사람들 가운데 흩어져 사는 유대 사람들에게로 가서, 그리스 사람들을 가르칠 셈인가?

31 Still, many in the crowd put their faith in him. They said, "When the Christ comes, will he do more miraculous signs than this man?"

32 The Pharisees heard the crowd whispering such things about him. Then the chief priests and the Pharisees sent temple guards to arrest him.

33 Jesus said, "I am with you for only a short time, and then I go to the one who sent me.

34 You will look for me, but you will not find me; and where I am, you cannot come."

35 The Jews said to one another, "Where does this man intend to go that we cannot find him? Will he go where our people live scattered among the Greeks, and teach the Greeks?

31 群衆のうちの多くの者がイエスを信じて言った。「キリストが來られても, この方がしているよりも多くのしるしを行なわれるだろうか。」

32 パリサイ人は, 群衆がイエスについてこのようなことをひそひそと話しているのを耳にした。それで祭司長, パリサイ人たちは, イエスを捕えようとして, 役人たちを遣わした。

33 そこでイエスは言われた。「まだしばらくの間, わたしはあなたがたといっしょにいて, それから, わたしを遣わした方のもとに行きます。

34 あなたがたはわたしを搜すが, 見つからないでしょう。また, わたしがいる所に, あなたがたは來ることができません。」

35 そこで, ユダヤ人たちは互いに言った。「私たちには, 見つからないという。それならあの人はどこへ行こうとしているのか。まさかギリシヤ人の中に離散している人々のところへ 行って, ギリシヤ人を教えるつもりではあるまい。

36 또 '너희가 나를 찾아도 만나지 못할 것이요, 내가 있는 곳에 너희가 올 수도 없을 것이다' 한 말은 무슨 뜻인가?"

37 명절의 가장 중요한 날인 마지막 날에, 예수께서 일어서서, 큰 소리로 말씀하셨다. "목마른 사람은 다 나에게로 와서 마셔라.

38 나를 믿는 사람은, 성경이 말한 바와 같이, 그의 배에서 생수가 강물처럼 흘러나올 것이다."

39 이것은, 예수를 믿은 사람이 받게 될 성령을 가리켜서 하신 말씀이다. 예수께서 아직 영광을 받지 않으셨으므로, 성령이 아직 사람들에게 오시지 않았다.

40 이 말씀을 들은 무리 가운데는 "이 사람은 정말로 그 예언자이다" 하고 말하는 사람들도 있고,

36 What did he mean when he said, 'You will look for me, but you will not find me,' and 'Where I am, you cannot come'?"

37 On the last and greatest day of the Feast, Jesus stood and said in a loud voice, "If anyone is thirsty, let him come to me and drink.

38 Whoever believes in me, as the Scripture has said, streams of living water will flow from within him."

39 By this he meant the Spirit, whom those who believed in him were later to receive. Up to that time the Spirit had not been given, since Jesus had not yet been glorified.

40 On hearing his words, some of the people said, "Surely this man is the Prophet."

36 『あなたがたはわたしを捜すが, 見つからない。』, また 『わたしのいる所にあなたがたは來ることができない。』とあの人が言ったこのことばは, どういう意味だろうか。」

37 さて, 祭りの終わりの大いなる日に, イエスは立って, 大聲で言われた。「だれでも渇いているなら, わたしのもとに來て飲みなさい。

38 わたしを信じる者は, 聖書が言っているとおりに, その人の心の奥底から, 生ける水の川が流れ出るようになる。」

39 これは, イエスを信じる者が後になってから受ける御靈のことを言われたのである。イエス はまだ榮光を受けておられなかったので, 御靈はまだ注がれていなかったからである。

40 このことばを聞いて, 群衆のうちのある者は, 「あの方は, 確かにあの預言者なのだ。」と言い,

41 "이 사람은 그리스도이다" 하고 말하는 사람들도 있었다. 그러나 더러는 이렇게 말하였다. "갈릴리에서 그리스도가 날 수 있을까?

42 성경은 그리스도가 다윗의 후손 가운데서 날 것이요, 또 다윗이 살던 마을 베들레헴에서 날 것이라고 말하지 않았는가?"

43 무리 가운데 예수 때문에 분열이 일어났다.

44 그들 가운데서 예수를 잡고자 하는 사람도 몇 있었으나, 아무도 그에게 손을 대지는 못하였다.

45 성전 경비병들이 대제사장들과 바리새파 사람들에게 돌아오니, 그들이 경비병들에게 물었다. "어찌하여 그를 끌어오지 않았느냐?"

41 Others said, "He is the Christ." Still others asked, "How can the Christ come from Galilee?

42 Does not the Scripture say that the Christ will come from David's family and from Bethlehem, the town where David lived?"

43 Thus the people were divided because of Jesus.

44 Some wanted to seize him, but no one laid a hand on him.

45 Finally the temple guards went back to the chief priests and Pharisees, who asked them, "Why didn't you bring him in?"

41 またある者は,「この方はキリストだ。」と言った。またある者は言った。「まさか, キリストはガリラヤからは出ないだろう。

42 キリストはダビデの子孫から, またダビデがいたベツレヘムの村から出る, と聖書が言っているではないか。」

43 そこで, 群衆の間にイエスのことで分裂が起こった。

44 その中にはイエスを捕えたいと思った者もいたが, イエスに手をかけた者はなかった。

45 それから役人たちは祭司長, パリサイ人たちのもとに歸って來た。彼らは役人たちに言った。「なぜあの人を連れて來なかったのか。

46 경비병들이 대답하였다. "그 사람이 말하는 것처럼 말한 사람은, 지금까지 아무도 없었습니다."

47 바리새파 사람들이 그들에게 말하였다. "너희도 미혹된 것이 아니냐?

48 지도자들이나 바리새파 사람들 가운데서 그를 믿은 사람이 어디에 있다는 말이냐?

49 율법을 알지 못하는 이 무지렁이들은 저주받은 자들이다."

50 그들 가운데 한 사람으로, 전에 예수를 찾아간 니고데모가 그들에게 말하였다.

46 "No one ever spoke the way this man does," the guards declared.

47 "You mean he has deceived you also?" the Pharisees retorted.

48 "Has any of the rulers or of the Pharisees believed in him?

49 No! But this mob that knows nothing of the law—there is a curse on them."

50 Nicodemus, who had gone to Jesus earlier and who was one of their own number, asked,

46 役人たちは答えた, 「あの人が話すように話した人は, いまだかつてありません。」

47 すると, パリサイ人が答えた。「おまえたちも惑わされているのか。

48 議員とかパリサイ人のうちで, だれかイエスを信じた者があったか。

49 だが, 律法を知らないこの群衆は, のろわれている。」

50 彼らのうちのひとりで, イエスのもとに來たことのあるニコデモが彼らに言った。

51 "우리의 율법으로는, 먼저 그 사람의 말을 들어보거나, 또 그가 하는 일을 알아보거나, 하지 않고서는 그를 심판하지 않는 것이 아니오?"

52 그들이 니고데모에게 말하였다. "당신도 갈릴리 사람이오? 성경을 살펴보시오. 그러면 갈릴리에서는 예언자가 나오지 않는다는 것을 알게 될 것이오."

53 [그리고 그들은 제각기 집으로 돌아갔다.

51 "Does our law condemn anyone without first hearing him to find out what he is doing?"

52 They replied, "Are you from Galilee, too? Look into it, and you will find that a prophet does not come out of Galilee."

53 Then each went to his own home.

51 「私たちの律法では, まずその人から直接聞き, その人が何をしているのか知ったうえでなければ, 判決を下さないのではないか。」

52 彼らは答えて言った。「あなたもガリラヤの出身なのか。調べてみなさい。ガリラヤから預言者は起こらない。」

53 〔そして人々はそれぞれ家に帰った。

Vox populi, vox Dei.

人語

개요

요한복음 7장은 신약성경 중 요한의 복음서의 일곱 번째 장을 의미한다. 예수가 초막절에 예루살렘에 방문한 이야기, 체포될 뻔한 이야기와 군중이 그를 두고 정말 메시아인지 논쟁하는 내용이 적혀있다. 즉 예수의 메시아 됨에 대한 논란이 더 이상 갈릴래아 지역에 국한된 것이 아니라 예루살렘에까지 전파되었음을 보여주고 있다. 이로써 유대인들 사이에서의 분열과 분쟁이 예고된다. 유대인들의 공격에 대한 예수의 답변이 잘 서술되어 있는 7장에서 8장까지의 내용을 초막절 담론이라고도 한다.

갈릴래아 호수 주변 안내도

자료: m.blog.daum.net

예수는 유대의 유대인들이 그를 해치려고 하므로, 신변의 안전을 느끼는 갈릴래아의 카파르나움에서 머무르고자 한다. 예수가 요한복음 6장 4절에 언급된 유월절에 예루살렘을 방문하였는가에 대해서는 논란이 있지만, 존 길은 예수가 이때 예루살렘을 들린 후 갈릴래아 호수에서 물 위를 걷는 기적을 보였다고 말한다.

초막절

5절에서는 예수의 형제가 예수를 믿지 않았다고 서술한다. 예수의 형제들은 예수에게 초막절을 지키러 예루살렘에 올라가라고 말한다. 초막절이란 신명기에서 모든 유대 남성들이 지켜야 할 세 명절 중 하나로 적혀있는 명절이다. 그러나 예수는 자신은 갈릴래아에 남아 있을테니 형제들만 올라가라고 말한다. 레위기에서 초막절은 7번째 달의 15번째 날부터 시작된다고 설명하는데, 유월절과는 거의 5개월의 시간적 차이가 있다. 예수는 형제들은 지금 가도 좋으나, 자신의 때는 아직 오지 않았다고 말한다.

초막절

자료: m.blog.naver.com

예루살렘에 가다

예수는 이 이야기를 한 후 일단은 갈릴래아에 남아있다가 비밀스럽게 예루살렘으로 가서 명절 중간쯤에는 성전에서 가르치기 시작한다. 예수는 사마리아를 들려야 할 이유가 4장에서 충족되었으니 다른 경로로 예루살렘으로 향했을 것으로 추정되는데, 성공회 신부인 찰스 엘리콧Charles Ellicott은 유대인들이 일반적으로 가는 길인 요단강 동편의 길로 갔을 것이라고 말한다.

예수가 강론을 시작할 때, 사람들은 예수를 랍비나 제사장으로서, 혹은 사두개인으로서의 교육을 받지 않은 것으로 인식하고 있었다. 또한 그 가르치는 내용이나 방식 역시 기존 유대인들의 교육기관에서 가르치는 것과는 크게 차이가 있는 것으로 받아들여졌다. 예수의 가르침은 주관을 거의 배제한 것으로, 구약성경에 대한 막대한 지식과 깊은 이해로 당대의 다른 유대인 학자들을 자극시켰다는 견해도 있다. 그러나 예수는 자신의 가르침이 자기로부터 나온 것이 아니며, 자기를 보낸 아버지에게서 나온 것이라 말한다. 또한 하느님의 뜻을 실천하려는 사람이면 이 가르침이 하나님으로부터 나온 것임을 알 것이라고도 말하여 또 다른 증언으로 삼는다.

예수의 주일강론

자료: ocatholic.com

🏠 율법에 대한 논의

이후 예수는 모세의 율법과 선조들의 율법과 전통을 들어 자신의 행동을 변호한다. 모세가 율법화한 할례는 사실 아브라함의 언약에서 비롯한 것으로, 안식일을 거룩히 지켜야 한다는 출애굽기의 율법보다 더 상위의 것임은 당시 유대인들도 널리 인지하고 있던 사실이다. 7장에 기록된 예수의 가르침에 대한 군중의 반응은 모두 다음과 같다.

- 더러는 "그를 좋은 사람분"이라 하고12절 상 더러는 "무리를 미혹하는 사람"이라고 말하나12절 하 "유대 사람들이 무서워서" 논의가 제대로 이루어지지는 못한다. 13절
- 일부는 "이 사람은 배우지도 않았는데, 어떻게 저런 학식을 갖추었을까?" 하며 놀라고15절 일부는 죽이려 한다. 19절
- 일부는 그가 미쳤거나 편집증 환자라고 이야기하며20절 일부는 화를 낸다. 23절
- 그를 메시아로 받아들이는 사람들도 나오는 한편26, 31절 일부는 이를 거부한다27절.
- 예수에게 손을 대는 사람은 없었다. 30절

군중들이 예수가 정말 메시아인지 수군대자 바리새인과 제사장들은 예수를 잡아오라고 경비병들을 보낸다. 바리새파와 제사장들은 이제 예수를 체포할 논의를 시작하여 9장과 12장에서도 논의하는 장면이 등장한다.

Hint

'바리새인헬라어-파리사이오스'이라는 말은 히브리어 '페루쉼'에서 나온 것인데, '분리된 자들'이라는 뜻이다. 주전 2세기, 유대교를 박해하던 헬라의 정책에 항거한 유대인들 중에는 모세 율법과 조상들의 전통에 충실했던 사람들이 있었는데, 그들 가운데서 바리새인들이 나왔다. 바리새인들은 유대교의 여러 분파 중에서 율법을 가장 엄격하게 지키는 사람들이며 유대인들의 존경을 받았다.

Vox populi, vox Dei.

대제사장, 바리새인의 사위와 권세를 숭상하며, 예수를 질책한 이유

자료: 88lihua22.tistory.com

곧 돌아가리라

7장에서는 아직 때가 이르지 않았다는 말이 두 번 등장하는데, 예수는 자신이 얼마 후 자기를 보낸 분에게 돌아가야 한다고 말한다. 떠나야 한다는 의미로 사용된 ὑπάγω는 공관복음서에서는 사용되지 않으며, 요한복음에서만 15회 사용된다. 예수가 말한 "얼마 후"라고 말할 때 다음 유월절까지의 6개월을 의미한다는 견해도 있다. 필립 도드리지는 이를 두고 유대인들이 빈정댄 것이라고 말하는데, 개역개정판처럼 이 부분을 두고 예수가 그리스어로 가르치겠느냐고 번역한 성경을 보면 그 배경을 알 수 있다. 그러나 결국 군중은 명쾌한 답을 얻지 못한다. 이후 13장에서는 베드로도 예수에게 어디에 가려고 하는 것인지 묻는다.

성령에 대한 예언

예수는 37, 38절에서 목마른 자는 내게 와 마시라 하는데, 이는 이사야서 55장

---

1 첫째, 그들이 교만해서 하나님과 하나님의 사역을 성경 안에 규정하고, 자신의 고정 관념과 상상에 규정했기 때문이다. 둘째, 그들은 대제사장, 바리새인의 지위와 권세를 숭상하며, 마음속에 오직 사람의 지위만 보았다.

1절의 재현이다. 레위기에 의하면 초막절에는 첫 7일간 금식 후 8일째 번제를 드리게 되어 있는데, 예수는 이 시기에 성전에 서서

"목마른 사람은 다 나에게로 와서 마셔라. 나를 믿는 사람은, 성경이 말한 바와 같이, 그의 배에서 생수가 강물처럼 흘러나올 것이다."

라고 한 것이다. 이 말에는 이사야서 44장 3절, 55장 1절, 58장 11절이 조화롭게 녹아져 있다. 요한복음에는 이 이야기가 성령에 대한 비유임을 직접적으로 명시하고 있다. 공동번역성서와 새번역 성경에서는 성령이 아직 오지 않았다고 번역하는데, 이는 불가타역과 시리아어 성경을 따른 것으로, 다른 사본에서는 개역개정판처럼 성령이 아직 있지 않았다고 번역한다.

군중들 중에서 예수를 두고 "그 선지자"라고 말하는 무리가 생기는데, 이는 신명기 18장에서 모세가 메시아 이전에 예언자가 올 것이라고 한 데에서 기인한다. 다른 사람들 중 일부는 더 나아가서 예수를 두고 그리스도라고 말한다. 그러나

목마른 사람은 다 나에게 와서 마셔라.

자료: blog.daum.net

선지자이신 그리스도

자료: thetruthlighthouse.org

대부분은 메시아가 다윗의 후손 중에 베들레헴에서 나와야 하므로, 갈릴래아에서는 나올 수 없다며 이에 대한 의혹을 품는다. 이는 미가서 5장의 예언이다.

　마태오의 복음서와 루가의 복음서와는 달리 요한복음에서는 예수가 어떻게 베들레헴에서 태어나 나자렛[2] 으로 가게 되었는지에 대한 설명을 제공하지 않는다. 페르디난트 크리스티안 바우어 등은 이를 두고 요한이 처음엔 그리스도가 베들레헴에서 태어났다는 사실을 부정했었다고 설명한 반면, 요한 알브레히트 벵겔 등은 다른 복음사가들이 적을 것이므로 요한은 이를 당연히 적지 않았다고 설명한다.

　이후 군중들 사이에서 분열$_{\sigma\chi\sigma\mu\alpha}$이 발생하는데, 이때 분열을 나타내기 위해 사용된 단어가 이교schism의 원어인 만큼 이 분열이 매우 심각한 것이었다는 해석이 있다. 이에 따라 예수의 출신을 문제 삼아 메시아가 될 수 없다는 사람들은 예수

> [2] 나자렛(Nazareth)은 이스라엘 북부구에 위치한 도시이다. 이스라엘 북부구의 행정 중심지 역할을 수행하고 있다. 이스라엘 평원이 멀리 보이는 야트막한 언덕(해발 380m) 위의 작은 마을이다. 신약성서에서 이 도시는 예수의 어릴 적 고향으로 서술하고 있다. 오늘날도 이스라엘 사람들은 크리스천을 히브리어로 Nasrani라고 부른다. 나자렛 사람이란 뜻이다. 2011년 현재 인구는 65,000명이다.
> 예수가 때때로 '나사렛 예수'라고 불리는 것은 그가 어른이 되어 전도를 시작하기 전에는 양친과 이곳에서 성장했기 때문이다. 마을의 북단(北端)에는 마리아가 물을 길었다는 전설적인 유적 '마리아의 우물'이 있다. 한편 나사렛의 주민은 당시 신앙이 두터운 갈릴리 사람들이 볼 때에는 별로 신통치 않은 사람들이었다.

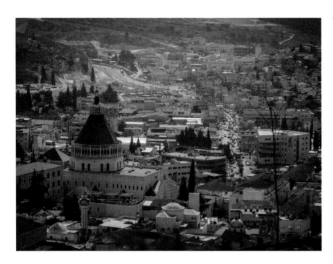

예수가 자라난 마을 나자렛

자료: m.cafe.daum.net

Vox populi, vox Dei.

를 체포해야 한다고 이야기하지만, 아무도 예수를 잡지 않는다. 바리새인들과 제 사장들이 이를 추궁하자 경비병들은 "그처럼 말하는 이는 본 적이 없다"고 대답한다. 바리새인이 이들에게 너희도 속아넘어 갔느냐 하고 우리 중에 아무도 그를 믿는 이가 없다고 한다. 요한은 이전에 예수를 찾아간 니고데모도 그 자리에 있었음을 상기시킨다. 니고데모는 다른 바리새인들에게 "그 사람의 말을 듣거나 한 일을 알아보지도 않고 죄인으로 단정하는 것은 잘못"이라고 하는데, 이는 신명기 1장 16절에 있는 내용이다. 바리새인은 니고데모[3]에게 메시아는 갈릴래아에서 날 수 없다고 핀잔을 준다.

---

[3] 니고데모 또는 니코데모는 신약성서의 요한 복음서에 등장하는 유다인으로, 예수 그리스도의 뜻을 따르는 사람이라고 묘사되어 있다. 요한 복음서에 의하면 니고데모는 바리사이파 사람으로 당시 유대의 최고 의회 기관인 산헤드린의 공의원이었으나, 예수 그리스도를 존경하여 밤에 예수 그리스도를 찾아와 질문하였다. 유다인 지도자들이 예수 그리스도을 비난했을 때 "도대체 우리 율법에 먼저 그 사람의 말을 들어보거나 그가 한 일을 알아보지도 않고 죄인으로 단정하는 법이 어디 있소?"라고 하면서 예수 그리스도를 변호하였다. 예수 그리스도가 처형된 후 아리마태아 요셉과 함께 예수 그리스도의 시신을 가져가서 매장하였다. 니고데모는 예수 그리스도께서 살아계실 적 그분에게 기름 부을 기회를 놓쳤지만, 예수 그리스도가 돌아가신 후 그 시신을 자신의 목숨을 걸면서까지 몰약과 침향으로 이루어진 향료를 바르게 되었고, 마침내 믿음의 향기가 그에게서 발산되도록 했다. 그가 밤중에도 예수 그리스도를 찾아갔으며, 비록 늦었다고는 하나 그리스도는 니고데모에게 새 생명과 빛의 지속적인 바람이 불게 해 주신 것이다.
로마 가톨릭과 동방 정교회의 전승에 의하면 니고데모는 이후에 그리스도교 신자가 되어 유다인들에 의해 결국 순교하였다고 전해진다.

예수와 니고데모와의 대화

니고데모는 유대의 산헤드린 공의회 회원으로서 당시 유대 사회를 다스리는 최고 권력층에 속한 신실한 유대인 선생이었다. 그는 자신의 신분이 드러나지 않도록 밤에 몰래 예수를 찾아간다. 이때 예수와 나눈 유명한 대화가 요한복음 3장에 기록되고 있는 예수와 니고데모의 '거듭남' 즉 '중생'에 대한 대화이다.

예수는 니고데모에게 "내가 너에게 진리를 말한다. 누구든지 다시 태어나지 않으면, 하나님의 나라를 볼 수 없다요3:3."고 말씀하신다. 그러자 니고데모는 이 말씀을 전혀 이해할 수 없다는 듯이, 나이가 든 어른이 어떻게 다시 태어날 수 있는지, 그렇다면 사람이 다시 어머니 배 속에 들어가 다시 태어난다는 말이냐고 묻는다.

그러자 예수는 누구든지 물과 성령으로 다시 태어나지 않으면 하나님의 나라에 들어갈 수 없다고 하시면서, 사람은 육체적으로 부모로부터 태어나지만, 영적으로는 성령으로부터 다시 태어나야 한다고 대답하시자, 니고데모는 어떻게 이런 일이 가능하냐고 다시 묻는다. 그러자 예수는 오히려 이스라엘의 선생인 네가 거듭남도 이해하지 못하느냐고 의아해 하신다.

한 밤 중에 예수에게 찾아와 대화를
나누는 니고데모

자료: m.blog.naver.com

인류학자 미르치아 엘리아드Mircea Eliade에 의하면 거듭남은 원시시대로부터 있어왔던 인간이 이 세상을 초월하는 일상적인 경험이었다고 말한다. 즉 원시 사회의 사람들은 인간이 자연적으로 태어난 상태를 전혀 완결된 상태로 보지 않았다. 그리고 완전한 인간이 되기 위해서, 좀 더 높은 차원의 삶을 살기 위해서는 처음 태어난 자연적인 삶은 죽어야만 한다고 생각했다.

따라서 원시인들은 자연적인 상태로 태어난 삶을 없애고, 다른 차원의 삶으로 다시 태어나게 하는 의식을 일상적으로 거행하였다. 이런 의식들을 보통 통과의례라고 부르는데, 남자 아이나 여자 아이가 어른이 되면, 부족의 정식 일원으로 받아들이는 성인식 또는 입문식은 거듭남을 만들어내는 통과의례들 중의 하나였다.

이러한 통과의식에서 죽음은 한 차원에서 다른 차원으로 넘어가는 중요한 통과의식이었다. 즉 죽음은 비본질적이고, 세속적이고 자연적인 상태에 대해서는 죽고, 성스럽고 고차원적인 영적인 존재로 다시 태어나게 하는 방식이었다.

예수가 이스라엘의 최고 종교 지도자 그룹에 속했던 니고데모가 거듭남에 대해서 어린아이처럼 답하며, 전혀 이해하지 못한 것에 대하여 의아해하신 이유가 여기에 있다.

예수는 니고데모에게 '누구든지 물과 성령으로 거듭나야만 하나님의 나라로 들어갈 수 있다'고 말씀하셨는데, 이것이 기독교 복음의 핵심을 요약하고 있다.

누구든지 다시 태어나지 않으면, 하나님의 나라를 볼 수 없다.　　　　　자료: blessingofgod.org

왜냐하면 예수를 믿고 그리스도인이 된다는 것은 예수와 함께 십자가 위에 우리의 육체적인 삶을 못 박고, 성령으로 다시 태어난다는 것을 의미하기 때문이다.

사도 바울은 사람이 율법을 행함으로써 구원받는 것이 아니라 오직 예수 그리스도를 믿음으로 구원받는다고 가르치는데, 그 이유는 예수가 우리의 죄를 위해 대신 십자가에서 죽으시고 부활하심을 믿음으로 인해 우리도 예수와 함께 우리의 육체는 죽게 되고, 성령으로 다시 살기 시작한다고 가르치기 때문이다.

로마서에 기록된 사도 바울의 논리에 따르면 우리의 육체는 십자가에서 예수의 대속과 함께 죽은 것이기 때문에, 이미 죽은 우리를 율법이 더 이상 정죄할 수 없다는 것이다. 따라서 우리는 율법이 정죄하는 세계에서 벗어났고, 다시 살아나신 예수와 함께 다시 태어났다고 가르치고 있다.

"여러분은 우리가 그리스도 예수와 연합하는 세례를 받았을 때에, 그 분의 죽음과 연합하는 세례를 받았다는 사실을 알지 못합니까? 그러므로 우리가 죽음에 이르는 세례를 받음으로 그리스도와 함께 묻힌 것은, 그리스도께서 아버지의 영광으로 죽은 자들 가운데서 살아나신 것처럼, 우리도 새 생명 가운데서 살기

세례를 받는 예수

자료: m.blog.naver.com

위함입니다. 우리가 그리스도와 연합하여 그분의 죽음에 참여하였다면, 그 분과 연합하여 그 분의 부활에도 참여할 것이 확실합니다. 우리는 우리의 옛 사람이 그리스도와 함께 십자가에 못 박혀 죄의 몸이 무력하게 되었으므로, 우리가 더 이상 죄의 노예가 되지 않는다는 것을 압니다. 그것은 죽은 사람은 죄의 세력에서 해방되었기 때문입니다. 우리가 그리스도와 함께 죽었다면 또한 그리스도와 함께 살아날 것도 믿습니다. 롬 6:3-8"

예수와 함께 십자가에서 죽은 그리스도인들은 이제 내가 사는 것이 아니라 그리스도가 내 대신 사는 것이라고 사도 바울은 말한다. 그리고 그리스도가 내 안에 사는 방법은 성령께서 나에게 오셔서 나의 삶의 주인이 되시는 것이다.

성령은 삼위일체가 되시는 하나님과 예수 그리스도의 영으로서, 이는 예수가 니고데모에게 말씀하신 대로 육적으로 부모에게서 태어난 존재는 죽고, 영적으로 성령으로부터 다시 태어나서 하나님과 예수 그리스도의 영으로 살아가는 신비가 실현되는 것이다.

Vox populi, vox Dei.

바울은 초기 기독교의 사도로, 신약성경의 주요 부분을 차지하는 '바울로 서신'(기독교에서 바울의 이름으로 쓰여졌거나 바울이 썼다고 여겨지는 문헌들을 뜻한다. 오늘날 신약성경의 서신 중 상당 부분이 이 서신들로 구성되어 있다)을 저술한 인물이다. 신약성경 사도행전에 따르면 그는 예수를 믿는 자들을 앞장서서 박해하였으나, 예수의 음성을 들은 이후 회심하여 기독교의 초기 신앙에 막대한 영향을 끼쳤다.

자료: ko.wikipedia.org

요한복음
8장

天聲

1 예수께서는 올리브 산으로 가셨다.

2 이른 아침에 예수께서 다시 성전에 가시니, 많은 백성이 그에게로 모여들었다. 예수께서 앉아서 그들을 가르치실 때에

3 율법학자들과 바리새파 사람들이 간음을 하다가 잡힌 여자를 끌고 와서, 가운데 세워 놓고, 예수께 말하였다. "선생님, 이 여자가 간음을 하다가, 현장에서 잡혔습니다.

4 모세는 율법에, 이런 여자들을 돌로 쳐죽이라고 우리에게 명령하였습니다. 그런데 선생님은 뭐라고 하시겠습니까?"

1 But Jesus went to the Mount of Olives.

2 At dawn he appeared again in the temple courts, where all the people gathered around him, and he sat down to teach them.

3 The teachers of the law and the Pharisees brought in a woman caught in adultery. They made her stand before the group

4 and said to Jesus, "Teacher, this woman was caught in the act of adultery.

5 In the Law Moses commanded us to stone such women. Now what do you say?"

1 イエスはオリ―ブ山に行かれた。

2 そして, 朝早く, イエスはもう一度宮にはいられた。民衆はみな, みもとに寄って來た。イエスはすわって, 彼らに教え始められた。

3 　すると, 律法學者とパリサイ人が, 姦淫の場で捕えられたひとりの女を連れて來て, 眞中に置いてから,

4 　イエスに言った。「先生。この女は姦淫の現場でつかまえられたのです。

5 　モーセは律法の中で, こういう女を石打ちにするように命じています。ところで, あなたは何と言われますか。」

6 　그들이 이렇게 말한 것은, 예수를 시험하여 고발할 구실을 찾으려는 속셈이었다. 그러나 예수께서는 몸을 굽혀서, 손가락으로 땅에 무엇인가를 쓰셨다.

7 　그들이 다그쳐 물으니, 예수께서 몸을 일으켜, 그들에게 말씀하셨다. "너희 가운데서 죄가 없는 사람이 먼저 이 여자에게 돌을 던져라."

8 　그리고는 다시 몸을 굽혀서, 땅에 무엇인가를 쓰셨다.

9 　이 말씀을 들은 사람들은, 나이가 많은 이로부터 시작하여, 하나하나 떠나가고, 마침내 예수만 남았다. 그 여자는 그대로 서 있었다.

10 　예수께서 몸을 일으키시고, 여자에게 말씀하셨다. "여자여, 사람들은 어디에 있느냐? 너를 정죄한 사람이 한 사람도 없느냐?"

6 　They were using this question as a trap, in order to have a basis for accusing him. But Jesus bent down and started to write on the ground with his finger.

7 　When they kept on questioning him, he straightened up and said to them, "f any one of you is without sin, let him be the first to throw a stone at her."

8 　Again he stooped down and wrote on the ground.

9 　At this, those who heard began to go away one at a time, the older ones first, until only Jesus was left, with the woman still standing there.

10 　Jesus straightened up and asked her, "Woman, where are they? Has no one condemned you?"

6 彼らはイエスをためしてこう言ったのである。それは, イエスを告發する理由を得るためであった。しかし, イエスは身をかがめて, 指で地面に書いておられた。

7 けれども, 彼らが問い續けてやめなかったので, イエスは身を起こして言われた。「あなたがたのうちで罪のない者が, 最初に彼女に石を投げなさい。」

8 そしてイエスは, もう一度身をかがめて, 地面に書かれた。

9 彼らはそれを聞くと, 年長者たちから始めて, ひとりひとり出て行き, イエスがひとり殘された。女はそのままそこにいた。

10 イエスは身を起こして, その女に言われた。「婦人よ。あの人たちは今どこにいますか。あな たを罪に定める者はなかったのですか。」

11 여자가 대답하였다. "주님, 한 사람도 없습니다." 예수께서 말씀하셨다. "나도 너를 정죄하지 않는다. 가서, 이제부터 다시는 죄를 짓지 말아라."]

12 예수께서 다시 그들에게 말씀하셨다. "나는 세상의 빛이다. 나를 따르는 사람은 어둠 속에 다니지 아니하고, 생명의 빛을 얻을 것이다."

13 바리새파 사람들이 예수께 말하였다. "당신이 스스로 자신에 대하여 증언하니, 당신의 증언은 참되지 못하오."

14 예수께서 그들에게 대답하셨다. "비록 내가 나 자신에 대하여 증언할지라도, 내 증언은 참되다. 나는 내가 어디에서 와서 어디로 가는지를 알고 있기 때문이다. 그러나 너희는 내가 어디에서 왔는지도 모르고, 어디로 가는지도 모른다.

15 너희는 사람이 정한 기준을 따라 심판한다. 나는 아무도 심판하지 않는다.

11 "No one, sir," she said. "Then neither do I condemn you," Jesus declared. "Go now and leave your life of sin."

12 When Jesus spoke again to the people, he said, "I am the light of the

world. Whoever follows me will never walk in darkness, but will have the light of life."

13 The Pharisees challenged him, "Here you are, appearing as your own witness; your testimony is not valid."

14 Jesus answered, "Even if I testify on my own behalf, my testimony is valid, for I know where I came from and where I am going. But you have no idea where I come from or where I am going.

15 You judge by human standards; I pass judgment on no one.

11 彼女は言った。「だれもいません。」そこで, イエスは言われた。「わたしもあなたを罪に定めない。行きなさい。今からは決して罪を犯してはなりません。」〕

12 イエスはまた彼らに語って言われた。「わたしは, 世の光です。わたしに従う者は, 決してやみの中を歩むことがなく, いのちの光を持つのです。」

13 そこでパリサイ人はイエスに言った。「あなたは自分のことを自分で證言しています。だから, あなたの證言は眞實ではありません。」

14 イエスは答えて, 彼らに言われた。「もしこのわたしが自分のことを證言するなら, その證言は眞實です。わたしは, わたしがどこから來たか, また, どこへ行くかを知っているからです。かしあなたがたは, わたしがどこから來たのか, またどこへ 行くのか知りません。

15 あなたがたは肉によってさばきます。わたしはだれをもさばきません。

16 그러나 내가 심판하면 내 심판은 참되다. 그것은, 내가 혼자 있는 것이 아니라, 나를 보내신 아버지께서 나와 함께 하시기 때문이다.

17 너희의 율법에도 기록하기를 '두 사람이 증언하면 참되다' 하였다.

18 내가 나 자신에 대하여 증언하는 사람이고, 나를 보내신 아버지께서도 나에 대하여 증언하여 주신다."

19 그러자 그들은 예수께 물었다. "당신의 아버지가 어디에 계십니까?" 예수께서 대답하셨다. "너희는 나도 모르고, 나의 아버지도 모른다. 너희가 나를 알았더라면 나의 아버지도 알았을 것이다."

20 이것은 예수께서 성전에서 가르치실 때에 헌금궤가 있는 데서 하신 말씀이다. 그러나 그를 잡는 사람이 아무도 없었다. 그것은 아직도 그의 때가 이르지 않았기 때문이다.

16 But if I do judge, my decisions are right, because I am not alone. I stand with the Father, who sent me.

17 In your own Law it is written that the testimony of two men is valid.

18 I am one who testifies for myself; my other witness is the Father, who sent me."

19 Then they asked him, "Where is your father?" "You do not know me or my Father," Jesus replied. "If you knew me, you would know my Father also."

20 He spoke these words while teaching in the temple area near the place where the offerings were put. Yet no one seized him, because his time had not yet come.

16 しかし, もしわたしがさばくなら, そのさばきは正しいのです。なぜなら, わたしひとりではなく, わたしとわたしを遣わした方とがさばくのだからです。

17 あなたがたの律法にも, ふたりの證言は眞實であると書かれています。

18 わたしが自分の證人であり, また, わたしを遣わした父が, わたしについてあかしされます。」

19 すると, 彼らはイエスに言った。「あなたの父はどこにいるのですか。」イエスは答えられた。「あなたがたは, わたしをも, わたしの父をも知りません。もし, あなたがたがわたしを知っていたなら, わたしの父をも知っていたでしょう。」

20 イエスは宮で教えられたとき, 献金箱のある所でこのことを話された。しかし, だれもイエスを捕えなかった。イエスの時がまだ來ていなかったからである。

21 예수께서 다시 그들에게 말씀하셨다. "나는 가고, 너희는 나를 찾다가 너희의 죄 가운데서 죽을 것이다. 그리고 내가 가는 곳에 너희는 올 수 없다."

22 유대 사람들이 말하였다. "'내가 가는 곳에 너희는 올 수 없다' 하니, 그가 자살하겠다는 말인가?"

23 예수께서 그들에게 말씀하셨다. "너희는 아래에서 왔고, 나는 위에서 왔다. 너희는 이 세상에 속하여 있지만, 나는 이 세상에 속하여 있지 않다.

24 그래서 나는, 너희가 너희의 죄 가운데서 죽을 것이라고 말하였다. '내가 곧 나'임을 너희가 믿지 않으면, 너희는 너희의 죄 가운데서 죽을 것이다."

25 그들이 예수께 물었다. "당신은 누구요?" 예수께서 그들에게 대답하셨다. "내가 처음부터 너희에게 말하지 않았느냐?

21 Once more Jesus said to them, "I am going away, and you will look for me, and you will die in your sin. Where I go, you cannot come."

22 This made the Jews ask, "Will he kill himself? Is that why he says, 'Where I go, you cannot come'?"

23 But he continued, "You are from below; I am from above. You are of this world; I am not of this world.

24 I told you that you would die in your sins; if you do not believe that I am the one I claim to be, you will indeed die in your sins."

25 "Who are you?" they asked. "Just what I have been claiming all along," Jesus replied.

21 イエスはまた彼らに言われた。「わたしは去って行きます。あなたがたはわた

しを搜すけれども, 自分の罪の中で死にます。わたしが行く所に, あなたが
たは來ることができません。」

22 そこで, ユダヤ人たちは言った。「あの人は 『わたしが行く所に, あなたがた
は來ることができない。』と言うが, 自殺するつもりなのか。」

23 それでイエスは彼らに言われた。「あなたがたが來たのは下からであり, わた
しが來たのは上からです。あなたがたはこの世の者であり, わたしはこの世
の者ではありません。

24 それでわたしは, あなたがたが自分の罪の中で死ぬと, あなたがたに言った
のです。もしあなたがたが, わたしのことを信じなければ, あなたがたは自分
の罪の中で死ぬのです。」

25 そこで, 彼らはイエスに言った。「あなたはだれですか。」イエスは言われた。
「それは初めからわたしがあなたがたに話そうとしていることです。

26 그리고 내가 너희에 대하여 말하고 또 심판할 것이 많이 있다. 그러나 나를 보내신
분은 참되시며, 나는 그분에게서 들은 대로 세상에 말하는 것이다.”

27 그들은 예수께서 아버지를 가리켜서 말씀하시는 줄을 깨닫지 못하였다.

28 그러므로 예수께서 [그들에게 말씀하셨다. “너희는, 인자가 높이 들려 올려질 때에
야, '내가 곧 나라는 것과, 또 내가 아무것도 내 마음대로 하지 아니하고 아버지께
서 나에게 가르쳐 주신 대로 말한다는 것을 알게 될 것이다.

29 나를 보내신 분이 나와 함께 하신다. 그분은 나를 혼자 버려 두지 않으셨다. 그것
은, 내가 언제나 아버지께서 기뻐하시는 일을 하기 때문이다.”

30 이 말씀을 듣고, 많은 사람이 예수를 믿게 되었다.

26 "I have much to say in judgment of you. But he who sent me is reliable,
and what I have heard from him I tell the world."

27 They did not understand that he was telling them about his Father.

28 So Jesus said, "When you have lifted up the Son of Man, then you will

know that I am the one I claim to be and that I do nothing on my own but speak just what the Father has taught me.

29 The one who sent me is with me; he has not left me alone, for I always do what pleases him."

30 Even as he spoke, many put their faith in him.

26 わたしには, あなたがたについて言うべきこと, さばくべきことがたくさんあります。しかし, わたしを遣わした方は眞實であって, わたしはその方から聞いたことをそのまま世に告 げるのです。」

27 彼らは, イエスが父のことを語っておられたことを悟らなかった。

28 イエスは言われた。「あなたがたが人の子を上げてしまうと, その時, あなたがたは, わたしが何であるか, また, わたしがわたし自身からは何事もせず, ただ父がわたしに教えられたとおりに, これらのことを話していることを, 知るようになります。

29 わたしを遣わした方はわたしとともにおられます。わたしをひとり殘されることはありません。わたしがいつも, そのみこころにかなうことを行なうからです。」

30 イエスがこれらのことを話しておられると, 多くの者がイエスを信じた。

31 예수께서 자기를 믿은 유대 사람들에게 말씀하셨다. "너희가 나의 말에 머물러 있으면, 너희는 참으로 나의 제자들이다.

32 그리고 너희는 진리를 알게 될 것이며, 진리가 너희를 자유롭게 할 것이다."

33 그들은 예수께 말하였다. "우리는 아브라함의 자손이라 아무에게도 종노릇한 일이 없는데, 당신은 어찌하여 우리가 자유롭게 될 것이라고 말합니까?"

34 예수께서 대답하셨다. "내가 진정으로 진정으로 너희에게 말한다. 죄를 짓는 사람은 다 죄의 종이다.

35 종은 언제까지나 집에 머물러 있지 못하지만, 아들은 언제까지나 머물러 있다.

31 To the Jews who had believed him, Jesus said, "If you hold to my teaching, you are really my disciples.

32 Then you will know the truth, and the truth will set you free."

33 They answered him, "We are Abraham's descendants and have never been slaves of anyone. How can you say that we shall be set free?"

34 Jesus replied, "I tell you the truth, everyone who sins is a slave to sin.

35 Now a slave has no permanent place in the family, but a son belongs to it forever.

31 そこでイエスは, その信じたユダヤ人たちに言われた。「もしあなたがたが, わたしのことばにとどまるなら, あなたがたはほんとうにわたしの弟子です。

32 そして, あなたがたは眞理を知り, 眞理はあなたがたを自由にします。」

33 彼らはイエスに答えた。「私たちはアブラハムの子孫であって, 決してだれの奴隷になったこともありません。あなたはどうして, 『あなたがたは自由になる。』と言われるのですか。」

34 イエスは彼らに答えられた。「まことに, まことに, あなたがたに告げます。罪を行なっている者はみな, 罪の奴隷です。

35 奴隷はいつまでも家にいるのではありません。しかし, 息子はいつまでもいます。

36 그러므로 아들이 너희를 자유롭게 하면, 너희는 참으로 자유롭게 될 것이다.

37 나는 너희가 아브라함의 자손임을 안다. 그런데 너희는 나를 죽이려고 한다. 내 말이 너희 속에 있을 자리가 없기 때문이다.

38 나는 나의 아버지에게서 본 것을 말하고, 너희는 너희의 아비에게서 들은 것을 행한다."

Vox populi, vox Dei.

39 그들이 예수께 말하였다. "우리 조상은 아브라함이오." 예수께서 그들에게 대답하셨다. "너희가 아브라함의 자녀라면, 아브라함이 한 일을 하였을 것이다.

40 그러나 지금 너희는, 너희에게 하나님에게서 들은 진리를 말해 준 사람인 나를 죽이려고 한다. 아브라함은 이런 일을 하지 않았다.

36 So if the Son sets you free, you will be free indeed.

37 I know you are Abraham's descendants. Yet you are ready to kill me, because you have no room for my word.

38 I am telling you what I have seen in the Father's presence, and you do what you have heard from your father."

39 "Abraham is our father," they answered. "If you were Abraham's children," said Jesus, "then you would do the things Abraham did.

40 As it is, you are determined to kill me, a man who has told you the truth that I heard from God. Abraham did not do such things.

36 ですから, もし子があなたがたを自由にするなら, あなたがたはほんとうに自由なのです。

37 わたしは, あなたがたがアブラハムの子孫であることを知っています。しかしあなたがたはわたしを殺そうとしています。わたしのことばが, あなたがたのうちにはいっていないからです。

38 わたしは父のもとで見たことを話しています。ところが, あなたがたは, あなたがたの父から示されたことを行なうのです。」

39 彼らは答えて言った。「私たちの父はアブラハムです。」イエスは彼らに言われた。「あなたがたがアブラハムの子どもなら, アブラハムのわざを行ないなさい。

40 ところが今あなたがたは, 神から聞いた眞理をあなたがたに話しているこのわたしを, 殺そうとしています。アブラハムはそのようなことはしなかったのです。

41 너희는 너희 아비가 한 일을 하고 있다." 그들이 예수께 말하였다. "우리는 음행으로 태어나지 않았으며, 우리에게는 하나님이신 아버지만 한 분 계십니다."

42 예수께서 대답하셨다. "하나님이 너희의 아버지라면, 너희가 나를 사랑할 것이다. 그것은, 내가 하나님에게서 와서 여기에 있기 때문이다. 내가 내 마음대로 온 것이 아니라, 아버지께서 나를 보내신 것이다.

43 어찌하여 너희는 내가 말하는 것을 깨닫지 못하느냐? 그것은 너희가 내 말을 들을 수 없기 때문이다.

44 너희는 너희 아비인 악마에게서 났으며, 또 그 아비의 욕망대로 하려고 한다. 그는 처음부터 살인자였다. 또 그는 진리 편에 있지 않다. 그것은 그 속에 진리가 없기 때문이다. 그가 거짓말을 할 때에는 본성에서 그렇게 하는 것이다. 그는 거짓말쟁이이며, 거짓의 아비이기 때문이다.

45 그런데 내가 진리를 말하기 때문에, 너희는 나를 믿지 않는다.

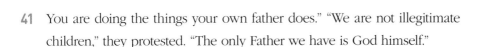

41 You are doing the things your own father does." "We are not illegitimate children," they protested. "The only Father we have is God himself."

42 Jesus said to them, "If God were your Father, you would love me, for I came from God and now am here. I have not come on my own; but he sent me.

43 Why is my language not clear to you? Because you are unable to hear what I say.

44 You belong to your father, the devil, and you want to carry out your father's desire. He was a murderer from the beginning, not holding to the truth, for there is no truth in him. When he lies, he speaks his native language, for he is a liar and the father of lies.

45 Yet because I tell the truth, you do not believe me!

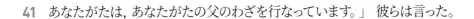

41 あなたがたは, あなたがたの父のわざを行なっています。」 彼らは言った。

「私たちは不品行によって 生まれた 者ではありません. 私たちにはひとりの 父, 神があります. 」

42 イエスは言われた.「神がもしあなたがたの父であるなら, あなたがたはわたしを愛するはずです. なぜなら, わたしは神から出て來てここにいるからです. わたしは自分で來たのではなく, 神がわたしを遣わしたのです.

43 あなたがたは, なぜわたしの話していることがわからないのでしょう. それは, あなたがたがわたしのことばに耳を傾けることができないからです.

44 あなたがたは, あなたがたの父である惡魔から出た者であって, あなたがたの父の欲望を成し遂げたいと願っているのです. 惡魔は初めから人殺しであり,眞理に立ってはいません. 彼のうちには眞理がないからです. 彼が僞りを言うときは, 自分にふさわしい話し方をしているのです. なぜなら彼は僞り者であり, また僞りの父であるからです.

45 しかし, このわたしは眞理を話しているために, あなたがたはわたしを信じません.

46 너희 가운데서 누가 나에게 죄가 있다고 단정하느냐? 내가 진리를 말하는데, 어찌하여 나를 믿지 않느냐?

47 하나님에게서 난 사람은 하나님의 말씀을 듣는다. 그러므로 너희가 듣지 않는 것은, 너희가 하나님에게서 나지 않았기 때문이다.”

48 유대 사람들이 예수께 말하였다. “우리가 당신을 사마리아 사람이라고도 하고, 귀신이 들렸다고도 하는데, 그 말이 옳지 않소?”

49 예수께서 대답하셨다. “나는 귀신이 들린 것이 아니라, 나의 아버지를 공경한다. 그런데도 너희는 나를 모욕한다.

50 나는 내 영광을 구하지 않는다. 나를 위하여 영광을 구해 주시며, 심판해 주시는 분이 따로 계신다.

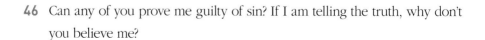

46 Can any of you prove me guilty of sin? If I am telling the truth, why don't you believe me?

47 He who belongs to God hears what God says. The reason you do not hear is that you do not belong to God."

48 The Jews answered him, "Aren't we right in saying that you are a Samaritan and demon-possessed?"

49 "I am not possessed by a demon," said Jesus, "but I honor my Father and you dishonor me.

50 I am not seeking glory for myself; but there is one who seeks it, and he is the judge.

46 あなたがたのうちだれか, わたしに罪があると責める者がいますか。わたしが眞理を話しているなら, なぜわたしを信じないのですか。

47 神から出た者は, 神のことばに聞き從います。ですから, あなたがたが聞き從わないのは, あなたがたが神から出た者でないからです。」

48 ユダヤ人たちは答えて, イエスに言った。「私たちが, あなたはサマリヤ人で, 惡靈につかれ ていると言うのは當然ではありませんか。」

49 イエスは答えられた。「わたしは惡靈につかれてはいません。わたしは父を敬っています。しかしあなたがたは, わたしを卑しめています。

50 しかし, わたしはわたしの榮譽を求めません。それをお求めになり, さばきをなさる方がおられます。

51 내가 진정으로 진정으로 너희에게 말한다. 나의 말을 지키는 사람은 영원히 죽음을 겪지 않을 것이다."

52 유대 사람들이 예수께 말하였다. "이제 우리는 당신이 귀신 들렸다는 것을 알았소. 아브라함도 죽고, 예언자들도 죽었는데, 당신이 '나의 말을 지키면, 영원히 죽음을 겪지 않을 것이다' 하니,

53 당신이 이미 죽은 우리 조상 아브라함보다 더 위대하다는 말이오? 또 예언자들도 다 죽었소. 당신은 스스로를 누구라고 생각하오?"

54 예수께서 대답하셨다. "내가 나를 영광되게 한다면, 나의 영광은 헛된 것이다. 나를 영광되게 하시는 분은 나의 아버지시다. 너희가 너희의 하나님이라고 부르는 바로 그분이시다.

55 너희는 그분을 알지 못하지만 나는 그분을 안다. 내가 그분을 알지 못한다고 말하면, 나도 너희처럼 거짓말쟁이가 될 것이다. 그러나 나는 아버지를 알고 있으며, 또 그분의 말씀을 지키고 있다.

51 I tell you the truth, if anyone keeps my word, he will never see death."

52 At this the Jews exclaimed, "Now we know that you are demon-possessed! Abraham died and so did the prophets, yet you say that if anyone keeps your word, he will never taste death.

53 Are you greater than our father Abraham? He died, and so did the prophets. Who do you think you are?"

54 Jesus replied, "If I glorify myself, my glory means nothing. My Father, whom you claim as your God, is the one who glorifies me.

55 Though you do not know him, I know him. If I said I did not, I would be a liar like you, but I do know him and keep his word.

51 まことに, まことに, あなたがたに告げます。だれでもわたしのことばを守るならば, その人は決して死を見ることがありません。」

52 ユダヤ人たちはイエスに言った。「あなたが惡靈につかれていることが, 今こそわかりました。アブラハムは死に, 預言者たちも死にました。しかし, あなたは, 『だれでもわたしのことばを守るならば, その人は決して死を味わうことがない。』と言うのです。

53 あなたは, 私たちの父アブラハムよりも偉大なのですか。そのアブラハムは死んだのです。預言者たちもまた死にました。あなたは, 自分自身をだれだと言うのですか。」

54 イエスは答えられた。「わたしがもし自分自身に榮光を歸するなら, わたしの

榮光はむなしいものです。わたしに榮光を與える方は, わたしの父です。この方のことを, あなたがたは 『私たちの神である。』と言っています。

55 けれどもあなたがたはこの方を知ってはいません。しかし, わたしは知っています。もしわたしがこの方を知らないと言うなら, わたしはあなたがたと同様に偽り者となるでしょう。しかし, わたしはこの方を知っており, そのみことばを守っています。

56 너희의 조상 아브라함은 나의 날을 보리라고 기대하며 즐거워하였고, 마침내 보고 기뻐하였다."

57 유대 사람들이 예수께 말하였다. "당신은 아직 나이가 쉰도 안되었는데, 아브라함을 보았다는 말이오?"

58 예수께서 그들에게 말씀하셨다. "내가 진정으로 진정으로 너희에게 말한다. 아브라함이 태어나기 전부터 내가 있다."

59 그래서 그들은 돌을 들어서 예수를 치려고 하였다. 그러자 예수께서는 몸을 피해서 성전 바깥으로 나가셨다.

56 Your father Abraham rejoiced at the thought of seeing my day; he saw it and was glad."

57 "You are not yet fifty years old," the Jews said to him, "and you have seen Abraham!"

58 "I tell you the truth," Jesus answered, "before Abraham was born, I am!"

59 At this, they picked up stones to stone him, but Jesus hid himself, slipping away from the temple grounds.

56 あなたがたの父アブラハムは, わたしの日を見ることを思って大いに喜びました。彼はそれを見て, 喜んだのです。」

57 そこで, ユダヤ人たちはイエスに向かって言った。「あなたはまだ五十歳になっていないのにアブラハムを見たのですか。」

58 イエスは彼らに言われた。「まことに, まことに, あなたがたに告げます。アブラハムが生まれる前から, わたしはいるのです。」

59 すると彼らは石を取ってイエスに投げつけようとした。しかし, イエスは身を隠して, 宮から出て行かれた。

그리고 너희는 진리를 알게 될 것이며, 진리가 너희를 자유롭게 할 것이다.

자료: jamespage.org

人語

개요

요한복음 8장은 우리에게 잘 알려진, '간음하다 잡힌 여인'에 관한 기사가 서두에 등장한다. 베데스다 연못의 병자 치유 기사와 마찬가지로 이 사건이 드러내고자 하는 바는 죄인에 대한 조건 없는 용서다. 실로 우리는 모두 영적 간음자로서 돌에 맞아 죽어야 마땅했으나 예수의 속죄, 다시 말해 우리 죄를 대신하여 십자가에 달리셔서 우리가 살 수 있게 되었다. 세상의 빛으로12~20절, 성부와 동등한 자21~30절로 오셔서 참 진리에 대해 증거했으나31~58절 사람들은 도리어 그를 돌로 치려 하였다. '귀가 있어도 듣지 못하고' 은혜를 옆에 두고도 발로 차버리는 영적 무지자들의 모습을 엿볼 수 있다.

"너희 가운데서 죄가 없는 사람이 먼저 이 여자에게 돌을 던져라"

요한복음 8장을 보면 서기관과 바리새인들이 간음현장을 덮친 모양이다. 사내는 도망을 갔고 여인만 붙잡혔다. 여인이 개처럼 예수 앞에 끌려 왔다. 서기관과 바리새인들이 예수에게 다그쳐 물었다. "선생이여 모세의 율법의 의하면 이런 여자는 돌로 치도록 되어 있습니다. 선생은 무엇이라 말씀하시겠습니까?"

아니 모세의 법을 지킬 양이면 자기의 법대로 돌을 던지면 될 것이지, 왜 예수에게 끌고 왔는지, 그리고 왜 예수에게 다그쳐 묻는 것인가? 6절은 예수를 고발할 조건을 얻기 위해서였다고 기록하고 있다. 함정을 파기 위함이었다고 말한다.

그들이 다그쳐 물으니, 예수가 몸을 일으켜, 그들에게 말씀하셨다. "너희 가운데서 죄가 없는
사람이 먼저 이 여자에게 돌을 던져라." 요한복음 8장 7절 (새번역 성경)

자료: dajung.org

다시 말해 예수를 딜레마에 빠뜨리기 위해서였다는 말이다.

이러한 계략을 예수는 어떻게 비켜 가셨는가? 자신의 신변의 위험에도 불구하고 어떻게 이 여인을 구원하셨는가? 어떻게 이들에게 복음을 전파하셨는가? 성경은 예수가 "몸을 굽혀서, 손가락으로 땅에 무엇인가를 쓰셨다"라고 기록하고 있다. 이 말은 두 번이나 똑같이 반복되고 있다. "다시 몸을 굽혀서, 땅에 무엇인가를 쓰셨다"고 되어 있다. 예수가 두 번 몸을 굽혀 땅에 글을 쓰셨다고 되어 있다.

첫 번째 글을 쓰시자, 무슨 내용의 글을 쓰셨는지 뭇 사내들의 얼굴이 붉어지기 시작했고 돌을 높이 치켜들었던 손이 점점 내려오기 시작했다. 그러자 예수가 그들을 둘러보시고 말씀하신다. "너희 가운데서 죄가 없는 사람이 먼저 이 여자에게 돌을 던져라." 어른으로부터 젊은이까지 한 사람씩 한 사람씩 그곳을 떠나간다. 오직 끌려온 여인만 그 자리에 서 있는 것을 보시고 예수가 다시 땅에 뭔가를 쓰시고 말씀하신다. "여자여, 사람들은 어디에 있느냐? 너를 정죄한 사람이 한 사람도 없느냐?" "주님, 한 사람도 없습니다." "나도 너를 정죄하지 않는다. 가서, 이제부터 다시는 죄를 짓지 말아라."

예수는 몸을 굽혀서, 손가락으로 땅에 무엇인가를 쓰셨다.

자료: gyusikjung.blogspot.com

이 본문은 초대교회부터 지금까지 지난 2천 년 동안 대단히 유명한 문장이었다. 초대교회에서도 이 본문이 성경에 포함될 가치가 있는 것인지, 과연 이 복음을 전해야 될 것인지 많은 논쟁이 있었던 것 같다.

본문은 우리에게 분명한 명제 하나를 던지고 있다. 모든 죄는 용서 받을 수 있다. 예수 안에서 모든 죄는 용서 받아야 한다. 우리가 그리스도인이라고 한다면 모든 죄인들을 용서해야 한다. 내가 정죄하는 어떤 사람도 용서하고 살아야 한다는 것을 본문이 우리에게 말하고 있는 것이다.

"너희는 진리를 알게 될 것이며, 진리가 너희를 자유롭게 할 것이다"

사람을 알아가는 과정은 결코 단순하지가 않다. 여러 방해 요소들이 영향을 미치기 때문이다. 그 중에 선입견과 편견은 가장 큰 역할을 한다. 예수를 바라보던 유대인들의 시각에도 이런 방해 요소들이 크게 작용했다. 그에 대한 온갖 소문들이 퍼져 있었기에 그를 어떻게 이해해야 할지를 놓고 사람들은 격렬한 논쟁을 벌였다. 하지만 그 속에서도 사람들이 예수를 믿기 시작했다. 그렇다고 선입견과 편견이 사라진 것은 아니다. 예수에 대한 신뢰가 생겼지만 얼마든지 그릇된 방

향으로 나아갈 수가 있다. 이것을 방지하는 가장 좋은 방법은 무엇일까? 예수는 '내 말에 거하면 참으로 내 제자가 되고'라는 답을 주셨다. 이것은 예수의 가르침에 계속해서 머무는 것이다. 예수는 이것을 '진리를 알지니'란 말로 다시 설명하셨다. 여기서 '진리'란 예수의 가르침을 가리킨다. 하지만 인격과 가르침을 분리해서 생각하는 우리의 시각이 개입되지 않도록 해야 한다. 예수의 가르침이란 그의 인격과 분리될 수가 없다. 따라서 예수가 말씀하신 '진리'란 그의 인격에서 나온 가르침을 뜻한다. 진리란 예수 자체를 의미한다. '진리를 알지니'란 곧 예수를 알아간다는 의미를 담고 있다. 예수는 자신을 믿고 따르는 이들을 향해 '나를 떠나지 말고 내 인격을 보고 배우라'고 하신 것이다. 이것이 진리를 아는 실제적인 방식이다.

우리가 알아야 할 진리는 '예수'다. 그가 누구시며, 어떤 일을 하셨으며, 지금도 무엇을 하시는지를 깊이 알아야 한다. 이것은 단순히 어떤 지식을 습득하는 정도

진리가 너희를 자유롭게 할 것이다.

자료: blog.daum.net

를 넘어 그와 하나가 되는 과정을 의미한다. 예수에 관한 정보를 수집하고 연구하는 것에 그치지 않고 그의 인격 속에 빠져들어가는 것이다. 이것이 진리를 아는 실제적인 삶이다. 인격이 없는 객관적인 진리를 추구하는 학문이 아니라 진리이신 예수 자체에 매료되어 그분과 혼연일체가 되는 삶의 여정이다. 이런 측면에서 볼 때, 제자들을 선택하시면서 '나를 따르라'고 하신 예수의 요구는 지극히 당연한 것이다. 단순히 교실에 앉아 학문적으로 진리를 배우는 것이 아니라 예수를 따르면서 삶의 현장에서 온몸으로 배워가는 것이기에 '나를 따르라'고 하셨던 것이다. 진리를 안다는 것은 이렇듯이 예수의 인격을 닮아가는 과정이다. 예수를 삶의 한 가운데로 초대해서 그분의 생각과 인격을 반영하는 신앙 훈련이다. 우리에게는 예수 말고 다른 진리가 없다. 모든 진리를 예수의 시각으로 봐야 한다는 의미다. 우리는 예수의 인격을 떠나 다른 것으로 삶을 보려는 모든 습관과 싸워야 한다. 이런 신앙 싸움은 우리에게 놀라운 선물을 준다. 그것을 예수는 "진리가 너희를 자유롭게 하리라"는 것으로 설명하셨다. 진리가 주는 선물이 '자유'인데, 우리가 예수의 인격을 닮아갈수록 자유가 우리 삶에 뚜렷이 나타난다는 약속의 말씀이다. 예수가 우리를 모든 속박에서 자유롭게 하실 것이란 놀라운 약속이다.

Vox populi, vox Dei.

나를 따르라

예수께서 또 일러
가라사대 나는 세상의
빛이니 나를 따르는 자는
어두움에 다니지 아니하고
생명의 빛을 얻으리라

자료: bible.com

예수의 길을 따라 걷는다는 것은?

자료: catholicworker.kr

    예수의 인격을 알아가면서 우리는 자유를 누리게 된다. 이것은 체험적인 측면이 강한데, 실제로 예수의 인격을 닮아가면서 체득하는 삶의 변화이다. 자유로운 삶이 예수 안에 있는 우리에게 주어지기에 이것을 평생 누릴 수 있어야 한다. 이것은 모든 신앙인들이 체험할 수 있는 삶의 축복이다. 예수 안에서의 자유를 삶의 현장에서 끊임없이 누린다면 우리는 가장 행복한 신앙인이 될 것이다. 모든 그릇된 속박과 억압에서 풀려나 예수 안에서 새로운 인생을 살아간다니 이보다 더 축복된 삶이 어디에 있을까?

하늘의 소리 사람의 말씀

요한복음
9장

天聲

1 예수께서 가시다가, 날 때부터 눈먼 사람을 보셨다.

2 제자들이 예수께 물었다. "선생님, 이 사람이 눈먼 사람으로 태어난 것이, 누구의 죄 때문입니까? 이 사람의 죄입니까? 부모의 죄입니까?"

3 예수께서 대답하셨다. "이 사람이 죄를 지은 것도 아니요, 그의 부모가 죄를 지은 것도 아니다. 하나님께서 하시는 일들을 그에게서 드러내시려는 것이다.

4 우리는 나를 보내신 분의 일을 낮 동안에 해야 한다. 아무도 일할 수 없는 밤이 곧 온다.

5 내가 세상에 있는 동안, 나는 세상의 빛이다."

1 As he went along, he saw a man blind from birth.

2 His disciples asked him, "Rabbi, who sinned, this man or his parents, that he was born blind?"

3 "Neither this man nor his parents sinned," said Jesus, "but this happened so that the work of God might be displayed in his life.

4 As long as it is day, we must do the work of him who sent me. Night is coming, when no one can work.

5 While I am in the world, I am the light of the world."

1 またイエスは道の途中で, 生まれつきの盲人を見られた。

2 弟子たちは彼についてイエスに質問して言った。「先生。彼が盲目に生まれついたのは, だれが罪を犯したからですか。この人ですか。その両親ですか。」

3   イエスは答えられた。「この人が罪を犯したのでもなく, 兩親でもありません。神のわざがこの人に現われるためです。

4   わたしたちは, わたしを遣わした方のわざを, 畫の間に行なわなければなりません。だれも働くことのできない夜が來ます。

5   わたしが世にいる間, わたしは世の光です。」

6   예수께서 이 말씀을 하신 뒤에, 땅에 침을 뱉어서, 그것으로 진흙을 개어 그의 눈에 바르시고,

7   그에게 실로암 못으로 가서 씻으라고 말씀하셨다. ('실로암'은 번역하면 '보냄을 받았다'는 뜻이다.) 그 눈먼 사람이 가서 씻고, 눈이 밝아져서 돌아갔다.

8   이웃 사람들과, 그가 전에 거지인 것을 보아 온 사람들이 말하기를 "이 사람은 앉아서 구걸하던 사람이 아니냐?" 하였다.

9   다른 사람들 가운데는 "이 사람이 그 사람이다" 하고 말하는 사람도 더러 있었고, 또 더러는 "그가 아니라 그와 비슷한 사람이다" 하고 말하기도 하였다. 그런데 눈을 뜨게 된 그 사람은 "내가 바로 그 사람이오" 하고 말하였다.

10   사람들이 그에게 물었다. "그러면 어떻게 눈을 뜨게 되었소?"

6   Having said this, he spit on the ground, made some mud with the saliva, and put it on the man's eyes.

7   "Go," he told him, "wash in the Pool of Siloam" (this word means Sent). So the man went and washed, and came home seeing.

8   His neighbors and those who had formerly seen him begging asked, "Isn't this the same man who used to sit and beg?"

9   Some claimed that he was. Others said, "No, he only looks like him." But he himself insisted, "I am the man."

10   "How then were your eyes opened?" they demanded.

6　イエスは, こう言ってから, 地面につばきをして, そのつばきで泥を作られた。そしてその泥を盲人の目に塗って言われた。

7　「行って, シロアム (譯して言えば, 遣わされた者) の池で洗いなさい。」そこで, 彼は行って, 洗った。すると, 見えるようになって, 歸って行った。

8　近所の人たちや, 前に彼がこじきをしていたのを見ていた人たちが言った。「これはすわって物ごいをしていた人ではないか。」

9　ほかの人は,「これはその人だ。」と言い, またほかの人は,「そうではない。ただその人に似ているだけだ。」と言った。當人は,「私がその人です。」と言った。

10　そこで, 彼らは言った。「それでは, あなたの目はどのようにしてあいたのですか。」

11　그가 대답하였다. "예수라는 사람이 진흙을 개어 내 눈에 바르고, 나더러 실로암에 가서 씻으라고 하였소. 그래서 내가 가서 씻었더니, 보게 되었소."

12　사람들이 눈을 뜨게 된 사람에게 묻기를 "그 사람이 어디에 있소?" 하니, 그는 "모르겠소"하고 대답하였다.

13　그들은 전에 눈먼 사람이던 그를 바리새파 사람들에게 데리고 갔다.

14　그런데 예수께서 진흙을 개어 그의 눈을 뜨게 하신 날이 안식일이었다.

15　바리새파 사람들은 또다시 그에게 어떻게 보게 되었는지를 물었다. 그는 "그분이 내 눈에 진흙을 바르신 다음에 내가 눈을 씻었더니, 이렇게 보게 되었습니다" 하고 대답하였다.

11　He replied, "The man they call Jesus made some mud and put it on my eyes. He told me to go to Siloam and wash. So I went and washed, and then I could see."

12　"Where is this man?" they asked him. "I don't know," he said.

Vox populi, vox Dei.

13 They brought to the Pharisees the man who had been blind.

14 Now the day on which Jesus had made the mud and opened the man's eyes was a Sabbath.

15 Therefore the Pharisees also asked him how he had received his sight. "He put mud on my eyes," the man replied, "and I washed, and now I see."

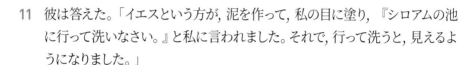

11 彼は答えた。「イエスという方が, 泥を作って, 私の目に塗り, 『シロアムの池に行って洗いなさい。』と私に言われました。それで, 行って洗うと, 見えるようになりました。」

12 また彼らは彼に言った。「その人はどこにいるのですか。」彼は「私は知りません。」と言った。

13 彼らは, 前に盲目であったその人を, パリサイ人たちのところに連れて行った。

14 ところで, イエスが泥を作って彼の目をあけられたのは, 安息日であった。

15 こういうわけでもう一度, パリサイ人も彼に, どのようにして見えるようになったかを尋ねた。彼は言った。「あの方が私の目に泥を塗ってくださって, 私が洗いました。私はいま見え るのです。」

16 바리새파 사람들 가운데 더러는 말하기를 "안식일을 지키지 않는 것으로 보아서, 그는 하나님에게서 온 사람이 아니오" 하였고, 더러는 "죄가 있는 사람이 어떻게 그러한 표징을 행할 수 있겠소?" 하고 말하였다. 그래서 그들 사이에 의견이 갈라졌다.

17 그들은 눈멀었던 사람에게 다시 물었다. "그가 당신의 눈을 뜨게 하였는데, 당신은 그를 어떻게 생각하오?" 그가 대답하였다. "그분은 예언자입니다."

18 유대 사람들은, 그가 전에 눈먼 사람이었다가 보게 되었다는 사실을 믿지 않고, 마침내 그 부모를 불러다가

19 물었다. "이 사람이, 날 때부터 눈먼 사람이었다는 당신의 아들이오? 그런데, 지금은 어떻게 보게 되었소?"

20 부모가 대답하였다. "이 아이가 우리 아들이라는 것과, 날 때부터 눈먼 사람이었다는 것은, 우리가 압니다.

16 Some of the Pharisees said, "This man is not from God, for he does not keep the Sabbath." But others asked, "How can a sinner do such miraculous signs?" So they were divided.

17 Finally they turned again to the blind man, "What have you to say about him? It was your eyes he opened." The man replied, "He is a prophet."

18 The Jews still did not believe that he had been blind and had received his sight until they sent for the man's parents.

19 "Is this your son?" they asked. "Is this the one you say was born blind? How is it that now he can see?"

20 "We know he is our son," the parents answered, "and we know he was born blind.

16 すると, パリサイ人の中のある人々が, 「その人は神から出たのではない。安息日を守らないからだ。」と言った。しかし, ほかの者は言った。「罪人である者に, どうしてこのようなしるしを行なうことができよう。」 そして, 彼らの間に, 分裂が起こった。

17 そこで彼らはもう一度, 盲人に言った。「あの人が目をあけてくれたことで, あの人を何だと思っているのか。」彼は言った。「あの方は預言者です。」

18 しかしユダヤ人たちは, 目が見えるようになったこの人について, 彼が盲目であったが見えるようになったということを信ぜず, ついにその兩親を呼び出して,

19 尋ねて言った。「この人はあなたがたの息子で, 生まれつき盲目だったとあなたがたが言っている人ですか。それでは, どうしていま見えるのですか。」

20 そこで兩親は答えた。「私たちは, これが私たちの息子で, 生まれつき盲目だったことを知っています。

21 그런데 우리는 그가 지금 어떻게 보게 되었는지도 모르고, 또 누가 그 눈을 뜨게 하였는지도 모릅니다. 다 큰 사람이니, 그에게 물어 보십시오. 그가 자기 일을 이야기할 것입니다."

22 그 부모는 유대 사람들이 무서워서 이렇게 말한 것이다. 예수를 그리스도라고 고백하는 사람은 누구든지 회당에서 내쫓기로, 유대 사람들이 이미 결의해 놓았기 때문이다.

23 그래서 그의 부모가, 그 아이가 다 컸으니 그에게 물어보라고 말한 것이다.

24 바리새파 사람들은 눈멀었던 그 사람을 두 번째로 불러서 말하였다. "영광을 하나님께 돌려라. 우리가 알기로, 그 사람은 죄인이다."

25 그는 이렇게 대답하였다. "나는 그분이 죄인인지 아닌지는 모릅니다. 다만 한 가지 내가 아는 것은, 내가 눈이 멀었다가, 지금은 보게 되었다는 것입니다."

21 But how he can see now, or who opened his eyes, we don't know. Ask him. He is of age; he will speak for himself."

22 His parents said this because they were afraid of the Jews, for already the Jews had decided that anyone who acknowledged that Jesus was the Christ would be put out of the synagogue.

23 That was why his parents said, "He is of age; ask him."

24 A second time they summoned the man who had been blind. "Give glory to God," they said. "We know this man is a sinner."

25 He replied, "Whether he is a sinner or not, I don't know. One thing I do know. I was blind but now I see!"

21 しかし, どのようにしていま見えるのかは知りません。また, だれがあれの目をあけたのか知りません。あれに聞いてください。あれはもうおとなです。自分のことは自分で話すでしょう。

22 彼の兩親がこう言ったのは, ユダヤ人たちを恐れたからであった。すでにユダヤ人たちは, イエスをキリストであると告白する者があれば, その者を會堂から追放すると決めていたからである。

23 そのために彼の兩親は, 「あれはもうおとなです。あれに聞いてください。」と言ったのである。

24 そこで彼らは, 盲目であった人をもう一度呼び出して言った。「神に榮光を歸しなさい。私たちはあの人が罪人であることを知っているのだ。」

25 彼は答えた。「あの方が罪人かどうか, 私は知りません。ただ一つのことだけ知っています。 私は盲目であったのに, 今は見えるということです。」

26 그래서 그들은 그에게 물었다. "그 사람이 네게 한 일이 무엇이냐? 그가 네 눈을 어떻게 뜨게 하였느냐?"

27 그는 대답하였다. "그것은 내가 이미 여러분에게 말하였는데, 여러분은 곧이듣지 않았습니다. 그러면서 어찌하여 다시 들으려고 합니까? 여러분도 그분의 제자가 되려고 합니까?"

28 그러자 그들은 그에게 욕설을 퍼붓고 말하였다. "너는 그 사람의 제자이지만, 우리는 모세의 제자이다.

29 우리는 하나님께서 모세에게 말씀하셨다는 것을 알고 있다. 그러나 그 사람은 어디에서 왔는지 우리는 알지 못한다."

30 그가 그들에게 대답하였다. "그분이 내 눈을 뜨게 해주셨는데도, 여러분은 그분이 어디에서 왔는지 모른다니, 참 이상한 일입니다.

26 Then they asked him, "What did he do to you? How did he open your eyes?"

27 He answered, "I have told you already and you did not listen. Why do you want to hear it again? Do you want to become his disciples, too?"

28 Then they hurled insults at him and said, "You are this fellow's disciple! We are disciples of Moses!

29 We know that God spoke to Moses, but as for this fellow, we don't even know where he comes from."

30 The man answered, "Now that is remarkable! You don't know where he comes from, yet he opened my eyes.

26 そこで彼らは言った。「あの人はおまえに何をしたのか。どのようにしてその目をあけたのか。」

27 彼は答えた。「もうお話ししたのですが, あなたがたは聞いてくれませんでした。なぜもう一度聞こうとするのです。あなたがたも, あの方の弟子になりたいのですか。」

28 彼らは彼をののしって言った。「おまえもあの者の弟子だ。しかし私たちはモーセの弟子だ。

29 私たちは, 神がモーセにお話しになったことは知っている。しかし, あの者については, どこから来たのか知らないのだ。」

30 彼は答えて言った。「これは, 驚きました。あなたがたは, あの方がどこから来られたのか, ご存じないと言う。しかし, あの方は私の目をおあけになったのです。

31 하나님께서는 죄인들의 말은 듣지 않으시지만, 하나님을 공경하고 그의 뜻을 행하는 사람의 말은 들어주시는 줄을, 우리는 압니다.

32 나면서부터 눈먼 사람의 눈을 누가 뜨게 하였다는 말은, 창세로부터 이제까지 들어 본 적이 없습니다.

33 그가 하나님께로부터 오신 분이 아니라면, 아무 일도 하지 못하셨을 것입니다."

34 그들은 그에게 말하였다. "네가 완전히 죄 가운데서 태어났는데도, 우리를 가르치려고 하느냐?" 그리고 그들은 그를 바깥으로 내쫓았다.

35 바리새파 사람들이 그 사람을 내쫓았다는 말을 예수께서 들으시고, 그를 만나서 물으셨다. "네가 인자를 믿느냐?"

---

31 We know that God does not listen to sinners. He listens to the godly man who does his will.

32 Nobody has ever heard of opening the eyes of a man born blind.

33 If this man were not from God, he could do nothing."

34 To this they replied, "You were steeped in sin at birth; how dare you lecture us!" And they threw him out.

35 Jesus heard that they had thrown him out, and when he found him, he said, "Do you believe in the Son of Man?"

---

31 神は, 罪人の言うことはお聞きになりません。しかし, だれでも神を敬い, そのみこころを行なうなら, 神はその人の言うことを聞いてくださると, 私たちは知っています。

32 盲目に生まれついた者の目をあけた者があるなどとは, 昔から聞いたこともありません。

33 もしあの方が神から出ておられるのでなかったら, 何もできないはずです。」

34 彼らは答えて言った。「おまえは全く罪の中に生まれていながら, 私たちを教えるのか。」そして, 彼を外に追い出した。

35 イエスは, 彼らが彼を追放したことを聞き, 彼を見つけ出して言われた。「あなたは人の子を信じますか。」

36 그가 대답하였다. "선생님, 그분이 어느 분입니까? 내가 그분을 믿겠습니다."

37 예수께서 그에게 말씀하셨다. "너는 이미 그를 보았다. 너와 말하고 있는 사람이 바로 그이다."

Vox populi, vox Dei.

38 그는 "주님, 내가 믿습니다" 하고 말하고서, 예수께 엎드려 절하였다.

39 예수께서 또 말씀하셨다. "나는 이 세상을 심판하러 왔다. 못 보는 사람은 보게 하고, 보는 사람은 못 보게 하려는 것이다."

40 예수와 함께 있던 바리새파 사람들이 이 말씀을 듣고 나서 말하였다. "우리도 눈이 먼 사람이란 말이오?"

36 "Who is he, sir?" the man asked. "Tell me so that I may believe in him."

37 Jesus said, "You have now seen him; in fact, he is the one speaking with you."

38 Then the man said, "Lord, I believe," and he worshiped him.

39 Jesus said, "For judgment I have come into this world, so that the blind will see and those who see will become blind."

40 Some Pharisees who were with him heard him say this and asked, "What? Are we blind too?"

36 その人は答えた。「主よ。その方はどなたでしょうか。私がその方を信じることができますように。」

37 イエスは彼に言われた。「あなたはその方を見たのです。あなたと話しているのがそれです。」

38 彼は言った。「主よ。私は信じます。」そして彼はイエスを拝した。

39 そこで, イエスは言われた。「わたしはさばきのためにこの世に来ました。それは, 目の見えない者が見えるようになり, 見える者が盲目となるためです。」

40 パリサイ人の中でイエスとともにいた人々が, このことを聞いて, イエスに言った。「私たちも盲目なのですか。」

41 예수께서 그들에게 말씀하셨다. "너희가 눈이 먼 사람들이라면, 도리어 죄가 없을 것이다. 그러나, 너희가 지금 본다고 말하니, 너희의 죄가 그대로 남아 있다."

---

41 Jesus said, "If you were blind, you would not be guilty of sin; but now that you claim you can see, your guilt remains."

---

41 イエスは彼らに言われた。「もしあなたがたが盲目であったなら, あなたがたに罪はなかったでしょう。しかし, あなたがたは今, 『私たちは目が見える。』と言っています。あなたがたの罪は殘るのです。」

눈을 뜨게 되다!

자료: fingerofthomas.org

人語

개요

요한복음 9장은 신약성경 중 요한의 복음서의 아홉 번째 장을 의미한다. 여기서 예수는 날 때부터 맹인이었던 사람을 치유하는 실로암의 기적을 일으키고, 이에 대한 바리새인들의 대응을 볼 수 있다.

배경

예수와 제자들이 요한복음 7장에서 예루살렘에 내려간 후로 예루살렘을 나왔다는 언급은 나타나지 않는다. 본문에서 언급되는 실로암 연못은 예루살렘 구도시 성벽 남동부 외곽의 절벽 밑에 위치한다. 이 기적 14절에서 언급되듯 안식일에 일어나나, 7~8장의 초막절 기간에 벌어졌다고 볼 만한 확실한 근거는 존재하지 않는다. 그러나 예수의 강론이 실제로는 매우 짧은 시간 동안 이루어진 것이고, 초막절 이후 9장까지 특별한 사건이 존재하지 않는다는 점을 들어 이 사건이 초막절 기간 중에 일어났다고 보는 시각이 존재한다.

본문

예수는 날 때부터 맹인이었던 자를 만나고 제자들은 이 맹인의 눈이 먼 것이 그의 죄인지 그 부모의 죄인지를 묻는다. 이에 대해 예수는 누구의 죄 때문이 아

예수는 날 때부터 맹인이었던 사람을
치유하는 실로암의 기적을 일으킨다.

니라, 하나님의 일을 드러내기 위한 것이라고 대답한다. 4절의 본문은 한국어 성경에서는 공통적으로 "우리"는 "나"를 보낸 분의 일을 해야 한다고 번역한다.[1] 하지만 텍스투스 레셉투스와 불가타역 성경에서는 행동의 주체를 우리가 아닌 "나"로 번역한다.[2] 이후 예수는 진흙에 침을 뱉어 이긴 뒤에 맹인의 눈에 바르고 실로암으로 보내는데, 실로암이란 "보냄"이라는 뜻으로 예수가 보냄 받은 사람임을 나타낸다고 해석하는 학자들도 있다. 맹인은 실로암에서 진흙을 닦고 눈이 떠진다.

이후 눈이 띄워진 맹인의 이야기를 들은 바리새인들이 누가 눈을 뜨게 했느냐 묻고, 과연 정말 맹인이 맞았는지 확인하기 위해 그 부모를 소환해 묻는다. 부모는 그가 정말 소경이 맞다고 대답하며, 그 경위에 대해선 직접 물어보라고 한다. 사도 요한은 22절에서 당시 유대인들이 예수를 그리스도라 시인하는 자를 "회당에서 쫓아내기로" 결의했다고 덧붙인다. 회당에서 쫓아낸다는 이 표현은 요한복음 12장 42절과 16장 2절에서만 사용되는 표현이다. 유대인들의 이 결의와 얌니아 회의가 같은 것이라는 주장이 있다. 실제로 이 맹인이었던 사람은 예수를 하

[1] 대한성서공회, 개역개정, 새번역, 공동번역 비교
[2] John 9:4: Vulgate

Vox populi, vox Dei.

나님이 보낸 사람이라고 증언하다가 34절에서 쫓겨난다.

🏠 요한복음 9장 주석[3]

🐟 예수께서 가시다가, 날 때부터 눈먼 사람을 보셨다. 제자들이 예수께 물었다. "선생님, 이 사람이 눈먼 사람으로 태어난 것이, 누구의 죄 때문입니까? 이 사람의 죄입니까? 부모의 죄입니까?" - 나면서 소경 된 자를 고치신 것은, 창조적 권능을 가지신 하나님의 아들이 아니면 할 수 없다. 제자들의 물어본 말, 곧, "선생님, 이 사람이 눈먼 사람으로 태어난 것이, 누구의 죄 때문입니까? 이 사람의 죄입니까? 부모의 죄입니까?"라고 한 것은, 한 번 생각할 만하다. 날 때부터 소경 된 자가 무슨 죄를 지었겠기에 "이 사람의 죄입니까"자기 죄 때문입니까라고 하였을까? 이것은 유대인 랍비들의 그릇된 교훈대로, 사람이 나기 전에 그 영혼이 벌써 있었다는 사상에 근거한 말이다. 어쨌든 이런 말은 진리에 합당치 않은 것이다. 이렇게 제자들은 예수의 마음에 납득되실 수 없는 그릇된 말을 한 것이다. 인간의 질병이나 불행이 인간의 죄로 말미암는다는 것은 성경상으로 보아 확실하다. 그러나 다른 한편, 본인의 죄악으로 말미암지 않는 불행이나 고통도 있으니, 그것도 하나님의 뜻으로 말미암은 것이다. 그러므로 예수는 그 답변에서 그런 의미를 밝히신다. 1,2절

🐟 예수께서 대답하셨다. "이 사람이 죄를 지은 것도 아니요, 그의 부모가 죄를 지은 것도 아니다. 하나님께서 하시는 일들을 그에게서 드러내시려는 것이다. 우리는 나를 보내신 분의 일을 낮 동안에 해야 한다. 아무도 일할 수 없는 밤이 곧 온다 - 3절 말씀은, 마치 나면서 소경 된 것이 하나님의 하실 일을 위하여 계획된 불행인 듯이 가르친다. 그러나 예수의 이 말씀은, 그 사람의 불행을 하나님께서 계획하셨다는 의미까지는 아니다. 그것은 그 불행에 대하여 이러니 저러니

🐟3 예수사랑, 2012. 3. 7.

날 때부터 맹인 된 사람을 고치다.

자료: blog.naver.com

이론을 붙이는 것보다, 불행을 상대하고 하나님의 하실 일이 있다는 것이다. 하나님은, 인간의 다행한 일들만 가지고 일하시는 분이 아니시다. 그는, 인간의 불행을 고쳐서 복이 되게도 하시는 사랑과 능력을 가지셨다. 인간들은 불행한 것을 보고 피하며 저주하기에 급급하나, 하나님은 그런 것을 상대하셔서도 자비를 베푸신다. 여기 "일"이란 말의 헬라 원어는 복수명사로서 "일들"이란 뜻이다. 이 "일들"은, (1) 이제 예수의 고쳐주시는 은혜그것도 하나님의 일로 나타났고, (2) 그 고침 받은 자가 그리스도를 믿게 된 일로도 나타났다. 말쿠스 다즈Marcus Dods는 말하기를, "불행고통은 하나님의 일을 증진시킨다. 곧, 그것을 극복하는 데는 하나님의 역사가 나타난다"고 하였다. "낮"이란 말은 예수가 땅에 계신 기간을 가리킨다. 물론 예수는 하나님의 아들이시어서 영원토록 선을 행하신다. 그러나 이 세상에 계실 때에 국한하여 하셔야 될 일들이 별도로 있었다. 그러므로 그는 이런 의미의 사명 실행의 기회를 놓치지 않으셨다. 그는 사명 실행의 때가 지나간 다음에는 밤과 같은 일할 수 없는 때가 온 줄 아셨다. 사람들이 땅 위에 있는 시기는 낮과 같이 귀하며, 하나님의 일을 하기 위한 금보다 귀한 시간인 것이다. 기회는 귀하다. "기회는 오직 한 번만 문을 두드린다"Opportunity knocks the door only once. 3, 4절

내가 세상에 있는 동안, 나는 세상의 빛이다." 예수께서 이 말씀을 하신 뒤에, 땅에 침을 뱉어서, 그것으로 진흙을 개어 그의 눈에 바르시고, 그에게 실로암 못으로 가서 씻으라고 말씀하셨다. ('실로암'은 번역하면 '보냄을 받았다'는 뜻이다.) 그 눈먼 사람이 가서 씻고, 눈이 밝아져서 돌아갔다 - 예수가 이제 빛을 소유하지 못한 소경에게 눈을 밝히는 권능을 행하시기 위하여, 먼저 자기가 누구임을 알려 주신다. 여기 그의 알리는 말씀, "내가 세상에 있는 동안, 나는 세상의 빛이다"라고 하신 것은, 영적 의미를 가진 넓은 범위에 속한다. 그는 소경을 고치시는 빛이 되실 뿐만 아니라, 영적으로 소경 되어 하나님을 보지 못하는 자들을 고쳐주시는 영생의 빛이시다. 그런 의미에서 그는 자기가 누구이신 것을 먼저 알려 주신다. 실상이 소경은 자기의 눈이 밝아지기를 원함보다 이 말씀을 잘 들어야 한다. 그에게도 예수를 바로 아는 참된 지식이 무엇보다 귀한 것이다. 그는 예수를 그리스도로 명백히 알고 거기서 살아야 한다. 다시 말하면, 그에게 있어서 눈 뜨는 것보다도 더 귀한 것은 예수를 바로 아는 것이다. 이때에, 예수가 땅에 침을 뱉어 진흙을 이겨 소경의 눈에 바르신 것은 혹설에 의학적 치료를 위하여 그리하신 것이라

예수께서 대답하시되
이 사람이나 그 부모가
죄를 범한 것이 아니라
그에게서 하나님의
하시는 일을 나타내고자
하심이니라 (요 9:3)

"Neither this man nor his parents sinned," said Jesus,
"but this happened so that the work of God might be
displayed in his life. (John 9:3)

"이 사람이 죄를 지은 것도 아니요,
그의 부모가 죄를 지은 것도 아니다.
하나님께서 하시는 일들을 그에게서
드러내시려는 것이다."

자료: jgntc.net

고 한다. 실상 침은 안질에 도움이 된다고 하는 학설도 있다. 그러나 예수의 이 행동은, 그런 자연적 치료에 의하여 그 소경의 눈을 밝히시려는 것이 아니었다. 이 문제에 대하여 여러 가지 해석이 있다. 예수가 땅에 침을 뱉아 진흙을 이겨 그의 눈에 바르시고 실로암 못에 가서 씻으라 하셔서 그로 하여금 보게 하신 것은, (1) 그가 어떤 피조물을 가지고라도 능력을 행하실 수 있다는 것을 보여주기 위한 것이라고 함. (2) 진흙은 예수의 인간성을 비유하고, 침은 그의 말씀의 신성을 비유한다고 함. (3) 하나님 아버지께서 맨처음에 사람을 지으실 때에 흙으로 하신 것 같이, 예수도 그와 같은 원리로 소경의 눈을 뜨게 하셨다는 의미라고 함. 그러나 (4) 이것은 그 소경의 믿음을 시험하시기 위한 것이었다. 곧, 소경은 본래 보지 못하여 매우 갑갑함을 느끼는데, 그의 눈에 진흙을 바른 것은 그로 하여금 더욱 갑갑함을 느끼도록 만드신 것이다. 그런데도 불구하고 그는 끝까지 예수를 신뢰하고 그 명령을 따라 실로암 못에 가서 그것을 씻었다. "실로암 못으로 가서 씻으라." "실로암"이란 것은, 히브리 원어 쉴로아크란 말과 같다. 이 말은 사도 요한이 해명한 것과 같이 "보냄을 받았다"는 뜻이다. 그러므로 예수가 그 소경을 실로암 못에 보내신 목적은, 그 소경의 눈을 예수 자신이 고쳐 주신다는 뜻이다. 예수가 실로암 못을 관설하신 것은 실상 그 때 유대인들이 반대하는 하나님의 참된 종교를 반영시킴이다. 하나님의 참된 종교는 요란스러운 폭력이나 인간의 수단을 의지하지 않고, 오직 성령에 의하여 고요히 진리로 역사한다. 그러나 유대인들은 옛날부터 이것을 좋아하지 않았다. 예수 당시에도 유대인들은 실로암 물로 상징된 여호와의 종교를 반대하는 의미에서 예수의 이적에 대하여 불신앙으로 논란하였으니, 그것이 14-34절에 기록되어 있다. 여호와의 참 종교는 예수 그리스도로 대표되었으며, 실로암 물로 상징되었다. "실로암 못"은 예루살렘 동남쪽으로 성 안에 있다. 그것은 히스기야왕이 전쟁 때에 사용하기 위하여 팠던 것이다. 5-7절

🐟 이웃 사람들과 그가 전에 거지인 것을 보아 온 사람들이 말하기를 "이 사람은 앉아서 구걸하던 사람이 아니냐?" 하였다. 다른 사람들 가운데는 "이 사람이 그 사람이다" 하고 말하는 사람도 더러 있었고, 또 더러는 "그가 아니라 그와 비

고고학자들 실로암 못 발견,
요한복음의 정확성 확인 ☙4

자료: christianworld.or.kr

숫한 사람이다" 하고 말하기도 하였다. 그런데 눈을 뜨게 된 그 사람은 "내가 바로 그 사람이오" 하고 말하였다 - 칼빈Calvin은 이 점에 있어서 다음과 같이 해석하였다. 곧, "이 소경이 그 이웃 사람에게만 잘 알려졌던 것이 아니라 그 지방 모든 거민들에게도 걸인乞人으로 알려졌던 것이 확실하다. 모든 사람이 알고 있었던 소경이 이제 눈을 떴으니, 그 이적은 의심할 수 없었던 것이다. 그러나 그들은 여기서도 변론하면서 그 이적을 유쾌하게 믿지 아니하려는 경향을 나타내었다. 이것을 보면, 하나님의 능력이 명백하게 나타나도 인간성은 거기에 대하여 희박하게혹은 적게 믿는 악한 근성을 나타낸다. 그러나 이 사건에 있어서 그들의 의심은, 그 이적을 사실로 드러내는 데 도움이 된 것뿐이다. 그 이유는 그들이 그 눈 뜬 소경에게 힐문할수록 그의 증언은 더욱 확실히 진술되었기 때문이다. 하나님의 권능과 진리는 모든 반대와 시험을 겪을수록 더욱 빛난다"라고 하였다Calvin's Commen-

---

☙4 예일대 출신의 문화평론가인 에릭 메탁사스(Eric Metaxas)는 지난 2016년 2월 3일(현지시간) 미국 크리스천포스트지에 "고고학자들 실로암 못 발견, 요한복음의 정확성 확인하다(Archaeologists Find Pool of Siloam, Confirm Gospel of John Accurate)"는 제목의 칼럼을 싣고 실로암 못의 발굴로 성경의 역사적 정확성이 확인됐다고 밝혔다. 메탁사스는 이 글에서 "수년 동안 일부 학자들은 네 번째 복음서인 요한복음의 역사적 정확성에 대해 의문을 제기해 왔다"면서 하지만 실로암 못이 이 문제를 해결해주고 있다고 말했다.

tary, John's Gospel, p.372. "내가 바로 그 사람이오" 이것은 저 눈 뜬 소경이 그 받은 은혜에 대하여 증거한 제일보第一步이다. 그는, 소경으로서 눈을 뜨게 된 큰 은혜를 받고, 그 사실을 드러내고자 하였다. 하나님께서 사람들에게 은혜를 주시는 것은 자기하나님 자신을 증거하고자 하심이다. (1) 그러므로 은혜를 받은 자가 그 사실을 증거하지 않으면, 하나님의 은혜는 그에게 계속될 수 없다. (2) 그리고 사람들 중에는 은혜 받은 사실을 증거함에 있어서, 자기 자신을 나타내고 하나님을 나타내지 않는 폐단도 있다. 이것이 역시 그 증거의 목적을 이루지 못하고, 도리어 하나님으로 하여금 근심되게 하는 행동이 되어진다. 그러나 이 눈 뜬 소경은 최후까지 주님을 나타냈다. "내가 바로 그 사람이오"라고 한 말도 그 자신을 자랑하는 의미가 아니고, 소경 되었던 자기 처지를 밝혀 예수를 나타내는 말이다. 8, 9절

사람들이 그에게 물었다. "그러면 어떻게 눈을 뜨게 되었소?" 그가 대답하였다. "예수라는 사람이 진흙을 개어 내 눈에 바르고 나더러 실로암에 가서 씻으라고 하였소. 그래서 내가 가서 씻었더니 보게 되었소." 사람들이 눈을 뜨게 된 사람에게 묻기를 "그 사람이 어디에 있소?" 하니, 그는 "모르겠소" 하고 대답하였다. - 고침 받은 소경은, 여기서 (1) 자기의 신념 그대로를 발표한다. 곧, 그는 자기의 개인적 체험을 사실 그대로 말한다. 이것은, 그의 순수한 확신을 남들에게 알게 하여 주는 고백이다. (2) 그뿐 아니라, 그는 그리스도에게 대한 순종의 열매가 얼마나 확실하다는 것을 보여준다. "실로암에 가서 씻으라고 하였소. 그래서 내가 가서 씻었더니 보게 되었소"라고 하였으니, 그것은 주님의 말씀에 순종한 결과 틀림없이 효과를 가져왔다는 고백이다. 10-12절

그들은 전에 눈먼 사람이던 그를 바리새파 사람들에게 데리고 갔다. 그런데 예수께서 진흙을 개어 그의 눈을 뜨게 하신 날이 안식일이었다. 바리새파 사람들은 또다시 그에게 어떻게 보게 되었는지를 물었다. 그는 "그분이 내 눈에 진흙을 바르신 다음에 내가 눈을 씻었더니, 이렇게 보게 되었습니다" 하고 대답하였다. 바리새파 사람들 가운데 더러는 말하기를 "안식일을 지키지 않는 것으로

보아서 그는 하나님에게서 온 사람이 아니오" 하였고, 더러는 "죄가 있는 사람이 어떻게 그러한 표징을 행할 수 있겠소?" 하고 말하였다. 그래서 그들 사이에 의견이 갈라졌다 - 이 부분의 중요한 문제는 예수가 안식일에 진흙을 이겨 소경의 눈에 발랐으므로 안식일을 범하였다는 것이다. 바리새인들이 그 고침받은 소경더러 "어떻게 보게 되었는지" 물은 것은, 안식일에 진흙을 이겨 눈에 발랐다는 말을 듣고자 함이었다. 저렇게 바리새인들은 계명을 존중히 한다고 하면서 계명의 정신 _{사랑}은 알지 못하고, 외모를 따라 머리털을 쪼개는 듯한 기계적 해석에 흘러 번쇄주의에 빠졌다. 안식일에 일하지 말라는 계명은, 하나님께 드릴 예배에 방해될 영업을 중지하라는 뜻이고, 무슨 동작이든지 금하는 것은 아니다. 특별히 하나님의 일을 위하여 취할 수 있는 동작은 안식일에 당연한 것이다. 하나님의 일이라는 것은, 주로 사람에게 긍휼을 베푸는 선행으로 나타난다. 그런데, 바리새인[5]들은 이와 같은 계명의 정신을 모르고, 안식일에는 사소한 동작이나 일까지 일체 할 수 없는 듯이 가르쳤다. 예수는, 바리새인들의 주장을 아시면서도 안식일에 병 고치시기를 주저하지 않으셨다. 그것은, 바리새인들과의 의견 충돌을 각오하시고 진리를 행동으로 드러내신 처사이다. 진리는 비진리로 더불어 충돌되는 기회에 도리어 그 빛을 나타내고 더욱 힘있게 전파된다. 13-16절

🐟 그래서 그들은 그에게 물었다. "그 사람이 네게 한 일이 무엇이냐? 그가 네 눈을 어떻게 뜨게 하였느냐?" 그는 대답하였다. "그것은 내가 이미 여러분에게 말하였는데, 여러분은 곧이듣지 않았습니다. 그러면서 어찌하여 다시 들으려고 합니까? 여러분도 그분의 제자가 되려고 합니까?" 그러자 그들은 그에게 욕설을

🐟5 바리새파, 바리사이파 또는 바리새인(Pharisees)은 예수가 활동하던 시대에 존재했던 유대교의 경건주의 분파, 중간계급 평신도 경건주의를 말한다. 누가복음서에 바리새인들이 예수에게 "헤롯이 랍비를 죽이려고 하니까 몸을 숨기셔야 합니다."라고 말하는 이야기가 나오기 때문에, 흔히 기독교인들이 잘못 생각하는 것과 달리 바리새인이라고 해서 예수에게 반대한 것은 아니다. 마태복음서 23장 13절-33절을 근거로 예수가 바리새인들을 비난했다고 보는 해석도 있지만, 초기 기독교와 유대교의 갈등과 대립이 투영된 이야기로 보는 설명이 설득력을 얻고 있다. 또한 하나님의 말씀대로 살고자 애쓴 바리새파들의 경건한 신앙은 기독교에도 영향을 주어, 고대교회는 마태복음서와 야고보서라는, 신앙과 삶의 일치를 중요하게 생각하는 기독교 전통을 만들어냈다.

바리새파 사람들이 고침 받은 자를 질문함

자료: vimeo.com

퍼붓고 말하였다. "너는 그 사람의 제자이지만, 우리는 모세의 제자이다. 우리는 하나님께서 모세에게 말씀하셨다는 것을 알고 있다. 그러나 그 사람은 어디에서 왔는지 우리는 알지 못한다." - 바리새인들은 그 불신앙의 고집을 계속하였다. 그들이 소경 되었던 자에게 다시 묻기를, "그 사람이 네게 한 일이 무엇이냐? 그가 네 눈을 어떻게 뜨게 하였느냐?"라고 하였다. 이것은 듣기 싫을 만큼 역겨운 질문의 중복인 것이다. 그들은 담벽을 문이라고 할 만큼 어두워지고 강퍅해진 것이다. 그들의 이론은 소경의 눈 뜬 놀라운 사실 앞에서 여지없이 막혔던 것이다. 그러나 그들은 쓸데없는 질문을 거듭했던 것이다. 그처럼 그들은 불신앙의 철면피였다. 그러나 소경 되었던 자의 신앙의 뱃심도 만만치 않았다. 그는 그들의 불신앙의 철면피를 산산히 깨뜨릴 만큼 날카롭게 사정없는 풍자식 이론을 전개하였다. 그것은 그들을 꾸지람하는 방식으로 나오면서, "내가 이미 여러분에게 말하였는데, 여러분은 곧이듣지 않았습니다. 그러면서 어찌하여 다시 들으려고 합니까? 여러분도 그분의 제자가 되려고 합니까?"라고 한 말이다. 신앙자는 어떤 때에 그 대적을 향하여 조롱하는 태도를 취한다. 물론 그것이 상대방의 영혼을 증오하는 악독은 아니지만, 상대방의 불신앙 사상 그것에 대하여 사정 보지 않는 심판의 철퇴鐵槌인 것이다. 저런 사정 없는 철퇴를 효과적으로 사용할 수 있는 자는, 실상 상대방의 영혼을 위하여 울 수 있는 자이다. 신앙자의 속에는 악독이 없다. 이제는 바리새인들이 하는 수 없이 악독과 욕으로 저 소경 되었던 자를 대적

십계명과 모세. 필리프 드 샹파뉴
그림

자료: ko.wikipedia.org

한다. 불신앙자의 무기는 저렇게 불법과 악독인 것이다. 사람이 악독해지면 사상과 이론도 어두워진다. 그들은 이론에 있어서 모순성을 띠었다. 곧, 그들 자신이 자칭 모세의 제자라고 하나, 그 내용에 있어서는 모세의 제자가 못 된다. 그 이유는 그들이 모세의 제자였더라면 예수를 믿었을 것이기 때문이다. 요 5:46에 말하기를, "너희가 모세를 믿었더라면 나를 믿었을 것이다. 모세가 나를 두고 썼기 때문이다"라고 하였다. 26-29절

🐟 바리새파 사람들이 그 사람을 내쫓았다는 말을 예수께서 들으시고, 그를 만나서 물으셨다. "네가 인자를 믿느냐?" 그가 대답하였다. "선생님, 그분이 어느 분입니까? 내가 그분을 믿겠습니다." 예수께서 그에게 말씀하셨다. "너는 이미 그를 보았다. 너와 말하고 있는 사람이 바로 그이다." 그는 "주님, 내가 믿습니다" 하고 말하고서, 예수께 엎드려 절하였다 - 주님은 불법하게 출교 당한 신자를 가까이 하신다. 주님은 그를 만나서 더 깊은 신앙으로 인도하신다. 곧, "네가 인자를

주여 내가 믿나이다.

자료 : culturalhall.com

믿느냐?"라고 하시어, 그의 신앙 수준을 높일 수 있는 좋은 기회를 제공하신다. 이때까지 소경 되었던 자는, 예수를 선지자로 또 혹은 '하나님께로부터 온 자'로 알 뿐이었다. 물론 그만한 신앙 지식에 강력한 신념이 함께 하였던 것만은 고마운 일이다. 그러나 그러한 신념은 좀 더 명백한 진리 지식이 필요하였다. 곧, 예수를 인자로 아는 지식이 필요하였다. '인자'란 말의 뜻은 메시아를 의미한다. 이런 친절한 주님의 계시 앞에서 그는 신앙하고자 하는 태도를 가졌다. 신앙은 무한히 장성할 수 있게 하는 그리스도의 영적 부요富饒를 상대하고 있다. 확신의 소유자도 또 다시 더 깊은 신앙에 들어가기를 원해야 한다. 고침 받은 소경은 그것을 원하였고, 또한 그 소원을 구체화하여 "주님, 내가 믿습니다"라고 하였다. 35-38절

　예수께서 또 말씀하셨다. "나는 이 세상을 심판하러 왔다. 못 보는 사람은 보게 하고, 보는 사람은 못 보게 하려는 것이다." 예수와 함께 있던 바리새파 사람들이 이 말씀을 듣고 나서 말하였다. "우리도 눈이 먼 사람이란 말이오?" 예수께서 그들에게 말씀하셨다. "너희가 눈이 먼 사람들이라면, 도리어 죄가 없을 것

이다. 그러나 너희가 지금 본다고 말하니, 너희의 죄가 그대로 남아 있다." - 예수는 이 부분에 있어서 인류를 소경이라고 생각하신 것이 드러난다. 우리는 그 이유를 알아야 한다. 사람의 육안은 표준이 아니다. 우리의 육안은 어떤 짐승의 눈만도 못하다. 예를 들면, 매는 몇 십리 밖에 있는 작은 것도 밝히 본다고 한다. 사람의 눈의 표준은 심령의 눈이다. 심령의 눈은 하나님 보기를 목적한다. 심령이 하나님을 보기 전에는 소경임을 면치 못한다. "만물보다 거짓되고 심히 부패한 것"이 사람의 마음이다. 자기의 마음을 믿는 자는 미련한 자이다. 인간은 이렇게 소경인데도 자기가 본다고 하며, 불행 가운데 아주 떨어진다. 요 9:41에, "너희가 눈이 먼 사람들이라면, 도리어 죄가 없을 것이다. 그러나, 너희가 지금 본다고 말하니, 너희의 죄가 그대로 남아 있다"라고 하였다. 다시 말하면, 자기들이 소경인 줄 알았더라면 주님을 믿었을 것이고, 따라서 회개하고 죄 사함을 받아 무죄한 자처럼 되었을 것이라는 말씀이다. 우리가 영적으로 소경이 아니라고 자처한다면, 죄를 더욱 범함이다. 그러므로 우리가 영적으로 소경이면서 소경이 아니라고

참으로 눈먼 사람

자료: tvstory82.tistory.com

피테르 브뤼헬(Pieter Brugel the Elder, 1525~1569년)의 '소경이 소경을 인도한다'(1568년).
이 그림은 사람들을 바른 길로 인도해야 할 사람들이 스스로 길을 잃고 있는 것은 아닌지, 영의 눈이 닫힌 것은 아닌지 묻고 있다. 특권을 강화하기 위해 생각이 다른 사람들을 혐오하고 배척하는 이들이 있다. 예수는 '지금 본다고 말하는 사람들'의 죄를 지적한 바 있다. 제대로 보기 위해서는 우리 눈을 멀게 만드는 탐욕과 결별해야 한다.

자료: dangdangnews.com

하는 것은, 우리 자신을 속이는 죄와 하나님을 거짓말 하시는 이로 여기는 죄를 범함이다. 39-41절

Vox populi, vox Dei.

🔺 저의 죄를 용서하소서! 간절히 기도하고 있는 저자

요한복음
10장

天聲

1 "내가 진정으로 진정으로 너희에게 말한다. 양 우리에 들어갈 때에, 문으로 들어가지 아니하고 다른 데로 넘어 들어가는 사람은 도둑이요 강도이다.

2 그러나 문으로 들어가는 사람은 양들의 목자이다.

3 문지기는 목자에게 문을 열어 주고, 양들은 그의 목소리를 알아듣는다. 그리고 목자는 자기 양들의 이름을 하나하나 불러서 이끌고 나간다.

4 자기 양들을 다 불러낸 다음에, 그는 앞서서 가고, 양들은 그를 따라간다. 양들이 목자의 목소리를 알고 있기 때문이다.

5 양들은 결코 낯선 사람을 따라가지 않을 것이고, 그에게서 달아날 것이다. 그것은 양들이 낯선 사람의 목소리를 알지 못하기 때문이다."

1 "I tell you the truth, the man who does not enter the sheep pen by the gate, but climbs in by some other way, is a thief and a robber.

2 The man who enters by the gate is the shepherd of his sheep.

3 The watchman opens the gate for him, and the sheep listen to his voice. He calls his own sheep by name and leads them out.

4 When he has brought out all his own, he goes on ahead of them, and his sheep follow him because they know his voice.

5 But they will never follow a stranger; in fact, they will run away from him because they do not recognize a stranger's voice."

1 「まことに, まことに, あなたがたに告げます。羊の囲いに門からはいらない

で, ほかの所を乗り越えて來る者は, 盜人で强盜です。

2 しかし, 門からはいる者は, その羊の牧者です。

3 門番は彼のために開き, 羊はその聲を聞き分けます。彼は自分の羊をその名で呼んで連れ出します。

4 彼は, 自分の羊をみな引き出すと, その先頭に立って行きます, すると羊は, 彼の聲を知っているので, 彼について行きます。

5 しかし, ほかの人には決してついて行きません。かえって, その人から逃げ出します。その人たちの聲を知らないからです。」

6 예수께서 그들에게 이러한 비유를 말씀하셨으나, 그들은 그가 무슨 뜻으로 그렇게 말씀하시는지를 깨닫지 못하였다.

7 예수께서 다시 말씀하셨다. "내가 진정으로 진정으로 너희에게 말한다. 나는 양이 드나드는 문이다.

8 [나보다] 먼저 온 사람은 다 도둑이고 강도이다. 그래서 양들이 그들의 말을 듣지 않았다.

9 나는 그 문이다. 누구든지 나를 통하여 들어오면, 구원을 얻고, 드나들면서 꼴을 얻을 것이다.

10 도둑은 다만 훔치고 죽이고 파괴하려고 오는 것뿐이다. 나는, 양들이 생명을 얻고 또 더 넘치게 얻게 하려고 왔다.

6 Jesus used this figure of speech, but they did not understand what he was telling them.

7 Therefore Jesus said again, "I tell you the truth, I am the gate for the sheep.

8 All who ever came before me were thieves and robbers, but the sheep did not listen to them.

9 I am the gate; whoever enters through me will be saved. He will come in

and go out, and find pasture.

10   The thief comes only to steal and kill and destroy; I have come that they
      may have life, and have it to the full.

6   イエスはこのたとえを彼らにお話しになったが，彼らは，イエスの話されたこ
     とが何のことかよくわからなかった。

7   そこで，イエスはまた言われた。「まことに，まことに，あなたがたに告げま
     す。わたしは羊の門です。

8   わたしの前に來た者はみな，盜人で強盜です。羊は彼らの言うことを聞かな
     かったのです。

9   わたしは門です。だれでも，わたしを通ってはいるなら，救われます。また安
     らかに出入りし。牧草を見つけます。

10   盜人が來るのは，ただ盜んだり，殺したり，滅ぼしたりするだけのためです。
     わたしが來たのは，羊がいのちを得，またそれを豊かに持つためです。

11   나는 선한 목자이다. 선한 목자는 양들을 위하여 자기 목숨을 버린다.

12   삯꾼은 목자가 아니요, 양들도 자기의 것이 아니므로, 이리가 오는 것을 보면, 양
     들을 버리고 달아난다. — 그러면 이리가 양들을 물어가고, 양떼를 흩어 버린
     다. —

13   그는 삯꾼이어서, 양들을 생각하지 않기 때문이다.

14   나는 선한 목자이다. 나는 내 양들을 알고, 내 양들은 나를 안다.

15   그것은 마치, 아버지께서 나를 아시고, 내가 아버지를 아는 것과 같다. 나는 양들
     을 위하여 내 목숨을 버린다.

11   "I am the good shepherd. The good shepherd lays down his life for the
     sheep.

12 The hired hand is not the shepherd who owns the sheep. So when he sees the wolf coming, he abandons the sheep and runs away. Then the wolf attacks the flock and scatters it.

13 The man runs away because he is a hired hand and cares nothing for the sheep.

14 "I am the good shepherd; I know my sheep and my sheep know me—

15 just as the Father knows me and I know the Father—and I lay down my life for the sheep.

11 わたしは, 良い牧者です。良い牧者は羊のためにいのちを捨てます。

12 牧者でなく, また, 羊の所有者でない雇い人は, 狼が來るのを見ると, 羊を置き去りにして, 逃げて行きます。それで, 狼は羊を奪い, また散らすのです。

13 それは, 彼が雇い人であって, 羊のことを心にかけていないからです。

14 わたしは良い牧者です。わたしはわたしのものを知っています。また, わたしのものは, わたしを知っています。

15 それは, 父がわたしを知っておられ, わたしが父を知っているのと同様です。また, わたしは羊のためにわたしのいのちを捨てます。

16 나에게는 이 우리에 속하지 않은 다른 양들이 있다. 나는 그 양들도 이끌어 와야 한다. 그들도 내 목소리를 들을 것이며, 한 목자 아래에서 한 무리 양떼가 될 것이다.

17 아버지께서 나를 사랑하신다. 그것은 내가 목숨을 다시 얻으려고 내 목숨을 기꺼이 버리기 때문이다.

18 아무도 내게서 내 목숨을 빼앗아 가지 못한다. 나는 스스로 원해서 내 목숨을 버린다. 나는 목숨을 버릴 권세도 있고, 다시 얻을 권세도 있다. 이것은 내가 아버지께로부터 받은 명령이다."

19 이 말씀 때문에 유대 사람들 가운데 다시 분열이 일어났다.

20 그 가운데서 많은 사람이 말하기를 "그가 귀신이 들려서 미쳤는데, 어찌하여 그의 말을 듣느냐?" 하고,

16 I have other sheep that are not of this sheep pen. I must bring them also. They too will listen to my voice, and there shall be one flock and one shepherd.

17 The reason my Father loves me is that I lay down my life—only to take it up again.

18 No one takes it from me, but I lay it down of my own accord. I have authority to lay it down and authority to take it up again. This command I received from my Father."

19 At these words the Jews were again divided.

20 Many of them said, "He is demon-possessed and raving mad. Why listen to him?"

16 わたしにはまた, この囲いに屬さないほかの羊があります。わたしはそれをも導かなければなりません。彼らはわたしの聲に聞き從い, 一つの群れ, ひとりの牧者となるのです。

17 わたしが自分のいのちを再び得るために自分のいのちを捨てるからこそ, 父はわたしを愛してくださいます。

18 だれも, わたしからいのちを取った者はいません。わたしが自分からいのちを捨てるのです。わたしには, それを捨てる權威があり, それをもう一度得る權威があります。わたしはこの命令をわたしの父ら受けたのです。」

19 このみことばを聞いて, ユダヤ人たちの間にまた分裂が起こった。

20 彼らのうちの多くの者が言った。「あれは惡靈につかれて氣が狂っている。どうしてあなたがたは, あの人の言うことに耳を貸すのか。」

21 또 다른 사람들은 말하기를 "이 말은 귀신이 들린 사람의 말이 아니다. 귀신이 어 떻게 눈먼 사람의 눈을 뜨게 할 수 있겠느냐?" 하였다.

22 예루살렘은 성전 봉헌절이 되었는데, 때는 겨울이었다.

23 예수께서는 성전 경내에 있는 솔로몬 주랑을 거닐고 계셨다.

24 그 때에 유대 사람들은 예수를 둘러싸고 말하였다. "당신은 언제까지 우리의 마음 을 졸이게 하시렵니까? 당신이 그리스도이면 그렇다고 분명하게 말하여 주십시오."

25 예수께서 그들에게 대답하셨다. "내가 너희에게 이미 말하였는데도, 너희가 믿지 않는다. 내가 내 아버지의 이름으로 하는 그 일들이 곧 나를 증언해 준다.

21 But others said, "These are not the sayings of a man possessed by a de- mon. Can a demon open the eyes of the blind?"

22 Then came the Feast of Dedication at Jerusalem. It was winter,

23 and Jesus was in the temple area walking in Solomon's Colonnade.

24 The Jews gathered around him, saying, "How long will you keep us in suspense? If you are the Christ, tell us plainly."

25 Jesus answered, "I did tell you, but you do not believe. The miracles I do in my Father's name speak for me,

21 ほかの者は言った。「これは惡靈につかれた者のことばではない。惡靈がど うして盲人の目をあけることができようか。」

22 そのころ, エルサレムで, 宮きよめの祭りがあった。

23 時は冬であった。イエスは, 宮の中で, ソロモンの廊を歩いておられた。

24 それでユダヤ人たちは, イエスを取り圍んで言った。「あなたは, いつまで私 たちに氣をもませるのですか。もしあなたがキリストなら, はっきりとそう言っ てください。」

25 イエスは彼らに答えられた。「わたしは話しました。しかし, あなたがたは信

じないのです。わたしが父の御名によって行なうわざが, わたしについて證言
しています。

26 그런데 너희가 믿지 않는 것은, 너희가 내 양이 아니기 때문이다.

27 내 양들은 내 목소리를 알아듣는다. 나는 내 양들을 알고, 내 양들은 나를 따른다.

28 나는 그들에게 영생을 준다. 그들은 영원토록 멸망하지 아니할 것이요, 또 아무도 그들을 내 손에서 빼앗아 가지 못할 것이다.

29 그들을 나에게 주신 내 아버지는 만유보다도 더 크시다. 아무도 아버지의 손에서 그들을 빼앗아 가지 못한다.

30 나와 아버지는 하나이다."

26 but you do not believe because you are not my sheep.

27 My sheep listen to my voice; I know them, and they follow me.

28 I give them eternal life, and they shall never perish; no one can snatch them out of my hand.

29 My Father, who has given them to me, is greater than all; no one can snatch them out of my Father's hand.

30 I and the Father are one."

26 しかし, あなたがたは信じません。それは, あなたがたがわたしの羊に屬していないからです。

27 わたしの羊はわたしの聲を聞き分けます。またわたしは彼らを知っています。そして彼らはわたしについて來ます。

28 わたしは彼らに永遠のいのちを與えます。彼らは決して滅びることがなく, また, だれもわたしの手から彼らを奪い去るようなことはありません。

29 わたしに彼らをお與えになった父は, すべてにまさって偉大です。だれもわたしの父の御手から彼らを奪い去ることはできません。

30 わたしと父とは一つです。」

31 이때에 유대 사람들이 다시 돌을 들어서 예수를 치려고 하였다.

32 예수께서 그들에게 말씀하셨다. "내가 아버지의 권능을 힘입어서, 선한 일을 많이 하여 너희에게 보여 주었는데, 그 가운데서 어떤 일로 나를 돌로 치려고 하느냐?"

33 유대 사람들이 대답하였다. "우리가 당신을 돌로 치려고 하는 것은, 선한 일을 하였기 때문이 아니라, 하나님을 모독하였기 때문이오. 당신은 사람이면서, 자기를 하나님이라고 하였소."

34 예수께서 그들에게 말씀하셨다. "너희의 율법에, '내가 너희를 신들이라고 하였다' 하는 말이 기록되어 있지 않으냐?

35 하나님의 말씀을 받은 사람들을 하나님께서 신이라고 하셨다. 또 성경은 폐하지 못한다.

31 Again the Jews picked up stones to stone him,

32 but Jesus said to them, "I have shown you many great miracles from the Father. For which of these do you stone me?"

33 "We are not stoning you for any of these," replied the Jews, "but for blasphemy, because you, a mere man, claim to be God."

34 Jesus answered them, "Is it not written in your Law, 'I have said you are gods'?

35 If he called them 'gods,' to whom the word of God came—and the Scripture cannot be broken—

31 ユダヤ人たちは, イエスを石打ちにしようとして, また石を取り上げた。

32 イエスは彼らに答えられた。「わたしは, 父から出た多くの良いわざを, あなたがたに示しました。そのうちのどのわざのために, わたしを石打ちにしようとするのですか。」

33 ユダヤ人たちはイエスに答えた。「良いわざのためにあなたを石打ちにするのではありません。冒瀆のためです。あなたは人間でありながら, 自分を神とするからです。」

34 イエスは彼らに答えられた。「あなたがたの律法に, 『わたしは言った, あなたがたは神である。』と書いてはありませんか。

35 もし, 神のことばを受けた人々を, 神々と呼んだとすれば, 聖書は廃棄されるものではないから,

36 그런데 아버지께서 거룩하게 하여 세상에 보내신 사람이, 자기를 하나님의 아들이라고 한 말을 가지고, 너희는 그가 하나님을 모독한다고 하느냐?

37 내가 내 아버지의 일을 하지 아니하거든, 나를 믿지 말아라.

38 그러나 내가 그 일을 하고 있으면, 나를 믿지는 아니할지라도, 그 일은 믿어라. 그리하면 너희는, 아버지께서 내 안에 계시고 또 내가 아버지 안에 있다는 것을, 깨달아 알게 될 것이다."

39 [그러므로] 그들이 다시 예수를 잡으려고 하였으나, 예수께서는 그들의 손을 벗어나서 피하셨다.

40 예수께서 다시 요단강 건너 쪽, 요한이 처음에 세례를 주던 곳으로 가서, 거기에 머무르셨다.

36 what about the one whom the Father set apart as his very own and sent into the world? Why then do you accuse me of blasphemy because I said, 'I am God's Son'?

37 Do not believe me unless I do what my Father does.

38 But if I do it, even though you do not believe me, believe the miracles, that you may know and understand that the Father is in me, and I in the Father."

39 Again they tried to seize him, but he escaped their grasp.

40 Then Jesus went back across the Jordan to the place where John had been baptizing in the early days. Here he stayed

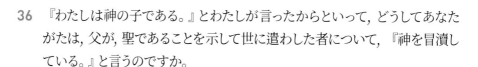

36 『わたしは神の子である。』とわたしが言ったからといって, どうしてあなたがたは, 父が, 聖であることを示して世に遣わした者について, 『神を冒瀆している。』と言うのですか。

37 もしわたしが, わたしの父のみわざを行なっていないのなら, わたしを信じないでいなさい。

38 しかし, もし行なっているなら, たといわたしの言うことが信じられなくても, わざを信用しなさい。それは, 父がわたしにおられ, わたしが父にいることを, あなたがたが悟り, また知るためです。」

39 そこで, 彼らはまたイエスを捕えようとした。しかし, イエスは彼らの手からのがれられた。

40 そして, イエスはまたヨルダンを渡って, ヨハネが初めにバプテスマを授けていた所に行かれ, そこに滞在された。

41 많은 사람이 그에게로 왔다. 그들은 이렇게 말하였다. "요한은 표징을 하나도 행하지 않았으나, 요한이 이 사람을 두고 한 말은 모두 참되다."

42 그 곳에서 많은 사람이 예수를 믿었다.

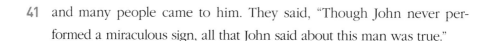

41 and many people came to him. They said, "Though John never performed a miraculous sign, all that John said about this man was true."

42 And in that place many believed in Jesus.

―――――――――――――――――――

41 多くの人々がイエスのところに來た。彼らは,「ヨハネは何一つしるしを行なわなかったけれども, 彼がこの方について話したことはみな眞實であった。」と言った。

42 そして, その地方で多くの人々がイエスを信じた。

The Good Shepherd

자료: commons.wikimedia.org

人語

개요

유목민인 이스라엘 백성에게 있어서 양과 목자의 비유만큼 낯익은 것도 없었다. 주님은 자신을 목자로 천명하고 이스라엘 백성을 양으로 비유함으로써 당신의 구원 사역을 설명하셨다. 목자가 양을 위해 혼신의 힘을 쏟듯이 주님은 구원할 백성을 위해 자기 생명까지 바치신다. 주님께서는 자신처럼 선한 목자도 있는 반면, 삯꾼 목자도 있음을 밝히심으로써 백성을 영적 도탄으로 이끄는 당시의 종교 지도자들의 행태를 신랄히 꼬집으셨다.

요한복음 10장 주석[1]

🐟 "내가 진정으로 진정으로 너희에게 말한다. 양 우리에 들어갈 때에, 문으로 들어가지 아니하고 다른 데로 넘어 들어가는 사람은 도둑이요 강도이다. 그러나 문으로 들어가는 사람은 양들의 목자이다 - 이 말씀은, 사람이 합법적으로 양에게 관계하는 것처럼 하나님의 백성을 인도하는 자도 하나님의 법을 거쳐야 된다는 것을 가르친다. 우리 본문의 "문으로" 들어간다는 말씀은, 예수로 말미암아서만 하나님의 양을 정당하게 인도할 수 있음을 의미한다. 예수로 말미암는다는 것은, 그 자신이 예수를 믿고 예수의 보내심을 받아 교회의 인도자가 된다는 것이

----

1 예수사람, 2004. 8. 19.

예수는 자신을 선한 목자로 지칭하셨다.

다. 예수의 보내심을 받지 않고 스스로 교회의 인도자가 되는 자는, 문으로 들어가는 자가 아니고 다른 데로 넘어가는 자이다. 사람이 자기 스스로는 양을 먹일 만한 진리와 능력을 받지 못한다. 자기 스스로 된 일군은, 결국 하나님의 교회를 진정한 의미에서 돕지 못하고 도리어 양 떼에게 해를 끼친다. 그는 무의식 중에, 혹은 의식 중에 저렇게 불행한 생활을 보내기 쉽다. 1, 2절

🐟 문지기는 목자에게 문을 열어 주고, 양들은 그의 목소리를 알아듣는다. 그리고 목자는 자기 양들의 이름을 하나하나 불러서 이끌고 나간다. 자기 양들을 다 불러낸 다음에, 그는 앞서서 가고, 양들은 그를 따라간다. 양들이 목자의 목소리를 알고 있기 때문이다. 양들은 결코 낯선 사람을 따라가지 않을 것이고, 그에게서 달아날 것이다. 그것은 양들이 낯선 사람의 목소리를 알지 못하기 때문이다.” - 여기 이른바 “문지기”는 누구를 가리키는가? 어떤 학자는 이것이 세례 요한을 의미한다 하고, 또 다른 학자들은 말하기를 이것이 하나님 아버지를 의미한다고 하였다. 하나님의 보호하시는 역사를 생각할 때에, 그를 가리켜 문지기라고 하는 것이 반드시 낮은 칭호라고 할 것은 없다. 그러나 하나님 아버지를 문지기라고 생각하는 것은 문맥상으로 보아 부합하지 않는 듯하다. 그러므로 “문지기”는 성령님을 가리킨다. 성령님께서 예수와 하나님 백성과의 관계를 맺어 주시는 점으로 보아서 이 해석이 적당하다. “양들은 그의 목소리를 알아듣는다”라는 문구

는 10장에 많이 나온다. 4, 5, 27절을 참조하여라. 양이 목자의 음성을 듣는다는 것은 택한 백성이 하나님의 아들 그리스도의 말씀을 알아듣는 사실을 비유한다. 택한 백성은 그 목자 되시는 하나님혹은 하나님의 아들의 말씀을 알아듣고 모이는 법이다. 교회의 사역자使役者는 하나님의 양을 자기 힘으로 만들 수 없다. 온 천하의 모든 세력과 능력을 가지고라도 하나님의 양 하나를 만들지 못한다. 하나님의 양택한 백성은, 오직 영원 전에 하나님께서 예정하신 뜻대로 하나님 자신이 이루어 놓으신 백성이다. 그러므로 오직 하나님의 말씀으로만 그들을 모을 수 있고 또한 완성시킬 수 있다. 교회의 사역자들은 하나님의 말씀을 그대로 전파할 뿐이다. 그리하면 하나님의 양 된 자들은 모여서 한 무리가 된다. "목자는 자기 양들의 이름을 하나하나 불러서 이끌고 나간다." 이름을 각각 불러낸다는 것은 지도자로서 피지도자에 대하여 깊은 지식을 가질 뿐 아니라, 뜨거운 사랑과 정성을 가지고 지도하는 것을 가리킨다. 영혼을 먹이는 자는 대중 본위로 사업의 동기를 가지지 말고, 다만 한 사람의 영혼을 천하보다 귀히 여기는 마음으로 영혼 하나에게라도 모든 사랑과 성의의 정력을 기울여 일해야 된다. 그런 역사役事가 진정한 복음의 열매를 맺는다. 그것은 마침내 광범위에 미치는 구령운동救靈運動도 성립시킨다. 설혹 그의 역사로 광범위한 운동이 일어나지 않았어도, 그는 소수의 열매로써도 만족한다. 3-5절

문지기는 그를 위하여 문을 열고
양은 그의 음성을 듣나니
그가 자기 양의 이름을 각각 불러 인도하여 내느니라

요한복음 10:3

The watchman opens the gate for him, and the sheep listen to his voice.
He calls his own sheep by name and leads them out.
John 10:3,NIV

문지기는 그를 위하여 문을 열고 양은
그의 음성을 듣나니 그가 자기 양의
이름을 각각 불러 인도하여 내느니라

자료: gp.godpeople.com

예수께서 그들에게 이러한 비유를 말씀하셨으나, 그들은 그가 무슨 뜻으로 그렇게 말씀하시는지를 깨닫지 못하였다 - 목자와 양에 대한 비유는 구약에도 많이 있다. 그때 유대인들이 구약을 알았더면 이 비유를 깨달았을 뻔하였다. 그러나 그들은 구약에 무식하였으므로 주님의 교훈을 이해하지 못하였다. 6절

[나보다] 먼저 온 사람은 다 도둑이고 강도이다. 그래서 양들이 그들의 말을 듣지 않았다. - "나보다 먼저"란 말에 대하여는 사본상 차이가 있다. 곧, 몇몇 사본이 우리 본문과 같이 이 문구를 가지고 있고, 다른 사본은 이것을 가지지 않았다. 그러나 우리가 이 문구를 가지고 있는 것이 원본적이라고 생각하는 것은 그 사본들의 증거가 강하기 때문이다. "나보다 먼저"란 말씀은 무엇을 의미하는가? (1) "내 권위를 횡령하여"above me란 뜻이라고 한다. 이 해석이 옳다면, 이 귀절의 내용은 그리스도의 권위를 무시한 바리새인들과 같은 자들을 절도나 강도로 간주한 것이다. (2) 이것은 시간적으로 예수보다 먼저 온 자들을 가리킨다는 것이다. 다시 말하면, 예수의 염두에 있었던 인물이 예수보다 시간적으로 먼저 와서 교권을 잡았는데, 아직도 그 현재에예수 당시에 있는 자들이다. 그들은 다른 사람들이 아니고 바리새인들인 것이 분명하다. 많은 학자들이 이 해석을 취한다. 8절

나는 그 문이다. 누구든지 나를 통하여 들어오면, 구원을 얻고, 드나들면서 꼴을 얻을 것이다. - "누구든지"란 말은 그리스도의 복음이 민족이나 국가의 차별 없이 관계한다는 보편성을 가리키는 것이다. "나를 통하여 들어오면, 구원을 얻고"란 말씀은 예수를 유일한 구주로 믿고 그의 중보 역사를 통하여서 하나님에게 들어감을 의미한다. 이렇게 믿는 자는 영생을 얻는다. 그뿐 아니라, 그는 생명의 부요를 얻기 위하여 영의 양식을 자유롭게 받는다. 이 사실이 "드나들면서 꼴을 얻을 것이다"라는 말씀으로 알려진다. "드나들면서"란 것은 자유로운 활동을 의미한다. 그리스도 신자는 그의 안에서 얼마든지 자유롭게 신령한 양식을 섭취할 수 있다. 그리고 그가 주시는 양식은 영원한 만족을 준다. 땅에 속한 모든 것은 인간이 가져 볼수록 더 많이 가지고 싶다. 그것들로서는 인간의 갈증을 멈

Vox populi, vox Dei.

출 수 없다. 그것으로 만족하려는 자는 소금물을 마셔서 갈증을 없애려는 것과 같다. 그것은 마시면 마실수록 갈증이 더 심하여질 뿐이다. 그러나 그리스도 안에서 발견되는 꿀은 먹는 자마다 영원한 만족을 얻어서 모든 다른 것들을 진토와 같이 여기게 된다. 이 아래 10절에 "나는, 양들이 생명을 얻고 또 더 넘치게 얻게 하려고 왔다"고 한 말씀이 그 뜻이다. 9, 10절

🐟 아버지께서 나를 사랑하신다. 그것은 내가 목숨을 다시 얻으려고 내 목숨을 기꺼이 버리기 때문이다. 아무도 내게서 내 목숨을 빼앗아 가지 못한다. 나는 스스로 원해서 내 목숨을 버린다. 나는 목숨을 버릴 권세도 있고, 다시 얻을 권세도 있다. 이것은 내가 아버지께로부터 받은 명령이다." - 이 점에 있어서 우리는 예수가 아버지의 사랑을 받으신 이유가 그의 목숨 버리심과 다시 사심에 있다는 것을 주목한다. 예수는 영원하신 성자聖者이시니 존재론적으로 영원토록 아버지의 사랑을 받으신다. 그러나 그가 인성人性을 입으시고 세상에 오시는 때에 구속 사업의 사명을 받으셨으므로, 그의 사명에 순종하신죽었다가 다시 살아나심 그만큼 아버지의 사랑을 받으신 방면도 있다. "나는 목숨을 버릴 권세도 있고, 다시 얻을 권세도 있다." 곧, 그가 목숨을 버리시는 것과 다시 사시는 것이 순연히 독자적인 의지意志로 순종하심이라는 것을 가리킨다. 특히 그 위의 "아무도 내게서 내 목숨을

진정한 믿음은 하나님의 계명에
불순종하는 포로의 길로부터 구출하여
자신을 순종의 길에 세운다.

자료: blog.naver.com

빼앗아 가지 못한다"고 한 말씀이 그 사실을 역설力說한다. 여기 이 말씀은 하나님 아버지도 예수의 생명 버리심을 강요하시지 않는다는 뜻을 포함한다. 곧, 하나님 아버지도 성자聖子의 생명을 빼앗을 처지에 계시지 않다는 말이다. 그는 순연히 자유 의지로써 단 마음으로 순종하신 것뿐이다. 개역개정에서 언급한 "계명"이란 말은 하나님 앞에서 받으신 사명을 의미한다. 17, 18절

예루살렘은 성전 봉헌절이 되었는데, 때는 겨울이었다. 예수께서는 성전 경내에 있는 솔로몬 주랑을 거닐고 계셨다. - "성전 봉헌절" 혹은 "수전절"은, 유다의 매코비가 성전을 중수重修한 뒤에 그것을 기념하는 절일을 정했는데, 그것을 말함이다. 이날은 12월 25일이다. 수전절은 헬라어로 '재건'이라는 뜻의 '엔카이니아'이며 한자로는 닦을 수修, 대궐 전殿, 마디 절節이다. 수전절을 보통 '하누카'Hanukkah라고 부르는데, 이는 '봉헌'이라는 뜻의 히브리어이다. "솔로몬 주랑"은 비를 피하기 위하여 시설한 현관과 같은 것을 가리킨다. 팔레스틴에는 12월이 우기雨期이므로 예수가 그 때에 솔로몬 행각에 다니신 듯하다. 22, 23절

예수께서 그들에게 대답하셨다. "내가 너희에게 이미 말하였는데도, 너희가 믿지 않는다. 내가 내 아버지의 이름으로 하는 그 일들이 곧 나를 증언해 준다. - 이 말씀에는 예수의 메시아 격에 대한 두 가지 증거가 나타났다. (1) 그의 말씀의 증거는 언제나 흔들리지 않는다. 예수의 말씀은 신자들이 등한히 해도 언제나 살아 역사役事한다. 그의 말씀을 오해하고 선전하는 자들이 많아도 그의 말씀은 그대로 살아 있다. 그뿐 아니라, 그의 말씀을 반대하는 자들이 많아도 그의 말씀은 계속 살아 있다. 그것이 그렇게 되는 이유는 그의 말씀은 하나님의 말씀이기 때문이다. 예수의 말씀은 이렇게 권위 있고 진실하다. (2) 예수의 행하는 일들이 그를 증거한다. 예수의 일은 어떤 것인가? 그것은 그의 이적異蹟들을 가리킨다. 현대인은 기독교에서 그 이적 요소를 제외하려고 한다. 그러나 그것은 어리석은 일이다. 기독교는 이적으로 된 종교인데 거기서 이적을 제외하고 믿으려고 하는 것은, 돌집에서 돌을 모두 다 뽑아 버리고 남은 데서 살아 보려는 것과 같은

수전절은 BC 165년경, 하스몬(Hasmonaeans) 가문의 제사장 마타티아스(Mattathias)의 네 아들이
혁명을 일으켜, 팔레스타인을 지배하던 시리아계 그리스인 안티우코스 4세(Antiochus IV Epiphanes)
를 물리치고 이스라엘 민족의 성지인 예루살렘 성전을 탈환한 마카비 전쟁을 기념하는 날이다.

자료: wgmnews.com

어리석음이다. 그런데 우리가 기억해야 할 것은, 그리스도의 이적은 구원사적救援
史的인 진실과 구속적인 사랑을 그 성립 요소로 한다는 것이다. 메시아께서 이런
권능을 행하시리라는 것은 구약에 예언되어 있는데, 그것이, 과연 예수로 말미암
아 이루어졌다. 그것을 가리켜 구원사적 이적이고 한다. 이것을 보고도 믿지 않
음은 메시아를 보고도 믿지 않는 죄악이다. 25절

🐟 너희가 믿지 않는 것은, 너희가 내 양이 아니기 때문이다 - 우리가 하나님
을 알기 전에 먼저 하나님이 우리를 아셨다. 곧, 그가 우리를 택한 백성으로 삼으
셨으므로, 우리가 그를 믿게 된 것이다. "양"이란 말은 택한 백성을 비유한다. 사
람들로 하여금 그리스도를 믿게 할 증거들은 많이 나타났다. 그 증거들은 하나
님의 진실성에 의하여 완전하게 나타났다. 기독교는 이렇게 가장 믿을만하게 된
유일하고도 진정한 종교이다. 그래도 믿지 못하는 자들이 있다면, 그들은 쌀이
가득한 창고 안에서 굶어 죽는 자들과 같고, 샘 앞에서 목말라 죽는 자들과 같

다. 결국 그들은 영생의 복을 받도록 택함이 되지 못한 자들이다. 26절

🐟 나는 그들에게 영생을 준다. 그들은 영원토록 멸망하지 아니할 것이요, 또 아무도 그들을 내 손에서 빼앗아 가지 못할 것이다. 그들을 나에게 주신 내 아버지는 만유보다도 더 크시다. 아무도 아버지의 손에서 그들을 빼앗아 가지 못한다 - 이 귀절들은 그리스도의 양 된 자의 행복에 대하여 말한다. 그 행복은 그들이 영생을 받음이다. 아무도 그들의 받은 영생을 빼앗지 못한다. 그 이유는 만유보다 크신 하나님 아버지와 그리스도께서 그들을 지키시기 때문이다. 예수가 이렇게 말씀하신 목적은 그의 양 된 자들 곧, 참된 신자들로 하여금 그 받는 구원의 불변성을 알고 안전감을 느끼게 하려는 것이다. 그의 양 된 자들은 힘있는 원수들에게 둘러 싸였고, 그들 자체는 심히 연약하다. 그러나 그들의 의뢰한 자가 그들의 의탁한 것을 그 날까지 능히 지키실 줄을 그들은 확신한다. 하나님의 양 떼인 교회는 악한 것들이 가득한 세상에 놓여 있어도 근심할 것 없다. 악한 것들도 하나님의 주권에 복속하지 않을 수 없다. 28, 29절

🐟 유대 사람들이 다시 돌을 들어서 예수를 치려고 하였다. 예수께서 그들에게 말씀하셨다. "내가 아버지의 권능을 힘입어서, 선한 일을 많이 하여 너희에게

생명을 풍성케 하는 목자

자료: 123000.synology.me

자료: blog.daum.net

보여 주었는데, 그 가운데서 어떤 일로 나를 돌로 치려고 하느냐?" - 그 때 유대인들은 자칭 경건하다고 하며 거짓 선지자를 돌로 치라는 성경 말씀을 실행한다는 의미에서 이런 악행을 연출하였다. 그러나 예수는 담대히 답변하신다. 그 답변은 유대인들의 완강한 불신앙을 지적하신 것이니 곧, 그들이 너무도 하나님의 계시啓示를 몰라본다는 것이다. 하나님의 계시가 어떻게 완전하고 철저함에 대하여는 다음과 같은 말씀들이 보여준다. 곧, "아버지의 권능을 힘입어서", "선한 일을 많이", "너희에게 보여 주었는데"란 말씀들이다. (1) "아버지의 권능을 힘입어서"란 말은 그의 하신 선善이 하나님께서 그를 보내신 사실이 증명될 것이다. 그러나 유대인들은 그것을 알아보지 못했으니 그들의 불신앙은 현저하다. (2) 그뿐 아니라, 그 선한 일이 한 가지만 아니고 여러 가지였다. 그러함에도 불구하고 그들은 불신앙하였다. (3) 또 그뿐 아니라, 그런 선한 일들을 그들에게 밝히 보였으되 그들은 불신앙하였다. 이렇게 밝히 보여주었으되, 그들은 강퍅하여 아직도 믿지 않았다. 31, 32절

유대 사람들이 대답하였다. "우리가 당신을 돌로 치려고 하는 것은, 선한 일을 하였기 때문이 아니라, 하나님을 모독하였기 때문이오. 당신은 사람이면서, 자기를 하나님이라고 하였소." - 유대인들의 불신앙의 철면피는 저렇게 두텁다. 그들은 하나님의 아들을 대적하면서도 하나님을 영화롭게 하는 듯이 자처한다. 곧,

그들이 하나님께 특별히 충성하는 듯이 예수가 발표하신 "나와 아버지는 하나이다" 하신 말씀을 책잡아 그것이 참람🐟2한 말이라고 한다. 그들은 예수의 그 말씀이 진리와 사실에 근거한 여부는 알아보지 않고 먼저 정죄한다. 그것은 그들의 교만과 편견과 시기에서 나온 행동이다. 33절

🐟 예수께서 그들에게 말씀하셨다. "너희의 율법에, '내가 너희를 신들이라고 하였다'하는 말이 기록되어 있지 않으냐? 하나님의 말씀을 받은 사람들을 하나님께서 신이라고 하셨다. 또 성경은 폐하지 못한다. 그런데 아버지께서 거룩하게 하여 세상에 보내신 사람이, 자기를 하나님의 아들이라고 한 말을 가지고, 너희는 그가 하나님을 모독한다고 하느냐? - 여기 "율법"이란 말은 시 82:6을 가리킨다. 시편을 왜 율법이라고 하였는가? 그것은 다음과 같이 설명된다. 곧, 모세의 율법이 구약의 처음 부분에 있는 것만큼 예수 당시의 사람들이 구약 전체의 책 이름을 "율법"이라고 하는 풍속이 있었다. 시 82:6에는 재판장들을 가리켜 "신들"이라고 하였는데, 그것은 재판장들이 신神의 시키심을 받아 재판을 대행代行한다는 의미에서 그렇다는 말이고 그들 자신이 영원한 신들이라고 함은 아니다. 34-36절

🐟 내가 내 아버지의 일을 하지 아니하거든, 나를 믿지 말아라. 그러나 내가 그 일을 하고 있으면, 나를 믿지는 아니할지라도, 그 일은 믿어라. 그리하면 너희는, 아버지께서 내 안에 계시고 또 내가 아버지 안에 있다는 것을, 깨달아 알게 될 것이다." - 여기 "내 아버지의 일"이란 말은 그가 행하신 이적들을 가리킨다. 그는 그의 이적 행하신 사실을 저 불신앙자들 앞에 도전적으로 내세우신다. 그것은 그 이적들의 역사성과 진실성에 대하여 천하가 공인한 사실을 지적함이다. 그리스도께서 행하신 이적들은 어떤 한 구석에서 되어진 것이 아니고 대중이 주목

🐟2 참람이란 단어는 일반적으로는 흔히 쓰이지 않는 말로 한자로는 僭濫이라 쓴다. 僭은 '참람할 참'이고 濫은 '넘칠 람'이다. '참람하다'의 사전적 풀이는 '분수에 넘쳐 너무 지나치다'로 되어 있는데 성경에서는 '하나님께 대한 모독으로 하나님의 능력과 위엄을 침해하는 것'을 의미한다. 개역 성경 구약에는 이 참람이 쓰이지 않고 신약에서만 10여 번 쓰이고 있는데 다 같은 맥락에서 쓰이고 있다.

유대인의 불신앙

자료: m.post.naver.com

하는 공석에서 되었으며, 바리새인들과 서기관들과 같은 강퍅한 교권자들이 끈질기게 책잡으려는 무서운 눈초리 앞에서 성립된 일들이다. "그 일은 믿어라." 이것은 그의 행하신 이적들이 초자연적이고, 사람으로는 할 수 없는 것이고, 하나님 아버지께서 예수 안에 계신 표적인 사실을 믿으라는 뜻이다. 하나님 아버지께서 그리스도 안에 계시다 함은 하나님께서 땅에 있는 그의 기관organ이라고 할 수 있는 인간성예수에게 하늘의 모든 부요富饒를 충만히 전달시킨다는 뜻이다. 그리고 그리스도께서 "아버지하나님 안에" 계신다 함은 그리스도께서 전적으로 자기를 포기 하시므로 하나님 아버지의 모든 부요에서 모든 것을 가져오심을 가리킨다Godet. 예수의 이적은 저렇게 땅에 계시면서 하늘에 계시는 오묘를 보여준다. 그것은 내세來世의 새 하늘과 새 땅의 영광을 예표하는 것이다. 37, 38절

🐟 예수께서 다시 요단강 건너 쪽, 요한이 처음에 세례를 주던 곳으로 가서, 거기에 머무르셨다. 많은 사람이 그에게로 왔다. 그들은 이렇게 말하였다. "요한은 표징을 하나도 행하지 않았으나, 요한이 이 사람을 두고 한 말은 모두 참되다." - 예수는 불신 유대인들의 핍박을 받아 예루살렘에서 떠나 요단강 저편으로 가셨다. 그곳은 물론 적막한 땅이었다. 그러나 하나님께서는 그곳에도 대중으로 하여

예수가 세례 요한에게 세례를 받으신 요단강. 지금도 수 많은 사람들이 이곳에서 침례(세례)를 받고 있다.

자료: christianreview.com.au

금 그를 따르게 하셨다. 그들이 예수를 믿은 이유는 세례 요한의 이적세례 요한은 이적을 행치 않았음을 본 까닭이 아니고 그의 증거한 말그의 메시아 증거이 참된 까닭이었다. 말의 진실성은 이렇게 귀하다. 40, 41절

Vox populi, vox Dei.

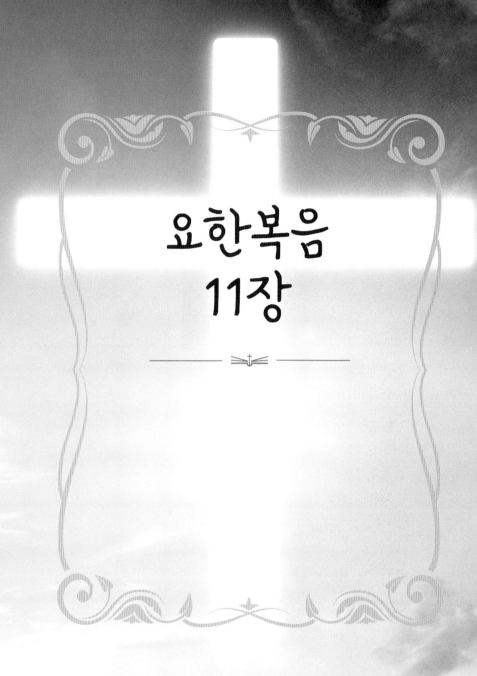

요한복음
11장

天聲

1   한 병자가 있었는데, 그는 마리아와 그의 자매 마르다의 마을 베다니에 사는 나사로였다.

2   마리아는 주님께 향유를 붓고, 자기의 머리털로 주님의 발을 씻은 여자요, 병든 나사로는 그의 오라버니이다.

3   그 누이들이 사람을 예수께로 보내서 말하였다. "주님, 보십시오. 주님께서 사랑하시는 사람이 앓고 있습니다."

4   예수께서 들으시고 말씀하셨다. "이 병은, 죽을 병이 아니라 오히려 하나님의 영광을 드러낼 병이다. 이것으로 말미암아 하나님의 아들이 영광을 받게 될 것이다."

5   예수께서는 마르다와 그의 자매와 나사로를 사랑하셨다.

1   Now a man named Lazarus was sick. He was from Bethany, the village of Mary and her sister Martha.

2   This Mary, whose brother Lazarus now lay sick, was the same one who poured perfume on the Lord and wiped his feet with her hair.

3   So the sisters sent word to Jesus, "Lord, the one you love is sick."

4   When he heard this, Jesus said, "This sickness will not end in death. No, it is for God's glory so that God's Son may be glorified through it."

5   Jesus loved Martha and her sister and Lazarus.

1   さて, ある人が病氣にかかっていた。ラザロといって, マリヤとその姉妹マルタとの村の出で, ベタニヤの人であった。

2 　このマリヤは, 主に香油を塗り, 髪の毛でその足をぬぐったマリヤであって, 彼女の兄弟ラザロが病んでいたのである。

3 　そこで姉妹たちは, イエスのところに使いを送って, 言った。「主よ。ご覧ください。あなた が愛しておられる者が病氣です。」

4 　イエスはこれを聞いて, 言われた。「この病氣は死で終わるだけのものではなく, 神の榮光のためのものです。神の子がそれによって榮光を受けるためです。」

5 　イエスはマルタとその姉妹とラザロとを愛しておられた。

6 　그런데 예수께서는 나사로가 앓는다는 말을 들으시고도, 계시던 그 곳에 이틀이나 더 머무르셨다.

7 　그리고 나서 제자들에게 "다시 유대 지방으로 가자" 하고 말씀하셨다.

8 　제자들이 예수께 말하였다. "선생님, 방금도 유대 사람들이 선생님을 돌로 치려고 하였는데, 다시 그리로 가려고 하십니까?"

9 　예수께서 대답하셨다. "낮은 열두 시간이나 되지 않느냐? 사람이 낮에 걸어다니면, 햇빛이 있으므로 걸러서 넘어지지 않는다.

10 　그러나 밤에 걸어다니면, 빛이 그 사람 안에 없으므로, 걸러서 넘어진다."

6 　Yet when he heard that Lazarus was sick, he stayed where he was two more days.

7 　Then he said to his disciples, "Let us go back to Judea."

8 　"But Rabbi," they said, "a short while ago the Jews tried to stone you, and yet you are going back there?"

9 　Jesus answered, "Are there not twelve hours of daylight? A man who walks by day will not stumble, for he sees by this world's light.

10 　It is when he walks by night that he stumbles, for he has no light."

6 そのようなわけで, イエスは, ラザロが病んでいることを聞かれたときも, そのおられた所になお二日とどまられた。

7 その後, イエスは, 「もう一度ユダヤに行こう。」と弟子たちに言われた。

8 弟子たちはイエスに言った。「先生。たった今ユダヤ人たちが, あなたを石打ちにしようとしていたのに, またそこにおいでになるのですか。」

9 イエスは答えられた。「昼間は十二時間あるでしょう。だれでも, 昼間歩けば, つまずくことはありません。この世の光を見ているからです。」

10 しかし, 夜歩けばつまずきます。光がその人のうちにないからです。」

11 이 말씀을 하신 뒤에, 그들에게 말씀하셨다. "우리 친구 나사로는 잠들었다. 내가 가서, 그를 깨우겠다."

12 제자들이 말하였다. "주님, 그가 잠들었으면, 낫게 될 것입니다."

13 예수께서는 나사로가 죽었다는 뜻으로 말씀하셨는데, 제자들은 그가 잠이 들어 쉰다고 말씀하시는 것으로 생각하였다.

14 이때에 예수께서 그들에게 밝혀 말씀하셨다. "나사로는 죽었다.

15 내가 거기에 있지 않은 것이 너희를 위해서 도리어 잘된 일이므로, 기쁘게 생각한다. 이 일로 말미암아 너희가 믿게 될 것이다. 그에게로 가자."

11 After he had said this, he went on to tell them, "Our friend Lazarus has fallen asleep; but I am going there to wake him up."

12 His disciples replied, "Lord, if he sleeps, he will get better."

13 Jesus had been speaking of his death, but his disciples thought he meant natural sleep.

14 So then he told them plainly, "Lazarus is dead,

15 and for your sake I am glad I was not there, so that you may believe. But let us go to him."

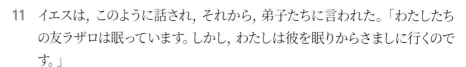

11 イエスは, このように話され, それから, 弟子たちに言われた。「わたしたちの友ラザロは眠っています。しかし, わたしは彼を眠りからさましに行くのです。」

12 そこで弟子たちはイエスに言った。「主よ。眠っているのなら, 彼は助かるでしょう。」

13 しかし, イエスは, ラザロの死のことを言われたのである。だが, 彼らは眠った状態のことを言われたものと思った。

14 そこで, イエスはそのとき, はっきりと彼らに言われた。「ラザロは死んだのです。

15 わたしは, あなたがたのため, すなわちあなたがたが信じるためには, わたしがその場に居合わせなかったことを喜んでいます。さあ, 彼のところへ行きましょう。」

16 그러자 디두모라고도 하는 도마가 동료 제자들에게 "우리도 그와 함께 죽으러 가자" 하고 말하였다.

17 예수께서 가서 보시니, 나사로가 무덤 속에 있은 지가 벌써 나흘이나 되었다.

18 베다니는 예루살렘에서 오 리가 조금 넘는 가까운 곳인데,

19 많은 유대 사람이 그 오라버니의 일로 마르다와 마리아를 위로하러 와 있었다.

20 마르다는 예수께서 오신다는 말을 듣고서 맞으러 나가고, 마리아는 집에 앉아 있었다.

16 Then Thomas (called Didymus) said to the rest of the disciples, "Let us also go, that we may die with him."

17 On his arrival, Jesus found that Lazarus had already been in the tomb for four days.

18 Bethany was less than two miles from Jerusalem,

19 and many Jews had come to Martha and Mary to comfort them in the loss of their brother.

20 When Martha heard that Jesus was coming, she went out to meet him, but Mary stayed at home.

16 そこで, デドモと呼ばれるトマスが, 弟子の仲間に言った。「私たちも行って, 主といっしょに死のうではないか。」

17 それで, イエスがおいでになってみると, ラザロは墓の中に入れられて四日もたっていた。

18 ベタニヤはエルサレムに近く, 三キロメートルほど離れた所にあった。

19 大ぜいのユダヤ人がマルタとマリヤのところに來ていた。その兄弟のことについて慰めるためであった。

20 マルタは, イエスが來られたと聞いて迎えに行った。マリヤは家ですわっていた。

21 마르다가 예수께 말하였다. "주님, 주님이 여기에 계셨더라면, 내 오라버니가 죽지 아니하였을 것입니다.

22 그러나 이제라도, 나는 주님께서 하나님께 구하시는 것은 무엇이나 하나님께서 다 이루어 주실 줄 압니다."

23 예수께서 마르다에게 말씀하셨다. "네 오라버니가 다시 살아날 것이다."

24 마르다가 예수께 말하였다. "마지막 날 부활 때에 그가 다시 살아나리라는 것은 내가 압니다."

25 예수께서 마르다에게 말씀하셨다. "나는 부활이요 생명이니, 나를 믿는 사람은 죽어도 살고,

21 "Lord," Martha said to Jesus, "if you had been here, my brother would not have died.

22 But I know that even now God will give you whatever you ask."

23 Jesus said to her, "Your brother will rise again."

24 Martha answered, "I know he will rise again in the resurrection at the last day."

25 Jesus said to her, "I am the resurrection and the life. He who believes in me will live, even though he dies;

21 マルタはイエスに向かって言った。「主よ。もしここにいてくださったなら, 私の兄弟は死ななかったでしょうに。

22 今でも私は知っております。あなたが神にお求めになることは何でも, 神はあなたにお與えになります。」

23 イエスは彼女に言われた。「あなたの兄弟はよみがえります。」

24 マルタはイエスに言った。「私は, 終わりの日のよみがえりの時に, 彼がよみがえることを知っております。」

25 イエスは言われた。「わたしは, よみがえりです。いのちです。わたしを信じる者は, 死んでも生きるのです。

26 살아서 나를 믿는 사람은 영원히 죽지 아니할 것이다. 네가 이것을 믿느냐?"

27 마르다가 예수께 말하였다. "예, 주님! 주님은 세상에 오실 그리스도이시며, 하나님의 아들이심을, 내가 믿습니다."

28 이렇게 말한 뒤에, 마르다는 가서, 그 자매 마리아를 불러서 가만히 말하였다. "선생님께서 와 계시는데, 너를 부르신다."

29 이 말을 듣고, 마리아는 급히 일어나서 예수께로 갔다.

30 예수께서는 아직 동네에 들어가지 않으시고, 마르다가 예수를 맞이하던 곳에 그냥
　　계셨다.

26 and whoever lives and believes in me will never die. Do you believe
　　this?"

27 "Yes, Lord," she told him, "I believe that you are the Christ, the Son of
　　God, who was to come into the world."

28 And after she had said this, she went back and called her sister Mary
　　aside. "The Teacher is here," she said, "and is asking for you."

29 When Mary heard this, she got up quickly and went to him.

30 Now Jesus had not yet entered the village, but was still at the place
　　where Martha had met him.

26 また, 生きていてわたしを信じる者は, 決して死ぬことがありません。このこ
　　とを信じますか。」

27 彼女はイエスに言った。「はい。主よ。私は, あなたが世に來られる神の子キ
　　リストである, と信じております。」

28 こう言ってから, 歸って行って, 姉妹マリヤを呼び, 「先生が見えています。あ
　　なたを呼んでおられます。」とそっと言った。

29 マリヤはそれを聞くと, すぐ立ち上がって, イエスのところに行った。

30 さてイエスは, まだ村にはいらないで, マルタが出迎えた場所におられた.

31 집에서 마리아와 함께 있으면서 그를 위로해 주던 유대 사람들은, 마리아가 급히
　　일어나서 나가는 것을 보고, 무덤으로 가서 울려고 하는 것으로 생각하고, 그를
　　따라갔다.

32 마리아는 예수께서 계신 곳으로 와서, 예수님을 뵙고, 그 발 아래에 엎드려서 말하였다. "주님, 주님이 여기에 계셨더라면, 내 오라버니가 죽지 않았을 것입니다."

33 예수께서는 마리아가 우는 것과, 함께 따라온 유대 사람들이 우는 것을 보시고, 마음이 비통하여 괴로워하셨다.

34 예수께서 그들에게 물으셨다. "그를 어디에 두었느냐?" 그들이 대답하였다. "주님, 와 보십시오."

35 예수께서는 눈물을 흘리셨다.

31 When the Jews who had been with Mary in the house, comforting her, noticed how quickly she got up and went out, they followed her, supposing she was going to the tomb to mourn there.

32 When Mary reached the place where Jesus was and saw him, she fell at his feet and said, "Lord, if you had been here, my brother would not have died."

33 When Jesus saw her weeping, and the Jews who had come along with her also weeping, he was deeply moved in spirit and troubled.

34 "Where have you laid him?" he asked. "Come and see, Lord," they replied.

35 Jesus wept.

31 マリヤとともに家にいて, 彼女を慰めていたユダヤ人たちは, マリヤが急いで立ち上がって出て行くのを見て, マリヤが墓に泣きに行くのだろうと思い, 彼女について行った。

32 マリヤは, イエスのおられた所に來て, お目にかかると, その足もとにひれ伏して言った。「主よ。もしここにいてくださったなら, 私の兄弟は死ななかったでしょうに。」

33 そこでイエスは, 彼女が泣き, 彼女といっしょに來たユダヤ人たちも泣いているのをご覽になると, 靈の憤りを覺え, 心の動搖を感じて,

34 言われた。「彼をどこに置きましたか。」彼らはイエスに言った。「主よ。來てご覽ください。」

35 イエスは淚を流された。

36 그러자 유대 사람들은 "보시오, 그가 얼마나 나사로를 사랑하였는가!"하고 말하였다.

37 그 가운데서 어떤 사람은 이렇게 말하였다. "눈먼 사람의 눈을 뜨게 하신 분이, 이 사람을 죽지 않게 하실 수 없었단 말이오?"

38 예수께서 다시 속으로 비통하게 여기시면서 무덤으로 가셨다. 무덤은 동굴인데, 그 어귀는 돌로 막아 놓았다.

39 예수께서 "돌을 옮겨 놓아라" 하시니, 죽은 사람의 누이 마르다가 말하였다. "주님, 죽은 지가 나흘이나 되어서, 벌써 냄새가 납니다."

40 예수께서 마르다에게 말씀하셨다. "네가 믿으면 하나님의 영광을 보게 되리라고, 내가 네게 말하지 않았느냐?"

36 Then the Jews said, "See how he loved him!"

37 But some of them said, "Could not he who opened the eyes of the blind man have kept this man from dying?"

38 Jesus, once more deeply moved, came to the tomb. It was a cave with a stone laid across the entrance.

39 "Take away the stone," he said. "But, Lord," said Martha, the sister of the dead man, "by this time there is a bad odor, for he has been there four days."

40 Then Jesus said, "Did I not tell you that if you believed, you would see the glory of God?"

36 そこで, ユダヤ人たちは言った。「ご覽なさい。主はどんなに彼を愛しておられたことか。」

37 しかし, 「盲人の目をあけたこの方が, あの人を死なせないでおくことはできなかったのか。」と言う者もいた。

38 そこでイエスは, またも心のうちに憤りを覺えながら, 墓に來られた。墓はほら穴であって, 石がそこに立てかけてあった。

39 イエスは言われた。「その石を取りのけなさい。」 死んだ人の姉妹マルタは言った。「主よ。もう臭くなっておりましょう。四日になりますから。」

40 イエスは彼女に言われた。「もしあなたが信じるなら, あなたは神の榮光を見る, とわたしは言ったではありませんか。」

41 사람들이 그 돌을 옮겨 놓았다. 예수께서 하늘을 우러러 보시고 말씀하셨다. "아버지, 내 말을 들어주신 것을 감사드립니다.

42 아버지께서는 언제나 내 말을 들어주신다는 것을 압니다. 그런데도 이렇게 말씀을 드리는 것은, 둘러선 무리를 위해서입니다. 그들로 하여금 아버지께서 나를 보내신 것을 믿게 하려는 것입니다."

43 이렇게 말씀하신 다음에, 큰 소리로 "나사로야, 나오너라" 하고 외치시니,

44 죽었던 사람이 나왔다. 손발은 천으로 감겨 있고, 얼굴은 수건으로 싸매어 있었다. 예수께서 그들에게 "그를 풀어 주어서, 가게 하여라" 하고 말씀하셨다.

45 마리아에게 왔다가 예수께서 하신 일을 본 유대 사람들 가운데서 많은 사람이 예수를 믿게 되었다.

41 So they took away the stone. Then Jesus looked up and said, "Father, I thank you that you have heard me.

42 I knew that you always hear me, but I said this for the benefit of the people standing here, that they may believe that you sent me."

43 When he had said this, Jesus called in a loud voice, "Lazarus, come out!"

44 The dead man came out, his hands and feet wrapped with strips of linen, and a cloth around his face. Jesus said to them, "Take off the grave

clothes and let him go."

45 Therefore many of the Jews who had come to visit Mary, and had seen what Jesus did, put their faith in him.

41 そこで, 彼らは石を取りのけた。イエスは目を上げて, 言われた。「父よ。わたしの願いを聞いてくださったことを感謝いたします。

42 わたしは, あなたがいつもわたしの願いを聞いてくださることを知っておりました。しかしわたしは, 回りにいる群衆のために, この人々が, あなたがわたしをお遣わしになったことを信じるようになるために, こう申したのです。」

43 そして, イエスはそう言われると, 大聲で叫ばれた。「ラザロよ。出て來なさい。」

44 すると, 死んでいた人が, 手と足を長い布で卷かれたままで出て來た。彼の顔は布切れで包まれていた。イエスは彼らに言われた。「ほどいてやって, 歸らせなさい。」

45 そこで, マリヤのところに來ていて, イエスがなさったことを見た多くのユダヤ人が, イエスを信じた。

46 그러나 그 가운데 몇몇 사람은 바리새파 사람들에게 가서, 예수가 하신 일을 그들에게 알렸다.

47 그래서 대제사장들과 바리새파 사람들은 공의회를 소집하여 말하였다. "이 사람이 표징을 많이 행하고 있으니, 어떻게 하면 좋겠습니까?

48 이 사람을 그대로 두면 모두 그를 믿게 될 것이요, 그렇게 되면 로마 사람들이 와서 우리의 땅과 민족을 약탈할 것입니다."

49 그 가운데 한 사람으로서, 그 해의 대제사장인 가야바가 그들에게 말하였다. "당신들은 아무것도 모르오.

50 한 사람이 백성을 위하여 죽어서 민족 전체가 망하지 않는 것이, 당신들에게 유익하다는 것을 생각하지 못하고 있소."

Vox populi, vox Dei.

46 But some of them went to the Pharisees and told them what Jesus had done.

47 Then the chief priests and the Pharisees called a meeting of the Sanhedrin. "What are we accomplishing?" they asked. "Here is this man performing many miraculous signs.

48 If we let him go on like this, everyone will believe in him, and then the Romans will come and take away both our place and our nation."

49 Then one of them, named Caiaphas, who was high priest that year, spoke up, "You know nothing at all!

50 You do not realize that it is better for you that one man die for the people than that the whole nation perish."

46 しかし, そのうちの幾人かは, パリサイ人たちのところへ行って, イエスのなさったことを告げた。

47 そこで, 祭司長とパリサイ人たちは議會を召集して言った。「われわれは何をしているのか。あの人が多くのしるしを行なっているというのに。

48 もしあの人をこのまま放っておくなら, すべての人があの人を信じるようになる。そうなると, ローマ人がやって來て, われわれの土地も國民も奪い取ることになる。」

49 しかし, 彼らのうちのひとりで, その年の大祭司であったカヤパが, 彼らに言った。「あなたがたは全然何もわかっていない。

50 ひとりの人が民の代わりに死んで, 國民全體が滅びないほうが, あなたがたにとって得策だということも, 考えに入れていない。」

51 이 말은, 가야바가 자기 생각으로 한 것이 아니라, 그 해의 대제사장으로서, 예수가 민족을 위하여 죽으실 것을 예언한 것이니,

52 민족을 위할 뿐만 아니라, 흩어져 있는 하나님의 자녀를 한데 모아서 하나가 되게 하기 위하여 죽으실 것을 예언한 것이다.

53 그들은 그 날로부터 예수를 죽이려고 모의하였다.

54 그래서 예수께서는 유대 사람들 가운데로 더 이상 드러나게 다니지 아니하시고, 거기에서 떠나, 광야에서 가까운 지방 에브라임이라는 마을로 가서, 제자들과 함께 지내셨다.

55 유대 사람들의 유월절이 가까이 다가오니, 많은 사람이 자기의 몸을 성결하게 하려고, 유월절 전에 시골에서 예루살렘으로 올라왔다.

51 He did not say this on his own, but as high priest that year he prophesied that Jesus would die for the Jewish nation,

52 and not only for that nation but also for the scattered children of God, to bring them together and make them one.

53 So from that day on they plotted to take his life.

54 Therefore Jesus no longer moved about publicly among the Jews. Instead he withdrew to a region near the desert, to a village called Ephraim, where he stayed with his disciples.

55 When it was almost time for the Jewish Passover, many went up from the country to Jerusalem for their ceremonial cleansing before the Passover.

51 ところで, このことは彼が自分から言ったのではなくて, その年の大祭司であったので, イエスが國民のために死のうとしておられること,

52 また, ただ國民のためだけでなく, 散らされている神の子たちを一つに集めるためにも死のうとしておられることを, 預言したのである。

53 そこで彼らは, その日から, イエスを殺すための計畫を立てた。

54 そのために, イエスはもはやユダヤ人たちの間を公然と歩くことをしないで, そこから荒野に近い地方に去り, エフライムという町にはいり, 弟子たちとともにそこに滯在された。

55　さて, ユダヤ人の過越の祭りが間近であった。多くの人々が, 身を清めるために, 過越の祭りの前にいなかからエルサレムに上って來た。

56　그들은 예수를 찾다가, 성전 뜰에 서서 서로 말하였다. "당신들은 어떻게 생각합니까? 그가 명절을 지키러 오지 않겠습니까?"

57　대제사장들과 바리새파 사람들은 예수를 잡으려고, 누구든지 그가 있는 곳을 알거든 알려 달라는 명령을 내려 두었다.

56　They kept looking for Jesus, and as they stood in the temple area they asked one another, "What do you think? Isn't he coming to the Feast at all?"

57　But the chief priests and Pharisees had given orders that if anyone found out where Jesus was, he should report it so that they might arrest him.

56　彼らはイエスを捜し, 宮の中に立って, 互いに言った。「あなたがたはどう思いますか。あの方は祭りに來られることはないでしょうか。」

57　さて, 祭司長, パリサイ人たちはイエスを捕えるために, イエスがどこにいるかを知っている者は届け出なければならないという命令を出していた。

人語

🕊 개요

요한복음 11장은 잘 알려진 나사로가 무덤에서 살아난 사건에 대해 말하고 있다. 이야기는 마르다와 마리아가 예수에게 사람을 보내 전한 소식에서 시작한다. 그들의 오빠, 예수가 사랑하시는 자, 나사로가 병에 걸려 죽게 되었다는 것이다. 굳이 예수에게 소식을 전한 이유는 분명하다. 나사로의 누이들은 예수가 오시면 나사로의 병을 고치실 수 있을 것이라 믿었다. 다시 말해, 예수가 와주시기를 요청하는 것이었다. 이 땅을 살아가는 모든 사람이 결코 피해갈 수 없는 절망의 벽, 바로 죽음이다. 성경은 죄로 인하여 하나님과의 관계가 깨어졌기에 사람이 죽게 되었다고 말한다. 하나님과의 단절이 바로 죽음이다. 죽음을 이기고 우리가 하나

부활이요 생명이신 예수

자료: post.naver.com

Vox populi, vox Dei.

님 앞에 다시 서기 위해, 우리에게 생명을 주시기 위해 예수가 오셨다. 우리의 죄를 대신 지고 죽으시고 부활하심으로 우리를 구원하셨다. 예수가 부활이고 생명이다. 이제 예수 그리스도의 복음을 믿는 우리도 하나님 안에서 영원한 생명을 누리게 하심을 믿는다. 때로, 하나님께서 우리를 이끄시는 길이 우리의 생각과 다를 때가 있다. 마르다와 마리아가 예수를 간절히 찾았던 때, 예수가 그들 곁에 없으셨다. 하지만 우리의 바람과는 다른 하나님의 때, 가장 완전한 그 순간에 예수가 나사로를 살리셨다. 마르다와 마리아가, 주의 제자들이, 그리고 다시 살아난 나사로를 본 많은 사람들이 믿음을 갖게 하셨다. 내가 원하는 '지금'이 아니더라도 가장 정확한 '그 때'에 나를 살리실 하나님의 손길을 믿으라.

🏠 요한복음 11장 주석[1]

🐟 한 병자가 있었는데, 그는 마리아와 그의 자매 마르다의 마을 베다니에 사는 나사로였다 - "병자"란 말이 이 기사記事의 초두에 나오게 됨은, 나사로란 사람보다 그의 질병이 여기서 화제거리이기 때문이다Godet. "나사로"란 이름은 엘르아살[2]이란 이름의 단축형이라고 한다. 1절

🐟 마리아는 주님께 향유를 붓고, 자기의 머리털로 주님의 발을 씻은 여자요, 병든 나사로는 그의 오라버니이다 - 12:1-8 참조. 이 마리아는 눅 7:37-50에 관설된 여자와 동일시될 사람이 아니다. 사도 요한은 여기서 주님께 대한 마리아의 경건한 행위와 사랑이 어떻게 큰 사실을 기억한다. 2절

---

[1] 예수사랑, 2004. 8. 19.
[2] 엘르아살은 히브리 성경의 제사장이었으며, 두 번째 대제사장이었으며, 그가 죽은 후 그의 아버지 아론을 계승했다. 그는 모세의 조카였다. 엘르아살은 출애굽기 과정에서 고라의 집회의 화덕에서 제단을 위한 도금을 만드는 것에서부터 붉은 암소의 의식을 행하는 것까지 여러 가지 역할을 했다. 그의 형들 나다브와 아비후가 죽은 후에, 그와 그의 남동생 이타마르는 성소의 책임에 임명되었다. 푸티엘의 딸인 그의 아내는 그에게 피네하스를 낳았고, 피네하스는 결국 그를 대제사장으로 계승하게 되었다.

그 누이들이 사람을 예수께로 보내서 말하였다. "주님, 보십시오. 주님께서 사랑하시는 사람이 앓고 있습니다." - "앓고 있습니다"라고만 말하고 도와달라는 말은 하지 않았다. 그것은 청원에 있어서 고상한 성격을 드러낸다 Bengel. 이것은 짧은 기도이다. 우리는 길게 기도할 수 있다. 그러나 짧게라도 진실한 믿음으로 우리의 근심거리를 주님에게 고하면 주님은 그것을 들어 주신다. 특별히 그는 그의 사랑하시는 자들의 기도를 들어주시기 기뻐하신다. 3절

예수께서 들으시고 말씀하셨다. "이 병은, 죽을 병이 아니라 오히려 하나님의 영광을 드러낼 병이다. 이것으로 말미암아 하나님의 아들이 영광을 받게 될 것이다." - 이 말씀은 세 가지 큰 뜻을 보여 준다. (1) 예수의 전지전능하신 신성神性을 보여 주고, (2) 예수와 하나님과의 일체一體이신 사실을 보여 주고, (3) 또한 이 말씀은 나사로가 죽지 않으리라는 것이 아니고, 그가 죽어도 죽음으로 끝나지 않을 것이라는 의미이다. 곧, 그가 예수로 말미암아 다시 살게 됨으로 하나님 아버지께 영광이 돌아가게 될 것이라는 의미가 여기 있다. 4절

예수께서는 마르다와 그의 자매와 나사로를 사랑하셨다 - 예수가 나사로를 죽은 가운데서 다시 살리신 목적은 하나님의 영광을 드러내고저 하심이었다. 그러나 거기에 따르는 동기가 여기 기록되어 있으니, 그것은 나사로와 그 형제들을 사랑하신다는 것이다. 그가 그들을 사랑하시기 때문에 그들을 위하여 특수한 이적을 행하시게 되었다. 5절

그리고 나서 제자들에게 "다시 유대 지방으로 가자" 하고 말씀하셨다. 제자들이 예수께 말하였다. "선생님, 방금도 유대 사람들이 선생님을 돌로 치려고 하였는데, 다시 그리로 가려고 하십니까?" - 예수가 천천히 제자들의 신앙 수준을 올리셨으므로, 인제는 그들이 걱정 없이 위험 지대인 유대에 들어갈 수 있어야 할 것이었다 Bengel. 그런데, 그들은 아직도 겁을 낸다. 그러므로 그들의 대답은 비관적이었다. 유대인들이 예수를 돌로 치려 한 사건은 유대에서 여러 차례 있었다. 8:59, 10:31 참조 7, 8절

미르다와 마리아

자료: 392766.tistory.com

예수께서 대답하셨다. "낮은 열두 시간이나 되지 않느냐? 사람이 낮에 걸어다니면, 햇빛이 있으므로 걸려서 넘어지지 않는다 - 예수가 병든 나사로를 고쳐 주시기 위하여 유대 땅으로 가시려 할 때에 제자들은 만류하였다. 그들이 그렇게 한 이유는 주님의 신변을 위험하게 느꼈기 때문이었다. 예수는 이제 제자들을 안심시키기 위하여 말씀하시기를, "낮은 열두 시간이나 되지 않느냐?"라고 하신다. 이것은 하나님의 주신 기회가 남아 있으므로 그가 안심하고 일할 수 있다는 것이다. 그러나 누가 이런 기회를 식별할 수 있을까? 물론 예수는 그것을 식별하셨다. 그는 헤롯의 죽이려는 음모를 아시고도 말씀하시기를 "그 여우에게 전하기를 '보아라, 오늘과 내일은 내가 귀신을 내쫓고 병을 고칠 것이요, 사흘째 되는 날에는 내 일을 끝낸다' 하여라. 그러나 오늘도 내일도 그 다음 날도 나는 내 길을 가야 하겠다. 예언자가 예루살렘이 아닌 다른 곳에서는 죽을 수 없기 때문이다"라고 하셨다눅 13:32-33 9절

밤에 걸어다니면, 빛이 그 사람 안에 없으므로, 걸려서 넘어진다 - 칼빈Calvin은 윗절9절의 "낮에 걸어다닌다"는 말이 하나님께서 주신 사명혹은 그의 명령대로 다님을 가리킨다고 하였다. 그렇다면, "밤"은 하나님께서 주신 사명과 말씀에 관계 없는 환경과 사정을 가리킨 것이겠다. 곧, 그것은 하나님의 명령과 말씀 없이 인간 자신의 심사心思에 따름을 의미할 것이다. 그렇게 행하는 인간은 실족할 수밖에 없다. 그 이유는 인간 자체 안에는 참다운 빛진리이 없기 때문이다. 인간은 자기 밖에서하나님에게서 빛을 받아야만 된다Grosheide. 예수는 땅 위에서 하나님의 사명과 말씀 가운데서 행하시는 것인 만큼, 밤에 행하는 것과 같은 일은 전연 없으셨다. 10절

🐟 이 말씀을 하신 뒤에, 그들에게 말씀하셨다. "우리 친구 나사로는 잠들었다. 내가 가서, 그를 깨우겠다." - "잠들었다"는 것은 성도의 죽음을 의미한다. 잠들었다가 깨는 것처럼 성도는 죽었다가 다시 살아나는 때가 온다. 벵겔Bengel은 말하기를 "경건한 자의 죽음은 하늘 나라의 방언으로는 잠듦이다"라고 하였다. 11절

🐟 제자들이 말하였다. "주님, 그가 잠들었으면, 낫게 될 것입니다." 예수께서는 나사로가 죽었다는 뜻으로 말씀하셨는데, 제자들은 그가 잠이 들어 쉰다고 말씀하시는 것으로 생각하였다 - 예수의 말씀을 오해하는 것은 옛날이나 지금이나 일반이다. 제자들의 오해는 결국 모든 죄인들의 습성이 어떻다는 것을 보여준다Grosheide. "내가 깨우러 가노라"고 하신 예수의 말씀을 보아서도, 잠들었다는 말이 보통 수면을 의미하지 않는 사실을 그들은 왜 몰랐던가? 보통 수면이면 다른 사람들도 깨울 수 있지 않았으랴? 하필이면 예수가 그것을 깨워야 될까?Greij-danus. 12, 13절

🐟 내가 거기에 있지 않은 것이 너희를 위해서 도리어 잘 된 일이므로, 기쁘게 생각한다. 이 일로 말미암아 너희가 믿게 될 것이다. 그에게로 가자 - 예수가 나사로를 그 질병에서 건지시지 않았으므로 그가 죽었으니, 이제 나사로의 죽음의 문제를 하나님의 권능으로 해결하는 광경이 미구未久에 나타난다. 그것을 보는 제자

들의 믿음은 더욱 굳세어질 것이다. 제자들의 신앙은 끊임없이 자라나야 할 것이었다. 새로운 난관은 신앙이 새로이 장성할 기회이다. 신앙은 되어가는 것이고 된 것이 아니다. 루터Luther는 말하기를 "다 되어 있는 기독자는 기독자가 아니다"라고 하였다He who is Christian is not a Christian. 15절

🐟 디두모라고도 하는 도마🐾3가 동료 제자들에게 "우리도 그와 함께 죽으러 가자" 하고 말하였다 - 이것은 도마의 불신앙을 지적하는 말씀이다. 예수가 방금 신앙 연단鍊鍛을 위하여 난관과 시련의 필요를 역설力說하셨는데15절 해석 참조, 그는 그 말씀 끝에 말하기를 "우리도 주와 함께 죽으러 가자" 하였다. 곧, 유대인들의 핍박이 심한 유대 땅7-8절 참조으로 같이 가는 것은 죽으러 가는 것이라는 뜻이다. 그것은 난관과 역경 가운데라도 주님과 함께 가면 통과할 수 있다는 신앙에서 나온 말이 아니다. 불신앙은 디두모쌍둥이라는 뜻라고 하는 도마의 근성이다. 이때에 도마가 죽기로 작정하는 영웅주의는 가졌다. 그는 예루살렘에 가면 유대인들의 박해를 당할 줄 알면서도 예수와 함께 가려는 모험심을 가졌다. 그러나 그가 예수가 방금 말씀하신대로9절 "낮에 걸어다니면, 햇빛이 있으므로 걸려서 넘어지지 않는다"는 진리를 깨닫지 못했다. 그는 죽음을 이길 수 있는 예수의 능력을 알지도 못했다. 비록 그의 태도는 용감스러웠으나 신앙은 아니었다. 그는 주님의 말씀을 잊어버리고 말았기 때문에 저렇게 현실의 얕은 곳에서 잘못 움직였다. 우리는 생각하자! 우리가 어떻게 하나님의 말씀을 잊을까! 아버지가 먼 곳에 갔을 때 그 아버지를 잊지 못하는 아이와 같이 주님을 잊지 말아야 한다. 하나님 아버지를 못 보는 대신 우리는 그의 말씀을 보는데, 어찌 그 말씀을 잊으랴? 그러나 사람들이 하나님을 잊어버리기를 예사로이 한다. 분주하여 잊어버리고, 평안하여 잊어버리고, 곤난하여도 잊어버린다. 사람들은 흔히 어려움이 있을 때만 하나님과 관계하려고 한다. 그것은 악한 일이다. 16절

🐾3 성경에서 도마처럼 기묘한 인물도 없을 것이다. 일반인들은 도마를 언급하면 '의심'이란 단어를 연상한다. 도마는 예수의 12제자 중의 하나이며, 예수의 부활을 믿지 못하는 의심하는 제자로 인식된다.

베다니는 예루살렘에서 오 리가 조금 넘는 가까운 곳인데 - 이렇게 예루살렘에서 베다니로가는 거리가 가까운 것을 말하는 이유는, 유대인들이 거기에 많이 오게 된 원인을 설명하려는 데 있다. 18절

많은 유대 사람이 그 오라버니의 일로 마르다와 마리아를 위로하러 와 있었다 - 그들은 위문차로 많이 왔지만, 하나님의 섭리는 그렇게 많은 사람들이 모여서 나사로 부활시키시는 예수의 권능을 보게 하시려는 것이었다Calvin. 19절

마르다가 예수께 말하였다. "주님, 주님이 여기에 계셨더라면, 내 오라버니가 죽지 아니하였을 것입니다. 그러나 이제라도, 나는 주님께서 하나님께 구하시는 것은 무엇이나 하나님께서 다 이루어 주실 줄 압니다."- 이 두 귀절은 마르다의 태도가 신앙적인 듯하면서도 단순히 그렇지도 않은 사실을 보여 준다. 그가 단순히 신앙으로만 일관하였더라면, 거기 예수가 계시지 않았던 사실을 유감스럽게 생각했을 이유가 없다. 그뿐 아니라, 그의 신앙은 변동성變動性이 있었다. 그가, "이제라도, 나는 주님께서 하나님께 구하시는 것은 무엇이나 하나님께서 다 이루어 주실 줄 압니다"라고 말하고도, 다시 말하기를 나사로가 "마지막 날 부활 때에 그가 다시 살아나리라는 것은 내가 압니다"라고 하였다. 그러면 위에 말

한 바와 같이 그는 주님의 하시는 일에도 유감스러운 일이 있는 듯이 말하고, 또 그의 신앙 사상에 변동성을 가져왔다. 마르다의 이 태도는 확신을 가지지 못한 것이다. 신자에게 확신이 있어야 어려운 때에 쉽사리 동요하지 않는다. 찰스 다윈Charles Darwin의 말에 의하면, 대서양大西洋에는 200척 깊은 바닥에 뿌리를 박고서 수면에까지 나와 있는 풀이 있는데, 파도가 일어도 그 풀이 끊어지지 않는다고 한다. 그것이 그렇게 굳센 이유는 깊은 바다 밑에 고요히 뿌리 박고 있기 때문이라고 한다. 이렇게 신자도 하나님 안에 고요히, 또 깊이 믿음을 가지면, 이 세상 파도 앞에서 동요하지 않게 된다. 우리가 하나님 자신의 위대하신 사실을 알 때에, 그를 의뢰함이 얼마나 든든한 줄 알 수 있다. 그는 우리를 반대하는 모든 자들보다 크시다. 하나님을 의뢰함이 얼마나 든든한 것을 성경이 증거한다. 또한 구름같이 많은 증인들도 증거한다. 고래古來로 많은 성도들이 하나님을 진실히 믿고 그의 도우심과 구원을 받았다. 우리는 그 사실을 생각하고 얼마든지 안심할 만하다. 21, 22절

　　🐟 예수께서 마르다에게 말씀하셨다. "네 오라버니가 다시 살아날 것이다." 마르다가 예수께 말하였다. "마지막 날 부활 때에 그가 다시 살아나리라는 것은 내가 압니다." - 예수의 말씀은 이 세상 끝날의 부활을 의미하지 않고, 그 때 방금 행하시려는 이적에 따라서 나사로가 부활할 것을 가리켰다43-44. 그러나 마르다는 그 말씀을 세상 끝날에 있을 부활 관계의 것으로 알았다. 유대인들은 이 세상 끝날에 부활이 있을 것을 믿었다. 마르다가 저렇게 유대인들의 믿는 교리는 기억하였다. 그러나 부활이 주인공이신 메시아께서 그 때에 현림하셨으니 만큼, 그 현재에도 사람의 부활하는 일이 있을 수도 있는 것을 그는 몰랐다. 그가 교리는 알면서도 예수 자신을 충분히 몰랐던 것이다. 예수 자신이 곧바로 "부활"이신 것이다. 예수를 떠나서는 부활이란 것이 전연 없다. 예수와 관계없는 독자적인 부활은 없다. 세상 끝날의 부활도 예수 때문에 성립될 것이고 결코 독자적으로 성립될 것이 아니다. 23, 24절

🐟 마르다가 예수께 말하였다. "예, 주님! 주님은 세상에 오실 그리스도이시며, 하나님의 아들이심을, 내가 믿습니다." - 마르다의 이 말은 예수를 메시아로 믿는 믿음의 완전한 고백이라고 할 수 있다. 그런데, 그가 이렇게 믿는다고 하고서 조금 후에는 약해져서 나사로의 죽음 문제를 예수가 해결하시지 못할 듯이 말한다 39절. 마르다는 예수에 대한 합당한 신앙 고백이 있다면 무엇이나 다 고백하려는 열성을 나타냈다. 그러나 그의 신앙 실력은 실제에 있어서 아직 그와 같은 내용에는 미치지 못하였다. 믿으려는 소원과 믿음의 실력이 서로 일치하지 못한 것이 기독 신자들 가운데 종종 있다. (1) 마르다의 신앙이 그 사상에 있어서 체계 정연하지 못하게 된 원인은 그가 진리를 깊이 배우지 못한 까닭이었을 것이다. 하나님의 진리는 본래 체계 정연한 것이다. 그것은 그 부분 부분에도 전체가 들어 있고 그 전체에도 부분이 들어 있다. 그러므로 그것은 극히 정밀한 연구를 하는 자들에게 알려진다. 성경 말씀은 신령한 감동으로 알 수 있는 방면도 있고, 또한 배워야만 알 수 있는 방면도 많다. 그러므로 우리가 성경을 깊이 배워야 한다. 사람이 진정한 학문을 무시하면 안 된다. 그 이유는, 진정한 학문은 하나님께서 주신 것이기 때문이다. 무식은 거의 죄악에 가까운 것이라고 지혜 있는 사람들은 말한다. 잠언을 보면 미련한 자들이 하나님을 공경하지 않기 때문에 정죄되었다. (2) 마르다의 신앙이 그 사상에 있어서 체계 정연하지 못한 원인은 신앙 연단이 부족한 까닭이었다. 신앙생활에는 연단이 필요하다. 보석도 잘 갈아야만 귀한 보석이 된다. 암스테르담Amsterdam에 금강석을 정제精製하는 공장이 있다. 거기서 금강석 한 점을 정제하는 데 여러 달 걸린다고 한다. 하나님께서는 자기 백성을 보배로 여기시기 때문에 여러 가지로 연단시키시기를 좋아하신다. 27절

🐟 예수께서는 마리아가 우는 것과, 함께 따라온 유대 사람들이 우는 것을 보시고, 마음이 비통하여 괴로워하셨다 - 어떤 학자들은 "마음이 비통하여"라는 말의 헬라 원어를 다른 뜻으로 해석하였으니 곧, "슬퍼한다"는 뜻이라고 한다. 이 뜻을 취하면 그가 슬퍼하신 것은, 그 우는 자들을 동정하시는 체휼體恤의 슬픔이었을 것이다Calvin. 그러면, 그가 누구에게 대하여 노하셨단 말인가? 이에 대한 여

Vox populi, vox Dei.

러 가지 학설이 있다. (1) 예수의 신성神性이 그의 인성人性에게 대하여 노하셨다는 것. 곧, 나사로의 주검 앞에서 슬퍼하시는 예수 자신의 인성의 약점에 대하여 그의 신성이 노하셨다는 것. (2) 유대인의 불신앙, 혹은 의식적 울음에 대하여 노하셨다는 것. (3) 사망의 세력 혹은 마귀에게 대하여 노하셨다는 것. 이 해석이 가장 자연스럽다. 33절

🐟 이 귀절들을 보면, 예수가 비애의 정서情緒를 많이 나타내셨다. 나사로의 죽은 사건을 둘러싸고 왜 그는 슬퍼하셨을까? 그는 이제 나사로를 부활시키실 것을 내다보시고 계셨는데 왜 슬퍼하셨을까? 이 문제에 대하여 두 가지 이유를 말할 수 있다. 곧, (1) 그에게 대한 이 세상 사람들의 불신앙. 예수를 존경하는 마르다와 마리아 같은 이들도 신앙이 부족하였고, 유대인들은 불신앙의 철면피였다. 그들은 각각 자기들의 편견을 고집하고 앉아서 예수를 냉혹히 논단하고 있었다. 그것이야말로 그의 가슴에 송곳을 꽂는 것 같은 아픔이었다. 진리이신 예수는 사람들의 불신앙 앞에서 가장 큰 고통을 느끼신다. 그는 불신앙의 예루살렘을 보시고 우신 적도 있다. (2) 예수는 진리이시니 진리 그것을 그대로 느끼신다. 죽음이 비애라는 것은 천정의 진리이다. 그 누가 이것을 부인할 수 있을까? 죽음에 대하여 지나치게 슬퍼하는 것은 옳지 않지만, 죽음이 슬픈 것은 사실이다. 34-38절

🐟 예수께서 "돌을 옮겨 놓아라" 하시니 - 예수가 나사로를 부활시키심에 있어서, 거기 모인 사람들더러 그들의 힘으로 할 수 있는 일은 하라고 하신다44절 참조. 그것은, (1) 하나님께서 도와주시는 일에도, 인간이 할 일은 인간이 해야 한다는 진리를 여기서도 가르치고, (2) 거기 모여 있는 인간들이 예수의 이적 역사異蹟役事에 수종들므로, 그들은 그 이적의 놀라운 사실을 좀 더 인상 깊게 또는 밀접하게 체험하게 되어 확신에 이르게 된다. 마르다가 가로되 "주님, 죽은 지가 나흘이나 되어서, 벌써 냄새가 납니다." - 이것은 마르다의 불신앙을 표시하는 말이다. 하나님의 무한하신 권능을 인간의 냄새 맡는 표준으로 측량하는 것은 어리석다. 그러나 마르다의 이 말은 그 이적의 위대를 다시금 뚜렷이 드러나게 했으니, 곧 냄

새날 정도로 부패한 시체를 부활시키셨다는 사실이 만대萬代에 전파될 수밖에 없다. 39절

⚮ 사람들이 그 돌을 옮겨 놓았다. 예수께서 하늘을 우러러 보시고 말씀하셨다. "아버지, 내 말을 들어주신 것을 감사드립니다. 아버지께서는 언제나 내 말을 들어주신다는 것을 압니다. 그런데도 이렇게 말씀을 드리는 것은, 둘러선 무리를 위해서입니다. 그들로 하여금 아버지께서 나를 보내신 것을 믿게 하려는 것입니다." - 예수는 자기의 기도에 대한 하나님의 응답이 어떤 사건들에 국한된 것이 아니라고 하신다. 그는 그것이 보통 사람들의 경우와 달라서 항상 계속한다고 하여, 여기 "언제나"란 말을 사용하셨다. 그는 이 말씀으로써 자기의 하나님 아버지와의 교통은 끊임없는 것임을 지적하신다. 그의 하나님 아버지와의 사이에 끊임없는 교통이 있는 이유는, 그가 하나님께서 보내신 메시아이신 까닭이다. 그러므로 그는 둘러선 사람들이 다 듣도록 소리를 내어 그 사실을 기도로 발표하신 것이다. 그는 언제나 사람들이 그를 메시아로 알기를 원하셔서 그 어느 기회에라도 가르치셨다. 그 이유는 사람들이 그를 메시아로 바로 알아야만 그들이 구원을 받을 수 있기 때문이다. 그는 언제나 남들의 구원 문제에만 관심을 가지셨다. 41, 42절

나사로의 부활

자료: blog.daum.net

_281

🐟 죽었던 사람이 나왔다. 손발은 천으로 감겨 있고, 얼굴은 수건으로 싸매여 있었다 - 이것은그 살아 나오는 자가 나사로임에 틀림없다는 것을 보여 준다. 만일 그에게 베로 동인 것이 없었다면, 무슨 유령이 아닌가 생각될지도 모를 것이다. 예수가 그들에게 "그를 풀어 주어서, 가게 하여라" 하고 말씀하셨다 - 그 부활 이적의 역사에 무리들이 수종들므로 그들로 하여금 그 사실의 진실성을 살깊이 체험하게 하시려고 이렇게 말씀하신 것이다. 주님께서는 사람이 하지 못하는 기적을 친히 이루시고도 그 일과 관련하여 사람들에게 일을 주신다. 그는 기적을 행하시지만 그 기적 때문에 사람들이 태만하여지거나 무책임해지는 것을 원치 않으신다. 일을 하는 것이 인간의 존귀한 덕이다. 44절

🐟 마리아에게 왔다가 예수께서 하신 일을 본 유대 사람들 가운데서 많은 사람이 예수를 믿게 되었다. 그러나 그 가운데 몇몇 사람은 바리새파 사람들에게 가서, 예수가 하신 일을 그들에게 알렸다 - 이 귀절들은 예수가 나사로를 부활시키신 이적의 결과 두 가지를 말한다. 곧 예수를 신앙하는 무리가 있는 반면에, 그를 해하려고 바리새인들에게 고발한 자들도 있다는 것이다. 45,46절

🐟 그래서 대제사장들과 바리새파 사람들은 공의회를 소집하여 말하였다. "이 사람이 표징을 많이 행하고 있으니, 어떻게 하면 좋겠습니까? 이 사람을 그대로 두면 모두 그를 믿게 될 것이요, 그렇게 되면 로마 사람들이 와서 우리의 땅과 민족을 약탈할 것입니다." - 이 부분에는 대제사장들과 바리새인들이 예수의 이적을 그대로 승인하고 걱정하는 내막이 나타났다. 불신앙도 가만히 있지 않고 악한 방면으로 활동하는 법이다. 예수로 말미암아 대중 운동이 일어남에 따라 로마 정부가 유대인들을 탄압하는 일이 있지나 않을까 하는 것이 대제사장들과 바리새인들의 염려였다. 47,48절

🐟 한 사람이 백성을 위하여 죽어서 민족 전체가 망하지 않는 것이, 당신들에게 유익하다는 것을 생각하지 못하고 있소 - 가야바의 이 말뜻은 악한 것이었다.

《그리스도 앞의 가야바》, 마티아스
스톰 그림.

자료: ko.wikipedia.org

곧, 예수를 따르는 군중 운동 때문에 로마 군대가 유대를 멸할 위험이 있으니, 예수 한 사람만 희생시키면 유대국은 안전하게 된다는 뜻이다. 그러나 가야바의 이말은 성령으로 말미암아 전용되어 예수의 속죄의 죽음을 예언한 것이 되었다. 유대의 마지막 대제사장 가야바가 예수의 속죄 고난에 대하여 공직자公職者의 처지에서 예언한 것은 중대하다. 그뿐 아니라, 예수의 원수가야바까지도 예수의 고난에 대하여 예언한 사실은 참으로 그 속죄의 고난의 중대함과 믿을 만한 것임을 우리에게 알려준다. 이것이 마치 발람이 이스라엘 백성의 장래에 대하여 예언한 것과도 같고민 24:17, 다윗의 원수 사울이 다윗의 일에 대하여 예언한 것과도 같다삼상 26:25 50절

그들은 그 날로부터 예수를 죽이려고 모의하였다. 그래서 예수께서는 유대 사람들 가운데로 더 이상 드러나게 다니지 아니하시고, 거기에서 떠나, 광야에서 가까운 지방 에브라임이라는 마을로 가서, 제자들과 함께 지내셨다. - 죽은 사람을 다시 살리시는 생명의 구주님을 죽이려는 그들의 행동은 괴이하다. 그 행동은 착한 일일수록 반대하는 마귀의 것이다. 예수는 이 기미를 아시고 깊은 광야의 한동네로 피하셨다. 그가 그렇게 하심은 때가 이르기 전에 잡히는 것을 면하시려

여호와의 유월절

자료: blog.naver.com

는 데 있었다. 그는 이렇게 하나님의 뜻을 정확하게 순종하셨다. 53, 54절

🐟 유대 사람들의 유월절이 가까이 다가오니, 많은 사람이 자기의 몸을 성결하게 하려고, 유월절 전에 시골에서 예루살렘으로 올라왔다 - 이것은 유월절 전의 결례潔禮를 가리킨다. 그것은 머리를 깎거나 옷을 빠는 정도의 것이었다. 55절

🐟 그들은 예수를 찾다가, 성전 뜰에 서서 서로 말하였다. "당신들은 어떻게 생각합니까? 그가 명절을 지키러 오지 않겠습니까?" 대제사장들과 바리새파 사람들은 예수를 잡으려고, 누구든지 그가 있는 곳을 알거든 알려 달라는 명령을 내려 두었다 - 이 귀절들은 유대인들이 그 때에 예수를 잡으려고 만반의 준비를 하고 있었던 사실을 알려준다. 여기 예수에 대한 민중의 논단이 기록되어 있다. 그들은 예수가 잡힐 위기에 처한 줄 알고 냉정한 태도로 논단한 것뿐이다. 56, 57절

유월절은 이스라엘 백성들이 이집트에서 구출되기 전날 밤 어린양을 잡아 그 피를 집의
문설주에 바르고 양의 고기와 내장, 쓴나물 등을 먹는 실행이 시작이 되었으며, 이후
하나님께서 지속적으로 이 절기를 지키라고 명령하신 것에 따라 지금까지도 이스라엘
민족들에 의해 지켜지고 있는 큰 절기이다. 또한 유월절을 시작으로 7일간 무교절이
지속되는데 이는 누룩이 없는 순수한 떡을 먹는 실행이며, 첫날인 유월절과 무교절의
마지막 날에는 어린양을 잡고 떡을 만드는 일 외에는 어떤 일도 하는 것이 허락되지 않았다.

자료: paularch.blogspot.com

요한복음
12장

天聲

1 유월절 엿새 전에, 예수께서 베다니에 가셨다. 그 곳은 예수께서 죽은 사람 가운데에 살리신 나사로가 사는 곳이다.

2 거기서 예수를 위하여 잔치를 베풀었는데, 마르다는 시중을 들고 있었고, 나사로는 식탁에서 예수와 함께 음식을 먹고 있는 사람 가운데 끼여 있었다.

3 그 때에 마리아가 매우 값진 순 나드 향유 한 근을 가져다가 예수의 발에 붓고, 자기 머리털로 그 발을 닦았다. 온 집 안에 향유 냄새가 가득 찼다.

4 예수의 제자 가운데 하나이며 장차 예수를 넘겨줄 가룟 유다가 말하였다.

5 "이 향유를 삼백 데나리온에 팔아서 가난한 사람들에게 주지 않고, 왜 이렇게 낭비하는가?"

1 Six days before the Passover, Jesus arrived at Bethany, where Lazarus lived, whom Jesus had raised from the dead.

2 Here a dinner was given in Jesus' honor. Martha served, while Lazarus was among those reclining at the table with him.

3 Then Mary took about a pint of pure nard, an expensive perfume; she poured it on Jesus' feet and wiped his feet with her hair. And the house was filled with the fragrance of the perfume.

4 But one of his disciples, Judas Iscariot, who was later to betray him, objected,

5 "Why wasn't this perfume sold and the money given to the poor? It was worth a year's wages."

1 イエスは過越の祭りの六日前にベタニヤに來られた。そこには, イエスが死人の中からよみがえらせたラザロがいた。

2 人々はイエスのために, そこに晩餐を用意した。そしてマルタは給仕していた。ラザロは, イエスとともに食卓に着いている人々の中に混じっていた。

3 マリヤは, 非常に高價な, 純粹なナルドの香油三百グラムを取って, イエスの足に塗り, 彼女の髮の毛でイエスの足をぬぐった。家は香油のかおりでいっぱいになった。

4 ところが, 弟子のひとりで, イエスを裏切ろうとしているイスカリオテ・ユダが言った。

5 「なぜ, この香油を三百デナリに賣って, 貧しい人々に施さなかったのか。」

6 (그가 이렇게 말한 것은, 가난한 사람을 생각해서가 아니다. 그는 도둑이어서 돈자루를 맡아 가지고 있으면서, 거기에 든 것을 훔쳐내곤 하였기 때문이다.)

7 예수께서 말씀하셨다. "그대로 두어라. 그는 나의 장사 날에 쓰려고 간직한 것을 쓴 것이다.

8 가난한 사람들은 언제나 너희와 함께 있지만, 나는 언제나 너희와 함께 있는 것이 아니다."

9 유대 사람들이 예수가 거기에 계신다는 것을 알고, 크게 떼를 지어 몰려왔다. 그들은 예수를 보려는 것만이 아니라, 그가 죽은 사람들 가운데서 다시 살리신 나사로를 보려는 것이었다.

10 그래서 대제사장들은 나사로도 죽이려고 모의하였다.

6 He did not say this because he cared about the poor but because he was a thief; as keeper of the money bag, he used to help himself to what was put into it.

7 "Leave her alone," Jesus replied. "It was intended that she should save

this perfume for the day of my burial.

8   You will always have the poor among you, but you will not always have me."

9   Meanwhile a large crowd of Jews found out that Jesus was there and came, not only because of him but also to see Lazarus, whom he had raised from the dead.

10   So the chief priests made plans to kill Lazarus as well,

6   しかしこう言ったのは, 彼が貧しい人々のことを心にかけていたからではなく, 彼は盗人であって, 金入れを預かっていたが, その中に收められたものを, いつも盗んでいたからである。

7   イエスは言われた。「そのままにしておきなさい。マリヤはわたしの葬りの日のために, それを取っておこうとしていたのです。

8   あなたがたは, 貧しい人々とはいつもいっしょにいるが, わたしとはいつもいっしょにいるわけではないからです。」

9   大ぜいのユダヤ人の群れが, イエスがそこにおられることを聞いて, やって來た。それはただイエスのためだけではなく, イエスによって死人の中からよみがえったラザロを見るためでも あった。

10   祭司長たちはラザロも殺そうと相談した。

11   그것은 나사로 때문에 많은 유대 사람이 떨어져 나가서, 예수를 믿었기 때문이다.

12   다음날에는 명절을 지키러 온 많은 무리가, 예수께서 예루살렘에 들어오신다는 말을 듣고,

13   종려나무 가지를 꺾어 들고, 그분을 맞으러 나가서 "호산나! 주님의 이름으로 오시는 이에게 복이 있기를! 이스라엘의 왕에게 복이 있기를!" 하고 외쳤다.

14   예수께서 어린 나귀를 보시고, 그 위에 올라타셨다. 그것은 이렇게 기록한 성경 말씀과 같았다.

15 "시온의 딸아, 두려워하지 말아라. 보아라, 네 임금이 어린 나귀를 타고 오신다."

11 for on account of him many of the Jews were going over to Jesus and putting their faith in him.

12 The next day the great crowd that had come for the Feast heard that Jesus was on his way to Jerusalem.

13 They took palm branches and went out to meet him, shouting, "Hosanna!" "Blessed is he who comes in the name of the Lord!" "Blessed is the King of Israel!"

14 Jesus found a young donkey and sat upon it, as it is written,

15 "Do not be afraid, O Daughter of Zion; see, your king is coming, seated on a donkey's colt."

11 それは, 彼のために多くのユダヤ人が去って行き, イエスを信じるようになったからである。

12 その翌日, 祭りに來ていた大ぜいの人の群れは, イエスがエルサレムに來ようとしておられると聞いて,

13 しゅろの木の枝を取って, 出迎えのために出て行った。そして大聲で叫んだ。「ホサナ。祝福あれ。主の御名によって來られる方に。イスラエルの王に。」

14 イエスは, ろばの子を見つけて, それに乘られた。それは次のように書かれているとおりであった。

15 「恐れるな。シオンの娘。見よ。あなたの王が來られる。ろばの子に乘って。」

16 제자들은 처음에는 이 말씀을 깨닫지 못하였으나, 예수께서 영광을 받으신 뒤에야, 이것이 예수를 두고 기록한 것이며, 또 사람들도 그에게 그렇게 대하였다는 것을 회상하였다.

17 또 예수께서 무덤에서 나사로를 불러내어 죽은 사람들 가운데서 살리실 때에 함께 있던 사람들이, 그 일어난 일을 증언하였다.

18 이렇게 무리가 예수를 맞으러 나온 것은, 예수가 이런 표징을 행하셨다는 말을 들었기 때문이다.

19 그래서 바리새파 사람들이 서로 말하였다. "이제 다 틀렸소. 보시오. 온 세상이 그를 따라 갔소."

20 명절에 예배하러 올라온 사람들 가운데 그리스 사람이 몇 있었는데,

16 At first his disciples did not understand all this. Only after Jesus was glorified did they realize that these things had been written about him and that they had done these things to him.

17 Now the crowd that was with him when he called Lazarus from the tomb and raised him from the dead continued to spread the word.

18 Many people, because they had heard that he had given this miraculous sign, went out to meet him.

19 So the Pharisees said to one another, "See, this is getting us nowhere. Look how the whole world has gone after him!"

20 Now there were some Greeks among those who went up to worship at the Feast.

16 初め, 弟子たちにはこれらのことがわからなかった。しかし, イエスが榮光を受けられてから, これらのことがイエスについて書かれたことであって, 人々がそのとおりにイエスに對して行なったことを, 彼らは思い出した。

17 イエスがラザロを墓から呼び出し, 死人の中からよみがえらせたときにイエスといっしょにいた大ぜいの人々は, そのことのあかしをした。

18 そのために群衆もイエスを出迎えた。イエスがこれらのしるしを行なわれたことを聞いたからである。

19 そこで, パリサイ人たちは互いに言った。「どうしたのだ。何一つうまくいっていない。見なさい。世はあげてあの人のあとについて行ってしまった。」

20 さて, 祭りのとき禮拜のために上って來た人々の 中に, ギリシヤ人が幾人かいた。

21 그들은 갈릴리 벳새다 출신 빌립에게로 가서 청하였다. "선생님, 우리가 예수를 뵙고 싶습니다."

22 빌립은 안드레에게로 가서 말하고, 안드레와 빌립은 예수께 그 말을 전하였다.

23 예수께서 그들에게 대답하셨다. "인자가 영광을 받을 때가 왔다.

24 내가 진정으로 진정으로 너희에게 말한다. 밀알 하나가 땅에 떨어져서 죽지 않으면 한 알 그대로 있고, 죽으면 열매를 많이 맺는다.

25 자기의 목숨을 사랑하는 사람은 잃을 것이요, 이 세상에서 자기의 목숨을 미워하는 사람은, 영생에 이르도록 그 목숨을 보존할 것이다.

21 They came to Philip, who was from Bethsaida in Galilee, with a request. "Sir," they said, "we would like to see Jesus."

22 Philip went to tell Andrew; Andrew and Philip in turn told Jesus.

23 Jesus replied, "The hour has come for the Son of Man to be glorified.

24 I tell you the truth, unless a kernel of wheat falls to the ground and dies, it remains only a single seed. But if it dies, it produces many seeds.

25 The man who loves his life will lose it, while the man who hates his life in this world will keep it for eternal life.

21 この人たちがガリラヤのベツサイダの人であるピリポのところに來て, 「先生。イエスにお目にかかりたいのですが。」と言って賴んだ。

22 ピリポは行ってアンデレに話し, アンデレとピリポとは行って, イエスに話した。

23 すると, イエスは彼らに答えて言われた。「人の子が榮光を受けるその時が來ました。

24 まことに, まことに, あなたがたに告げます。一粒の麥がもし地に落ちて死ななければ, それは一つのままです。しかし, もし死ねば, 豊かな實を結びます。

25 自分のいのちを愛する者はそれを失い, この世でそのいのちを憎む者はそれを保って永遠のいのちに至るのです。

26 나를 섬기려고 하는 사람은, 누구든지 나를 따라오너라. 내가 있는 곳에는, 나를 섬기는 사람도 나와 함께 있을 것이다. 누구든지 나를 섬기면, 내 아버지께서 그를 높여주실 것이다."

27 "지금 내 마음이 괴로우니, 무슨 말을 하여야 할까? '아버지, 이 시간을 벗어나게 하여 주십시오' 하고 말할까? 아니다. 나는 바로 이 일 때문에 이때에 왔다.

28 아버지, 아버지의 이름을 영광스럽게 드러내십시오." 그 때에 하늘에서 소리가 들려 왔다. "내가 이미 영광되게 하였고, 앞으로도 영광되게 하겠다."

29 거기에 서서 듣고 있던 무리 가운데서 더러는 천둥이 울렸다고 하고, 또 더러는 천사가 그에게 말하였다고 하였다.

30 예수께서 대답하셨다. "이 소리가 난 것은, 나를 위해서가 아니라 너희를 위해서이다.

26 Whoever serves me must follow me; and where I am, my servant also will be. My Father will honor the one who serves me.

27 "Now my heart is troubled, and what shall I say? 'Father, save me from this hour'? No, it was for this very reason I came to this hour.

28 Father, glorify your name!" Then a voice came from heaven, "I have glorified it, and will glorify it again."

29 The crowd that was there and heard it said it had thundered; others said an angel had spoken to him.

30 Jesus said, "This voice was for your benefit, not mine.

26 わたしに仕えるというのなら, その人はわたしについて來なさい。わたしがいる所に, わたしに仕える者もいるべきです。もしわたしに仕えるなら, 父はその人に報いてくださいます。

27 今わたしの心は騷いでいる。何と言おうか。『父よ。この時からわたしをお救いください。』と言おうか。いや。このためにこそ, わたしはこの時に至ったのです。

28 父よ。御名の榮光を現わしてください。」 そのとき, 天から聲が聞こえた。「わたしは榮光をすでに現わしたし, またもう一度榮光を現わそう。」

29 そばに立っていてそれを聞いた群衆は, 雷が鳴ったのだと言った。ほかの人々は, 「御使いがあの方に話したのだ。」と言った。

30 イエスは答えて言われた。「この聲が聞こえたのは, わたしのためにではなくて, あなたがたのためにです。

31 지금은 이 세상이 심판을 받을 때이다. 이제는 이 세상의 통치자가 쫓겨날 것이다.

32 내가 땅에서 들려서 올라갈 때에, 나는 모든 사람을 내게로 이끌어 올 것이다."

33 이것은 예수께서 자기가 당하실 죽음이 어떠한 것인지를 암시하려고 하신 말씀이다.

34 그 때에 무리가 예수께 말하였다. "우리는 율법에서 그리스도는 영원히 살아 계시다는 것을 배웠습니다. 그런데 어떻게 당신은 인자가 들려야 한다고 말씀하십니까? 인자가 누구입니까?"

35 예수께서 그들에게 대답하셨다. "아직 얼마 동안은 빛이 너희 가운데 있을 것이다. 빛이 있는 동안에 걸어다녀라. 어둠이 너희를 이기지 못하게 하여라. 어둠 속을 다니는 사람은 자기가 어디로 가는지를 모른다.

31 Now is the time for judgment on this world; now the prince of this world will be driven out.

32 But I, when I am lifted up from the earth, will draw all men to myself."

33 He said this to show the kind of death he was going to die.

34 The crowd spoke up, "We have heard from the Law that the Christ will remain forever, so how can you say, 'The Son of Man must be lifted up'? Who is this 'Son of Man'?"

35 Then Jesus told them, "You are going to have the light just a little while longer. Walk while you have the light, before darkness overtakes you. The man who walks in the dark does not know where he is going.

31 今がこの世のさばきです。今, この世を支配する者は追い出されるのです。

32 わたしが地上から上げられるなら, わたしはすべての人を自分のところに引き寄せます。」

33 イエスは自分がどのような死に方で死ぬかを示して, このことを言われたのである。

34 そこで, 群衆はイエスに答えた。「私たちは, 律法で, キリストはいつまでも生きておられると聞きましたが, どうしてあなたは, 人の子は上げられなければならない, と言われるのですか。その人の子とはだれですか。」

35 イエスは彼らに言われた。「まだしばらくの間, 光はあなたがたの間にあります。やみがあなたがたを襲うことのないように, あなたがたは, 光がある間に歩きなさい。やみの中を歩く者は, 自分がどこに行くのかわかりません。

36 빛이 있는 동안에 너희는 그 빛을 믿어서, 빛의 자녀가 되어라." 이 말씀을 하신 뒤에, 예수께서는 그들을 떠나서 몸을 숨기셨다.

37 예수께서 그렇게 많은 표징을 그들 앞에 행하셨으나, 그들은 예수를 믿지 아니하였다.

38 그리하여 예언자 이사야가 한 말이 이루어졌다. "주님, 우리가 전한 것을 누가 믿었으며, 주님의 팔이 누구에게 나타났습니까?"

39 그들이 믿을 수 없었던 까닭을, 이사야가 또 이렇게 말하였다.

40 "주님께서 그들의 눈을 멀게 하시고, 그들의 마음을 무디게 하셨다. 그것은 그들이 눈이 있어도 보지 못하게 하고, 마음으로 깨달아서 돌아서지 못하게 하여, 나에게 고침을 받지 못하게 하려는 것이다."

36 Put your trust in the light while you have it, so that you may become sons of light." When he had finished speaking, Jesus left and hid himself from them.

37 Even after Jesus had done all these miraculous signs in their presence, they still would not believe in him.

38 This was to fulfill the word of Isaiah the prophet: "Lord, who has believed our message and to whom has the arm of the Lord been revealed?"

39 For this reason they could not believe, because, as Isaiah says elsewhere:

40 "He has blinded their eyes and deadened their hearts, so they can neither see with their eyes, nor understand with their hearts, nor turn—and I would heal them."

36 あなたがたに光がある間に, 光の子どもとなるために, 光を信じなさい。」イエスは, これらのことをお話しになると, 立ち去って, 彼らから身を隠された。

37 イエスが彼らの目の前でこのように多くのしるしを行なわれたのに, 彼らはイエスを信じなかった.

38 それは, 「主よ。だれが私たちの知らせを信じましたか。また主の御腕はだ

れに現わされましたか。」と言った預言者イザヤのことばが成就するためで
あった。

39 彼らが信じることができなかったのは，イザヤがまた次のように言ったから
である。

40 「主は彼らの目を盲目にされた。また，彼らの心をかたくなにされた。それ
は，彼らが目で見，心で理解し，回心し，そしてわたしが彼らをいやす，という
ことがないためである。」

41 이사야가 이렇게 말한 것은, 그가 예수의 영광을 보았기 때문이다. 이 말은 그가
예수를 가리켜서 한 것이다.

42 지도자 가운데서도 예수를 믿는 사람이 많이 생겼으나, 그들은 바리새파 사람들
때문에, 믿는다는 사실을 드러내지는 못하였다. 그것은, 그들이 회당에서 쫓겨날까
봐 두려워하였기 때문이다.

43 그들은 하나님의 영광보다도 사람의 영광을 더 사랑하였다.

44 예수께서 큰 소리로 말씀하셨다. "나를 믿는 사람은 나를 믿는 것이 아니라 나를
보내신 분을 믿는 것이요,

45 나를 보는 사람은 나를 보내신 분을 보는 것이다.

41 Isaiah said this because he saw Jesus' glory and spoke about him.

42 Yet at the same time many even among the leaders believed in him. But
because of the Pharisees they would not confess their faith for fear they
would be put out of the synagogue;

43 for they loved praise from men more than praise from God.

44 Then Jesus cried out, "When a man believes in me, he does not believe
in me only, but in the one who sent me.

45 When he looks at me, he sees the one who sent me.

41 イザヤがこう言ったのは, イザヤがイエスの榮光を見たからで, イエスをさして言ったのである.

42 しかし, それにもかかわらず, 指導者たちの中にもイエスを信じる者がたくさんいた。ただ, パリサイ人たちをはばかって, 告白はしなかった。會堂から追放されないためであった。

43 彼らは, 神からの榮譽よりも, 人の榮譽を愛したからである。

44 また, イエスは大聲で言われた。「わたしを信じる者は, わたしではなく, わたしを遣わした方を信じるのです。

45 また, わたしを見る者は, わたしを遣わした方を見るのです。

46 나는 빛으로서 세상에 왔다. 그것은, 나를 믿는 사람은 아무도 어둠 속에 머무르지 않도록 하려는 것이다.

47 어떤 사람이 내 말을 듣고서 그것을 지키지 않는다 하더라도, 나는 그를 심판하지 아니한다. 나는 세상을 심판하러 온 것이 아니라 구원하러 왔다.

48 나를 배척하고 내 말을 받아들이지 않는 사람을 심판하시는 분이 따로 계시다. 내가 말한 바로 이 말이, 마지막 날에 그를 심판할 것이다.

49 나는 내 마음대로 말한 것이 아니다. 나를 보내신 아버지께서, 내가 무엇을 말해야 하고, 또 무엇을 이야기해야 하는가를, 친히 나에게 명령해 주셨다.

50 나는 그의 명령이 영생인 줄 안다. 그러므로 나는 무엇이든지 아버지께서 나에게 말씀하여 주신 대로 말할 뿐이다.”

46 I have come into the world as a light, so that no one who believes in me should stay in darkness.

47 "As for the person who hears my words but does not keep them, I do not judge him. For I did not come to judge the world, but to save it.

48 There is a judge for the one who rejects me and does not accept my

words; that very word which I spoke will condemn him at the last day.

49 For I did not speak of my own accord, but the Father who sent me commanded me what to say and how to say it.

50 I know that his command leads to eternal life. So whatever I say is just what the Father has told me to say."

46 わたしは光として世に來ました。わたしを信じる者が, だれもやみの中にとどまることのないためです。

47 だれかが, わたしの言うことを聞いてそれを守らなくても, わたしはその人をさばきません。わたしは世をさばくために來たのではなく, 世を救うために來たからです。

48 わたしを拒み, わたしの言うことを受け入れない者には, その人をさばくものがあります。わたしが話したことばが, 終わりの日にその人をさばくのです。

49 わたしは, 自分から話したのではありません。わたしを遣わした父ご自身が, わたしが何を言い, 何を話すべきかをお命じになりました。

50 わたしは, 父の命令が永遠のいのちであることを知っています。それゆえ, わたしが話していることは, 父がわたしに言われたとおりを, そのままに話しているのです。」

썸네일 사진. 영화 'Son of God' 스틸컷.
예수의 복음은 하나님 나라의 복음이었다. 예수 그리스도는 이 땅에 하나님 나라를 가져오셔서 이 땅에 하나님 나라를 설립하고 다스리시는 분이다. 그러므로 예수 그리스도는 그 자신이 바로 하나님 나라의 현존이라고 말할 수 있다. 그리스도이신 예수가 있는 곳에 하나님 나라가 있다.

자료: cemk.org

 人語

개요

요한복음 12장은 예수에게 향유를 붓는 사건으로 시작하여, 예수가 당하실 고난의 사건들이 예루살렘 입성과 함께 본격적으로 시작된다. 11장에서 예수는 죽었던 나사로를 살리셨다. 사람들은 그 기쁨을 즐거워하며 예수를 위해서 잔치를 벌였다죠. 그 때에 마리아가 지극히 비싼 향유, 순전한 나드 한근을 예수의 발에 붓고 자신의 머리털로 그 발을 닦았다. 나드는 인도 북부에서 수입된 향유로 로마인들이 머리에 기름을 붓는 데 사용했던 향유이다. 발을 닦는 것은 종들이 하는 일이었다. 마리아의 이 행동은 종으로서 예수를 섬긴다는 겸손과 헌신의 모습을 보여준다. 그러나 아무리 그래도 향유 한 근, 0.5 리터나 붓는 것은 좀 과해 보이기도 한다. 가룟 유다는 5절에 삼백 데나리온, 즉 노동자의 1년 품삯 정도 되는 가격에 팔리는 이 향유를 팔아서 가난한 자들에게 나누어 주지 어째서 이런 일에 썼냐며 비판한다. 이 말도 설득력이 있을 수 있지만, 그는 그렇게 모인 돈을 훔치는 사람이었다. 예수는 이 모든 것을 다 아셨지만, 선을 이루시기 위해서 그저 참으셨고, 7절에 이러한 행동은 자신의 장례를 위한 것이니 그녀가 한 일을 혼내지 말고 간직하라고 하신다. 그리고 가난한 자들은 항상 너희들과 함께 하지만, 자신은 아니라고 하신다. 이것은 가난한 자를 돕는 것이 가치 없다고 하시는 것이 아니라, 그만큼 예수의 죽음이 가까이 왔음을 돌려서 말씀하시는 것이다.

요한복음 12장 주석 [1]

유월절 엿새 전에, 예수께서 베다니에 가셨다. 그 곳은 예수께서 죽은 사람 가운데에 살리신 나사로가 사는 곳이다 - 유월절 6일 전 베다니에서 일어났던 일이다. 예수는 유월절을 지키기 위해 예루살렘에 입성하시기 전 베다니로 가셨다. 베다니는 예루살렘에서 몇 킬로미터 정도 떨어진 곳이며 감람산 남동쪽에 위치하고 있었다. 베다니에서 죽었던 나사로를 살리신 예수가 유월절에 친히 어린 양의 희생제물이 되실 예정이었다. 예수가 죽은 나사로를 살리심은 자신이 친히 희생제물이 되시더라도 죽음을 이기시고 살아나실 것임을 암시해 주신 것이다. 1절

거기서 예수를 위하여 잔치를 베풀었는데, 마르다는 시중을 들고 있었고, 나사로는 식탁에서 예수와 함께 음식을 먹고 있는 사람 가운데 끼여 있었다 - 마태와 마가는 이와 같은 사건에 대하여 말할 때에 마 26:7; 막 14:3, 그 연회 장소를 "문둥이 시몬의 집"이라고 하였다. 어떤 학자는 상상하기를, 시몬은 마르다의 남편이었을 것이라고 한다. 그러나 시몬은 알려진 문둥이었으니 만큼, 결혼하지 못한 사람이었을 것이다 Grosheide. 그러므로 시몬은 마르다와 마리아의 가정과는 가족 인연이 없는 사람이었다. 그렇다면 마르다, 마리아, 나사로 등도 아마 청함을 받아서 그 잔치에 참석하였을 것이다. "마르다는 시중을 들고" 곧, 그가 연회 배설排設과 음식물 준비에 봉사한 것을 가리킨다. 이런 인물도 귀하지만 그보다도 주님의 진리와 영적 생활에 열중하는 인물이 더욱 귀하다. "나사로는 식탁에서 예수와 함께 음식을 먹고 있는 사람 가운데 끼여 있었다." 나사로는 그 부활한 몸으로 그 자리에 와서 앉은 것만으로도 주님의 영광을 드러낸다. 그를 보는 자마다 주님의 능력의 위대하심을 알게 되었다. 2절

[1] 예수사랑, 2004. 8. 19.

　마리아가 매우 값진 순 나드 향유 한 근을 가져다가 예수의 발에 붓고, 자기 머리털로 그 발을 닦았다. 온 집 안에 향유 냄새가 가득 찼다 - 마리아가 예수의 발에 부은 향유는 나드nard 향유인데, 인도에서 나며 파사에서 많이 사용되었고, 특별히 술을 향기 있게 하는 데도 사용되었던 것이다. 혹설에 이 향유는, 나사로 죽었을 때에 그 시체에 바르고 남은 것이라고 한다. 그러나 이 기사記事의 내용은 마리아의 특별한 사랑 표시를 말한다. 위의 학설은 이런 사랑 표시와 조화되지 않는다. 그가 쓰다 남은 향유를 예수에게 부었다면, 그것은 지극한 사랑 표시의 선이 될 수 없다. 마리아는 예수를 극히 존경했으며, 자기 오라비를 다시 살리신 그에게 감사하는 마음이 가득하였다. 그러므로 그는 자기의 가장 아끼고 소중히 여기는 향유를 그의 발에 붓는 봉사를 하였다. 마리아의 이 행동은 예수를 경배하는 의미와 존귀히 여기는 의미를 가진다. 예수는 그 일에서 그것 외에 또 다른 것을 더 보셨다. 그것은 그의 장례를 예비하는 의미를 가진다는 것이었다. 마태복음과 마가복음에는 향유를 예수의 머리에 부었다고만 하고 발에 부었다는 기사는 없다. 그러나 문제될 것은 없다. 라그랑지Lagrange는 이 난제를 다음과 같이 해결하였다. 곧, "머리에 기름을 부었을 것은 말하지 않아도 알 수 있는 사실이었으니 만큼 요한은 그것을 말하지 않은 것이다"라고 하였다. 그렇다면, 마태

막달라 마리아는 예수에게 값비싼 나드 한 옥합을 깨뜨려서 머리에 부었는데, 가룟 유다는 값진 것을 낭비했다고 마리아를 책망했다

자료: kor.theasian.asia

와 마가는 발에 기름 부은 사실을 기록하지 않은 것뿐이고, 그 사실을 몰랐던 것은 아닐 것이다. 3절

✑ 예수의 제자 가운데 하나이며 장차 예수를 넘겨줄 가룟 유다가 말하였다 - 마 26:8에 의하면, 마리아의 향유 부은 일에 비평한 이들이 "제자들"이라고 하였다. 그러나 요한은 여기서 가룟 유다만 거론한다. 유다가 그 다른 제자들보다 지도적 처지에서 저런 비평을 하였기 때문에, 요한이 여기서 그의 이름만 말하고 그 다른 제자들에 대해서는 언급하지 않았을 것이다. 4절

✑ "이 향유를 삼백 데나리온에 팔아서 가난한 사람들에게 주지 않고, 왜 이렇게 낭비하는가?" - "삼백 데나리온"은 노동자 한 사람의 300일 동안의 노동 품삯이라고 한다. 유다는 가난한 자를 예수보다 귀히 여긴다고 여기서 말한 셈이다 Grosheide. 이것은 세상 생각으로만 타산하는 그릇된 생각에서 일어난 불평이다. 이 불평은 한 영혼이 예수에게 사랑을 붓는 것이 천하보다 귀한 줄 모르는 어두움이다. 마리아와 유다 두 사람을 대조해 보면 다음과 같다.

(1) 마리아는 희생자이다. 그는 주님을 위하여 무엇이나 아낄 줄 모르는 인물이었다. 그는 주님을 위하여 최선을 다하였으니, 주님의 말씀과 같이 행한 자이다. 세상 사람들이 악한 일에 최선을 다 할 줄은 알면서도 하나님께 그리할 줄은 모른다. 인도의 어떤 선교사가 한 번은 이상한 일을 보았다. 곧 간지스강 가에 한 여자가 섰는데, 앓는 갓난 아이는 팔에 안고 건강한 아들은 옆에 세워 놓고 있었다. 그 여자는 오랫동안 거기 서 있었는데, 얼마 후에 그 선교사가 다시 와서 보니 그 옆에 섰던 건강한 아이가 없어졌다. 그래서 물어보았더니 그 여자가 대답하기를 "그를 강에 넣어 악어들로 먹게 하였다"고 하였다. 그 이유를 물으니, 그 대답은 "나의 신악어에게 가장 좋은 것을 준 것이라"고 하였다. 인간은 죄로 어두워져서 이렇게 악한 일에 최선을 다한다. (2) 유다는 옳은 것을 비평하였다. 다음. 유다는 마리아의 봉사를 비평하였으니, 그것은 한 영혼이 그리스도와 뜨거운 관계를 맺는 것이 천하보다 귀한 줄 모르는 그릇된 사상이다. 그뿐 아니라, 그것은 예수

유다, 예수 밖에서 사랑에 실패한 사나이

자료: catholicworker.kr

를 귀한 줄 모르는 그릇된 태도이다. 예수는 천하의 몇 만 배보다 비교할 수 없는 귀하신 분이다. 이와 같이 귀한 예수를 위하여 천하를 바친들 아까우랴? 그러나 유다는 물질만 귀한 줄 알았으며, 빈민 구제를 구실로 삼아 트집을 잡았다. 5절

🐟 그가 이렇게 말한 것은, 가난한 사람을 생각해서가 아니다. 그는 도둑이어서 돈자루를 맡아 가지고 있으면서, 거기에 든 것을 훔쳐내곤 하였기 때문이다 - 다른 제자들이 마리아를 비평한 것은 부주의로 혹은 피동적으로 그리하였던 것이다. 그러나 유다는 이 귀절에 나타난대로 자기 자신의 탐욕을 채우려는 위선자僞善者였다. 그러므로 그것은 계획적인 악행이었다. 유다는 그렇게 탐심이 강하였고, 그것 때문에 자기 선생을 파는 무서운 죄악까지 범하였다눅 22:3-6. 평소에 그의 마음속에 자라나던 죄악탐심이 결국 그로 하여금 큰일을 저지르게 만들었다. 6절

🐟 예수께서 말씀하셨다. "그대로 두어라. 그는 나의 장사 날에 쓰려고 간직한 것을 쓴 것이다. - 이 말씀은 두 가지로 해석된다. (1) "그 여자로 하여금 지금 향유 붓고 남은 것을 보관시켜 후일에 나예수 자신의 장례 때에 사용하게 하라"는 뜻

구원 받지 못한 제자, 가룟 유다

자료: blog.daum.net

Vox populi, vox Dei.

이라 한다. (2) "그 여자의 향유 붓는 행동을 중단시키지 말라. 그 행동이 나_{예수 자}
_신의 장례를 예비하는 의미를 가진다"라는 뜻이라고 한다. 이 해석이 옳다. "그대
로 두어라"란 말은 "향유를 보관하라"는 의미인데, 그것을 보관해 왔다는 것이
다. 마리아는 그 한때에 사용하기 위하여 향유를 그때까지 보관하였던 것이다.
칼빈_{Calvin}은 이 점에 있어서 귀중한 뜻을 지적한다. 곧, "마리아는 그런 값 비싼
의식_{儀式}을 흔히 실행한 것이 아니고, 예수의 죽음을 위하여 이렇게 희귀한 행위
를 취한 것뿐이다. 하나님은 사람들이 흔히 외부적으로 찬란한 의식에 치중함을
금하신다. 어떤 해석가들이 마리아의 이 일에 기준하여 추론하기를, 의식을 성대
히 갖춘 예배만이 하나님을 기쁘시게 한다고 주장하는 것은 옳지 않다. 7절

　유대 사람들이 예수가 거기에 계신다는 것을 알고, 크게 떼를 지어 몰려왔
다. 그들은 예수를 보려는 것만이 아니라, 그가 죽은 사람들 가운데서 다시 살리
신 나사로를 보려는 것이었다. 그래서 대제사장들은 나사로도 죽이려고 모의하
였다. 그것은 나사로 때문에 많은 유대 사람이 떨어져 나가서, 예수를 믿었기 때
문이다 - 예수가 계신 곳으로 찾아온 무리 중에는 구경이나 할 생각으로 온 자
들도 있었다. 이렇게 피상적으로 움직이는 자들은 믿을 수 없는 자들이다. 그러

나 그 때에 베다니에 있던 유대인들 중에서 부활한 나사로를 보고 예수를 믿은 자들도 많았다. 나사로를 부활시키신 이적은 이적의 절정이다. 편견 없이 그 사건을 본 자들은 예수를 믿었다. 하나님께서는 이 위대한 이적의 목격자들이 많도록 하기 위하여 대중을 동원시키신 것이다. 믿고 안 믿는 것은 그들의 책임이지만, 하나님께서는 그 놀라운 이적을 어떤 캄캄한 모퉁이에 감추시지 않으셨다. 나사로를 부활시키신 이적은 대중이 친히 목격한 사실이며, 또 그들이 믿은 진리이다. 그런데, 대제사장들의 행동은 참으로 악독하다. 예수가 나사로를 다시 살리신 사실 때문에 많은 유대인들이 예수를 믿게 된다고 하여 그를 다시 죽여 버리자고 모의하였다. 나사로를 부활시키신 것은 하나님께서 하신 이적인 반면에, 그를 다시 죽이려고 한 것은 마귀의 행동이다. 이들은 서로 정반대이다. 대제사장들의 이 행동은 시기심의 극단이요, 잔인성의 절정이며, 하나님과 싸우는 강퍅한 행동이며, 대중 인기를 탐하여 날뛰는 괴악한 명예주의이다. 위에 말한 것과 같이 극악한 원수들이 대적한 이 진리예수 그리스도는 진리의 극치極致이시다. 9-11절

나사로의 부활로 하나님을 영화롭게 하다.　　　자료: almightygodofchristians.tistory.com

🐟 다음날에는 명절을 지키러 온 많은 무리가, 예수께서 예루살렘에 들어오신다는 말을 듣고, 종려나무 가지를 꺾어 들고, 그분을 맞으러 나가서 "호산나! 주님의 이름으로 오시는 이에게 복이 있기를! 이스라엘의 왕에게 복이 있기를!" 하고 외쳤다 - 예수가 유월절을 지키시기 위하여 예루살렘에 도착했을 때 그곳에는 정말 많은 인파들이 모여서 종려나무 가지를 들고 예수를 이스라엘의 왕으로 맞았다. 하지만 이들은 나사로를 살리신 소식을 듣고 이제는 자신들을 해방시킬 수 있는 자로 예수를 맞았다. 하지만 이러한 이들의 환영은 며칠이 가지 못하여 예수의 나라가 이 땅에 없음을 알고 예수를 십자가에 못박는 일에 동참하게 된다. 이처럼 예수를 표면적으로만 알고 진정으로 깨닫지 못하면 우리는 육적인 욕구만을 가지고 예수를 쫓게 되는 실수를 하게 될 것이다. 우리는 진정으로 예수를 알고 바르게 쫓고 있는지를 점검하여야 할 것이다. 12, 13절

🐟 예수께서 어린 나귀를 보시고, 그 위에 올라타셨다. 그것은 이렇게 기록한 성경 말씀과 같았다. "시온의 딸아, 두려워하지 말아라. 보아라, 네 임금이 어린 나귀를 타고 오신다." 제자들은 처음에는 이 말씀을 깨닫지 못하였으나, 예수께서 영광을 받으신 뒤에야, 이것이 예수를 두고 기록한 것이며, 또 사람들도 그에게 그렇게 대하였다는 것을 회상하였다. 또 예수께서 무덤에서 나사로를 불러내어 죽은 사람들 가운데서 살리실 때에 함께 있던 사람들이, 그 일어난 일을 증언하였다. 이렇게 무리가 예수를 맞으러 나온 것은, 예수가 이런 표징을 행하셨다는 말을 들었기 때문이다. 그래서 바리새파 사람들이 서로 말하였다. "이제 다 틀렸소. 보시오. 온 세상이 그를 따라 갔소." - 예수는 어린 나귀를 발견하시고 그 나귀를 타고 입성하셨다. 제자들은 예수가 왜 어린 나귀를 타셨는지를 전혀 알지 못했다. 이것은 곧 구약예언의 성취로서 예수가 하나님의 아들로 우리의 구원주로 오셨음을 나타내는 것이다. 유대인들은 이런 예수를 받아들이지 못하였다. 그리고 사람들이 예수로 향하는 것을 시기하기만 하였다. 그리고 머지않아서 십자가에 못박아 죽이게 된다. 우리는 그들이 보고도 믿지 못한 메시아를 믿는 놀라운 은혜와 복을 받았음을 늘 감사하면서 구원받은 은혜에 합당하게 행하는 자가 되어야 할 것이다. 14-19절

Vox populi, vox Dei.

🐟 명절에 예배하러 올라온 사람들 가운데 그리스 사람이 몇 있었는데 - 여기 이른바 "그리스 사람"은 순연한 헬라인으로서 개종改宗하고 그 때의 구약 종교에 들어왔던 자들을 의미한다. 이제 그들이 예수를 찾는 것은 장차 이방인들이 무수히 예수 그리스도를 믿게 될 사실에 대한 예표라고 할 수 있다. 20절

🐟 그들은 갈릴리 벳새다 출신 빌립에게로 가서 청하였다. "선생님, 우리가 예수를 뵙고 싶습니다." - 그들은 직접 예수에게 나아가지 않고 빌립의 소개를 받고자 하였다. 그것은 그들이 예수를 경외敬畏하는 증표였다Calvin. 그런데, 그들은 하필 다른 제자들보다도 빌립과 접촉한 이유는 무엇일까? "빌립"이란 이름이 헬라식 이름인 사실을 보아서 그가 누구보다도 헬라어를 잘한다는 관계였든지, 혹은 그들이 빌립의 고향 벱새다헬라인들이 많이 거주하는 곳에서 온 관계였을지도 모른다. 21절

🐟 예수께서 그들에게 대답하셨다. "인자가 영광을 받을 때가 왔다. - 이 말씀은 그의 개인적인 영화를 말함이 아니고 메시아의 구원 역사의 완성을 가리킨다. 그것은 물론 그의 죽으심과 부활 승천하심을 내포한 것이다. 구원의 갈증을 느낀 헬라인들이 찾아온 마당에 있어서, 이 말씀은 적절한 것이다. 우리는 이 말씀의 동기에 대하여 다음과 같이 생각할 수 있다. 곧, 그리스인 몇 명이 예수를 뵈옵고자 한 것은 예수에게 영광을 돌리려는 것이었다. 그러나 이방인들로 말미암아 그에게로 돌아올 영광은, 그가 죽었다가 다시 살아나신 뒤에야 실현된다는 의미로, 그는 여기서 말씀하신다. 12장은 예수의 영광에 대한 장이라고 할 수 있다. 마리아가 그에게 기름을 부어서 그를 영화롭게 하고1-8절 예루살렘에 올라가실 때에 무리들이 그를 왕으로 영화롭게 하며12-19절 헬라인 몇 명이 그를 뵙고 영화롭게 하려 한 것이다20-33절. 그러나 이 일들이 모두 다 그의 죽으심과 부활하실 사건을 보여 줌과 관련되었다. 23절

🐟 자기의 목숨을 사랑하는 사람은 잃을 것이요, 이 세상에서 자기의 목숨을 미워하는 사람은, 영생에 이르도록 그 목숨을 보존할 것이다 - 여기 기록된 희생

의 원리는 일반 사회에도 적용되는 진리이기도 하다. 그러나 여기서는 그리스도
께서 그를 믿는 자들의 지켜야 할 원리를 보여주신다. 곧, 이 말씀은 믿는 자들이
자기 자신을 거부하고 그리스도만 따라가야 하는 신령한 희생의 도리를 가르친
다. 그리스도께서 우리를 대신하여 십자가에 죽으셔서 우리의 영원한 구원을 이
루셨으니 만큼, 우리는 우리 자신을 따르지 말고 자기 생명을 사랑하지 말고 그만 따라가
야 한다. 그리스도께서 구속 사업을 위한 자기의 죽으심에 대하여 말씀하신 뒤
에는, 이어서 그를 믿기따르기 위한 우리의 희생을 권고하시곤 하셨다. "자기의 목
숨을 사랑하는 사람"이란 말은 자기 힘으로 자기 생명을 구원하려 하는 자를 가
리킨다. 이제 예수의 속죄의 구원을 이루실 것이므로, 모든 사람들은 자기 생명
의 구원을 그에게 맡기고 그만 믿고 따라야 한다. 그리하지 않으면 그들은 생명
을 잃는다. 그들은 그들 자신의 생명을 미워하는 듯이 주님만 사랑하며 바라보아
야 구원을 얻는다. 사람이 이렇게 되기 어렵다. 그러나 그가 용이하게 그렇게 되
는 길이 있다. 벵겔Bengel은 말하기를, "우리의 영혼이 우리 자신의 생명을 미워함
에 도달하는 방법은 그리스도의 말씀에 푹 적시움에 있다"라고 하였다. 25절

영원한 속죄, 완전한 구원

자료: blog.daum.net

나를 섬기려고 하는 사람은, 누구든지 나를 따라오너라. 내가 있는 곳에는, 나를 섬기는 사람도 나와 함께 있을 것이다. 누구든지 나를 섬기면, 내 아버지께서 그를 높여주실 것이다." - 이것은 위의 말씀에 이어서 참된 신자 되는 원리를 더 자세히 가르친 것이라고도 할 수 있다. 그것은 다음과 같이 해설된다. 곧, 사람이 자기 생명을 사랑하지 않는다는 것은₂₅절 하반, 여기서 주님을 따른다믿는다는 말로 바뀌었다. 주님을 따르는 자가 주님을 섬기는 자이다. 그리고 주님을 따르는 자는 고난도 주님과 함께 받게 된다. 그렇게 하는 자는 장차 주님과 함께 거하며 하나님 아버지의 사랑을 받는다. 그러나 이와 같은 내세 사상도 그리스도의 인격을 중심하고 있다. 곧, 그 장소가 그리스도의 계신 곳이라는 것이다. "나 있는 곳", "나의 가는 곳"이란 말씀들이 그 뜻이다. 26절

"지금 내 마음이 괴로우니, 무슨 말을 하여야 할까? '아버지, 이 시간을 벗어나게 하여 주십시오' 하고 말할까? 아니다. 나는 바로 이 일 때문에 이때에 왔다 - "지금 내 마음이 괴로우니, 무슨 말을 하여야 할까?"란 것은, 주님께서 그의 인성人性에서 그의 당하실 속죄의 죽음을 느끼시고 하신 탄식이다. 그는 무죄하신 이로 죽는 것인 만큼 죽음의 진상眞相을 맛 보신 유일한 사람이시다. 모든 다른 사람들은 죄로 물들고 죄로 말미암아 어두워져서 죄의 결과인 사망의 비참한 진상을 참으로 느끼지 못하고 죽는다. 27절

거기에 서서 듣고 있던 무리 가운데서 더러는 천둥이 울렸다고 하고, 또 더러는 천사가 그에게 말하였다고 하였다 - 그 때에 대중은 예수에게 나타난 계시啓示의 말씀을 깨닫지 못하고 자연계의 뇌성으로 오해하였다. 다메섹 도상에서 바울에게 임하였던 하늘의 소리가 역시 그 동행자들에게 오해되었다. 그 동행자들은 "소리는 들었으나, 아무도 보이지는 않으므로, 말을 못하고" 있었다고 하였다. 그 때의 군중은 저렇게 심령이 어두워서 하나님의 말씀을 깨닫지 못하였다. 그것은 어느 시대에나 그러하다. 인간은 죄로 어두워졌으므로 천지를 진동할 능력 있는 복음을 들을 때에도 깨닫지 못하고 딴 것으로 오해한다Calvin. 어떤 이들

은 그것을 천사의 말로 오해하였으니, 그것을 뜻있는 말로는 안 셈이다. 그것을 보니, 그 때에 들린 소리가 무의미한 소리뿐만은 아니었던 것이 사실이다. 그뿐 아니라, 그 소리는 예수 외에 다른 사람들도 들었으니만큼 그것이 객관적 계시홍觀的啓示인 것이 분명하다. 29절

지금은 이 세상이 심판을 받을 때이다. 이제는 이 세상의 통치자가 쫓겨날 것이다 - 이 말씀은 예수가 자기의 고난 받아 죽으신 뒤에 나타날 결과를 표시한다. 그가 죽으심으로 세상의 죄는 처분되고, 마귀의 계획은 파괴된다. 거기에 따라서 새로운 영적 질서는 오기 시작하여 마침내 만물이 새롭게 되는 우주적 구원이 임한다. 곧, 예수는 자기가 죽었다가 부활하심이 가져올 구원 운동의 전폭현재와 미래를 포함함을 여기에 진술하셨다. "이 세상의 통치자"란 말은 사단사탄을 의미한다. 31절

내가 땅에서 들려서 올라갈 때에, 나는 모든 사람을 내게로 이끌어 올 것이다." 이것은 예수께서 자기가 당하실 죽음이 어떠한 것인지를 암시하려고 하신 말씀이다. - 이것은 예수가 십자가에 높이 달리시어 못 박혀 죽으실 것을 가리킨다. 이렇게 그가 속죄의 죽음을 죽으심으로 만국에서 그의 모든 백성을 모으신다. 곧, 만국에서 그를 믿을 자들이 생긴다. 희생은 사람들을 끈다. 특별히 흠과 티가 없으시며 전연 허물과 죄가 없으신 하나님 아들의 속죄하시는 죽음은 말할 것도 없다. 그는 그 죽으심으로 신자들의 숭배의 대상이 되실 뿐 아니라, 그들이 그에게 나아와서 그 안에서만 생명을 얻도록 하셨다. 그리고 그는 성령에 의하여 사람들을 거듭나게 하시어 자기에게로 오게 하신다. 32, 33절

요한복음 12:34-43절 빛의 아들이 되리라🐟2 - 무리들이 예수의 말씀을 이

🐟2 샤마임, 요한복음 12:34-43 빛의 아들이 되리라, Pensées, 2022. 2. 11.

해하지 못하고 묻는다. "우리는 율법에서 그리스도는 영원히 살아 계시다는 것을 배웠습니다. 그런데 어떻게 당신은 인자가 들려야 한다고 말씀하십니까? 인자가 누구입니까?" 이 질문은 예수가 "들려야"라고 말씀하실 때 죽음을 의미함을 알았다는 것이고, 지금까지 자신을 "인자" 즉 그리스도_{메시아}라고 소개했는데 죽는다면 율법과 다르다는 것이다. 그렇다면 율법이 아닌 다른 인자가 있느냐고 묻는 것이다. 이 분문에서 더 깊이 들어갈 필요는 없지만 한 가지 짚고 넘어갈 것은 구약의 '인자'의 개념을 '메시아'로 인식하고 있었다는 점이다. 우리는 무리의 주장에 대해 의아해진다. 구약 어디에서 그리스도가 영원하다 기록할까? 구약의 메시아 구절 중에서 메시아의 영원성을 보장하는 구절은 찾기 쉽지 않다. 그럼에도 유대인들은 메시아의 영원성, 즉 신적 존재임을 이미 알고 있었다. 여기서 혼란이 일어난다. 유대인들이 예수의 죽음을 거부하거나 또는 예수를 메시아로 받아들이지 않았던 이유 중의 하나는 구약의 메시아는 영원히 살아 있지만 예수는 죽었다는 점이다. 우리는 예수의 부활을 믿지만 당시 유대인들은 믿지 않았기에 당연히 예수를 메시아로 받아들이지 않았다. 부활 후 예수는 제자들에게만 나타났지 일반 사람들에게는 나타나지 않았다는 점도 매우 독특하다.

예수께서 큰 소리로 말씀하셨다. "나를 믿는 사람은 나를 믿는 것이 아니라

당시 유대인들은 예수의 부활을 믿지 않았기에 예수를 메시아로 받아들이지 않았다.

자료: m.cafe.daum.net

나를 보내신 분을 믿는 것이요, 나를 보는 사람은 나를 보내신 분을 보는 것이다. 나는 빛으로서 세상에 왔다. 그것은, 나를 믿는 사람은 아무도 어둠 속에 머무르지 않도록 하려는 것이다 - 이 귀절들은 예수가 유대인들에게 믿음을 권고하신 말씀이다. 이 권고의 내용은 그가 바로 신인간神人間의 중보자란 것이다. 곧, 그를 믿는 것이 하나님 아버지를 믿음과 같다는 것이다. 예수는 하나님이 보내신 자중보자라는 것이 요한복음의 특징들 가운데 하나이다. 그는 중보자로서 사람들로 하여금 하나님을 알게영적으로 보게하시니, 그런 의미에서 그는 세상의 빛이라고 하신 것이다. 44-46절

✴ 어떤 사람이 내 말을 듣고서 그것을 지키지 않는다 하더라도, 나는 그를 심판하지 아니한다. 나는 세상을 심판하러 온 것이 아니라 구원하러 왔다. 나를 배

최후의 심판(The Last Judgement Detail). '최후의 심판'을 그리던 당시 세상은 매우 암울했다. 로마는 스페인 군대에게 점령, 약탈당했고, 유럽은 신·구교로 분열되어 전쟁에 휩싸이면서 교황의 권위는 땅에 떨어졌다. 미켈란젤로는 신을 버리고 미쳐버린 인간과 미술에 대한 신의 심판이 멀지 않다고 믿었고, 종교적 경건주의에 빠져 있었다.

자료: blog.daum.net

Vox populi, vox Dei.

척하고 내 말을 받아들이지 않는 사람을 심판하시는 분이 따로 계시다. 내가 말한 바로 이 말이, 마지막 날에 그를 심판할 것이다. 나는 내 마음대로 말한 것이 아니다. 나를 보내신 아버지께서, 내가 무엇을 말해야 하고, 또 무엇을 이야기해야 하는가를, 친히 나에게 명령해 주셨다. 나는 그의 명령이 영생인 줄 안다. 그러므로 나는 무엇이든지 아버지께서 나에게 말씀하여 주신 대로 말할 뿐이다." - 이 귀절들은 예수의 말씀과 권위가 얼마나 큰 것인가를 가리킨다. (1) 그 말씀은 하나님 아버지의 말씀인데 세상 끝날에 그 말씀이 심판한다고 하시며47-48절, (2) 그 말씀은 하나님 아버지의 말씀이라고 하시며49절, (3) 그 말씀이 영생을 주는 것이니만큼 그 말씀을 "영생"이라고 할 수 있다고 하신다50절. 47-50절

⬥ 난곡동성당 성모 마리아상 앞에 선 저자

하늘의 소리 사랑의 말씀

Vox populi, vox Dei.

요한복음
13장

天聲

1 유월절 전에 예수께서는, 자기가 이 세상을 떠나서 아버지께로 가야 할 때가 된 것을 아시고, 세상에 있는 자기의 사람들을 사랑하시되, 끝까지 사랑하셨다.

2 저녁을 먹을 때에, 악마가 이미 시몬 가룟의 아들 유다의 마음속에 예수를 팔아넘길 생각을 불어넣었다.

3 예수께서는, 아버지께서 모든 것을 자기 손에 맡기신 것과 자기가 하나님께로부터 왔다가 하나님께로 돌아간다는 것을 아시고,

4 잡수시던 자리에서 일어나서, 겉옷을 벗고, 수건을 가져다가 허리에 두르셨다.

5 그리고 대야에 물을 담아다가, 제자들의 발을 씻기시고, 그 두른 수건으로 닦아주셨다.

1 It was just before the Passover Feast. Jesus knew that the time had come for him to leave this world and go to the Father. Having loved his own who were in the world, he now showed them the full extent of his love.

2 The evening meal was being served, and the devil had already prompted Judas Iscariot, son of Simon, to betray Jesus.

3 Jesus knew that the Father had put all things under his power, and that he had come from God and was returning to God;

4 so he got up from the meal, took off his outer clothing, and wrapped a towel around his waist.

5 After that, he poured water into a basin and began to wash his disciples' feet, drying them with the towel that was wrapped around him.

1 さて, 過越の祭りの前に, この世を去って父のみもとに行くべき自分の時が來たことを知られたので, 世にいる自分のものを愛されたイエスは, その愛を殘るところなく示された。

2 夕食の間のことであった。惡魔はすでにシモンの子イスカリオテ・ユダの心に, イエスを賣ろうとする思いを入れていたが,

3 イエスは, 父が万物を自分の手に渡されたことと, ご自分が父から來て父に行くことを知られ,

4 夕食の席から立ち上がって, 上着を脱ぎ, 手ぬぐいを取って腰にまとわれた。

5 それから, たらいに水を入れ, 弟子たちの足を洗って, 腰にまとっておられる手ぬぐいで, ふき始められた。

6 시몬 베드로의 차례가 되었다. 이때에 베드로가 예수께 말하였다. "주님, 주님께서 내 발을 씻기시렵니까?"

7 예수께서 그에게 대답하셨다. "내가 하는 일을 지금은 네가 알지 못하나, 나중에는 알게 될 것이다."

8 베드로가 다시 예수께 말하였다. "아닙니다. 내 발은 절대로 씻기지 못하십니다." 예수께서 그에게 말씀하셨다. "내가 너를 씻기지 아니하면, 너는 나와 상관이 없다."

9 그러자 시몬 베드로는 예수께 이렇게 말하였다. "주님, 내 발뿐만이 아니라, 손과 머리까지도 씻겨 주십시오."

10 예수께서 그에게 말씀하셨다. "이미 목욕한 사람은 온몸이 깨끗하니, 발밖에는 더 씻을 필요가 없다. 너희는 깨끗하다. 그러나, 다 그런 것은 아니다."

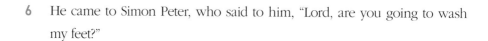

6 He came to Simon Peter, who said to him, "Lord, are you going to wash my feet?"

7 Jesus replied, "You do not realize now what I am doing, but later you will understand."

8 "No," said Peter, "you shall never wash my feet." Jesus answered, "Unless I wash you, you have no part with me."

9 "Then, Lord," Simon Peter replied, "not just my feet but my hands and my head as well!"

10 Jesus answered, "A person who has had a bath needs only to wash his feet; his whole body is clean. And you are clean, though not every one of you."

6 こうして, イエスはシモン・ペテロのところに來られた。ペテロはイエスに言った。「主よ。あなたが, 私の足を洗ってくださるのですか。」

7 イエスは答えて言われた。「わたしがしていることは, 今はあなたにはわからないが, あとでわ かるようになります。」

8 ペテロはイエスに言った。「決して私の足をお洗いにならないでください。」イエスは答えられた。「もしわたしが洗わなければ, あなたはわたしと何の關係もありません。」

9 シモン・ペテロは言った。「主よ。わたしの足だけでなく, 手も頭も洗ってください。」

10 イエスは彼に言われた。「水浴した者は, 足以外は洗う必要がありません。全身きよいのです。あなたがたはきよいのですが, みながそうではありません。」

11 예수께서는 자기를 팔아넘길 사람을 알고 계셨다. 그러므로 "너희가 다 깨끗한 것은 아니다" 하고 말씀하신 것이다.

12 예수께서 제자들의 발을 씻겨주신 뒤에, 옷을 입으시고 식탁에 다시 앉으셔서, 그들에게 말씀하셨다. "내가 너희에게 한 일을 알겠느냐?

13 너희가 나를 선생님 또는 주님이라고 부르는데, 그것은 옳은 말이다. 내가 사실로 그러하다.

14 주이며 선생인 내가 너희의 발을 씻겨 주었으니, 너희도 서로 남의 발을 씻겨 주어야 한다.

15 내가 너희에게 한 것과 같이, 너희도 이렇게 하라고, 내가 본을 보여 준 것이다.

11 For he knew who was going to betray him, and that was why he said not every one was clean.

12 When he had finished washing their feet, he put on his clothes and returned to his place. "Do you understand what I have done for you?" he asked them.

13 "You call me 'Teacher' and 'Lord,' and rightly so, for that is what I am.

14 Now that I, your Lord and Teacher, have washed your feet, you also should wash one another's feet.

15 I have set you an example that you should do as I have done for you.

11 イエスはご自分を裏切る者を知っておられた。それで、「みながきよいのではない。」と言われたのである。

12 イエスは, 彼らの足を洗い終わり, 上着を着けて, 再び席に着いて, 彼らに言われた。「わたしがあなたがたに何をしたか, わかりますか。

13 あなたがたはわたしを先生とも主とも呼んでいます。あなたがたがそう言うのはよい。わたしはそのような者だからです。

14 それで, 主であり師であるこのわたしが, あなたがたの足を洗ったのですから, あなたがたもまた互いに足を洗い合うべきです。

15 わたしがあなたがたにしたとおりに, あなたがたもするように, わたしはあなたがたに模範を示したのです。

16 내가 진정으로 진정으로 너희에게 말한다. 종이 주인보다 높지 않으며, 보냄을 받은 사람이 보낸 사람보다 높지 않다.

17 너희가 이것을 알고 그대로 하면, 복이 있다.

18 나는 너희 모두를 가리켜서 말하는 것이 아니다. 나는 내가 택한 사람들을 안다. 그러나 '내 빵을 먹는 자가 나를 배반하였다' 한 성경 말씀이 이루어질 것이다.

19 내가 그 일이 일어나기 전에 너희에게 미리 말하는 것은, 그 일이 일어날 때에, 너희로 하여금 '내가 곧 나'임을 믿게 하려는 것이다.

20 내가 진정으로 진정으로 너희에게 말한다. 내가 보내는 사람을 영접하는 사람은 나를 영접하는 사람이요, 나를 영접하는 사람은 나를 보내신 분을 영접하는 사람이다."

16 I tell you the truth, no servant is greater than his master, nor is a messenger greater than the one who sent him.

17 Now that you know these things, you will be blessed if you do them.

18 "I am not referring to all of you; I know those I have chosen. But this is to fulfill the scripture: 'He who shares my bread has lifted up his heel against me.'

19 "I am telling you now before it happens, so that when it does happen you will believe that I am He.

20 I tell you the truth, whoever accepts anyone I send accepts me; and whoever accepts me accepts the one who sent me."

16 まことに, まことに, あなたがたに告げます。しもべはその主人にまさらず, 遣わされた者は遣わした者にまさるものではありません。

17 あなたがたがこれらのことを知っているのなら, それを行なうときに, あなたがたは祝福されるのです。

18 わたしは, あなたがた全部の者について言っているのではありません。わたしは, わたしが選んだ者を知っています。しかし聖書に 『わたしのパンを食べている者が, わたしに向かってかかとを上げた。』と書いてあることは成就するのです。

19 わたしは, そのことが起こる前に, 今あなたがたに話しておきます。そのことが起こったときに, わたしがその人であることをあなたがたが信じるためです。

20 まことに, まことに, あなたがたに告げます。わたしの遣わす者を受け入れる者は, わたしを受け入れるのです。わたしを受け入れる者は, わたしを遣わした方を受け入れるのです。」

21 예수께서 이 말씀을 하시고 나서, 마음이 괴로우셔서, 환히 드러내어 말씀하셨다. "내가 진정으로 진정으로 너희에게 말한다. 너희 가운데 한 사람이 나를 팔아넘길 것이다."

22 제자들은 예수께서, 누구를 두고 하시는 말씀인지 몰라서, 서로 바라다보았다.

23 제자들 가운데 한 사람, 곧 예수께서 사랑하시는 제자가 바로 예수의 품에 기대어 앉아 있었다.

24 시몬 베드로가 그에게 고갯짓을 하여, 누구를 두고 하시는 말씀인지 여쭈어보라고 하였다.

25 그 제자가 예수의 가슴에 바싹 기대어 "주님, 그가 누구입니까?" 하고 물었다.

21 After he had said this, Jesus was troubled in spirit and testified, "I tell you the truth, one of you is going to betray me."

22 His disciples stared at one another, at a loss to know which of them he meant.

23 One of them, the disciple whom Jesus loved, was reclining next to him.

24 Simon Peter motioned to this disciple and said, "Ask him which one he means."

25 Leaning back against Jesus, he asked him, "Lord, who is it?"

21 イエスは，これらのことを話されたとき，靈の激動を感じ，あかしして言われた。「まことに，まことに，あなたがたに告げます。あなたがたのうちのひとりが，わたしを裏切ります。」

22 弟子たちは，だれのことを言われたのか，わからずに當惑して，互いに顔を見合わせていた。

23 弟子のひとりで，イエスが愛しておられた者が，イエスの右側で席に着いていた。

24 そこで，シモン・ペテロが彼に合圖をして言った。「だれのことを言っておられるのか，知らせなさい。」

25 その弟子は，イエスの右側で席についたまま，イエスに言った。「主よ。それはだれですか。」

26 예수께서 대답하셨다. "내가 이 빵조각을 적셔서 주는 사람이 바로 그 사람이다." 그리고 그 빵조각을 적셔서 시몬 가룟의 아들 유다에게 주셨다.

27 그가 빵조각을 받자, 사탄이 그에게 들어갔다. 그 때에 예수께서 유다에게 말씀하셨다. "네가 할 일을 어서 하여라."

28 그러나 거기 앉아 있는 사람들 가운데서 아무도, 예수께서 그에게 무슨 뜻으로 그런 말씀을 하셨는지를 알지 못하였다.

29 어떤 이들은, 유다가 돈자루를 맡고 있으므로, 예수께서 그에게 명절에 그 일행이 쓸 물건을 사라고 하셨거나, 또는 가난한 사람들에게 무엇을 주라고 말씀하신 것으로 생각하였다.

30 유다는 그 빵조각을 받고 나서, 곧 나갔다. 때는 밤이었다.

26 Jesus answered, "It is the one to whom I will give this piece of bread when I have dipped it in the dish." Then, dipping the piece of bread, he gave it to Judas Iscariot, son of Simon.

Vox populi, vox Dei.

27 As soon as Judas took the bread, Satan entered into him. "What you are about to do, do quickly," Jesus told him,

28 but no one at the meal understood why Jesus said this to him.

29 Since Judas had charge of the money, some thought Jesus was telling him to buy what was needed for the Feast, or to give something to the poor.

30 As soon as Judas had taken the bread, he went out. And it was night.

26 イエスは答えられた。「それはわたしがパン切れを浸して與える者です。」それからイエスは, パン切れを浸し, 取って, イスカリテ・シモンの子ユダにお與えになった。

27 彼がパン切れを受けると, そのとき, サタンが彼にはいった。そこで, イエスは彼に言われた。「あなたがしようとしていることを, 今すぐしなさい。」

28 席に着いている者で, イエスが何のためにユダにそう言われたのか知っている者は, だれもなかった。

29 ユダが金入れを持っていたので, イエスが彼に,「祭りのために入用の物を買え。」と言われ たのだとか, または, 貧しい人々に何か施しをするように言われたのだとか思った者も中にはいた。

30 ユダは, パン切れを受けるとすぐ, 外に出て行った。すでに夜であった。

31 유다가 나간 뒤에, 예수께서 말씀하셨다. "이제는 인자가 영광을 받았고, 하나님께서도 인자로 말미암아 영광을 받으셨다.

32 [하나님께서 인자로 말미암아 영광을 받으셨으면,] 하나님께서도 몸소 인자를 영광되게 하실 것이다. 이제 곧 그렇게 하실 것이다.

33 어린 자녀들아, 아직 잠시 동안은 내가 너희와 함께 있겠다. 그러나 너희가 나를 찾을 것이다. 내가 일찍이 유대 사람들에게 '내가 가는 곳에 너희는 올 수 없다' 하고 말한 것과 같이, 지금 나는 너희에게도 말하여 둔다.

34 이제 나는 너희에게 새 계명을 준다. 서로 사랑하여라. 내가 너희를 사랑한 것 같이, 너희도 서로 사랑하여라.

35 너희가 서로 사랑하면, 모든 사람이 그것으로써 너희가 내 제자인 줄을 알게 될 것이다."

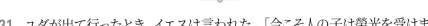

31 When he was gone, Jesus said, "Now is the Son of Man glorified and God is glorified in him.

32 If God is glorified in him, God will glorify the Son in himself, and will glorify him at once.

33 "My children, I will be with you only a little longer. You will look for me, and just as I told the Jews, so I tell you now: Where I am going, you cannot come.

34 "A new command I give you: Love one another. As I have loved you, so you must love one another.

35 By this all men will know that you are my disciples, if you love one another."

31 ユダが出て行ったとき, イエスは言われた。「今こそ人の子は榮光を受けました。また, 神は人の子によって榮光をお受けになりました。

32 神が, 人の子によって榮光をお受けになったのであれば, 神も, ご自身によって人の子に榮光をお與えになります。しかも, ただちにお與えになります。

33 子どもたちよ。わたしはいましばらくの間, あなたがたといっしょにいます。あなたがたはわたしを搜すでしょう。そして, 『わたしが行く所へは, あなたがたは來ることができない。』とわたしがユダヤ人たちに言ったように, 今はあなたがたにも言うのです。

34 あなたがたに新しい戒めを與えましょう。あなたがたは互いに愛し合いなさい。わたしがあなたがたを愛したように, そのように, あなたがたも互いに愛し合いなさい。

35 もしあなたがたの互いの間に愛があるなら, それによって, あなたがたがわたしの弟子であることを, すべての人が認めるのです。」

36 시몬 베드로가 예수께 물었다. "주님, 어디로 가십니까?" 예수께서 대답하셨다. "내가 가는 곳에 네가 지금은 따라올 수 없으나, 나중에는 따라올 수 있을 것이다."

37 베드로가 예수께 말하였다. "주님, 왜 지금은 내가 따라갈 수 없습니까? 나는 주님을 위하여서는 내 목숨이라도 바치겠습니다."

38 예수께서 대답하셨다. "네가 나를 위하여 네 목숨이라도 바치겠다는 말이냐? 내가 진정으로 진정으로 너에게 말한다. 닭이 울기 전에, 너는 세 번 나를 모른다고 할 것이다."

36 Simon Peter asked him, "Lord, where are you going?" Jesus replied, "Where I am going, you cannot follow now, but you will follow later."

37 Peter asked, "Lord, why can't I follow you now? I will lay down my life for you."

38 Then Jesus answered, "Will you really lay down your life for me? I tell you the truth, before the rooster crows, you will disown me three times!"

36 シモン・ペテロがイエスに言った。「主よ。どこにおいでになるのですか。」イエスは答えられた。「わたしが行く所に, あなたは今はついて來ることができません。しかし後にはついて 來ます。」

37 ペテロはイエスに言った。「主よ。なぜ今はあなたについて行くことができないのですか。あなたのためにはいのちも捨てます。」

38 イエスは答えられた。「わたしのためにはいのちも捨てる, と言うのですか。まことに, まことに, あなたに告げます。鶏が鳴くまでに, あなたは三度わたしを知らないと言います。」

개요

요한복음 13장은 신약성경 중 요한의 복음서의 열세 번째 장을 의미한다. 예수의 십자가형 전날 밤의 기록이며, 예수가 제자들에 대한 사랑으로 발을 씻기고, 서로 사랑하라는 새 계명을 내려주는 내용이다.

때가 되다

13장은 요한복음의 후반부 또는 종결부가 시작되는 장인데, 이 후반부는 신약성경의 지성소이자 가장 성스러운 부분이라는 평가를 받는다. D.A. 카슨은 1절

세족식

자료: blog.daum.net

Vox populi, vox Dei.

유월절

자료: ko.wikipedia.org

을 두고 고별사farewell discourse의 서두부라고 말한다. 유월절 전이 되자 예수는 때가 된 것을 알게 되는데, 이때는 요한이 7장 30절에서 서술한 때이며 12장 30절에서 예수가 직접 예언한 때이다. 이 배경이 되는 유월절 전에 대해 하인리히 마이어는 이 날이 정확히 언제인지 알 수 없다고 말한다. 그러나 벵겔은 이 날이 유월절 전 날인 수요일이라고 말하고, 존 웨슬리도 그 뒤를 이어 동일하게 해석한다. 개역개정판과 새번역 성경에서는 '유월절 전'으로, 공동번역성서에서는 하루 전이라고 해석한다. 저녁을 먹을 때에 악마가 이미 유다 이스카리옷의 마음에 예수를 팔아넘길 마음을 불어넣었다.

제자들의 발을 씻기다

예수는 이어 겉옷을 벗고, 수건을 허리에 두른 뒤, 대야에 물을 떠서 제자들의 발을 씻기고, 허리의 수건으로 물기를 닦아준다. 이토록 과정이 구체적으로 기록된 것에 대해 이 장면 하나하나가 요한에게 큰 감동을 주어 깊은 인상을 남겼다는 해석이 있다. 5절에서 예수는 제자들의 발을 씻기기 시작하는데, 베드로는 처음엔 이를 거절한다. 그러나 씻기지 않으면 아무런 상관이 없게 된다는 예수의 말을 듣고, 손과 머리도 닦아달라고 청하게 된다. 이때 베드로의 말이 세 번 등장하는 가운데 두 번 예수를 주κυριε라고 부른다. 이에 대해 예수는 13절에 그 호칭이 옳다고 이야기한다. 세족은 12절에서 끝나는데, 이때 유다의 발까지 함께 씻긴 것으로 본다. 카슨은 이를 두고 영을 닦아주는 상징적 의미이자 자기를 낮추는 겸손의 실천이라고 해석한다.

세족식

세족식洗足式, maundy은 예수가 유월절 예식 전에 제자들의 발을 씻기신 장면에서 유래된 의식이다. 유월절니산월🐟1 1월 14일 저녁 전에 예수가 발을 씻겨주시는 예식을 진행했다. "너희예수님을 믿는 그리스도교인들도 행하게 하려 하여 본을 보였노라"요한복음 13:15 하시며, 그리스도교인들이 진행해야 할 예식임을 알려 주셨다.

유다의 배반을 예고하다

예수는 시편을 인용하며 "나와 함께 빵을 먹는 자가 나를 배반하였다"는 말씀이 이루어질 것이라고 말한다. 이는 아히도벨이 다윗을 배신한 것에 대한 기록인데, 예수는 이후 유다가 아히도벨처럼 자살할 것까지 함께 예언한 것이다. 프랑시스 몰로니Francis Moloney는 이 인용이 베드로의 부인까지 포함하는 것으로 해석한다.

이후 19절에서 예수는 이를 말하는 것이 때가 닥쳤을 때 제자들로 하여금 자기가 정말 누구였는지 알게 하기 위한 것이라고 말한다. 이는 20장 30절에 등장하

🐟1 니산월은 히브리력의 1월에 해당하는 명칭이다. 현재 그레고리력으로는 3~4월에 해당한다. 니산(Nisan)은 아카드어에서 유래한 말로 '움직이다', '출발하다'라는 의미를 가지고 있다. 니산월은 성경에 등장하는 월력 중 하나이기도 하다(느헤미야 2:1, 에스더 3:7). 히브리력의 1월은 바빌론 유수 이전에는 아빕월이라는 명칭으로 통용되었다.

Vox populi, vox Dei.

자료: leonheart15.tistory.com

는 요한복음의 집필 동기와도 일치한다. 제자들은 누가 배신할 것인지 알지 못해 예수에게 질문하고, 예수는 이에 대한 상징을 보여준다.

이어서 예수가 사랑한 제자가 등장하는데, 예수가 제자들을 얼마나 사랑하는 지 앞에서 강조하고 뒤에서 새 계명을 내려주는 것과 연계되어 이 등장 장면은 천 재적인 서술이라는 평가를 받는다. 액자 구조상에서 사랑받는 제자는 중앙무대 에 오름으로써 예수가 그를 얼마나 사랑했는지가 복음서 내에서 더욱 부각된다.

예수는 자기가 빵을 적셔줄 사람이 바로 그 사람이라고 이야기하는데, 이 적시 다는 표현은 신약성경에서 단 한번만 사용되는 단어이다. 이 단어는 양고기나 무 교병에 사용될 수 있는데, 유월절 기간 중에 집주인이 손님들에게 음식을 적셔주 는 것은 매우 일반적인 풍습이므로 요한은 다른 공관복음서 저자들과 함께 이날 이 유월절 만찬이었음을 드러내고 있는 것이다. 그러나 집주인이 음식을 찍어서 건네주는 것은 유월절이 아니더라도 고대 근동에서는 특별히 아끼는 손님이 왔 을 경우에도 행해지는 일이다. 만일 그렇다면 예수는 유다를 얼마나 사랑하는지 표현한 것이 된다.

빵을 건네주며 예수는 유다에게 할 일을 하라고 하는데, 이때 요한복음은 복 음서들 중 유일하게 유다가 돈주머니를 담당하고 있었다고 전한다. 유다는 빵을 받고, 곧이어 자발적으로 나간다. 밤이 되어 유월절이 시작되자 예수는 곧 새 계 명을 내려준다.

🏠 베드로의 부인을 예고하다

유다는 예수가 그 아버지에게로 돌아가기 위한 일련의 과정을 개시한다. 유다가 곧 나가자, 예수는 하나님과 인자도 곧 영광받을 것이라고 말한다. 이때 영광받는다는 것에 대해 맥라렌은 다음의 세 개를 모두 말하는 것으로 해석했다.

- 인자가 십자가에서 영광받는 것
- 하나님이 인자로 영광받는 것
- 인자가 하나님으로 영광받는 것

예수는 곧이어 33절에서 제자들을 어린아이라고 부르는데, 이 단어는 성경 전체를 통틀어서 요한복음에서 한 번, 요한의 첫째 편지에서 7번 사용된다. 많은 신학자들이 이 표현의 부드러움에 대해 이야기한다. 해롤드 불스는 이를 두고 제자들의 미성숙함과 나약함을 표현한 것이라고 말한다. 이어 예수는 자기가 떠나야 하며, 제자들은 그 곳으로 올 수 없다고 말한다. 베드로는 37절에서, 필립보와 토마스는 다음 장에서 예수에게 어디로 가느냐고 묻는다. 베드로는 예수가 죽으

베드로는 예수를 세 번 부인한다.

자료: m.blog.naver.com

Vox populi, vox Dei.

려는 것을 짐작하고 "목숨이라도 바치겠나이다"라고 말한다. 그러나 예수는 닭이 울기 전에 자기를 베드로가 세 번 부인할 것이라고 이야기한다.

베드로의 부인에 대한 예고는 다른 복음서에서도 등장하는데, 루가의 복음서에서는 요한복음과 마찬가지로 마지막 만찬 자리에서 예고한 것으로 서술된다. 그러나 마태오의 복음서 26장 31~35절과 마르코의 복음서 11장 27~31절에서는 이 예고가 겟세마니에서 이루어졌다고 말한다.

유다는 누구인가

1) 개요

유다 이스카리옷 또는 가리옷 사람 유다, 가룟 유다는 신약성서에 따르면, 예수 그리스도의 열두 사도 가운데 한 사람이었으나, 나중에 예수를 배반하여 기독교에서는 최대의 죄인이자 악마의 하수인, 배신자의 대명사로 불린다. '이스가

최후의 만찬을 그리기 위한 유다의
초상 밑그림
레오나르도 다빈치

자료: m.blog.naver.com

리옷'이란 말에는 남부 유대의 지명인 '가리옷 사람' 외에 '암살자', '가짜', '위선자', '거짓말쟁이', '단검' 등의 의미를 가지고 있다.

2) 생애

• 요한복음서의 설명

요한 복음서에 따르면 유다 이스카리옷은 시몬 이스카리옷의 아들이며, 예수 그리스도에게 선택받은 열두 사도 중의 한 사람이다. 유다 이스카리옷은 셈이 빨라서 사도단의 회계를 맡으면서 공금을 횡령하기도 하였다. 요한 복음서에 따르면 베다니아의 마리아의 집에서 그녀가 값비싼 향유를 예수의 발에 붓는 헌신을 하자, 유다는 "이 향유를 어찌하여 비싸게 팔아 가난한 이들에게 나누어 주지 않았는가"라고 투덜거렸는데 저자는 유다가 도둑이라서 그런 것이라고 평가한다. 진짜 가난한 사람들을 생각해서 가난한 사람 운운한 게 아니라, "저 향유를 팔아서, 그 돈의 일부를 횡령할 수 있었다면 얼마나 좋을까"하는 도둑의 생각을 숨기기 위한 위선적인 말에 불과하다는 것이다.

이에 예수가 "왜 이 여자를 괴롭히느냐? 이 여자는 나에게 좋은 일을 하였다. 사실 가난한 이들은 늘 너희들 곁에 있지만, 나는 늘 너희들 곁에 있지는 않을 것

한 여인이 손에서 값비싼 향유 한 옥합을 깨뜨려 예수의 머리에 부었다. 한순간에 그 장소에 귀한 향으로 가득차게 되었다. 이 여인이 드렸던 순전한 나드는 인도에서 수입된 매우 값비싼 향유였다. 그 향유의 가치가 3백 데나리온이라고 말하는데, 3백 데나리온은 일반 노동자의 1년 품삯에 해당되는 돈이다. 우리 돈으로 환산하면, 2~3천만 원 되는 가치의 돈이었다. 예수는 그녀의 행동과 헌신을 기쁘게 받으셨다.

자료: ugepc.com

Vox populi, vox Dei.

이다"라며 사도들을 꾸짖고 충고하였다. 그런데 그는 오히려 분격하여 당시 유대교의 대사제대제사장들에게 가서 "제가 예수를 여러분에게 넘겨주면 여러분은 제게 무엇을 주실 수 있습니까?"하고 예수를 그들에게 팔아넘길 것을 제의했다. 제사장들은 이에 동의하여 당시 노예가 황소에 받혀 죽었을 때 보상금으로 주인에게 지불하던 금액인 은 30개를 지불했다. 이때부터 유다는 예수를 넘길 기회만을 엿보고 있었다.

• 유다의 후안무치

　무교절 첫날이자 성 목요일인 날 벌어진 최후의 만찬에서 예수는 자신의 죽을 때가 다가오는 것을 깨닫고 사도들이 한창 식사를 하던 도중에 "내가 진실로 너희들에게 말하노니, 너희들 가운데 한 사람이 나를 팔아넘길 것이다"하고 조용히 말하였다. 이에 사도들이 모두 근심하며 저마다 자기가 아니라고 부정하였다. 그 자가 누구인지 가르쳐달라는 사도들의 성화에 못 이겨 예수는 "나와 함께 접시에 손을 넣어 빵을 적시는 자, 그 자가 나를 팔아넘길 것이다"라고 말했다. 그리고 빵 한 조각을 적신 다음 그것을 들어 유다에게 가져다 주었다. 유다가 그 빵을 받자마자 사탄이 그의 마음속에 들어갔다.

　유다는 예수가 자신의 악한 마음을 드러낸 이후에도 "스승님, 저는 아니겠지요?"라고 반문했다. 예수는 "네가 그렇게 말하였다"하고 대답했다. 그러고 나서 "네가 하려는 일을 어서 하여라"고 유다에게 말하였다. 다른 사도들은 예수가 그에게 왜 그런 말을 했는지 이해하지 못했다. 어떤 이들은 유다가 돈주머니를 가지고 있었으므로, 예수가 그에게 축제에 필요한 것을 사라고 했거나, 가난한 사람들에게 관심이 많았던 예수의 행적을 생각하며 가난한 이들에게 무엇을 주라고 말한 것이려니 생각하였다. 유다는 빵을 받고 바로 밖으로 나가서 대제사장들에게 달려갔다.

최후의 만찬, 왼쪽에서 네 번째 돈주머니를 들고 있는 사람이 가롯 유다이다.　　자료: penews.co.kr

· 배신

최후의 만찬이 끝나자 예수는 나머지 11명의 사도들과 같이 겟세마네 동산으로 가서 열심히 기도하였다. 기도가 다 끝났을 때 마침 유다가 군인들을 이끌고 왔다. 밤이 깊어서 어두웠기 때문에 누가 예수인지 분간할 수가 없었다. 그래서 누가 예수인지 알리는 신호로서 유다는 예수에게 다가가 입맞춤을 하였다. 이리하여 예수는 체포되었다.

· 죽음

다음날 예수가 단죄받아 산헤드린 공회에서 십자가형을 선고받았는데, 산헤드린 공회에서는 사형을 집행할 권한이 없어서 폰티우스 필라투스 총독에게 예수를 데려가자 유다는 양심의 가책을 느껴 자신이 한 행동을 뒤늦게 후회하면서 대제사장들과 장로들에게 가서 은 30개를 던지면서 "내가 죄 없는 사람을 팔아넘

유다의 후회

겨 죽게 만든 죄를 범하였다"라고 말했다. 그의 후회에 대해 대제사장들은 "그게 우리들과 무슨 상관이냐? 그것은 네 일이다"라고 말하였다. 복음사가 마태오에 따르면, 가리옷 유다는 그 은을 성전 안에다 내던지고 나와서 목을 매달아 자살하였고, 대사제들은 이를 주위다가 꺼림칙하여 의논한 후 나그네들을 위한 묘지용 토지를 샀다. 그 후 그밭을 아겔다마 즉, 피밭이라 불러졌다.

그러나 마태복음과 사도행전에서 또는 초대교회 시대 저작들에서 전혀 다른 설명을 하고 있다. 카리옷 사람 유다는 자신이 한 행동을 뒤늦게 뉘우치면서 대제사장들과 장로들에게 가서 은 30개를 던지면서 "내가 무죄한 피를 팔고 죄를 범하였습니다."라고 말했다. 그의 뉘우침에 대해 대제사장들은 "그것이 우리들과 무슨 상관이냐? 그것은 네 문제이다"라고 말하였다. 카리옷 유다는 그 은 30을 성전 안에다가 던지고 나와서 목을 매달아 자살하였다, 라고 마태복음에서 말한다. 이와 반대로 사도행전은 카리옷 유다가 예수를 판 돈으로 밭을 샀으나, 그러나 그는 죄의 값으로 땅에 거꾸러져서 배가 갈라져 내장이 온통 터져 나왔다라고 말하고 있다. 마태복음 27장 1-10절과 사도행전 1장 18절에 나오는 유다의 죽음에 대한 두 가지 다른 설명의 불일치는 성경의 무오성 개념을 지지하는 자들에게 심각한 위기였다. 하지만 다양한 시도가 있었다. 일반적으로 그들은 히포의 감독 아우구스티누스와 같은 문자적 해석을 따랐다. 이는 단순히 유다가 밭에서 목을 매고 밧줄이 끊어지고 넘어져 그의 몸이 터져버린 사건의 서로 다른 양상을 설명할 뿐이라고 말한다. 또는 사도행전과 마태복음의 기록이 참조하는 것이라 말하기도 한다.

3) 가롯 유다에 대한 교회의 해석

• 복음서 저자들의 해석

유다의 악행과 비참한 죽음은 초대교회 설교자들과 복음서 저자들에 의하여 수없이 인용되곤 하였고, 유다의 죽음이 보다 무섭게 보이도록 하기 위해 소름이 끼치는 표현을 덧붙이기도 하였다. 성서학자들은 당시 기독교 공동체 내 일부 교우들의 배교행위를 경고하기 위해서 이스가리옷 유다에 대해서 복음사가들이 언급했다고 분석한다. 즉, 복음서 저자들은 독자들에게 배교자는 가리옷 사람 유다처럼 비참한 결말을 맞게 된다고 경고한 것이다.

마태복음 27:3-10에 나오는 '가롯 유다의 자살'

자료: bonhd.net

일부 진보적 신학자들은 복음서의 이야기들이 예수의 삶과 가르침을 직접 보고 들은대로 받아 쓴 것이 아니라, 주로 구전전승인 예수전승을 즉, 입으로 전해진 예수 이야기를 해석한 이야기라는 사실에 착안하였다. 그리하여 가리옷 사람 유다 이야기를 예수가 구약성서에서 내다본 그리스도라고 이해한 복음서 저자들의 그리스도론_{기독론}에 의해 창작된 이야기로 이해하기도 한다. 실제 성공회 신학자인 존 셸비 스퐁 주교_{Bishop John Shelby Spong}는 《비 종교인을 위한 예수》_{한국기독교연구소}에서 그러한 견해를 주장하였다.

· 유다복음

2006년 복원이 완성된 영지주의 문서인 유다복음에서는 이스가리옷 유다가 예수의 요구에 의해 배신하였으며, 희생과 부활로 인류를 구원하려는 예수의 계획에 충실했을 뿐이라는 내용을 담아 이스가리옷 유다를 긍정적으로 묘사하고 있어 논란을 불러일으키고 있다. 하지만, 복음서와 내용이 배치되고, 가리옷 유다의 배신행위를 하느님의 구속사를 이루기 위한 행동이라고 미화하기 때문에 설득력이 미약하다는 평가를 받고 있다.

· 마르틴 루터의 해석

마르틴 루터는 《탁상담화》에서 가룟 유다는 초기에 이단들의 주장을 논박했기 때문에 사도들 가운데 요긴한 사람이었다고 평가했다. 또 그가 자신의 직무를 수행한 것은 옳고 정당했으나, 도둑질을 함으로써 죄를 범했다며 유다의 인격과 직무를 구분해서 생각해야 한다고 주장했다. 또 루터는 주의 만찬상에 앉은 가룟 유다가 로마 가톨릭 교황의 직접적인 표상이라고 말하며 이렇게 비판했다.

"교황도 전대에 손을 댄 자요, 탐욕이 가득한 도둑이요, 배를 신으로 삼고 사는 자입니다. 입으로는 그리스도를 높이지만 실제로는 가룟 유다와 같은 자입니다."

가리옷의 유다는 스승을 배신한 뒤
스스로 목숨을 끊고 그의 이름 앞에
오욕의 성(姓) '가리옷'을 달았다.

자료: gjdream.com

4) 유다의 사죄

가룟 유다는 죄의식을 이기지 못하고 끝내 자살하고 말았다. 마귀는 인간으로
하여금 죄를 짓게 하고 그 후에는 죄의식으로 공격하는 것이다. 더 이상 속지 말
아야 한다. 죄는 숨기지 말고 다 고백해야 한다. 작은 죄도 고백해야 하고 남에게
도저히 알릴 수 없는 엄청난 죄도 하나님 앞에는 솔직히 고백해야 한다. 그 뒤에
는 어떤 죄도 용서하시는 하나님의 사죄의 은총을 믿어야 한다. 그리고 이제는
용서받은 자로서 죄를 이기는 신자의 거룩한 삶을 살아가야 한다.

요한복음
14장

天聲

1 "너희는 마음에 근심하지 말아라. 하나님을 믿고 또 나를 믿어라.

2 내 아버지의 집에는 있을 곳이 많다. 그렇지 않다면, 내가 너희가 있을 곳을 마련하러 간다고 너희에게 말했겠느냐? 나는 너희가 있을 곳을 마련하러 간다.

3 내가 가서 너희가 있을 곳을 마련하면, 다시 와서 너희를 나에게로 데려다가, 내가 있는 곳에 너희도 함께 있게 하겠다.

4 너희는 내가 어디로 가는지 그 길을 알고 있다."

5 도마가 예수께 말하였다. "주님, 우리는 주님께서 어디로 가시는지도 모르는데, 어떻게 그 길을 알겠습니까?"

1 "Do not let your hearts be troubled. Trust in God; trust also in me.

2 In my Father's house are many rooms; if it were not so, I would have told you. I am going there to prepare a place for you.

3 And if I go and prepare a place for you, I will come back and take you to be with me that you also may be where I am.

4 You know the way to the place where I am going."

5 Thomas said to him, "Lord, we don't know where you are going, so how can we know the way?"

1 あなたがたは心を騒がしてはなりません。神を信じ, またわたしを信じなさい。

2 わたしの父の家には, 住まいがたくさんあります。もしなかったら, あなたが

たに言っておいたでしょう。あなたがたのために, わたしは場所を備えに行くのです。

3 わたしが行って, あなたがたに場所を備えたら, また來て, あなたがたをわたしのもとに迎えます。わたしのいる所に, あなたがたをもおらせるためです。

4 わたしの行く道はあなたがたも知っています。」

5 トマスはイエスに言った。「主よ。どこへいらっしゃるのか, 私たちにはわかりません。どうして, その道が私たちにわかりましょう。」

6 예수께서 그에게 말씀하셨다. "나는 길이요, 진리요, 생명이다. 나를 거치지 않고서는, 아무도 아버지께로 갈 사람이 없다.

7 너희가 나를 알았더라면 내 아버지도 알았을 것이다. 이제 너희는 내 아버지를 알고 있으며, 그분을 이미 보았다."

8 빌립이 예수께 말하였다. "주님, 우리에게 아버지를 보여 주십시오. 그러면 좋겠습니다."

9 예수께서 대답하셨다. "빌립아, 내가 이렇게 오랫동안 너희와 함께 지냈는데도, 너는 나를 알지 못하느냐? 나를 본 사람은 아버지를 보았다. 그런데 네가 어찌하여 '우리에게 아버지를 보여 주십시오' 하고 말하느냐?

10 내가 아버지 안에 있고 아버지께서 내 안에 계시다는 것을, 네가 믿지 않느냐? 내가 너희에게 하는 말은 내 마음대로 하는 것이 아니다. 아버지께서 내 안에 계시면서 자기의 일을 하신다.

6 Jesus answered, "I am the way and the truth and the life. No one comes to the Father except through me.

7 If you really knew me, you would know my Father as well. From now on, you do know him and have seen him."

8 Philip said, "Lord, show us the Father and that will be enough for us."

9 Jesus answered: "Don't you know me, Philip, even after I have been

among you such a long time? Anyone who has seen me has seen the Father. How can you say, 'Show us the Father'?

10 Don't you believe that I am in the Father, and that the Father is in me? The words I say to you are not just my own. Rather, it is the Father, living in me, who is doing his work.

6   イエスは彼に言われた。「わたしが道であり, 眞理であり, いのちなのです。わたしを通してでなければ, だれひとり父のみもとに來ることはありません。

7   あなたがたは, もしわたしを知っていたなら, 父をも知っていたはずです。しかし, 今や, あなたがたは父を知っており, また, すでに父を見たのです。」

8   ピリポはイエスに言った。「主よ。私たちに父を見せてください。うすれば滿足します。」

9   イエスは彼に言われた。「ピリポ。こんなに長い間あなたがたといっしょにいるのに, あなたはわたしを知らなかったのですか。わたしを見た者は, 父を見たのです。どうしてあなたは,『私たちに父を見せてください。』と言うのですか。

10 わたしが父におり, 父がわたしにおられることを, あなたは信じないのですか。わたしがあなたがたに言うことばは, わたしが自分から話しているのではありません。わたしのうちにおられる父が, ご自分のわざをしておられるのです。

11 내가 아버지 안에 있고, 아버지께서 내 안에 계시다는 것을 믿어라. 믿지 못하겠거든 내가 하는 그 일들을 보아서라도 믿어라.

12 내가 진정으로 진정으로 너희에게 말한다. 나를 믿는 사람은 내가 하는 일을 그도 할 것이요, 그보다 더 큰 일도 할 것이다. 그것은 내가 아버지께로 가기 때문이다.

13 너희가 내 이름으로 구하는 것은, 내가 무엇이든지 다 이루어 주겠다. 이것은 아들로 말미암아 아버지께서 영광을 받으시게 하려는 것이다.

14 너희가 무엇이든지 내 이름으로 구하면, 내가 다 이루어 주겠다."

15 "너희가 나를 사랑하면, 내 계명을 지킬 것이다.

11 Believe me when I say that I am in the Father and the Father is in me; or at least believe on the evidence of the miracles themselves.

12 I tell you the truth, anyone who has faith in me will do what I have been doing. He will do even greater things than these, because I am going to the Father.

13 And I will do whatever you ask in my name, so that the Son may bring glory to the Father.

14 You may ask me for anything in my name, and I will do it.

15 "If you love me, you will obey what I command.

11 わたしが父におり, 父がわたしにおられるとわたしが言うのを信じなさい。さもなければ, わざによって信じなさい。

12 まことに, まことに, あなたがたに告げます。わたしを信じる者は, わたしの行なうわざを行ない, またそれよりもさらに大きなわざを行ないます。わたしが父のもとに行くからです。

13 またわたしは, あなたがたがわたしの名によって求めることは何でも, それをしましょう。父が子によって榮光をお受けになるためです。

14 あなたがたが, わたしの名によって何かをわたしに求めるなら, わたしはそれをしましょう。

15 もしあなたがたがわたしを愛するなら, あなたがたはわたしの戒めを守るはずです。

16 내가 아버지께 구하겠다. 그리하면 아버지께서 다른 보혜사를 너희에게 보내서서, 영원히 너희와 함께 계시게 하실 것이다.

17 그는 진리의 영이시다. 세상은 그를 보지도 못하고 알지도 못하므로, 그를 맞아들일 수가 없다. 그러나 너희는 그를 안다. 그것은, 그가 너희와 함께 계시고, 또 너희 안에 계실 것이기 때문이다.

18 나는 너희를 고아처럼 버려 두지 아니하고, 너희에게 다시 오겠다.

19 조금 있으면, 세상이 나를 보지 못할 것이다. 그러나 너희는 나를 보게 될 것이다. 그것은 내가 살아 있고, 너희도 살아 있을 것이기 때문이다.

20 그 날에 너희는, 내가 내 아버지 안에 있고, 너희가 내 안에 있으며, 또 내가 너희 안에 있음을 알게 될 것이다.

16 And I will ask the Father, and he will give you another Counselor to be with you forever—

17 the Spirit of truth. The world cannot accept him, because it neither sees him nor knows him. But you know him, for he lives with you and will be in you.

18 I will not leave you as orphans; I will come to you.

19 Before long, the world will not see me anymore, but you will see me. Because I live, you also will live.

20 On that day you will realize that I am in my Father, and you are in me, and I am in you.

16 わたしは父にお願いします。そうすれば, 父はもうひとりの助け主をあなたがたにお與えになります。その助け主がいつまでもあなたがたと, ともにおられるためにです。

17 その方は, 眞理の御靈です。世はその方を受け入れることができません。世はその方を見もせず, 知りもしないからです。しかし, あなたがたはその方を知っています。その方はあなたがたとともに住み, あなたがたのうちにおられるからです。

18 わたしは, あなたがたを捨てて孤兒にはしません。わたしは, あなたがたの ところに戻って來るのです。

19 いましばらくで世はもうわたしを見なくなります。しかし, あなたがたはわたし を見ます。わたしが生きるので, あなたがたも生きるからです。

20 その日には, わたしが父におり, あなたがたがわたしにおり, わたしがあなた がたにおることが, あなたがたにわかります。

21 내 계명을 받아서 지키는 사람은 나를 사랑하는 사람이요, 나를 사랑하는 사람은 내 아버지의 사랑을 받을 것이다. 그리고 나도 그 사람을 사랑하여, 그에게 나를 드러낼 것이다.”

22 가룟 유다가 아닌 다른 유다가 물었다. “주님, 주님께서 우리에게는 자신을 드러내 시고, 세상에는 드러내려고 하지 않으시는 것은 무슨 까닭입니까?”

23 예수께서 그에게 대답하셨다. “누구든지 나를 사랑하는 사람은 내 말을 지킬 것이 다. 그리하면 내 아버지께서 그 사람을 사랑하실 것이요, 내 아버지와 나는 그 사 람에게로 가서 그 사람과 함께 살 것이다.

24 나를 사랑하지 않는 사람은 내 말을 지키지 아니한다. 너희가 듣고 있는 이 말은, 내 말이 아니라, 나를 보내신 아버지의 말씀이다.”

25 “내가 너희와 함께 있는 동안에, 나는 이 말을 너희에게 말하였다.

21 Whoever has my commands and obeys them, he is the one who loves me. He who loves me will be loved by my Father, and I too will love him and show myself to him."

22 Then Judas (not Judas Iscariot) said, "But, Lord, why do you intend to show yourself to us and not to the world?"

23 Jesus replied, "f anyone loves me, he will obey my teaching. My Father will love him, and we will come to him and make our home with him.

24 He who does not love me will not obey my teaching. These words you hear are not my own; they belong to the Father who sent me."

25 "All this I have spoken while still with you.

---

21 わたしの戒めを保ち，それを守る人は，わたしを愛する人です。わたしを愛する人はわたしの父に愛され，わたしもその人を愛し，わたし自身を彼に現わします。」

22 イスカリオテでないユダがイエスに言った。「主よ。あなたは，私たちにはご自分を現わそうとしながら，世には現わそうとなさらないのは，どういうわけですか。」

23 イエスは彼に答えられた。「だれでもわたしを愛する人は，わたしのことばを守ります。そうすれば，わたしの父はその人を愛し，わたしたちはその人のところに來て，その人とともに住みます。

24 わたしを愛さない人は，わたしのことばを守りません。あなたがたが聞いていることばは，わたしのものではなく，わたしを遣わした父のことばなのです。

25 このことをわたしは，あなたがたといっしょにいる間に，あなたがたに話しました。

26 그러나 보혜사, 곧 아버지께서 내 이름으로 보내실 성령께서, 너희에게 모든 것을 가르쳐 주실 것이며, 또 내가 너희에게 말한 모든 것을 생각나게 하실 것이다.

27 나는 평화를 너희에게 남겨 준다. 나는 내 평화를 너희에게 준다. 내가 너희에게 주는 평화는 세상이 주는 것과 같지 않다. 너희는 마음에 근심하지 말고, 두려워하지도 말아라.

28 너희는 내가 갔다가 너희에게로 다시 온다고 한 내 말을 들었다. 너희가 나를 사랑한다면, 내가 아버지께로 가는 것을 기뻐했을 것이다. 내 아버지는 나보다 크신 분이기 때문이다.

29 지금 나는 그 일이 일어나기 전에 미리 너희에게 말하였다. 이것은 그 일이 일어날 때에 너희로 하여금 믿게 하려는 것이다.

30 나는 너희와 더 이상 말을 많이 하지 않겠다. 이 세상의 통치자가 가까이 오고 있기 때문이다. 그는 나를 어떻게 할 아무런 권한이 없다.

26 But the Counselor, the Holy Spirit, whom the Father will send in my name, will teach you all things and will remind you of everything I have said to you.

27 Peace I leave with you; my peace I give you. I do not give to you as the world gives. Do not let your hearts be troubled and do not be afraid.

28 "You heard me say, 'I am going away and I am coming back to you.' If you loved me, you would be glad that I am going to the Father, for the Father is greater than I.

29 I have told you now before it happens, so that when it does happen you will believe.

30 I will not speak with you much longer, for the prince of this world is coming. He has no hold on me,

26 しかし, 助け主, すなわち, 父がわたしの名によってお遣わしになる聖靈は, あなたがたにすべてのことを教え, また, わたしがあなたがたに話したすべてのことを思い起こさせてくださいます。

27 わたしは, あなたがたに平安を殘します。わたしは, あなたがたにわたしの平安を與えます。わたしがあなたがたに與えるのは, 世が與えるのとは違います。あなたがたは心を騒がしてはなりません。恐れてはなりません。

28 『わたしは去って行き, また, あなたがたのところに來る。』とわたしが言ったのを, あなたがたは聞きました。あなたがたは, もしわたしを愛しているなら, わたしが父のもとに行くことを喜ぶはずです。父はわたしよりも偉大な方だからです。

29 そして今わたしは, そのことの起こる前にあなたがたに話しました。それが起こったときに, あなたがたが信じるためです。

30 わたしは, もう, あなたがたに多くは話すまい。この世を支配する者が來るからです。彼はわたしに對して何もすることはできません。

31 다만 내가 아버지를 사랑한다는 것과, 아버지께서 내게 분부하신 그대로 내가 행한다는 것을, 세상에 알리려는 것이다. 일어나거라. 여기에서 떠나자.”

31 but the world must learn that I love the Father and that I do exactly what my Father has commanded me. "Come now; let us leave.

31 しかしそのことは, わたしが父を愛しており, 父の命じられたとおりに行なっていることを世が知るためです。立ちなさい。さあ, ここから行くのです。

예수 그리스도의 십자가 형

자료: sarang.com

Vox populi, vox Dei.

개요

요한복음 14장은 신약성경 중 요한의 복음서의 열네 번째 장을 의미한다. 예수의 십자가형과 성령에 대한 예언이 이어진다. 예수는 토마, 필립보, 그리고 유다 타대오의 물음에 답한다.

떠났다 오리라

예수는 13장에서 시작한 이야기를 이어간다. 요한복음 13장에 그대로 이어지는 내용인데도 장이 구분된 것에 대해 아쉬움을 표하는 신학자들도 있다. 예수는 "너희는 두려워하지 말라"고 하는데, 벵겔은 여기서 "너희"가 아니라 단수인 "너"가 맞다고 이야기한다. 1절의 후반부는 개역개정판에서는 "하나님을 믿으니 나를 믿으라"고 적고, 새번역성경과 공동번역성서에서는 "하나님을 믿고 나를 믿으라"고 적힌다. 아우구스티누스와 벵겔은 모두 공동번역성서와 마찬가지로 명령문이 맞다고 주장했다. 다만 불가타역은 이를 명령문이 아닌 개역개정판처럼 해석했다. 이처럼 "믿으니"로 해석한 사람은 에라스무스, 마르틴 루터, 세바스찬 카스텔리오Sebastian Castellio, 테오도르 드 베즈, 장 칼뱅, 휴고 그로티우스 등이 있다.

예수는 떠나서 제자들이 있을 곳을 마련하겠다고 한다. 거처 등으로 해석될 수 있는 'μοναί'의 사용에 대해 많은 논의가 이루어졌다. 라스타파리 운동은 여기서 차용해 라스파타리의 집이라는 개념을 만들었고, 아우구스티누스와 토마스 아퀴나스는 2절의 "거할 곳이 많다"는 것에 그 종류가 다양하여 이후 천국에서 받을 상급이 서로 다르다고 해석했는데, 특히 아퀴나스는 요한의 묵시록 21장 2절의 내용도 이와 같은 맥락으로 읽었다.

3절에서 거처를 예비하면 다시 오겠다고 하는데, 이때 다시 오겠다는 구절은 원래 현재 시제로 쓰여져 있어 다시 온다고 해석해야 한다. 너희를 데려다가 나와 같이 있겠다고 한 부분은 다양하게 해석될 수 있는데, 부활, 죽음, 또는 교회 내에서 영적으로 계시는 것, 마지막날에 재림하시는 것 등으로 해석된다. 찰스 엘리콧은 이를 두고 영적으로 제자들 가운데 계시는 것으로 해석하는 것이 가장 바람직하다고 말했다.

🏠 길과 진리와 생명

예수에게 세 명의 제자들이 각각 질문을 던진다. 사도 토마는 "주님이 어디로 가시는지도 모르는데 어떻게 그 길을 알겠나이까?"라고 묻는다. 이는 제자들이 물리적으로 예루살렘을 정복하고 이스라엘 왕국을 회복시키는 메시아를 믿고 있었던 까닭이다. 이어 예수는 "나는 길이요 진리요 생명"이라고 대답하는데, 이때 길이라는 표현은 이후 사도행전 9장과 19장에서 초대 교회를 나타내는 표현으로도 사용되었다. 이어 너희가 나를 알았으니 아버지도 알게 될 것이라고 말하는데, 이때 예수를 안다에 사용된 단어는 관찰하여 알았다는 의미이고, 하나님을 안다에 사용된 단어는 비추인 모습으로 안다는 뜻이다.

요한복음 1장 46절에서 나타나엘로 소개된 필립보는 아버지를 보여달라고 부탁하는데, 아직도 예수가 보여주지 않은 표징이 있다고 믿었던 것이다. 예수는 첫 번째 제자들 중 한 명인 필립보에게 자신이 너희와 그토록 오래 있었음에도 모르느냐고 묻는다. 11절부터 예수는 복수형 동사를 사용하며 믿으라고 말한다. 필립보가 아닌 나머지 제자들에게 이야기하는 것이다. 예수는 이전에 요한복음 5장과 요한복음 10장 등에서 표징을 신성의 증거로 삼았는데, 12절에서는

예수 그리스도의 열두 사도 가운데
한 사람, 필립보

자료: ko.wikipedia.org

자기를 믿으면 더 큰 일도 할 수 있을 것이라고 말한다. 루터교 신학자인 해롤드 불스는 더 큰 일이라 한 것은 이방인에게 복음이 전파된 것을 의미한다고 해석했다.

기도

이후 예수는 내 이름으로 구하는 것은 무엇이든지 주겠다고 말한다. 비잔티움 제국의 수도승인 에우티모스 지가베노스Euthymios Zigabenos는 이 약속이 견진성사堅振聖事에서 되풀이된다고 해석한다. 불스는 "그러면 아들로 말미암아 아버지께서 영광 받으시리라"고 하였으므로 하나님의 영광을 위해, 예수의 이름으로 구하는 것들을 이루어주겠다는 의미라고 말했다.

예수의 평화

예수는 성령을 보혜사로 보내리라고 이야기한다. 예수는 장의 마지막에서 자기

올리브산에 오르는 예수   자료 : brunch.co.kr

가 떠났다 다시 올 것임을 재차 말한다. 그리고 아버지의 계획을 따르고 실천해
야 하기 때문에 제자들과 대화를 나눌 시간이 정말로 얼마 남지 않았다고 말한
다. 예수는 만찬을 나눈 다락방cenacle을 떠날 준비를 한다. 이후 18장의 내용과도
이어지는데 이러한 까닭에 15장부터 17장까지의 내용을 두고 방을 아직 나가기
전에 나눈 대화라거나, 올리브산에 오르는 도중에 나눈 담화로 해석하는 사람들
도 있다.

요한복음 14장[1]

너희는 마음에 근심하지 말라 - 예수의 별세에 대한 말씀13:33을 들은 제자
들은 근심하였다. 그러므로 그는 여기서 그들에게 "근심하지 말라"고 하신다. 그
의 이와 같은 권면은, 이 아래 여러 가지 이유를 가진다.

[1] 예수사랑, 2004. 8. 24.

하나님을 믿고 또 나를 믿어라 - 이 말씀의 뜻은, "하나님을 믿으라, 또 나를 믿으라"는 것이다. 이것은 그들이 하나님을 믿어야 하고 또 예수 자신을 그만큼 믿으라는 뜻이다. 이것은 예수를 하나님과 동등으로 여기고 믿으라는 뜻이다. 요한복음에는 예수를 하나님과 동등으로 보며 일체로 본다 5:24, 10:30, 14:9, 12:44. 여기서 예수가 제자들에게 예수 자신을 믿으라고 하심은, 그가 일찌기 그들에 주신 내세훈來世訓 12:26, 13:36을 믿으라는 뜻이다. 다음 절 하반에 일찌기 주셨던 그의 내세훈이 다시 관설된다. 거기 있는 해석을 참조하여라. 1절

🐟 너희는 내가 어디로 가는지 그 길을 알고 있다 - 예수가 일찌기 자기를 하나님께로 가는 "길"이라는 의미로 많이 말씀하셨다. 다음 귀절은 그 곳을 명백히 가리켜 말하면서, 예수 자신이 "그 길"이라고 하였다. 예수 자신이 "그 길"인고로 그들은 편하게 그 길을 갈 수 있다. 그러나 길 되시는 주님 자신은, 그 길이 되시기 위하여 십자가를 지시는 큰 고생을 당하셨다. 4절

🐟 도마가 예수께 말하였다. "주님, 우리는 주님께서 어디로 가시는지도 모르는데, 어떻게 그 길을 알겠습니까?" - 요한복음에는 특별히 도마가 충성스러우면서도 둔한 제자로 나타났다. 도마는 아직도 예수의 말씀이 천당을 가리키신 줄 몰랐던 것이다. 그만큼 그는 지각이 둔한 인물이다. 그러나 그의 질문 때문에 진리가 밝혀지곤 하였다Barrett. 5절

🐟 예수께서 그에게 말씀하셨다. "나는 길이요, 진리요, 생명이다. 나를 거치지 않고서는, 아무도 아버지께로 갈 사람이 없다 - 여기 "길", "진리", "생명"이란 말이, 헬라 원문에는 모두다 "그"라는 관사를 가지고 있어서, "그 길", "그 진리", "그 생명"을 의미한다. "그 길"은 유일한 길이요행 4:12, "그 진리"도 유일한 진리요, "그 생명"도 유일한 생명 근원을 가리킨다. 이 점에 있어서 우리가 주목할 것은 예수가 어디까지나 그 시대의 다른 종교 사상과 타협하시지 않은 사실이다. 그 당시에는 영혼이 자기 힘으로 하늘에 간다는 영지파노시스의 사상과 기타 사상이 유

내가 곧 길이요 진리요 생명이니

자료: blog.daum.net

행했었다. 그러나 그런 것들과 타협하는 혼합주의Syncretism는, 예수 그리스도에게 용납될 수 없었다. 그는 그 자신이 독일무이獨逸無二하신 "그 길"이요, "그 진리"요, "그 생명"이라고 그는 메시아적인 자아 주장을 세우신다. 선지자들은 진리와 생명에 대하여 길을 가리키는 역할을 하였다. 그러나 예수 그리스도는 "그 길" 자체요, 더욱이 그 길의 목적인 "그 진리", "그 생명" 자체이시기도 하다. 그는 사람들로 하여금 하나님께 이르도록 하시는 중보자이시지만, 그 자신이 하나님 자신이시기도 하다. 이 사실은 그가 절대적인 구주이심을 성립시킨다. "나를 거치지 않고서는, 아무도 아버지께로 갈 사람이 없다." 천당 가는 길을 알려는 도마의 질문에 대하여, 예수는 천당 가는 길보다 아버지께로 가는 길을 가리켜 주신다. 그 이유는 무엇인가? 그것은 천당이 하나님 중심한 곳이기 때문이다. 인간은 하나님 외에 별도로 천당을 생각하려는 이원론적二元論的 사상으로 흐른다. 그것은 잘못된 사상이다. 하나님을 떠난 독립적인 선善이나 진리나 행복이란 있을 수 없다. 6절

🐟 너희가 나를 알았더라면 내 아버지도 알았을 것이다. 이제 너희는 내 아버지를 알고 있으며, 그분을 이미 보았다." - 그리스도를 아는 자는 아버지 하나님을 알게 된다. 그 이유는 그리스도는 아버지와 일체이시기 때문이다. 그의 제자들은 그 때까지 그런 영적 지식에 부족하였었다. 그러나 "이제"는 그들이 그런 지

예수 그리스도의 부활 – 무엇을
의미하는가

자료: jwang7689.tistory.com

식을 가지게 된다는 것이다. "이제"란 말은 이제 멀지 않아 곧 실현될 일, 곧 그가
죽으셨다가 부활 승천하심과 성령의 강림하심부터 시작될 완전한 계시啓示의 시
기를 가리킨다. 그들이 예수에 대하여 이와 같은 완전한 지식, 곧 영적 지식을 가
지게 됨에 대하여 사도 요한은 그것을 가장 확신 있는 지식으로 여겼다. 그것이
그렇게 확실하다는 의미에서 우리 본문에 "보았다"는 현재 완료 동사가 사용되었
다. 사도 요한의 글에는 이 방면 기록이 적지 않다. 7절

🐟 예수께서 대답하셨다. "빌립아, 내가 이렇게 오랫동안 너희와 함께 지냈는
데도, 너는 나를 알지 못하느냐? 나를 본 사람은 아버지를 보았다. 그런데 네가
어찌하여 '우리에게 아버지를 보여 주십시오' 하고 말하느냐?" - 벵겔Bengel은 이
귀절에 대하여 말하기를 "우리가 영혼 자체를 볼 수 없으나, 그것이 몸을 도구로
하여 행하는 바를 보아서 알 수 있다. 그와 같이, 그리스도를 보는 자는 동시에
하나님 아버지를 보게 된다. 우리는, 하나님에 관한 일체의 생각에 있어서 그리스
도를 거울로 삼을 것이다. 그리스도는 보이지 않는 하나님의 형상이시다"라고 하
였다 Gnomon 2, Edinburgh, p. 433. 9절

🐟 내가 아버지 안에 있고 아버지께서 내 안에 계시다는 것을, 네가 믿지 않느
냐? 내가 너희에게 하는 말은 내 마음대로 하는 것이 아니다. 아버지께서 내 안

에 계시면서 자기의 일을 하신다 - 여기 이른 바, "안에 있고"란 말은 성부와 성자의 본질상 연합을 가리킨다. 그러나 여기서 그 두 분의 도덕적 연합행위로써 연합도 의미하였으니, 고데이Godet의 말한 바와 같다. 그는 다음과 같이 말한다. 곧, "여기 '나는 아버지 안에'란 말은 예수가 아버지를 향하여 자기를 겸허謙虛 시킴이고, '아버지께서 내 안에'란 말은 아버지께서 예수의 겸허에 모든 능력과 지혜를 전달하심이다"라고 하는 의미이다Commentary on the Gospel of John, Zondervan, p. 274. 10절

🐟 내가 진정으로 진정으로 너희에게 말한다. 나를 믿는 사람은 내가 하는 일을 그도 할 것이요, 그보다 더 큰 일도 할 것이다. 그것은 내가 아버지께로 가기 때문이다 - 이 말씀은 사도들을 상대로 하신 말씀이다. 이 말씀이 일반 신자들을 염두에 두신 것이 아닐 것이라고 생각되는 이유는, (1) 이 부분14-17장 말씀이 사도들의 사명에 대한 주님의 임종유언臨終遺言과 같은 까닭이며, (2) 이 부분 교훈의 마감이라고 할 수 있는 17장의 기도에, 주님께서 사도들을 위하여 기도하시면서 후대의 신자들을 사도들에게서 구분하신 까닭이다. "나를 믿는 사람은 내가 하는 일을 그도 할 것이요." 곧, 사도들이 그리스도께서 주신 권능에 의하여 이적을

예수의 승천, 1520년, 벤베누토
티시 작품

자료: ko.wikipedia.org

행하며, 기타 위대한 일들을 하되 예수 자신이 행하신 것과 같은 정도의 것도 할 수 있다는 말씀이다. "그보다 더 큰 일" 이것은, 그리스도께서 승천하시므로 성령이 오셔서 이루실 만국 전도와 구령救靈 사업을 가리킨다. 예수가 땅 위에서 행하신 일들은 미래의 이 큰 일들을 위한 준비였다. "그보다 더 큰 일"은 외부적인 육신 상대의 이적이 아니고 그리스도께서 죽었다가 다시 사시므로 완성된 구원을 성령에 의하여 하나님의 백성에게 실시함이다. 외부적 이적은 비유로 말씀하신 계시啓示라고 할 수 있고, 성령으로 말미암은 구원 실시는 계시라고 할 수 있다. 성령이 오셔서 사도들을 통하여 만국에 복음을 전하시는 것은 저렇게 큰 일이다.

12절

너희가 나를 사랑하면, 내 계명을 지킬 것이다 - 여기서 예수는 사도들에게 그의 계명을 지키라고 하신다. 신자가 그의 계명을 지킴이 곧, 그를 사랑함이다. 그런데 문제되는 것은 이 말씀이 앞절과 관계를 가지는가 혹은 독립적인 말씀인가? 또 혹은 이것이 16절 이하에 나오는 보혜사 약속과 관련된 말씀인가? 이 점에 있어서 우리는 몇몇 학자들의 의견을 생각해 보고자 한다. (1) 크로샤이데 Grosheide는 이 귀절의 말씀이 독립적인 언사라고 한다. 그러나 우리 보기에는 그런 것 같지 않다. (2) 렌스키Lenski와 핸드릭슨Hendriksen은 이 귀절 말씀이 위에 있는 많은 말씀과 관련되었다고 생각한다. 곧, 그들은 여기 "사랑"이란 것을 믿음11절끝과 같은 것으로 생각하고, "계명"이란 것을 기도하라는 부탁과 같이 생각하여 윗말과 연결시켰다. (3) 버나드Bernnard는 이 말씀을 16절 이하의 보혜사 약속과 관련시킨다. 곧, 그는 생각하기를, 신자가 계명을 지켜야 하는데, 그것은 16절 이하에 약속된 성령의 은혜로만 성립된다는 것이다. (4) 다른 학자들은 역시 이 귀절을 16절 이하와 연락시키면서도 위의 버나드Bernnard와 달리 취급한다. 이들은 이 귀절과 아래 말씀을 연결시켜서 다음과 같은 뜻을 찾는다. 곧, 신자들이 계명을 지켜야 보혜사가 오신다는 것이다. 물론 여기서 계명이란 것은 신자들끼리 서로 사랑하는 것과 또한 합심하여 기도하라는 말씀을 의미하였을 것이다. 신약 교회를 창립하는 오순절 성령 운동은 물론 구원사救援史에 속하는 것으로서 하나님의 약속 성취이다. 이 약속 성취는 인간의 주관적 조건에 매인 것은 아니다. 그러나 주님께서는 이 약속 성취를 내다보시면서 사도들과 그 때 신자들의 주관적 준비를 명하시기는 하셨다. 예컨대, 그들에게 예루살렘에 유하며 약속하신 것을 기다리라는 말씀이다. 그들의 기다리는 일은 바로 기도에 전력함이었다. (5) 우리는 이 문제에 있어서 다음과 같이 생각한다. "계명을 지키라"는 주님의 말씀은, 14절에 나온 기도하라는 부탁과 관계를 가진다고 생각한다. 다시 말하면, 기도 응답을 받으려면 주님의 계명을 지켜야 한다는 것이다. 그러나 그렇다고 해서 이 귀절의 말씀이 그 아래 나오는 말씀 곧, 성령이 오시리라는 약속과 관계 없다는 것은 아니다. 이렇게 그들이 주님의 계명을 지키며 기도하는 결과로 성령님이 오시게 되는 것도 사실이다. "계명을 지키리라" "지킨다"는 말은, 보배를 지키며 보관함에 대해 쓰는 말이다. 이것은 계명을 중심에서부터 사랑하여 지킴이다. 계명 지킴과 기도 응답은 서로 분리될 수 없다. 예수의 이름으로 드리는 기도가 응답한다는 것은 마술적 의미에서 그렇게 된다는 것이 아니다. 그것은 종교 윤리적 내용을 가진 것이다. 그것은 그 기도자가 주님을 사랑하여 계명을 지키는 사실이 있

하나님께서 십계명과 율법을 반포하신 중요성과 심오한 뜻을 알고 있습니까?   자료: godalmightypraiseyou.home.blog

Vox populi, vox Dei.

어야 그의 기도가 응답한다는 것이다. 불건전한 신비주의는 계명과 율법을 무시하는 경향에 있다. 15절

🐟 내가 아버지께 구하겠다. 그리하면 아버지께서 다른 보혜사를 너희에게 보내셔서, 영원히 너희와 함께 계시게 하실 것이다 - 여기 이른바 "구하겠다"는 말의 헬라 원어는 상대방을 향하여 동등 처지를 취하고 구하는 태도와 가히 틀림없는 것을 가리키는 말이다. "보혜사"란 말은 "대언자"를 의미한다. 예수를 "대언자"라고 하였으니, 성령을 가리켜 "다른 대언자"라고 함이 적당하다. 그뿐 아니라, "보혜사"란 말을 위로자란 의미도 가진다. 그가 우리를 위로하신다는 것은 성도로 하여금 그리스도를 모시고 있음과 마찬가지의 힘과 평안과 기쁨과 능력을 가지고 이 세상을 통과할 수 있도록 하실 그의 역사를 가리킨다. 여기 약속된 보혜사의 오심은 오순절 임하실 성령을 가리킨다. 그가 "영원토록 너희와 함께 하시리라"고 하셨으니, 오순절의 성령 강림은 단 한 번 있을 것이지만 그 역사가 영구적일 것이 기대된다. 16절

🐟 그 날에 너희는, 내가 내 아버지 안에 있고, 너희가 내 안에 있으며, 또 내가 너희 안에 있음을 알게 될 것이다. - 이 말씀은 신자와 그리스도의 연합한 관계를 가리킨다. 신자와 그리스도와 연합에는 여러 가지 방면이 있으니, (1) 신자가 선택 관계로 그리스도와 연합함. (2) 신자가 구원사상救援史上의 그리스도 행적에

오순절 성령강림 사건

자료: nanum.fgtv.com

서 그와 연합함. 곧 그의 죽으심, 그의 부활, 그의 승천의 복된 사실에 있어서 그리스도와 연합한다. (3) 신자가 중생重生과 성화聖化에 있어서 그리스도와 연합함. (4) 신자가 그의 행위와 생활에 있어서도 그리스도와 연합함. (5) 신자가 죽음에 있어서도 그리스도와 연합함. (6) 신자가 부활할 때에도 그리스도 안에서 부활한다. 이렇게 이 연합은 영원하며, 죽음도 그것을 파괴시키지 못한다. 20절

🐟 내 계명을 받아서 지키는 사람은 나를 사랑하는 사람이요, 나를 사랑하는 사람은 내 아버지의 사랑을 받을 것이다. 그리고 나도 그 사람을 사랑하여, 그에게 나를 드러낼 것이다." - "내 계명"은 예수가 이미 말씀하신 "새 계명"을 가리키는데, 신자들이 서로 사랑할 계명이다. 형제를 사랑한다 함은 무엇으로 성립되는가? 그것은 그리스도의 복음이 내포한 신약 윤리예수의 계명에 순종하는 생활이다. 이 모든 윤리는 사랑을 목적한 것이다. 우리가 명심할 것은, 신약 윤리가 모세의 십계명을 위반하는 것이 아니고 도리어 그 완성이라는 사실이다. 사도 바울도 이런 사고 방식으로 관설하였다. 그런데, 기독자가 계명을 실행함에 있어서 구약 시대 성도보다 더욱 사랑의 동기를 가지고 관철하게 된다. 그 이유는 신약 시대의 성도는 그리스도의 속죄를 그 성취 형태에서 누리기 때문이다. 그리스도께서 나를 위하여 죽어 주신 그 큰 사랑을 받은 것이 언제나 그의 윤리 생활의 동기를 이룬다. 요한1서 4:19에 말하기를, "우리가 사랑함은 그가 먼저 우리를 사랑하셨음이라"고 하였다. 그리스도의 계명은 신자들로 하여금 무슨 일을 행할 때든지 사랑의 동기로 행하여 모든 의義를 이루라는 것이다. 그들이 사랑의 동기를 가짐에 있어서 구약 성도들보다 명확하고 철저하고 일관성을 가지게 되어야 한다. "나도 그 사람을 사랑하여, 그에게 나를 드러낼 것이다." 이 말씀은 그리스도께서 성령으로 말미암아 우리에게 나타나실 것을 가리킨다. 그 나타나심은 우리의 육신에 나타나심보다 더욱 근거 깊이 우리의 심령에 나타나심이다. 21절

🐟 가룟 유다가 아닌 다른 유다가 물었다. "주님, 주님께서 우리에게는 자신을 드러내시고, 세상에는 드러내려고 하지 않으시는 것은 무슨 까닭입니까?" - 여기

Vox populi, vox Dei.

십계명 판을 든 모세

자료: seniormaeil.com

"유다"는 야고보의 아들 유다이다. 그가 물어본 말은 세상 영광을 생각한 것이다. 곧, 예수가 자기를 제자들에게 나타내시리라고 하신 말씀을 유다는 이름낸다 명성을 떨친다는 뜻으로 오해하였다. 그러므로 그는 묻기를 "주님께서 우리에게는 자신을 드러내시고, 세상에는 드러내려고 하지 않으시는 것은 무슨 까닭입니까?" 라고 하였다. 22절

🐟 나를 사랑하지 않는 사람은 내 말을 지키지 아니한다. 너희가 듣고 있는 이 말은, 내 말이 아니라, 나를 보내신 아버지의 말씀이다." - 이 귀절은 사람이 예수의 말씀을 순종하지 아니함이 얼마나 중대한 잘못임을 지적한다. 그것은 하나님 아버지의 말씀을 거역하는 죄악이다. 그 이유는 그의 말씀이 바로 하나님의 말씀이기 때문이다. 24절

🐟 너희에게 모든 것을 가르쳐 주실 것이며, 또 내가 너희에게 말한 모든 것을 생각나게 하실 것이다 - 여기 "너희"란 말은 사도들만 가리킨다. 그 이유는 그들이 예수에게서 직접 들은 말씀을 기억하도록 하여 주시겠다고 하기 때문이다. 예

수의 말씀을 직접 들은 자들은 사도들이다. 성령의 일은 예수의 교훈을 되살려 해설하시는 것이다. 그러므로 그것은 예수의 전날 교훈을 사도들의 기억에 되살려 깨닫게 하시는 운동이다. 26절

나는 평화를 너희에게 남겨 준다. 나는 내 평화를 너희에게 준다. 내가 너희에게 주는 평화는 세상이 주는 것과 같지 않다. 너희는 마음에 근심하지 말고, 두려워하지도 말아라 - 이 말씀이 윗절까지 계속되던 성령론과 어떤 관련을 가지는가? 우리는 이 점에 있어서 이 귀절이 위의 모든 말씀의 결론이라는 것을 생각하게 된다. 그 이유는 다음과 같다. 곧, 26절에 말한대로 성령님의 하시는 일은 사도들로 하여금 그리스도 사건"너희에게 말한 모든 것"을 깨닫게 하신다고 하였고, 그 뒤에 이 귀절은 평안의 선물을 말한다. 우리가 성령으로 말미암아 그리스도 사건을 깨닫고 믿을 때에 비로소 참다운 평안을 누린다. 어떤 학설에 평안에 대한 그리스도의 이 말씀은 단순한 작별 인사라고 하나, 이 말씀을 그렇게 보는 것은 잘못이다. 그 이유는 이 귀절에서 말한 대로 그 평안은 그리스도께서 선물로 주신다고 하였고, 또한 그것은 세상이 주는 것과 같지 않다고 하였기 때문이다. 그뿐만 아

그리스도가 곧 진리, 길, 생명이심을 알아가다

자료: godalmightypraiseyou.home.blog

_363

다만 내가 아버지를 사랑한다는
것과, 아버지께서 내게 분부하신
그대로 내가 행한다는 것을, 세상에
알리려는 것이다.

니라 이 평안은 그리스도께서 승천하시므로 신자들에게 이루어지는 것이며, 또한 그 평안이 그들의 영원한 기업이 된다. 예수의 평안은 그가 하나님과 평화롭게 지내시는 관계를 말함이다. 그는 구속 사업의 완성으로 신자들에게도 그런 평안을 주신다. 그가 주시는 평안이 세상의 그것과 다른 특성은 그 가장 위험한 때에도 심령이 평안할 수 있는 것이다Barrett. 27절

🐟 지금 나는 그 일이 일어나기 전에 미리 너희에게 말하였다. 이것은 그 일이 일어날 때에 너희로 하여금 믿게 하려는 것이다. 나는 너희와 더 이상 말을 많이 하지 않겠다. 이 세상의 통치자가 가까이 오고 있기 때문이다. 그는 나를 어떻게 할 아무런 권한이 없다. 다만 내가 아버지를 사랑한다는 것과, 아버지께서 내게 분부하신 그대로 내가 행한다는 것을, 세상에 알리려는 것이다. 일어나거라. 여기에서 떠나자." - 이 부분 말씀은 14장의 결론이라고 할 수 있다. 주님께서는 이 결론에서 두 가지를 말씀하셨다. 곧 (1) 그가 이 부분에 미리 말씀하신것은 그 일이 성취될 때에 제자들로 하여금 믿게 하기 위함이라는 것29절과 (2) 사단의 무리

사탄이 가장 미워하는 것 – 하나님의
계명

자료: m.blog.naver.com

가 와서 예수님을 고난의 자리로 잡아간다는 것이다30-31. 그러나 저는 내게 관계할 것이 없으니 – 곧 사단은 예수를 정죄할 아무런 근거도 가지지 못하였다는 것이다. 그 이유는 그리스도께서는 이 세상에 속하지 않으시고 하늘에 속하셨으며, 또한 그에게는 전연 죄가 없으시기 때문이다. "다만 내가 아버지를 사랑한다는 것과, 아버지께서 내게 분부하신 그대로 내가 행한다는 것을, 세상에 알리려는 것이다" – 예수가 사단으로 말미암아 해를 받으시게 되는 목적이 이러하니 곧, 그가 하나님을 사랑하시며 순종하시는 마음으로 고난 받으신다는 것을 드러내시려는 것이다. 다시 말하면, 그의 수난은 사단의 뜻을 이루어 주려는 것이 아니고, 하나님의 계명죽으라는 것과 부활하는 것을 감심으로 이루시는 것뿐이라는 것이다. 29-31절

요한복음
15장

天聲

1 "나는 참 포도나무요, 내 아버지는 농부이시다.

2 내게 붙어 있으면서도 열매를 맺지 못하는 가지는, 아버지께서 다 잘라버리시고, 열매를 맺는 가지는 더 많은 열매를 맺게 하시려고 손질하신다.

3 너희는, 내가 너희에게 말한 그 말로 말미암아 이미 깨끗하게 되었다.

4 내 안에 머물러 있어라. 그리하면 나도 너희 안에 머물러 있겠다. 가지가 포도나무에 붙어 있지 아니하면 스스로 열매를 맺을 수 없는 것과 같이, 너희도 내 안에 머물러 있지 아니 하면 열매를 맺을 수 없다.

5 나는 포도나무요, 너희는 가지이다. 사람이 내 안에 머물러 있고, 내가 그 안에 머물러 있으면, 그는 많은 열매를 맺는다. 너희는 나를 떠나서는 아무것도 할 수 없다.

1 "I am the true vine, and my Father is the gardener.

2 He cuts off every branch in me that bears no fruit, while every branch that does bear fruit he prunes so that it will be even more fruitful.

3 You are already clean because of the word I have spoken to you.

4 Remain in me, and I will remain in you. No branch can bear fruit by itself; it must remain in the vine. Neither can you bear fruit unless you remain in me.

5 "I am the vine; you are the branches. If a man remains in me and I in him, he will bear much fruit; apart from me you can do nothing.

1 わたしはまことのぶどうの木であり, わたしの父は農夫です。

2 わたしの枝で實を結ばないものはみな, 父がそれを取り除き, 實を結ぶものはみな, もっと多く實を結ぶために, 刈り込みをなさいます。

3 あなたがたは, わたしがあなたがたに話したことばによって, もうきよいのです。

4 わたしにとどまりなさい。わたしも, あなたがたの中にとどまります。枝がぶどうの木についていなければ, 枝だけでは實を結ぶことができません。同様にあなたがたも, わたしにとどまっていなければ, 實を結ぶことはできません。

5 わたしはぶどうの木で, あなたがたは枝です。人がわたしにとどまり, わたしもその人の中にとどまっているなら, そういう人は多くの實を結びます。わたしを離れては, あなたがたは何もすることができないからです。

6 사람이 내 안에 머물러 있지 아니하면, 그는 쓸모없는 가지처럼 버림을 받아서 말라 버린다. 사람들이 그것을 모아다가, 불에 던져서 태워 버린다.

7 너희가 내 안에 머물러 있고, 내 말이 너희 안에 머물러 있으면, 너희가 무엇을 구하든지다 그대로 이루어질 것이다.

8 너희가 열매를 많이 맺어서 내 제자가 되면, 이것으로 내 아버지께서 영광을 받으실 것이다.

9 아버지께서 나를 사랑하신 것과 같이, 나도 너희를 사랑하였다. 너희는 내 사랑 안에 머물러 있어라.

10 너희가 내 계명을 지키면, 내 사랑 안에 머물러 있을 것이다. 그것은 마치 내가 내 아버지의 계명을 지켜서, 그 사랑 안에 머물러 있는 것과 같다.

6 If anyone does not remain in me, he is like a branch that is thrown away and withers; such branches are picked up, thrown into the fire and burned.

7 If you remain in me and my words remain in you, ask whatever you

wish, and it will be given you.

8 This is to my Father's glory, that you bear much fruit, showing yourselves to be my disciples.

9 "As the Father has loved me, so have I loved you. Now remain in my love.

10 If you obey my commands, you will remain in my love, just as I have obeyed my Father's commands and remain in his love.

6 だれでも, もしわたしにとどまっていなければ, 枝のように投げ捨てられて, 枯れます。人々はそれを寄せ集めて火に投げ込むので, それは燃えてしまいます。

7 あなたがたがわたしにとどまり, わたしのことばがあなたがたにとどまるなら, 何でもあなたがたのほしいものを求めなさい。そうすれば, あなたがたのためにそれがかなえられます。

8 あなたがたが多くの實を結び, わたしの弟子となることによって, わたしの父は榮光をお受けになるのです。

9 父がわたしを愛されたように, わたしもあなたがたを愛しました。わたしの愛の中にとどまりなさい。

10 もし, あなたがたがわたしの戒めを守るなら, あなたがたはわたしの愛にとどまるのです。それは, わたしがわたしの父の戒めを守って, わたしの父の愛の中にとどまっているのと同じです。

11 내가 너희에게 이러한 말을 한 것은, 내 기쁨이 너희 안에 있게 하고, 또 너희의 기쁨이 넘치게 하려는 것이다.

12 내 계명은 이것이다. 내가 너희를 사랑한 것과 같이, 너희도 서로 사랑하여라.

13 사람이 자기 친구를 위하여 자기 목숨을 내놓는 것보다 더 큰 사랑은 없다.

14 내가 너희에게 명한 것을 너희가 행하면, 너희는 나의 친구이다.

15 이제부터는 내가 너희를 종이라고 부르지 않겠다. 종은 그의 주인이 무엇을 하는지를 알지 못한다. 나는 너희를 친구라고 불렀다. 내가 아버지에게서 들은 모든 것을 너희에게 알려 주었기 때문이다.

11 I have told you this so that my joy may be in you and that your joy may be complete.

12 My command is this: Love each other as I have loved you.

13 Greater love has no one than this, that he lay down his life for his friends.

14 You are my friends if you do what I command.

15 I no longer call you servants, because a servant does not know his master's business. Instead, I have called you friends, for everything that I learned from my Father I have made known to you.

11 わたしがこれらのことをあなたがたに話したのは, わたしの喜びがあなたがたのうちにあり, あなたがたの喜びが満たされるためです。

12 わたしがあなたがたを愛したように, あなたがたも互いに愛し合うこと, これがわたしの戒めです。

13 人がその友のためにいのちを捨てるという, これよりも大きな愛はだれも持っていません。

14 わたしがあなたがたに命じることをあなたがたが行なうなら, あなたがたはわたしの友です,

15 わたしはもはや, あなたがたをしもべとは呼びません。しもべは主人のすることを知らないからです。わたしはあなたがたを友と呼びました。なぜなら父から聞いたことをみな, あなたがたに知らせたからです。

16 너희가 나를 택한 것이 아니라, 내가 너희를 택하여 세운 것이다. 그것은 너희가 가서 열매를 맺어, 그 열매가 언제나 남아 있게 하려는 것이다. 그리하여 너희가 내 이름으로 아버지께 구하는 것은 무엇이든지 다 받게 하려는 것이다.

17 내가 너희에게 명하는 것은 이것이다. 너희는 서로 사랑하여라."

18 "세상이 너희를 미워하거든, 세상이 너희보다 먼저 나를 미워하였다는 것을 알아라.

19 너희가 세상에 속하여 있다면, 세상이 너희를 자기 것으로 여겨 사랑할 것이다. 그러나 너희는 세상에 속하지 않았고 오히려 내가 너희를 세상에서 가려 뽑아냈으므로, 세상이 너희를 미워하는 것이다.

20 내가 너희에게 종이 그의 주인보다 높지 않다고 한 말을 기억하여라. 사람들이 나를 박해했으면 너희도 박해할 것이요, 또 그들이 내 말을 지켰으면 너희의 말도 지킬 것이다.

16 You did not choose me, but I chose you and appointed you to go and bear fruit—fruit that will last. Then the Father will give you whatever you ask in my name.

17 This is my command: Love each other.

18 "If the world hates you, keep in mind that it hated me first.

19 If you belonged to the world, it would love you as its own. As it is, you do not belong to the world, but I have chosen you out of the world. That is why the world hates you.

20 Remember the words I spoke to you: 'No servant is greater than his master.' If they persecuted me, they will persecute you also. If they obeyed my teaching, they will obey yours also.

16 あなたがたがわたしを選んだのではありません。わたしがあなたがたを選び、あなたがたを任命したのです。それは、あなたがたが行って實を結び、そ

のあなたがたの實が殘るためであり，また，あなたがたがわたしの名によって父に求めるものは何でも，父があなたがたにお與えになるためです。

17 あなたがたが互いに愛し合うこと，これが，わたしのあなたがたに與える戒めです。

18 もし世があなたがたを憎むなら，世はあなたがたよりもわたしを先に憎んだことを知っておきなさい。

19 もしあなたがたがこの世のものであったなら，世は自分のものを愛したでしょう。しかし，あなたがたは世のものではなく，かえってわたしが世からあなたがたを選び出したのです。それで世はあなたがたを憎むのです。

20 しもべはその主人にまさるものではない，とわたしがあなたがたに言ったことばを覺えておきなさい。もし人々がわたしを迫害したなら，あなたがたをも迫害します。もし彼らがわたしのことばを守ったなら，あなたがたのことばをも守ります。

21 그들은 너희가 내 이름을 믿는다고 해서, 이런 모든 일을 너희에게 할 것이다. 그것은 그들이 나를 보내신 분을 알지 못하기 때문이다.

22 내가 와서 그들에게 말해 주지 아니하였더라면, 그들에게는 죄가 없었을 것이다. 그러나 이제는 그들이 자기 죄를 변명할 길이 없다.

23 나를 미워하는 사람은 내 아버지까지도 미워한다.

24 내가 다른 아무도 하지 못한 일을 그들 가운데서 하지 않았더라면, 그들에게 죄가 없었을 것이다. 그러나 이제는 그들이 내가 한 일을 보고 나서도, 나와 내 아버지를 미워하였다.

25 그래서 그들의 율법에 '그들은 까닭 없이 나를 미워하였다'고 기록한 말씀이 이루어진 것이다.

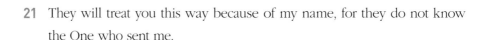

21 They will treat you this way because of my name, for they do not know the One who sent me.

22 If I had not come and spoken to them, they would not be guilty of sin. Now, however, they have no excuse for their sin.

23 He who hates me hates my Father as well.

24 If I had not done among them what no one else did, they would not be guilty of sin. But now they have seen these miracles, and yet they have hated both me and my Father.

25 But this is to fulfill what is written in their Law: 'They hated me without reason.'

21 しかし彼らは, わたしの名のゆえに, あなたがたに對してそれらのことをみな行ないます。それは彼らがわたしを遣わした方を知らないからです。

22 もしわたしが來て彼らに話さなかったら, 彼らに罪はなかったでしょう。しかし今では, その罪について弁解の余地はありません。

23 わたしを憎んでいる者は, わたしの父をも憎んでいるのです。

24 もしわたしが, ほかのだれも行なったことのないわざを, 彼らの間で行なわなかったのなら, 彼らには罪がなかったでしょう。しかし今, 彼らはわたしをも, わたしの父をも見て, そのうえで憎んだのです。

25 これは, 『彼らは理由なしにわたしを憎んだ。』と彼らの律法に書かれていることばが成就するためです。

26 내가 아버지께로부터 너희에게 보낼 보혜사 곧 아버지께로부터 오시는 진리의 영이 오시면, 그 영이 나를 위하여 증언하실 것이다.

27 너희도 처음부터 나와 함께 있었으므로, 나의 증인이 될 것이다."

26 "When the Counselor comes, whom I will send to you from the Father, the pirit of truth who goes out from the Father, he will testify about me.

27 And you also must testify, for you have been with me from the beginning.

26 わたしが父のもとから遣わす助け主, すなわち父から出る眞理の御靈が來るとき, その御靈 がわたしについてあかしします。

27 あなたがたもあかしするのです。初めからわたしといっしょにいたからです。

요한복음 15:5

나는 포도나무요 너희는 가지라
그가 내 안에, 내가 그 안에 거하면
사람이 열매를 많이 맺나니
나를 떠나서는 너희가
아무 것도 할 수 없음이라

요한복음 15:5

"I am the vine; you are the branches. If a man remains in me
and I in him, he will bear much fruit;
apart from me you can do nothing.
John 15:5 [NIV]

자료: cts.tv

 人語

개요

요한복음 15장은 기독교 성경의 신약 부분에 있는 요한복음의 열다섯 번째 장이다. 그것은 신약 학자들이 예수의 '작별 담론'이라고 불렀던 것의 일부이다. 그것은 역사적으로 기독교의 가르침과 그리스도론적 논쟁과 반성의 원천이었으며, 그 이미지특히 포도 나무와 같은 예수는 기독교 예술과 도상학에 영향을 미쳤다. 이 장은 신약성경에서 찾을 수 있는 가장 높고 가장 발전된 그리스도론 중 하나를 암시한다. 원문은 코인 그리스어[1]로 작성되었다. 이 장을 담은 책은 익명이지만, 초기 기독교 전통은 요한이 이 복음을 작곡했다는 것을 일관되게 확증했다.

장소

이 장과 13장부터 17장 전체에 기록된 사건들과 강연들은 예루살렘에서 일어났다. 정확한 위치는 명시되어 있지 않지만, 요한복음 18장 1절은 그 후에 "예수 제자들과 함께 떠나 기드론 계곡을 건넜다"고 말한다. 앞 장은 "이제 오라, 가자"

---

[1] 코인 그리스어, 알렉산드리아 방언, 일반적인 다락방, 헬레니즘 또는 성서 그리스어로도 알려져 있으며, 헬레니즘 시대, 로마 제국 및 초기 비잔틴 제국 기간 동안 그리스어로 말하고 쓰여진 그리스어의 일반적인 초라한 지역 형태였다. 그것은 기원 전 네 번째 세기에 알렉산더 대왕의 정복 이후 그리스의 확산에서 진화했으며, 다음 세기 동안 지중해 지역과 중동의 많은 지역의 언어 프랑카로 사용되었다. 그것은 주로 다락방과 관련 이오니아 언어 형태를 기반으로 했으며, 다양한 혼화제가 다른 품종과의 방언 레벨링을 통해 가져 왔다. Koine 그리스어는 보다 보수적인 문학 형식에서 당시의 구어체 토착어에 이르기까지 다양한 스타일을 포함했습니다. 비잔틴 제국의 지배적인 언어로서, 그것은 중세 그리스어로 더욱 발전하여 현대 그리스어로 바뀌었다.

Vox populi, vox Dei.

기드온 계곡

자료: cafe.daum.net

라는 말로 끝나기 때문에, 플럼머는 케임브리지 학교 및 대학을 위한 성경에서 예수와 그분의 제자들이 "식탁에서 일어나 떠날 준비를 하였으나, 다음 세 장15-17의 내용은 그들이 방을 떠나기 전에 말해진다"고 암시한다.

🏠 분석

이 장에서는 첫 번째 사람의 말하기 예수를 제시한다. 표면적으로는 제자들을 언급하지만, 대부분의 학자들은 이 장이 후대의 교회에 관한 사건들을 염두에 두고 쓰여졌다고 결론짓는다. 예수는 자신과 추종자들 사이의 관계를 설명하는 것으로 제시된다 - 그의 아버지와 자신의 관계에서 이 관계를 모델링하려고 노력한다. 이 장에서는 참 포도나무로서의 그리스도의 확장된 은유를 소개한다. 아버지는 포도 재배자 또는 농부입니다. 그의 제자들은 가지특히 포도나무 가지를 의미함라고 불리는데, 만일 그들이 '열매를 맺으려면' 그분 안에 '거'해야 한다. 제자들은 포도 재배자가 불모의 가지를 가지치기한다는 경고를 받는다. 열매를 맺는 모든가지들은 가지치기를 하여 불모의 가지가 아니라 더 많은 열매를 맺게 된다.

이 장은 예수와 제자들의 밀접한 관계를 자신과 아버지의 관계와 비교함으로써 진행된다. 제자들은 아버지와 아들의 사랑과 제자들에 대한 아들의 사랑을 상기시키고, 같은 방식으로 '서로 사랑하라'고 권고받는다. 13절은 '더 큰 사랑'이 친구들을 위해 자신의 삶을 기꺼이 '내려놓고' 하는 것이라고 말한다. 주로 예수의 임박한 죽음을 언급하는 이 본문은 이후 전쟁에서 순교자와 병사들의 희생을 확증하는 데 널리 사용되어 왔으며, 따라서 전쟁 기념관과 무덤에서 자주 볼 수 있다.

이 장은 제자들에게 박해를 기대하라고 경고하고 파라클레토paraclete 또는 성령의 은사를 약속함으로써 끝을 맺는다.

진정한 포도나무

진정한 포도나무 또는 참포도나무는 신약성경에서 예수가 제시한 비유이다. 요한복음 15장 1-17절에 나오는 이 구절은 예수의 제자들을 '참포도나무'로 묘사되는 자신의 가지로, 아버지 하나님은 '농부'로 묘사한다.

이스라엘 백성을 포도나무로 지칭하는 구약성경 구절들이 많이 있다.

이 상징주의를 사용하는 구약성경 구절들은 이스라엘을 하나님에 충실하고 가혹한 처벌의 대상으로 간주하는 것처럼 보인다. 에스겔 15:1-8은 특히 포도나무에서 나온 나무의 무가치함불순종하는 유다와 관련하여에 대해 이야기한다. 포도나무에서 자른 가지는 연료로 태우는 것 외에는 쓸모가 없다. 이것은 자신을 포도나무로 묘사한 예수보다 제자들에 대한 진술과 더 잘 어울리는 것처럼 보인다.

에스겔 17장 5-10절에는 느부갓네살[2]에 의해 유다에서 왕으로 세워진 다윗 집의 왕 스데기야를 가리키는 포도나무 형상이 담겨 있다. 스데기야는 애굽과 동맹을 맺고 느부갓네살과의 언약을 깨뜨렸고따라서 하나님과도 맺었음, 결국 그의 몰락을 초래하게 되었다17:20-21. 에스겔 17장 22-24절은 고상한 나무로 자라는 삼나무 뾔

2 느부갓네살(B.C. 605~562)은 갈대아왕으로서 새 바벨론 제국을 창건한 자이다. 바벨론의 나보포라 왕의 아들로 태어났는데 '느부갓네살'이란 이름은 '경계선을 보호한다'는 뜻이다

_377

요한복음 15장의 참포도나무의 비유는 구원에 관한 비유가 아니다 성도가 어떻게 하면 열매 맺는 삶을 살 수 있는지를 알려 주는 가장 원초적인 진리이다.

자료: blog.daum.net

족한 나무의 심기를 묘사하는데, 이는 메시아에 대한 비유적인 묘사이다. 그러나 메시아 자신이 에스겔 17장에서 포도나무가 아니라 삼나무로 묘사되었다는 것은 의미가 있다. 여기서 포도나무의 형상은 스데기야의 불순종에 적용된다.

본문

다음은 요한복음 15장 1-17절은 두아이-르하임스 성경에 나오는 이야기다.

나는 참포도나무이다. 나의 아버지는 농부이시다. 내 안에 있는 모든 가지, 열매를 맺지 아니하는 가지마다 그가 거두어 가지리니, 열매를 맺는 자마다 그것을 깨끗이 하여 더 많은 열매를 맺게 하리라. 이제 너희는 내가 너희에게 말한 말씀으로 말미암아 깨끗하다. 내 안에 거하라, 내가 너희 안에 거하라. 가지가 포도나무에 거하지 않는 한 그 자체의 열매를 맺을 수 없듯이, 너희가 내 안에 거하지 않는 한, 너희도 그렇게 할 수 없다. 나는 포도나무요 가지들이요 내 안에 거하는 자요 그 안에 거하는 자요 그 안에 있는 자도 같은 열매를 맺으니 나 없이는 아무것도 할 수 없느니라. 누구든지 내 안에 거하지 아니하면 그는 가지로 쫓겨나고 시들게 될 것이며, 그들이 그를 모아 불에 던지고 불에 태울 것이다. 만일 너희

Vox populi, vox Dei.

가 내 안에 거하고 내 말이 너희 안에 거하면, 너희는 무엇이든지 구하리니, 그것이 너희에게 행해질 것이다. 이것 안에서 나의 아버지께서 영화롭게 되신다. 너희가 아주 많은 열매를 맺고, 나의 제자가 되게 하려 함이니라. 아버지께서 나를 사랑하신 것처럼, 나도 너희를 사랑하였다. 내 사랑에 거하라. 만일 너희가 나의 계명을 지키면, 너희는 내 사랑 안에 거할 것이다. 나도 내 아버지의 계명을 지키고 그분의 사랑 안에 거하노라. 내가 너희에게 말한 이러한 것들은 나의 기쁨이 너희 안에 있게 하고, 너희의 기쁨이 채워지도록 하기 위함이다. 이것이 나의 계명이니, 내가 너희를 사랑한 것 같이 너희도 서로 사랑하라. 이보다 더 큰 사랑은 사람이 친구를 위해 목숨을 버리는 것을 싫어하지 않는다. 내가 너에게 명령하는 일을 네가 행한다면, 너는 나의 친구이다. 내가 이제 너희를 종이라고 부르지 아니하리니, 이는 종이 그의 주께서 하시는 일을 알지 못함이니라. 그러나 나는 너희를 친구라고 불렀으니, 내가 내 아버지에 대해 들은 모든 것이 무엇이든지 내가 너희에게 알려 주었기 때문이다. 당신은 나를 택하지 않으셨지만, 나는 당신을 선택했습니다. 너희를 임명하여 가서 열매를 맺게 하였느니라. 너희의 열매는 남아 있으리니, 너희가 내 이름으로 아버지께 무엇을 청하든지 그가 그것을 너희에게 주리라. 내가 너희에게 명령하는 이러한 것들, 너희는 서로 사랑하라.

🏠 요한복음 15장 주석[3]

🐟 "나는 참 포도나무요, 내 아버지는 농부이시다 - 내가 참 포도나무요 내 아버지는, 거짓에지는 그 농부라 - 여기 '참'이란 말의 헬라 원어 대조되는 '참'이 아니고, 불완전에 대조된 '완전', 그림자에 대조된 '실물'을 가리키는 것이다. 포도나무는 구약에서 이스라엘택한 백성을 가리키는 비유이다. 그러므로 랍비 문학에서도 말하기를, "실물 중에 가장 낮은 것포도나무이 식물계의 왕인 것처럼, 이스라엘은 세상에서 가장 낮아 보여도 장차 메시아 시대에는 세상 이 끝에서 저 끝까지 점령한다"고 하였다. 예수가 이런 랍비 문학에서 이 비유를 인용하신 것은 아니지만 참고할 만한 말이다. 예수는 참된 이스라엘, 곧 하나님의 백성을 성립시키신다. 이런 의미에서 그 자신이 포도나무라고 하신 것이다. 우리는 본래 참포도나무가 아니며, 스스로 열매를 맺을 수 없는 자들이었지만, 예수는 진정으로 하나님의 기뻐하실 열매를 맺는 포도나무와 같으시다. 하나님의 모든 백성포도나무은 예수 그리스도에게 접붙임이 되어서만 비로소 진정한 열매를 맺을 수 있다. 포도나무 비유의 말씀은 또한 예수가 그의 백성에게 중보자中保者되신 관계를 보여준다. 그들은 그에게 전적으로 의뢰하여야 한다. 예수에 대한 신자의 의뢰심은 자기 자신이 예수와 일체 될 정도까지 깊어져야 한다. 그에게는 독자적 의지가 없고 오직 예수의 의지가 있을 뿐이다. 죄 많은 인간이 어떻게 이런 이상적 신앙을 가질 수 있을까? 이것이 문제다. 인간으로서는 할 수 없으나 하나님은 하실 수 있다. 우리 본문은 말하기를 하나님께서 포도원의 농부라고 하였으며, 그가 가지들을 깨끗하게 하신다고도 하였다2절 끝 참조. 그러므로 그리스도를 신뢰하는 생활은 하나님의 은혜로만 되어진다. 그러나 인간의 노력이 불필요하다는 의미가 아니다. 인간도 노력하지 않으면 안 된다고 성경은 많이 말씀한다. 그러나 위에 말한 일체 관계는 범신론적汎神論的 일체를 말함이 아니니, 인격과 인격의 관계이면서 다만 신

🐟3 예수사랑, 2004. 8. 24.

포도나무는 구약에서 이스라엘(택한 백성)을 가리키는 비유이다.
자료: catholicpress.kr

자 편에서 그리스도에게 종속하여 순종하는 관계를 말함이다. 1절

🐟 너희는, 내가 너희에게 말한 그 말로 말미암아 이미 깨끗하게 되었다 - 여기이른바 "내가 너희에게 말한 그 말"은 무엇을 의미하는가? 이것은 예수의 전도의 말씀, 곧 복음이며, 오늘날은 성경 말씀을 가리킨다. 예수의 말씀이 사람을 깨끗하게 하는 것은 어떠한 작용으로 그렇게 되는가? 예수의 말씀이 신자를 깨끗하게 한다는 것은 그의 말씀혹은 하나님의 말씀이 은혜의 방편方便이라는 교리를 생각하게 한다. 우리는 이 점에 있어서 은혜의 방편으로서의 하나님 말씀을 행각行脚해 보려고 한다. '하나님의 말씀'이란 것은 모든 사람들에게 주신 바 성경에 기록된 말씀, 곧 복음과 율법을 의미한다. 성경이란 책은 완전히 하나님의 말씀을 기록한 것이다. 이 말씀은 언어 혹은 문자라는 형태로 우리에게 주어졌다. 그러나이와 같은 형태로 되었다는 것이 그것의 하나님 말씀 자격과 효능效能을 상실시키지 않는다. 3절

🐟 내 안에 머물러 있어라. 그리하면 나도 너희 안에 머물러 있겠다. 가지가 포도나무에 붙어 있지 아니하면 스스로 열매를 맺을 수 없는 것과 같이, 너희도 내

안에 머물러 있지 아니 하면 열매를 맺을 수 없다. 나는 포도나무요, 너희는 가지이다. 사람이 내 안에 머물러 있고, 내가 그 안에 머물러 있으면, 그는 많은 열매를 맺는다. 너희는 나를 떠나서는 아무것도 할 수 없다. 사람이 내 안에 머물러 있지 아니하면, 그는 쓸모없는 가지처럼 버림을 받아서 말라 버린다. 사람들이 그것을 모아다가, 불에 던져서 태워 버린다 - 이 부분에 사용된 어귀들 중, "머물러 있어라"는 말은 "거하라"는 뜻이니, 이미 있는 자리에 머물라는 뜻이다. 5절의 "있으면"이란 말도 헬라 원어에서는 꼭 같이 "머물라"는 뜻을 가진 말이다. 여기 "머물라"는 것은 그리스도께서 사람들을 택하여 16절 은혜 주신 그 자리에서 그들이 떠나지 않아야 할 것을 의미한다. 신자는 그리스도 밖에서 그를 믿으려고 자율적으로 찾아가는 자가 아니고 벌써 하나님으로 말미암아 그리스도 안에 인도된 자니 그는 거기 머물러 있으려고 순종의 걸음을 걸을 자이다. 그리스도 안에 들어오는 것은 인간이 자력으로 할 수 있는 일이 아니다. 우리의 구원은 하나님께서 다 이루시는데, 우리는 그저 순종할 뿐이다. 순종이란 것은 그리스도를 믿고 그의 말씀을 지킴이다. 만일 누가 하나님께서 나의 구원을 다 이루어주시는 것인 만큼 나는 순종할 것 없고 가만히 있어도 된다고 한다면, 그것은 자기를 무생물 혹은 하등 동물로 취급하는 오착이다. 하나님은 우리의 구원을 이루셨으나 우리로서 할 일은 그에게 순종함이다. 예수도 하나님 아버지에게 순종하시므로 구속救贖의 큰 사업을 완성하셨다. 4-6절

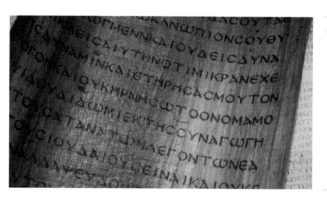

헬라어 요한복음 15장 원어 성경

자료: tripol.tistory.com

어 너희가 내 안에 머물러 있고, 내 말이 너희 안에 머물러 있으면, 너희가 무엇을 구하든지다 그대로 이루어질 것이다 - 여기 그리스도 "안에" 있는 자는 누구인가? 그것은 그 아래 말씀이 알려 주는 대로 누구든지 그리스도의 말씀을 그 속에 가진 자이다. "내 말이 너희 안에 머물러 있으면"이란 말씀은 주님의 말씀이 그들의 마음의 왕좌를 점령하였다는 것과 같다. 이것은 주님의 말씀을 그의 대리代理로 생각하고 사랑하며, 그 권위를 높이는 것이다. 그렇게 주님의 말씀을 지키는 자에게 살아 계신 주님이 함께 하신다. 이와 같이 주님 안에 거한 생활의 유래는 영원하신 하나님의 구원 계약에 참여한 자로서 신종信從하므로 그리스도와 연합하게 된 것이다. 이렇게 주님과 연합한 신자의 신분으로서는 그리스도의 이름 권세를 쓸 수 있고, 또한 성령께서 그런 신자의 의지를 성화聖化시켜 주님의 뜻대로만 기도할 수 있게 하신다. 곧 그로 하여금 하나님의 영광만 위하여 기구祈求하게 하신다. 그러므로 그의 기도는 응답하지 않을 수 없다. "무엇을 구하든지 다 그대로 이루어질 것이다." 이 말씀은 하나님의 뜻대로 기도해야 할 진리를 무시하는 것이 아니다. 상반절에서 벌써 주님과 연합한 신자의 생활이 기도 응답

사도 요한

자료: ko.wikipedia.org

의 조건으로 되어 있다. 신자가 주님과 연합한 것은 위에 말한 바와 같이 주님의 계약 행위, 곧 선택이 그 기본이고 그 결과로 나오는 순종이 그 실현이다. 그러므로 그것은 외부적 생활에서만 근근히 하나님의 뜻을 순종하는 얕은 경건이 아니고, 하나님의 깊은 계약과 생명에서 움직이는 내면적인 경건이다. 하나님의 뜻대로 구해야 무엇이든지 응답 받는다는 진리는 요한이 그 시선에서도 말씀한 바 있다. 7절

🐟 너희가 열매를 많이 맺어서 내 제자가 되면, 이것으로 내 아버지께서 영광을 받으실 것이다 - 실과나무가 열매를 맺지 못하면, 그것을 찍어 버릴 수밖에 없다. 실과나무를 심는 자는 목재를 쓰려고 심지 아니하고 열매를 따려고 심기 때문이다. 그러므로 열매를 맺지 못하는 신자는 나무와 같이 찍힘을 받을 위태로운 자리에 있는 것이다. 그러면, 신자의 열매는 무엇인가? 그것은 우리가 성령의 은혜로 행실을 바로 행함이고, 또한 사람들을 주님께로 인도함이다. 8절

🐟 사람이 자기 친구를 위하여 자기 목숨을 내놓는 것보다 더 큰 사랑은 없다 - 이것은 예수가 신자들을 위하여 어떻게 큰 사랑으로 희생하실 것을 가리킨 말씀이다. 그는 자기의 사랑이 얼마나 크다는 사실을 설명하여 윗절12절의 내용과 같이 신자들로 하여금 남들을 사랑하게 하려 하신다. 그리스도의 무한히 큰 사랑을 받은 우리들로서 어찌 남들을 사랑할 마음이 없으랴? 그는 우리를 사랑하여 죽기까지 하셨으니, 다시 사신 뒤에 우리에 대한 그의 사랑은 또 얼마나 클 것인가? 이렇게 신자들은 예수의 친구 되는 큰 축복을 받았다. 아브라함도 하나님의 친구였다. 13절

🐟 나는 너희를 친구라고 불렀다. 내가 아버지에게서 들은 모든 것을 너희에게 알려 주었기 때문이다 - 그리스도께서 이때까지 구속에 관한 모든 진리를 그 제자들에게 전하여 주셨다. 그것은 영원 전부터 하나님 아버지에게 깊이 감추어졌던 오묘한 진리였다. 15절

아브라함

자료: ko.wikipedia.org

Vox populi, vox Dei.

🐟 너희가 나를 택한 것이 아니라, 내가 너희를 택하여 세운 것이다. 그것은 너희가 가서 열매를 맺어, 그 열매가 언제나 남아 있게 하려는 것이다. 그리하여 너희가 내 이름으로 아버지께 구하는 것은 무엇이든지 다 받게 하려는 것이다 - 그들이 사도로 세움 받은 것이 그리스도로 말미암아 된 것인 만큼 그들의 일은 유력해진다. 그리스도께서 그들의 배경이기 때문에 그들은 영적 과실을 맺고 그들이 과실을 맺기 때문에 그들의 기도가 응답한다. 하나님께서는 열매 없는 외식자의 기도를 응답하시지 않는다. 이 말씀₁₆절은 주님과 신자가 연합하게 되는 것이 전연 주님으로 말미암아서만 성립된다는 것을 알려준다. 16절

🐟 "세상이 너희를 미워하거든, 세상이 너희보다 먼저 나를 미워하였다는 것을 알아라 - 예수는 이때까지 그 사도들이 받을 사랑에 대하여 말씀하셨다. 이제 그는 그들이 받을 미움에 대하여 말씀하신다. 그들이일반 신자들도 예수에게서는 사랑을 받으나 세상에서는 미움을 받는다. 그들이 핍박을 받으면 예수는 그 사건에

예수님 제자가 되기 위한 선택

자료: m.blog.naver.com

있어서 그들보다 먼저 영적으로 박해를 받으시는 셈이 된다. 그만큼 그들과 예수와의 관계는 밀접하다. 18절

🐟 너희가 세상에 속하여 있다면, 세상이 너희를 자기 것으로 여겨 사랑할 것이다. 그러나 너희는 세상에 속하지 않았고 오히려 내가 너희를 세상에서 가려 뽑아냈으므로, 세상이 너희를 미워하는 것이다 - 세상이 그들을 사랑할 경우는 한 가지 조건밖에 없다. 그것은 그들의 근원이 그냥 세상에 속하고 따라서 그들의 생활은 세상의 소유물이다. 그러나 그들이 세상의 사랑을 받지 못하는 이유는 세상과 반대되는 조건이 있는 까닭이다. 곧, 그리스도께서 그들을 택하신 까닭이다. 그렇다면 그들이 세상에게서 미움받는 것은 그리스도 때문이다. 그리스도와 세상 죄악은 이처럼 서로 반대된다. 19절

🐟 그들은 너희가 내 이름을 믿는다고 해서, 이런 모든 일을 너희에게 할 것이다. 그것은 그들이 나를 보내신 분을 알지 못하기 때문이다. 내가 와서 그들에게 말해 주지 아니하였더라면, 그들에게는 죄가 없었을 것이다. 그러나 이제는 그들이 자기 죄를 변명할 길이 없다 - 하나님에 대한 핍박자들의 무지가 사도들을 핍

박하게 되었다. 그러나 그 무지는 무죄가 될 수 없다. 그 이유는 그리스도께서 오셔서 그들에게 증거하셨는데도 불구하고, 그들이 불신앙하였기 때문이다. 그들이 그렇게 될 바에는 차라리 예수님을 보지 못하였더라면, 그들에게 좋을 뻔하였다 Bengel. 21, 22절

나를 미워하는 사람은 내 아버지까지도 미워한다. 내가 다른 아무도 하지 못한 일을 그들 가운데서 하지 않았더라면, 그들에게 죄가 없었을 것이다. 그러나 이제는 그들이 내가 한 일을 보고 나서도, 나와 내 아버지를 미워하였다 - 참 신자들을 미워하는 것은 그리스도를 미워함이고18절, 그리스도를 미워함은 하나님 아버지를 미워하는 큰 죄라는 의미에서 이 귀절들은 말씀한다. 그리스도를 믿지 않으면서도 하나님 아버지를 사랑한다고 말하는 자는 스스로 속은 자이다. 그리스도와 하나님 아버지는 일체이시다. 이 점에 있어서 벵겔Bengel은 미움과 불신앙과의 관련성을 지적하여 말하기를 "그리스도에게 대한 사랑은 신앙과 동반하나 증오는 불신앙과 동반한다"라고 하였다. 여기 이른바 "아무도 못한 일"이란 것은 예수가 행하신 이적들을 가리킨다. 예수가 행하신 일들이적들은 너무도 위대하며, 그 일들은 하나님 아버지를 완전히 계시啓示한다. 그러므로 그것을 보고도 믿지 않는 것은 다만 지식적 과오가 아니고 도덕적 반역이다. 23, 24절

예수께서 막달라 마리아의 귀신을 쫓아내신 이적

포도나무 비유의 핵심
1. 그리스도와 연합하라.
2. 서로 사랑하라.
3. 세상이 너희를 미워하리라.

자료: blog.daum.net

내가 아버지께로부터 너희에게 보낼 보혜사 곧 아버지께로부터 오시는 진리의 영이 오시면, 그 영이 나를 위하여 증언하실 것이다. 너희도 처음부터 나와 함께 있었으므로, 나의 증인이 될 것이다." - 이 세상 사람들이 사도들신자들을 미워해도, 그들은 성령님의 능력을 받으므로 세상에서 물러서지 않고 도리어 세상을 향하여 예수 그리스도를 증거하게 된다. 여기 그리스도에 대한 성령의 증거와 사도들의 증거가 함께 기록되어 있다. 이 두 증거는 실상 일체이다. 성령은 사도들을 통하여 역사하시며 증거하실 것이다. "너희도 처음부터 나와 함께 있었으므로"라는 말은 그들이 예수님을 친히 목도한 사실을 가리키는데, 그것이 사도의 자격이다. 그러나 그들이 이와 같은 자격으로만 증인이 된 것은 아니다. 그들은 성령의 권능을 받아서 그리스도를 참으로 증거하게 되었다. 26, 27절

하늘의 소리 사람의 말씀

Vox populi, vox Dei.

요한복음
16장

1 "내가 너희에게 이 말을 한 것은, 너희를 넘어지지 않게 하려는 것이다.

2 사람들이 너희를 회당에서 내쫓을 것이다. 그리고 너희를 죽이는 사람마다, 자기네가 하는 그러한 일이 하나님을 섬기는 일이라고 생각할 때가 올 것이다.

3 그들은 아버지도 나도 알지 못하므로, 그런 일들을 할 것이다.

4 내가 너희에게 이 말을 하여 두는 것은, 그들이 그러한 일들을 행하는 때가 올 때에, 너희로 하여금 내가 너희에게 말한 사실을 다시 생각나게 하려는 것이다. 또 내가 이 말을 처음에 하지 않은 것은, 내가 너희와 함께 있었기 때문이다.

5 그러나 나는 지금 나를 보내신 분에게로 간다. 그런데 너희 가운데서 아무도 나더러 어디로 가느냐고 묻는 사람이 없고,

1 "All this I have told you so that you will not go astray.

2 They will put you out of the synagogue; in fact, a time is coming when anyone who kills you will think he is offering a service to God.

3 They will do such things because they have not known the Father or me.

4 I have told you this, so that when the time comes you will remember that I warned you. I did not tell you this at first because I was with you.

5 "Now I am going to him who sent me, yet none of you asks me, 'Where are you going?'

1 これらのことをあなたがたに話したのは, あなたがたがつまずくことのないためです。

2 人々はあなたがたを會堂から追放するでしょう。事實, あなたがたを殺す者がみな, そうすることで自分は神に奉仕しているのだと思う時が來ます。

3 彼らがこういうことを行なうのは, 父をもわたしをも知らないからです。

4 しかし, わたしがこれらのことをあなたがたに話したのは, その時が來れば, わたしがそれについて話したことを, あなたがたが思い出すためです。わたしが初めからこれらのことをあなたがたに話さなかったのは, わたしがあなたがたといっしょにいたからです。

5 しかし今わたしは, わたしを遣わした方のもとに行こうとしています。しかし, あなたがたのうちには, ひとりとして, どこに行くのですかと尋ねる者がありません。

6 도리어 내가 한 말 때문에 너희 마음에는 슬픔이 가득 찼다.

7 그러나, 내가 너희에게 진실을 말하는데, 내가 떠나가는 것이 너희에게 유익하다. 내가 떠나가지 않으면, 보혜사가 너희에게 오시지 않을 것이다. 그러나 내가 가면, 보혜사를 너희에게 보내주겠다.

8 그가 오시면, 죄와 의와 심판에 대하여 세상의 잘못을 깨우치실 것이다.

9 죄에 대하여 깨우친다고 함은 세상 사람들이 나를 믿지 않기 때문이요,

10 의에 대하여 깨우친다고 함은 내가 아버지께로 가고 너희가 나를 더 이상 못 볼 것이기 때문이요,

6 Because I have said these things, you are filled with grief.

7 But I tell you the truth: It is for your good that I am going away. Unless I go away, the Counselor will not come to you; but if I go, I will send him to you.

8 When he comes, he will convict the world of guilt in regard to sin and righteousness and judgment:

9 in regard to sin, because men do not believe in me;

10 in regard to righteousness, because I am going to the Father, where you can see me no longer;

---

6 かえって, わたしがこれらのことをあなたがたに話したために, あなたがたの心は悲しみでいっぱいになっています.

7 しかし, わたしは眞實を言います。わたしが去って行くことは, あなたがたにとって益なのです。それは, もしわたしが去って行かなければ, 助け主があなたがたのところに來ないからです。しかし, もし行けば, わたしは助け主をあなたがたのところに遣わします。

8 その方が來ると, 罪について, 義について, さばきについて, 世にその誤りを認めさせます.

9 罪についてというのは, 彼らがわたしを信じないからです.

10 また, 義についてとは, わたしが父のもとに行き, あなたがたがもはやわたしを見なくなるからです.

11 심판에 대하여 깨우친다고 함은 이 세상의 통치자가 심판을 받았기 때문이다.

12 아직도, 내가 너희에게 할 말이 많으나, 너희가 지금은 감당하지 못한다.

13 그러나 그분 곧 진리의 영이 오시면, 그가 너희를 모든 진리 가운데로 인도하실 것이다. 그는 자기 마음대로 말씀하지 않으시고, 듣는 것만 일러주실 것이요, 앞으로 올 일들을 너희에게 알려 주실 것이다.

14 또 그는 나를 영광되게 하실 것이다. 그가 나의 것을 받아서, 너희에게 알려 주실 것이기 때문이다.

15 아버지께서 가지신 것은 다 나의 것이다. 그렇기 때문에 내가, 성령이 나의 것을 받아서 너희에게 알려 주실 것이라고 말한 것이다."

---

11 and in regard to judgment, because the prince of this world now stands condemned.

Vox populi, vox Dei.

12 "I have much more to say to you, more than you can now bear.

13 But when he, the Spirit of truth, comes, he will guide you into all truth. He will not speak on his own; he will speak only what he hears, and he will tell you what is yet to come.

14 He will bring glory to me by taking from what is mine and making it known to you.

15 All that belongs to the Father is mine. That is why I said the Spirit will take from what is mine and make it known to you.

11 さばきについてとは, この世を支配する者がさばかれたからです。

12 わたしには, あなたがたに話すことがまだたくさんありますが, 今あなたがたはそれに耐える力がありません。

13 しかし, その方, すなわち眞理の御靈が來ると, あなたがたをすべての眞理に導き入れます。御靈は自分から語るのではなく, 聞くままを話し, また, やがて起ころうとしていることをあなたがたに示すからです。

14 御靈はわたしの榮光を現わします。わたしのものを受けて, あなたがたに知らせるからです。

15 父が持っておられるものはみな, わたしのものです。ですからわたしは, 御靈がわたしのものを受けて, あなたがたに知らせると言ったのです。

16 "조금 있으면 너희는 나를 보지 못할 것이다. 그러나 또 조금 있으면 나를 볼 것이다."

17 그의 제자 가운데서 몇몇이 서로 말하였다. "그가 우리에게 '조금 있으면 나를 보지 못하게 되고, 또 조금 있으면 나를 볼 것이다' 하신 말씀이나, '내가 아버지께로 가기 때문에'라고 하신 말씀은 무슨 뜻일까?"

18 그들은 말하기를 "도대체 '조금 있으면'이라는 말씀이 무슨 뜻일까? 우리는, 그가 무엇을 말씀하시는지 모르겠다" 하였다.

19 예수께서는, 제자들이 자기에게 물어보고 싶어하는 마음을 아시고, 그들에게 말씀하셨다. "내가, '조금 있으면, 너희가 나를 보지 못하게 되고, 또 조금 있으면 나를 볼 것이다' 한 말을 가지고 서로 논의하고 있느냐?

20 내가 진정으로 진정으로 너희에게 말한다. 너희는 울며 애통하겠으나, 세상은 기뻐할 것이다. 그러나 너희가 근심에 싸여도, 그 근심이 기쁨으로 변할 것이다.

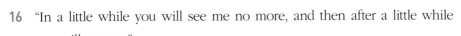

16 "In a little while you will see me no more, and then after a little while you will see me."

17 Some of his disciples said to one another, "What does he mean by saying, 'In a little while you will see me no more, and then after a little while you will see me,' and 'Because I am going to the Father'?"

18 They kept asking, "What does he mean by 'a little while'? We don't understand what he is saying."

19 Jesus saw that they wanted to ask him about this, so he said to them, "Are you asking one another what I meant when I said, 'In a little while you will see me no more, and then after a little while you will see me'?

20 I tell you the truth, you will weep and mourn while the world rejoices. You will grieve, but your grief will turn to joy.

16 しばらくするとあなたがたは, もはやわたしを見なくなります。しかし, またしばらくするとわたしを見ます。」

17 そこで, 弟子たちのうちのある者は互いに言った。「『しばらくするとあなたがたは, わたしを見なくなる。しかし, またしばらくするとわたしを見る。』 また 『わたしは父のもとに行くからだ。』と主が言われるのは, どういうことなのだろう。」

18 そこで, 彼らは 「しばらくすると, と主が言われるのは何のことだろうか。私たちには主の言われることがわからない。」と言った。

19 イエスは, 彼らが質問したがっていることを知って, 彼らに言われた。「『しば

らくするとあなたがたは，わたしを見なくなる。しかし，またしばらくするとわたしを見る。』とわたしが言ったことについて，互いに論じ合っているのですか。」

20 まことに，まことに，あなたがたに告げます。あなたがたは泣き，嘆き悲しむが，世は喜ぶのです。あなたがたは悲しむが，しかし，あなたがたの悲しみは喜びに變わります。

21 여자가 해산할 때에는 근심에 잠긴다. 진통할 때가 왔기 때문이다. 그러나 아이를 낳으면, 사람이 세상에 태어났다는 기쁨 때문에, 그 고통을 더 이상 기억하지 않는다.

22 이와 같이, 지금 너희가 근심에 싸여 있지만, 내가 다시 너희를 볼 때에는, 너희의 마음이 기쁠 것이며, 그 기쁨을 너희에게서 빼앗을 사람이 없을 것이다.

23 그 날에는 너희가 나에게 아무것도 묻지 않을 것이다. 내가 진정으로 진정으로 너희에게 말한다. 너희가 아버지께 구하는 것은, 무엇이나 아버지께서 내 이름으로 주실 것이다.

24 지금까지는 너희가 아무것도 내 이름으로 구하지 않았다. 구하여라. 그러면 받을 것이다. 그래서 너희의 기쁨이 넘치게 될 것이다."

25 "지금까지는 이런 것들을 내가 너희에게 비유로 말하였으나, 다시는 내가 비유로 말하지 아니하고 아버지에 대하여 분명히 말해 줄 때가 올 것이다.

21 A woman giving birth to a child has pain because her time has come; but when her baby is born she forgets the anguish because of her joy that a child is born into the world.

22 So with you: Now is your time of grief, but I will see you again and you will rejoice, and no one will take away your joy.

23 In that day you will no longer ask me anything. I tell you the truth, my Father will give you whatever you ask in my name.

24 Until now you have not asked for anything in my name. Ask and you will receive, and your joy will be complete.

25 "Though I have been speaking figuratively, a time is coming when I will no longer use this kind of language but will tell you plainly about my Father.

---

21 女が子を産むときには, その時が來たので苦しみます。しかし, 子を産んでしまうと, ひとりの人が世に生まれた喜びのために, もはやその激しい苦痛を忘れてしまいます。

22 あなたがたにも, 今は悲しみがあるが, わたしはもう一度あなたがたに會います。そうすれば, あなたがたの心は喜びに滿たされます。そして, その喜びをあなたがたから奪い去る者はありません.

23 その日には, あなたがたはもはや, わたしに何も尋ねません。まことに, まことに, あなたがたに告げます。あなたがたが父に求めることは何でも, 父は, わたしの名によってそれをあなたがたにお與えになります。

24 あなたがたは今まで, 何もわたしの名によって求めたことはありません。求めなさい。そうすれば受けるのです。それはあなたがたの喜びが滿ち滿ちたものとなるためです。

25 これらのことを, わたしはあなたがたにたとえで話しました。もはやたとえでは話さないで, 父についてはっきりと告げる時が來ます。

26 그 날에는 너희가 내 이름으로 아버지께 구할 것이다. 내가 너희를 위하여 아버지께 구하겠다는 말이 아니다.

27 아버지께서는 친히 너희를 사랑하신다. 그것은, 너희가 나를 사랑하였고, 또 내가 하나님께로부터 온 것을 믿었기 때문이다.

28 나는 아버지에게서 나와서 세상에 왔다. 나는 세상을 떠나서 아버지께로 간다."

29 그의 제자들이 말하였다. "보십시오. 이제 밝히어 말씀하여 주시고, 비유로 말씀하지 않으시니,

30 이제야 우리는, 선생님께서 모든 것을 알고 계시다는 것과, 누가 선생님께 물어볼 필요가 없을 정도로 환히 알려 주신다는 것을 알았습니다. 이것으로 우리는 선생님이 하나님께로부터 오신 것을 믿습니다."

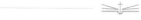

26 In that day you will ask in my name. I am not saying that I will ask the Father on your behalf.

27 No, the Father himself loves you because you have loved me and have believed that I came from God.

28 I came from the Father and entered the world; now I am leaving the world and going back to the Father."

29 Then Jesus' disciples said, "Now you are speaking clearly and without figures of speech.

30 Now we can see that you know all things and that you do not even need to have anyone ask you questions. This makes us believe that you came from God."

26 その日には, あなたがたはわたしの名によって求めるのです。わたしはあなたがたに代わって父に願ってあげようとは言いません。

27 それはあなたがたがわたしを愛し, また, わたしを神から出て來た者と信じたので, 父ご自身があなたがたを愛しておられるからです。

28 わたしは父から出て, 世に來ました。もう一度, わたしは世を去って父のみもとに行きます。」

29 弟子たちは言った。「ああ, 今あなたははっきりとお話しになって, 何一つたとえ話はなさいません。

30 いま私たちは, あなたがいっさいのことをご存じで, だれもあなたにお尋ねする必要がないことがわかりました。これで, 私たちはあなたが神から來られたことを信じます。」

31 예수께서 대답하셨다. "이제는 너희가 믿느냐?

32 보아라, 너희가 나를 혼자 버려 두고, 제각기 자기 집으로 흩어져 갈 때가 올 것이다. 그때가 벌써 왔다. 그런데 아버지께서 나와 함께 계시니, 나는 혼자 있는 것이 아니다.

33 내가 이것을 너희에게 말한 것은, 너희가 내 안에서 평화를 얻게 하려는 것이다. 너희는 세상에서 환난을 당할 것이다. 그러나 용기를 내어라. 내가 세상을 이겼다."

31 "You believe at last!" Jesus answered.

32 "But a time is coming, and has come, when you will be scattered, each to his own home. You will leave me all alone. Yet I am not alone, for my Father is with me.

33 "I have told you these things, so that in me you may have peace. In this world you will have trouble. But take heart! I have overcome the world."

31 イエスは彼らに答えられた。「あなたがたは今, 信じているのですか。

32 見なさい。あなたがたが散らされて, それぞれ自分の家に歸り, わたしをひとり殘す時が來ます。いや, すでに來ています。しかし, わたしはひとりではありません。父がわたしといっしょにおられるからです。

33 わたしがこれらのことをあなたがたに話したのは, あなたがたがわたしにあって平安を持つためです。あなたがたは, 世にあっては患難があります。しかし, 勇敢でありなさい。わたしはすでに世に勝ったのです。」

人語

🏠 개요

　요한복음 16장은 제자들을 향한 주님의 강연의 연속이다. 그러나 주님이 이미 그들에게 전달했던 것과 지금 말하시는 것 사이에는 구분되는 점이 있고, 그럼에도 서로 연결되고 있기도 하다. 그분은 두 개의 중요한 주제들에 관해서 이미 그들을 가르치셨다. 그분께서는 그들에게 그분과 아버지 사이에 존재하는 연결의 본성을 설명하시고 선포하셨는데, 즉 그분께서 수행한 권능 있는 일들은 아버지께서 그분 안에 머무시면서 하신 일이라는 것을 그들에게 보여주셨다. 그리고 그분은 자신과 제자들 사이에 존재했던 연결의 본성에 관해서도 가르치셨는 바, 이 연결은 마치 포도나무와 가지의 관계 같다는 것, 그 연결은 아주 친밀하고 생명의 원천을 이룬다는 것, 그들이 그분의 교회의 유용한 멤버로서 참되게 존재하

진리의 성령이 오시면/
요한복음 16장(5-13절)의 말씀이다.

자료: blog.daum.net

는 것은 그들이 그분 안에 머물고, 그분의 말이 그들 안에 머물고 있는가의 여부에 달려 있다는 것이다. 이 장에서 신성한 선생은 성령의 하강으로 그들과 세상 위에 있게 되는 결과에 관해 말하신다.

요한복음 16장 해석[1]

그들 앞에 놓인 일들을 위해, 그들의 충성과 덕행이 보상되는 영예를 위해 겸손과 선행을 함양함으로써 그분을 사랑하고 그분의 계명에 순종해야 함을 본보기와 교훈으로 상징적으로, 그리고 평범한 가르침으로 그들을 훈육하셨던 예수는 지금 이렇게 말을 진행하시고 있다. "내가 너희에게 이 말을 한 것은, 너희를 넘어지지 않게 하려는 것이다." 흔들림offend은 실족함stumble이다. 이 구절의 말씀은 그들을 기다리고 있던 의무와 시련들의 무게를 견디지 못해 가라앉고 마는 것을 예방해 주시기 위해 주님께서는 그들이 마주쳐야만 하는 미움과 박해에 관해 미리 경고하시는 것이다. 미리 경고된다는 것은 대비한다는 것이다. 사실 기독인 제자들이 그의 영적 순례에서 그에게 닥쳐오게 되는 시련이 무엇인지 구체적으로 정확히 알아야 한다는 것은 가능치도 않고 필요치도 않다. 단지 그의 순례 여행이 심각하고 혹독한 여행이라는 정도만을 알고 있는 것이다. 따라서 그 여행에는 용기와 인내가 필요하다는 것, 성공적인 여행은 주님의 영이 동행하지 않으면 불가능하다는 것을 아는 것만으로 족하다. 기독인이 알아야만 하는 것이란, 광야를 통과하는 가운데 그는 자기가 걷는 그 길을 먼저 밟고 지나가셨던 안내자요 위로자를 가지고 있다는 것, 그의 구원의 대장은 고통을 통해 완전을 만드셨다는 것, 따라서 그분의 추종자들은 그런 길에서 무력해지고 실족되지 말라는 것 등이다. 1절

---

[1] jehbae, 요한복음 16장 해석, Bible Study Notes Blog, 2019. 4. 6.

그러나 주님은 박해당하는 것보다 더 심각한 시련을 제자들에게 말하신다. "사람들이 너희를 회당에서 내쫓을 것이다. 그리고 너희를 죽이는 사람마다, 자기네가 하는 그러한 일이 하나님을 섬기는 일이라고 생각할 때가 올 것이다." 이 말씀은 글자대로 이루어졌다. 그러나 우리는 유대인들이 기독인을 죽이는 박해를 가한 것, 더구나 그들끼리도 서로 죽이는 일을 자행한 것을 본다면 위 주님의 말씀에 크게 놀랄 필요는 없다. 그러나 위 구절을 더 깊이 들여다보면 영적이고 실용적인 교훈을 더 발견한다. 위 예견이 글자대로 유대인의 행동에, 다른 것으로는 초기 기독인들에 관계되는 한편, 영적으로는 사도들 자신이 아닌 사도들이 표현했던 원리들에 관계되고 있다. 2절

이렇게 제자들을 죽이고 박해하는 것은 주님 자신이 견뎌낸 박해와 같은 맥락을 지니고 있다. "그들은 아버지도 나도 알지 못하므로, 그런 일들을 할 것이다." 주님을 박해했던 이들이 그렇게 한 이유는 그들이 아버지를 몰랐기 때문이다. 제자들을 박해하는 이들이 그렇게 했던 이유는 그들이 아버지도 아들도 몰랐기 때문이다. 아버지와 아들이 신성한 사랑과 지혜이고, 제자들은 말씀 속의 진리들을 표현하고, 그 진리 안에서 주님의 사랑과 지혜가 현존하고 있다. 이런 원리들을 거절하는 이들, 스스로 그 원리들을 파괴하는 이들은 그들 안에 계신 주님의 사랑과 지혜를 인식하기를, 받기를 거절하는 것이다. 그러므로 그들이 주님의 지혜를 거절하는 이유는 그들의 심정에 주님을 사랑하고 있지 않기 때문이다. 그분의 말씀 속의 진리와 교훈을 거절하는 이유는 그들이 그분의 지혜 또는 사랑의 어느 것도 소유하지 않고 있기 때문이다. 어떻게 인간은 계시로부터가 아니면 주님에 관한 지식을 가지게 될까? 주님에 관한 지적인 우리의 모든 지식은 계시된 말씀으로부터 온다. 그러나 말씀이 우리를 외적 경로로 가르치는 한편, 주님 자신은 내적인 경로, 즉 씌어 있는 말씀이 우리 마음에 운반해 주는 진리 속의 교훈과 사랑으로 영감을 불어넣어 주심으로 우리를 가르치시고 있다. 우리가 심정과 이해성을 제공된 사랑과 빛에 여는 만큼에서만 우리는 바깥쪽 가르침을 진실로 이해하고 받게 된다. 3절

🐟 "내가 너희에게 이 말을 하여 두는 것은, 그들이 그러한 일들을 행하는 때가 올 때에, 너희로 하여금 내가 너희에게 말한 사실을 다시 생각나게 하려는 것이다. 또 내가 이 말을 처음에 하지 않은 것은, 내가 너희와 함께 있었기 때문이다." 제자들은 주님께서 그들에게 전달해 주었던 많은 것을 정작 그 사건이 도래할 때까지, 또는 주님이 반복해 말하시어 상기시켜 줄 때까지 까맣게 잊고 있었다. 주님이 그들에게 말하신 목적object은 때가 왔을 때 그 전에 말했던 것을 기억하도록 하시려는 데 있었다. 그분의 말이 성취됨은 예수에 대한 그들의 신앙과 신뢰가 한층 더 힘을 얻어 더 의연하게 고통을 받아낼 수 있게 되리라는 것은 의심할 바 없다. 그러나 위 구절이 우리에게 주는 영적 교훈 역시 위의 내용보다 더 중요할 것이다. 이전에 받았던 진리들은 체험에 의해 확증된다. 그리고 진리들이 이렇게 확증되면 그 다음은 내적인 기억으로 건너가서 영원히 그 기억에 새겨져 남아 있다. 이러할 때 우리는 체험으로 알게 되는 것들을 주님께서 먼저 우리에게 말해 주셨다는 것도 기억하게 된다. 그 이유가 그 진리의 저자가 주님임을 다시 기억함으로 연결을 이루기 때문이다. 주님께서 제자들에게 시작하던 그 때에 말하지 않았던 것은 그분이 그들과 함께 있었기 때문이다. 거듭나는 삶의 시작은 모든 것이 빛나는 환희적인 때이다. 새 날이 마음에 드리워지고 아침 햇살이 아름다운 온 풍경을 씻어낸다. 그러나 폭풍과 그늘짐이 때늦지 않게 온다. 태양이 어두워지고 달조차 빛을 주지 않고 참 별이 하늘에서 떨어지면 그 때는 슬픔의 때이다. 우리의 영적인 시작, 마치 우리의 자연적 삶의 시작 같이 빛나고 희망적인 것은 우리를 위한 행복이다. 그런 이유는 정의의 태양이 그분의 날개 안에서 치료하면서 우리에게 떠오르고 있기 때문이다. 주님은 외적으로, 그리고 지적으로만 우리와 함께 하신다는 것도 진실이다. 우리가 진리를 처음 받을 때 그 진리는 피상적이어서 상당 부분이 자연적 수준이다. 우리는 육에 따라 주님을 안다. 이런 앎은 주님이 우리와 함께 하시는 때이다. 마치 그분이 지상 순례 기간 동안 제자들과 함께 계셨던 것과 같다. 이런 초기 상태에서 우리의 구세주는 우리에게 닥쳐올 슬퍼하는 때에 관해 우리에게 말하시지 않는다. 4절

어쨌든 때가 되면 그들은 밝히 알아야만 한다. 제자들에게 이런 때가 당도해 있었다. "그러나 나는 지금 나를 보내신 분에게로 간다. 그런데 너희 가운데서 아무도 나더러 어디로 가느냐고 묻는 사람이 없고, 도리어 내가 한 말 때문에 너희 마음에는 슬픔이 가득 찼다." 주님께서 이미 그분의 제자들에게 "너희는 내가 어디로 가는지 알고 있다" 하고 말하셨다. 그런데 왜 "당신은 어디로 가십니까?" 하고 물어 보아야 할까? 그들은 알았으나 몰랐다. 그들은 알았으나 이해하지 못했다. 그들은 그분이 떠나는 사건의 밝은 쪽을 알지 못했기 때문에 슬픔에 빠져 있는 것이다. 그들의 심정은 그분이 그들을 떠난다는 생각에 슬픔으로 가득 채웠다. 그들은 저 넘어 있는 그분의 영광을 몰랐다. 그들은 자기들이 외톨이로 남을 것만을 생각했다. 주님은 그분을 보내신 아버지께로 가시고 있었다. 인성이 이제 막 신성화되시는 것, 신성한 지혜가 신성한 사랑의 품으로, 지혜가 근원 되었던 그 품으로 귀환하려는 찰나에 있다. 이를 우리의 개인적 경험에 관련해 생각해 보라. "돌아가심"이란 주님이 자연계에 있으셨던 것 같이 주님의 진리가 우리의 자연적 마음에 있다가 주님이 승천하시듯 영적 마음으로 승강하는 것이다. 어쨌든 이것은 슬픔의 때는 아니다. 제자들은 주님의 승천 때문에 슬퍼한

예수 부활은 역사적 사실인가?

자료: good-faith.net

듯 여겨지지 않는다. 그 다음 그들이 안 것은 주님은 살아 계시다는 것, 영광으로 건너가셨다는 것, 그분의 나라는 이 세상 속에 있지 않다는 것 등이었다. 죽음이 그분을 그들로부터 빼앗아 갔다고 생각하던 때, 그분이 부활로 오심을 모르고 있던 때, 그들은 슬피 울었다. 주님은 제자들에게 그분은 삼일만에 일어나신다고 말해 주었다. 그러나 그런 모든 것을 기억하도록 예수가 그들에게 말하셨던 것은 무엇이든 상기할 수 있게 하는 하나님의 영이 그들에게 아직 당도하지 않았다. "떠나가심"은 시련의 때이다. 그 이유가 우리의 안내자요 받쳐주는 기둥으로 우리와 함께 있었던 진리를 잃어버린 듯, 우리를 위로해 줌도 없이 훌쩍 떠날 듯 여겨지기 때문이다. 이런 시련의 본성과 심각함을 주님께서 제자들에게 설명하시는데, 우리 역시 결국 보게 될 것이다. 5,6절

✎ "그러나, 내가 너희에게 진실을 말하는데, 내가 떠나가는 것이 너희에게 유익하다. 내가 떠나가지 않으면, 보혜사가 너희에게 오시지 않을 것이다. 그러나 내가 가면, 보혜사를 너희에게 보내주겠다." 주님께서 세상으로부터 아버지께로 떠나심은 이 일의 완성이었고, 이 완성 없이 구원은 불가능해졌을 것이다. 인성이 신성과 하나 됨이 유일한 수단이었고, 이 수단으로 인류는 하나님과 결합될 수 있었다. 그러므로 주님이 떠나시는 방도만이 제자들에게 유익한 길이다. 만일 그분이 떠나지 않으면 위안자Comforter는 오실 수 없었다. 만일 주님의 인성이 고통의 극렬함에 의해 완전해지지 않았다면 성령은 오지 않았을 것이고 인간을 거듭날 수 있게 해 주는 설비도 장치하지 못 하셨을 것이다. 이것은 주님께서 "내가 너희에게 진실을 말하는데" 하셨듯이 모든 사람이 알 필요가 있다는 진리만큼이나 위대한 진리이다. 이 구절에서 주님이 제자들에게 가르치시고 그들을 통해 우리에게 가르치시는 것은 성령의 현존이 그분 자신의 현존보다 그들을 위해 더 필요하다는 것이다. 그분 자신이 성령이었다. 그래서 성령의 현존은 그분이 그들과 영적으로 현존하시는 것이었다. 더불어 선포하신 것은 만일 그분이 떠나시지 않으면 위안자가 그들에게 오지 않으리라는 것이다. 성령은 구세주로서의 주님의 영인바, 그것은 그분이 떠나실 때까지 올 수 없었다는 것, 그리고 그것은 구

성령이란 무엇인가?

원의 하나님의 영으로서 그분 자신으로부터 보냈다는 것이다. 이 구절에서 주님께서는 그분이 제자들로부터 이동하시는 것을 두고 두 가지 다른 용어들을 사용하시고 있다. 두 용어의 글자적 의미는 다르다. 마치 '…로부터 가고 있음, going from'과 '…에로 가고 있음, go to'의 차이와 같다. 주님은 신성한 진리로서 제자들로부터 떠나시고 있다. 그리고 주님은 신성한 선으로서 아버지에게로 출발하시고 있다. 주님이 아버지와 완전히 하나 됨을 달성하셨을 때 그분은 신성한 진리가 더 이상 아니고 그분의 인성까지 포함되는 신성한 선이셨다. 그리고 그 다음 신성한 진리는 성령으로서 그분으로부터 진행되어 나온다. 7절

🐟 성령이 올 수 있도록 그분이 떠나시는 것이 더 낫다는 것은 성령이 수행하게 될 신성한 일로부터 나타나고 있다. "그가 오시면, 죄와 의와 심판에 대하여 세상의 잘못을 깨우치실 것이다." '꾸짖다'reprove는 단어는 '잘못을 깨닫게 하다'convict로 해석하는 것이 더 나을지 모른다. 세 개의 구분되는 가장 중요한 행동들이 있다. 주님께서는 이것을 우리에게 그분이 보내는 하나님의 영이 수행하게 된다고 말씀하시고 있다. 하나님의 영의 임무는 주님의 나라를 지상에 건설하는 데 있어 악덕과 잘못들은 방해가 되고, 미덕과 진리들은 도움이 된다는 것을 납

득시키는 것, 죄인들의 마음에 죄에 관해, 정의에 관해, 심판에 관한 확신을 가져 다 주는 것이다. 8절

🐟 하나님의 영이 세상을 납득시키는 첫 번째 일은 죄이다. "죄에 대하여 깨우 친다고 함은 세상 사람들이 나를 믿지 않기 때문이요,"- 죄의 지각은 주님이 구 원하시는 권능의 첫 번째 깨달음이고 첫째 행동은 진짜로 전환하는 것이다. 죄를 자각함은 정의의 새로운 삶의 시작이다. 인간은 그의 죄를 씻을 때까지 정의로운 삶을 살 수 없다. 그분이 죄에 관해 세상을 납득시킨다는 것, 주님의 영의 일에 관하여 우리에게 얼마나 위대한 생각을 주는지! 죄는 인류를 파멸시켰다. 그리 고 주님을 세상에 데려다 놓았다. 그리고 그분을 고통받는 자로 만들었고 죽음에 놓이게 했다. 그래서 지금 하나님의 영은 그분으로부터 내려오신다. 하나님의 영 이 인간에게 납득시켜 주는 죄란 주 구세주에 대한 불신앙이다. 그분에 관한 지 식 없이 죄가 범해진다면 죄에 관한 참된 지식도 있을 수 없다. 그리고 죄를 용서 할 수 있는 유일한 그분을 믿지 않고 죄에 관한 참된 납득도 없다. 불신앙이 죄이 다. 그 이유란, 구세주를 인정함을 배척하고 있으면 죄를 인정함도 배척되기 때문 이다. 심정 속의 이런 완고함을 제거하고 죄에 대해 뉘우침을 가져오는 것은 하나 님의 영의 영향으로부터 파생되는 은택 중의 하나이다. "주 예수 그리스도를 믿 어라"는 구세주가 구원해 주어야 한다고 요청하는 이들에 대한 사도들의 답이다. 구원하는 신앙은 단지 설득함이 아니라 참회하는 심정이 예수를 구세주로 받아 들이는 것이다. 이것은 그 안에 죄의 고백과 뉘우침 그리고 악을 버리고 주님의 계명에 의거한 삶을 살아가려는 신실한 목적과 노력까지 함께 포함하고 있다. 9절

🐟 성령이 오셔서 의에 대하여 세상을 책망하신다고 예수는 가르치셨다. 이는 세상에 의가 없기 때문이 아니다. 세상이 말하는 의가 있으며 그것을 다양한 채 널을 통해 유포하고 있다. 정의가 무엇인지, 공의가 어떻게 펼쳐져야 하는지에 대 한 명확한 기준들이 있다. 이것이 법으로 규정되어 사회 질서를 이루고 있다. 의 가 없는 세상은 존재하지 않는다. 그런데 성령이 오셔서 의에 대해 세상을 책망

Vox populi, vox Dei.

하신다고 한다. 이것은 세상이 말하는 의에 뭔가 문제가 있다는 것을 전제한다. 문제가 없다면 책망할 것도 없기 때문이다. 세상이 말하는 의가 잘못되었음을 성령이 밝히실 것이다. 어떤 기준으로 세상의 의가 그릇되었는지를 알 수가 있을까? 본문은 "의에 대하여 깨우친다고 함은 내가 아버지께로 가고 너희가 나를 더 이상 못 볼 것이기 때문이요"란 새로운 의의 기준을 제시하고 있다. 이 새로운 기준과 비교해서 세상의 의가 잘못되었다는 것이다. 세상이 주장하는 의와 예수가 제시하신 의를 비교하면 왜 세상의 의가 책망받아야 하는지를 알 수 있다는 것이다. 예수가 제시하신 새로운 의는 철저히 자신과 관련된 것이다. 그것은 자기 자신이 아버지께로 갈 것이며 제자들이 그를 다시 보지 못한다는 이야기이다. 예수가 더 이상 이 세상에 있지 않을 것인데 이것이 새로운 의의 내용이다. 이것을 받아들인다면 이제부터는 세상이 말하는 의를 재해석할 수밖에 없다. 이러한 재평가를 통해 성령은 세상의 의를 책망하실 것이다. 10절

🐟 **심판에 대하여 깨우친다고 함은 이 세상의 통치자가 심판을 받았기 때문이다** - 죄와 의, 그리고 심판에 대한 성령의 책망은 그리스도의 지상 사역과 깊은 연관이 있음을 이해해야 한다. 즉 죄와 의에 대한 성령의 책망이 그리스도의 '무죄'와, '완전한 의'를 세상으로 하여금 깨닫게 하는 것이라면 심판은 그가 죽으시고 부활하심으로 말미암아 세상의 임금이 심판을 받았다는 것을 증거한다. 세상 임금은 사단의 세력을 의미한다. 이처럼 사단은 모든 죄인들 위에서 군림한다는 뜻에서 '공중 권세 잡은 자'에베소서 2:2, '어두움의 세상 주관자'에베소서 6:12라고 불리기도 한다. 그런데 사단에 대한 예수의 심판은 예수가 이 세상에 오심으로 시작되었으며 십자가 위에서 죽으심으로 더 이상 왕 노릇하지 못하게 사망의 권세 잡은 자들을 심판하셨다. 그리고 부활을 통하여 이 심판을 더욱 확증함으로써 사단에 대한 자신의 승리를 확인하셨다. 성령은 이 심판을 세상으로 하여금 깨닫게 하신다. 한편 "심판을 받았다"란 표현은 헬라어 본문에서 완료형으로 기록되었다. 이에 대해서는 다음 두 가지로 해석될 수 있다. (1) 예수의 사역 가운데서 이미 심판이 시작되었다. 예수에 의해서 귀신들이 쫓겨나는 것은 그들에 대한 심판이 시작되었음을 입증한다. 왜냐하면 예수는 심판하는 권세를 가지고 계시기 때

문이다. 다만 성령은 예수의 심판하시는 사역을 마지막 심판 때까지 지속시키실 것이다. (2) 예수는 자신의 죽음과 부활을 통해 성취될 승리를 내다보시고 완료형으로 사용하셨다. 예수를 믿는 자가 심판에 이르지 않고 생명으로 옮겨졌다는 표현과 같이 승리가 확정되어 있으므로 심판도 확정된 것으로 말씀하신 것이다. 11절

🐟 아직도, 내가 너희에게 할 말이 많으나, 너희가 지금은 감당하지 못한다 - 이 말씀에서 예수는 제자들에게 하시고 싶은 말씀이 많았지만, 지금은 제자들이 그것을 감당하지 못하기 때문에 할 수가 없다고 말씀하셨다. 주님께서는 우리에게 가르쳐주고 싶은 것이 정말 많이 있으시다. 그런데 항상 우리의 문제는 우리가 그것을 감당하지 못한다는 것이다. 우리에게는 배워야 할 것도 많고, 고쳐야 할 점도 많고, 더욱더 새롭게 되고, 변화되고, 전진해야 할 길이 많이 있는데, 실제로 우리가 배우고 변화되는 속도는 너무나 느리다. 오늘날도 주님께서는 우리에게 가르쳐주고 싶으신 것이 너무나 많이 있지만 우리가 배우고 받아들이는 속도가 너무 느리기 때문에, 하나님께서는 우리에게 많은 것을 말씀해 주실 수가 없다. 12절

하나님의 심판을 기억하라

자료: blog.naver.com

～ 그러나 그분 곧 진리의 영이 오시면, 그가 너희를 모든 진리 가운데로 인도하실 것이다. 그는 자기 마음대로 말씀하지 않으시고, 듣는 것만 일러주실 것이요, 앞으로 올 일들을 너희에게 알려 주실 것이다 - 여기에서 예수는 이제 곧 떠나가실 것이기 때문에, 제자들을 가르쳐주시는 일을 이제 곧 오실 진리의 영께 의탁하시는 것을 볼 수가 있다. 진리의 영께서 오시면 제자들을 모든 진리 가운데로 인도하시겠다고 말씀하고 계신다. 진리의 영께서는 스스로 말씀하지 않으시고, 삼위일체 하나님의 뜻 안에서 말씀하실 것이다. 13절

～ 또 그는 나를 영광되게 하실 것이다. 그가 나의 것을 받아서, 너희에게 알려 주실 것이기 때문이다 - 진리의 영께서 하시는 사역의 큰 특징을 한 가지 볼 수가 있다. 그것은 바로 진리의 영, 성령님께서는 주 예수 그리스도를 영화롭게 하신다는 것이다. 성령님께서는 예수로부터 말씀을 받아서 제자들에게 주실 것이기 때문이다. 우리는 요한복음을 시작하면서, 예수의 이름이 말씀이라는 것을 살펴보았다. 그러므로 성령 하나님께서는 말씀 하나님으로부터 말씀을 받아서 제자들에게 설명해 주신다는 것이다. 성령님께서 하시는 일은 주 예수를 영화롭게 하신다는 것이다. 주님께 영광을 돌린다는 것이다. 우리가 성령님으로 충만한 삶을 산다면, 우리의 삶의 특징은 주 예수에게 영광을 돌리는 것이 될 것이다. 14절

～ 아버지께서 가지신 것은 다 나의 것이다. 그렇기 때문에 내가, 성령이 나의 것을 받아서 너희에게 알려 주실 것이라고 말한 것이다 - 여기에서는 삼위일체 하나님께서 모든 것을 공유하시는 것을 볼 수 있다. 아버지께 있는 것은 다 예수의 것이고, 또 성령님께서는 예수의 것을 가져다가 제자들에게 보이시기 때문이다. 육신의 삶의 특징은 자기를 영화롭게 하는 것이다. 나를 존중하고, 나를 중요시하며, 나를 소중히 여기는 삶은 육신의 삶이다. 내 중심적이고, 나 자신만을 위하는 이기적인 삶은 육신적인 것이다. 15절

～ 예수는 조금 있으면 제자들이 자기를 보지 못할 것이고, 또 조금 있으면 다

시 볼 것이라고 말씀해 주셨다. 이것은 바로 예수의 죽으심과 부활하심에 대하여 말씀하시는 것이다. 제자들은 3년 반 동안 예수를 따라다녔지만 예수가 도대체 무슨 말씀을 하시는 것인지 전혀 이해하지 못하였다. 우리 속담에 서당 개 3년이면 풍월을 읊는다고 하였다. 그런데 제자들은 어떻게 된 노릇인지, 예수가 이 땅에 오신 목적이 무엇인지 아직도 모르고 있는 것이다. 예수가 이 땅에 오신 목적은 무엇일까? 바로 예수는 죄인들을 위한 하나님의 화해 헌물로, 십자가에 매달리기 위하여 오셨다. 바로 나와 같은 죄인을 대신하여 하나님의 심판을 대신 담당하시려고 오신 것이다. 그런데 제자들은 지금 예수와 함께 최후의 만찬을 다 먹고, 겟세마네 동산으로 걸어가고 있는 이 순간에도 예수가 무슨 말씀을 하시는 것인지 이해하지 못하고 있는 것이다. 우리들도 많은 말씀을 읽고, 듣고, 배운다고 해서 정말 하나님의 뜻을 알게 되는 것은 아니다. 우리는 정말 하나님과 동행하고 그분의 뜻을 알 수 있도록 늘 깨어서 주님과 동행해야 한다. 20절에 보니까, 예수는 제자들이 슬피 울며 애통할 것이라고 말씀하셨다. 제자들이 슬피 울며 애통하는 이유는 바로 예수가 십자가에 달리시기 때문이었던 것이다. 그 반면에 세상은 어떻게 될까? 세상은 기뻐할 것이라고 말씀하셨다. 왜냐하면 이 세상은 예수를 대적하기 때문인 것이다. 우리는 이 세상에 발을 딛고 살지만, 우리는 결코 이 세상의 사람이 아니라, 우리는 하늘의 사람이다. 이 땅에서는 나그네이고 순례자인 것이다. 우리가 이 세상과 똑같이 기뻐하고 슬퍼한다면, 그것은 예수의 제자가 아니다. 예수는 제자들의 근심이 기쁨으로 변할 것이라고 말씀하셨다. 그리고 그 기쁨을 아기를 낳을 때의 고통과, 그 이후의 기쁨으로 설명해 주시고 계신다. 주님을 따르는 삶도 이와 같다. 우리가 예수를 참되게 따르고자 한다면, 우리는 힘들고 고통스러운 일들을 경험하게 될 것이다. 억울한 일을 당하기도 할 것이고, 힘들고 어려운 일들을 당하기도 할 것이고, 손해를 당하는 일들도 생기게 될 것이다. 그런데 중요한 것은 우리에게는 이 세상이 전부가 아니라는 것이다. 이제 우리에게는 하늘의 소망이 있다. 그렇기 때문에 우리는 오늘 참을 수 있고, 오늘 견딜 수가 있다. 주님께서는 우리가 이제 주님이 주시는 기쁨으로 인해 고통을 기억하지 않으리라고 말씀하셨다. 22절을 보면, 지금은 제자들이 근심하

지만 예수가 다시 오셔서 제자들을 만나시면, 제자들의 마음이 기뻐지고 아무도 그 기쁨을 빼앗지 못할 것이라고 말씀하셨다. 이것은 1차적으로 예수가 부활하셔서 제자들에게 다시 찾아오실 것임을 말씀하시는 것이고, 2차적으로는 우리들을 위해 공중에 재림하셔서 우리를 구름들 속으로 채어 올라가시는 휴거를 말씀하시는 것이다. 우리가 오늘은 눈물을 흘릴지라도 우리의 근심과 고통이 기쁨으로 바뀔 날이 올 것이다. 16-22절

🐟 이제 예수는 십자가에 달려 돌아가실 것이고, 또 부활하신 이후에는 승천하여 하늘에 가실 것이기 때문에, 제자들에게는 기도가 절실히 필요하다. 제자들은 3년 반 동안 예수를 따라다녔다. 예수가 가자고 하시는 대로 가고, 예수가 떠나자고 하시면 떠나고, 또 여기서 머무르자고 하시면 머물렀다. 그런데 이제 예수가 떠나가신다면 제자들은 무엇을 어떻게 해야 할까? 바로 기도해야 한다는 것이다. 23절에서 예수는 우리가 무엇이든지 예수의 이름으로 아버지께서 구하면 그것을 들어주실 것이라고 말씀하셨다. 24절에서 예수는 우리가 그의 이름으로 구하면 우리가 받을 것이고, 이로써 우리의 기쁨이 충만할 것이라고 말씀하셨다. 예수의 이름으로 구한다는 것은 무엇일까? 이것은 먼저 우리의 이름에는 자격이 없다는 것을 의미한다. 예수가 아닌 내 이름으로 기도를 하게 된다면, 우리는 거절을 당할 수밖에 없다는 것이다. 왜냐하면 우리는 하나님 앞에서 자격이

예수가 부활한 후 만난 제자들

자료: kr.kingdomsalvation.org

없는 사람이기 때문이다. 내가 무엇을 잘했다 하더라도, 내가 어떤 선한 일을 많이 하였다고 하더라도, 우리 자신의 이름으로는 결코 하나님 앞에 나아갈 수가 없다. 그러므로 우리는 완전하신 예수의 이름을 힘입어서만 하나님 앞에 나아갈 수가 있는 것이다. 또 예수의 이름으로 구한다는 것은 예수의 뜻을 따른다는 것을 의미한다. 예를 들어, 우리가 예수의 이름으로 기도를 한다고 하면서 예수의 이름을 걸고 어떠한 죄악된 것을 간절히 기도한다면, 그것은 예수의 이름으로 기도를 한다고 볼 수가 없을 것이다. 정말 너무나 미워하는 원수인 누군가를 생각하면서, 예수의 이름으로 저 사람이 지옥에 가게 해달라고 기도를 한다면, 그것은 과연 예수의 이름으로 기도를 한다고 볼 수가 있을까? 예수의 이름으로 기도를 하라는 것은, 단순히 주문을 외우듯이 말로만 예수의 이름으로 기도한다는 말을 하라는 것이 아니다. 예수의 이름으로 기도를 한다는 것은 예수의 뜻과 예수의 이름과 명예를 걸고서, 반드시 이루어져야 하는 일들을 구해야 한다는 것이다. 예수의 이름에 걸맞는, 예수의 이름이 드러나고, 찬양을 받으시고, 영광을 받기에 합당한 일들, 예수를 따르는 일들을 구하는 것이 바로 예수의 이름으로 기도하는 것이다.

우리가 기도에 대한 두 번째 가르침은 바로 구하면 주신다는 것이다. 이것은 우리가 기도를 하면서 가져야 하는 가장 기본적이면서 가장 중요한 믿음이다. 구해도 주시지 않을 것이라고 생각한다면, 그것은 구하는 의미가 없는 것이다. 우리는 기도를 하면서 반드시 주실 것을 믿어야 한다. 그러나 우리는 하나님의 인도하심을 믿어야 한다. 아브라함은 아들을 주시라고 평생 기도하였을 것이지만, 하나님의 때가 이르렀을 때, 그에게 더 이상 소망이 없을 때, 100세가 되었을 때 아들을 낳았다. 요셉은 감옥에서 꺼내달라고 끊임없이 기도하였을 것이지만, 하나님의 때가 이르렀을 때, 그를 감옥에서 꺼내시고 총리의 자리에 앉히셨다. 이처럼 우리는 기도를 하되, 그것을 주시는 하나님의 완전한 타이밍을 기다려야 한다. 23, 24절

🐟 예수는 제자들에게 많은 것을 비유로 말씀하셨다. 특별히 하나님에 대하여 말씀하실 때에는 비유를 들어서 설명하셨다. 양을 잃어버린 목자가 어떻게 잃어

Vox populi, vox Dei.

버린 양을 찾아다니는지, 동전을 잃어버린 여인이 어떻게 애타게 동전을 찾고, 또 찾은 후에 얼마나 기뻐하는지, 탕자의 아버지가 어떻게 탕자를 기다리고, 그가 돌아왔을 때 어떻게 대해주는지, 여러 가지 비유를 통해서 하나님 아버지의 마음을 알려주셨다. 예수가 이렇게 비유로 말씀하신 이유는 그것이 가장 효과적인 방법이었기 때문이다. 그러나 이제 때가 이르면, 그들이 하늘에 가게 되면 더 이상 비유로 말씀하실 필요가 없고, 그들에게 분명히 보여주실 수가 있다. 그리고 그 전에라도 예수가 승천하시고 이제 성령님을 이 땅에 보내주시면, 제자들은 성령님을 통하여 아버지를 보다 분명히 알 수 있게 되는 것이다. 예수는 바로 그것을 말씀하시는 것이다.

26절에서는 예수가 주신 기도의 가르침과 더불어, 그 때에는 제자들이 기도할 것이라고 말씀하셨다. 그 동안은 예수가 제자들을 위해서 많이 기도해주셨다. 그리고 지금도 중보의 기도로 우리를 위해 기도하신다. 그러나 예수는 여기서 바로 제자들이 기도하는 것을 강조하고 계신다. 또한 27절을 보면 제자들이 예수를 사랑하였고, 또 예수를 믿었으므로 아버지께서 친히 제자들을 사랑하신다고 말씀하고 계신다. 이제 28절에서는 예수가 아버지로부터 나와 세상에 오셨다가, 다시 아버지께로 간다고 말씀하고 계신다. 27절 말씀을 다시 한번 생각해 보기로 한다.

> "아버지께서는 친히 너희를 사랑하신다. 그것은, 너희가 나를 사랑
> 하였고, 또 내가 하나님께로부터 온 것을 믿었기 때문이다."

예수는 제자들이 예수를 사랑하였다고 평가하고 계신다. 또한 예수가 하나님으로부터 온 줄로 믿었다고 평가하고 계신다. 그리고 아버지께서 친히 제자들을 사랑하신다고 말씀해 주신다. 지금 제자들은 겟세마네를 향해 가고 있고, 이제 곧 예수를 버리고 모두가 도망갈 사람들이다. 베드로는 세 번이나 예수를 부인할 사람이었다. 도마 같은 경우는 예수가 부활하셨다는 다른 제자들의 말을 듣고도 자기가 직접 보지 않으면 믿지 않겠다고 말할 그런 제자였다. 그럼에도 불구하고

겟세마네 동산

자료: hongkim.blog

Vox populi, vox Dei.

예수는 제자들이 하나님을 사랑하셨다고 평가해 주고 계신다. 누구보다도 사람을 정확하게 평가하실 수 있는 분께서, 누구보다도 사람의 허물과 실수와 잘못을 찾아내실 수 있는 분께서, 제자들의 모든 과거와 현재와 미래의 잘못과 부족함에 대하여는 눈감아주시고, 그들이 주님을 사랑한다고 평가해 주시는 것이다. 예수는 마음의 속 중심을 보시고, 그들이 주님을 사랑한다고 평가해 주신 것이다. 25-28절

🐟 제자들은 예수가 하신 말씀을 듣고, 이제는 우리가 주님이 누구이신 줄 알겠고, 주님을 믿을 수가 있겠다고 말하였다. 물론 그들은 그동안 예수를 믿어왔고 따라왔다. 그러나 이제는 더욱 분명하고 확실하게 믿을 수가 있게 되었다고 말하였던 것이다. 그런데 예수는 이제는 너희가 믿느냐고 다시 물어보시면서, 제자들이 예수를 혼자 내버려두고 다 도망가고 떠나갈 것이라고 말씀하셨다. 그러나 예수는 아버지와 함께 계셨기 때문에, 더 이상 혼자는 아니었다. 제자들은 이제 자기들이 주님을 믿는다고 생각하였지만, 아직도 그들의 믿음은 부족하였고 더 성장할 필요가 있었던 것이다. 그런데 우리는 33절에서 너무나 인상 깊은 말씀을 볼 수가 있다. 예수가 이러한 말씀을 하시는 그 목적이 무엇인가 봤더니, 바로 제자들이 예수 안에서 평안을 누리게 하려 하심이라는 것이다. 제자들이 이

세상에서 환난을 당할지라도 기운을 내라고 격려하고 계신다. 예수가 세상을 이 기셨기 때문에, 예수 안에서 평안을 누리라고 말씀하신다. 이것은 정말 이상하고 신기하고 놀라운 말씀이다. 지금 예수는 자기를 버리고 다 도망갈 제자들을 향하여, 내 안에서 평안을 누리고 기운을 내라고 말씀하신다. 주님이 주시는 평안은 도대체 무엇일까? 이 말씀에 의하면 그것은 환난을 당할 터이나 기운을 낼 수 있는 힘을 의미한다. 고난과 역경이 다가올지라도 평안을 누릴 수 있는 신기하고 놀라운 마음 상태를 말한다. 우리는 요한복음 16장 말씀을 살펴보면서, 기도에 대한 가르침을 살펴보았고, 또 이제 예수가 주시는 신기한 평안에 대해서 말씀을 읽었다. 주님이 주시는 평안, 하나님의 평강은 특징이 있는데, 그것은 바로 이 세상의 것들을 초월하고 뛰어넘는다는 것이다. 환난을 당할지라도, 고난과 시련이 있을지라도, 우리가 주님과 동행한다면 우리는 평강을 누릴 수가 있을 것이다. 세상의 평강은 돈이 많아야 가질 수가 있고, 모든 일들이 잘 풀려야 가질 수가 있다. 그러나 실제로 이 세상에서 돈이 많은 부자라고 해서 정말 늘 마음이 평안한 것은 아니다. 돈이 많은 사람이 오히려 더 불안하게 사는 경우도 있다. 오늘 우리의 평강과 행복의 근거는 어디에 있을까? 29-33절

기도하는 예수

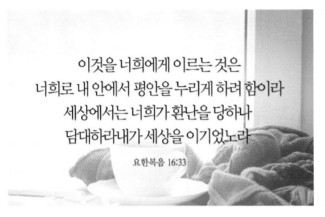

이것을 너희에게 이르는 것은
너희로 내 안에서 평안을 누리게 하려 함이라
세상에서는 너희가 환난을 당하나
담대하라 내가 세상을 이기었노라

요한복음 16:33

"I have told you these things, so
that in me you may have peace.
In this world you will have
trouble. But take heart! I have
overcome the world."

John 16:33, NIV

자료: gp.godpeople.com

Vox populi, vox Dei.

🔺 처음 기독교에 입문했을 때 은현교회 앞에서

요한복음
17장

天聲

1 예수께서 이 말씀을 마치시고, 눈을 들어 하늘을 우러러보시고 말씀하셨다. "아버지, 때가 왔습니다. 아버지의 아들을 영광되게 하셔서, 아들이 아버지께 영광을 돌리게 하여 주십시오.

2 아버지께서는 아들에게 모든 사람을 다스리는 권세를 주셨습니다. 그것은 아들로 하여금 아버지께서 그에게 주신 모든 사람에게 영생을 주게 하려는 것입니다.

3 영생은 오직 한 분이신 참 하나님을 알고, 또 아버지께서 보내신 예수 그리스도를 아는 것입니다.

4 나는 아버지께서 내게 하라고 맡기신 일을 완성하여, 땅에서 아버지께 영광을 돌렸습니다.

5 아버지, 창세 전에 내가 아버지와 함께 누리던 그 영광으로, 나를 아버지 앞에서 영광되게 하여 주십시오.

1 After Jesus said this, he looked toward heaven and prayed: "Father, the time has come. Glorify your Son, that your Son may glorify you.

2 For you granted him authority over all people that he might give eternal life to all those you have given him.

3 Now this is eternal life: that they may know you, the only true God, and Jesus Christ, whom you have sent.

4 I have brought you glory on earth by completing the work you gave me to do.

5 And now, Father, glorify me in your presence with the glory I had with you before the world began.

_419

1   イエスはこれらのことを話してから，目を天に向けて，言われた。「父よ。時が來ました。あなたの子があなたの榮光を現わすために，子の榮光を現わしてください。

2   それは子が，あなたからいただいたすべての者に，永遠のいのちを與えるため，あなたは，すべての人を支配する權威を子にお與えになったからです。

3   その永遠のいのちとは，彼らが唯一のまことの神であるあなたと，あなたの遣わされたイエス・キリストとを知ることです。

4   あなたがわたしに行なわせるためにお與えになったわざを，わたしは成し遂げて，地上であなたの榮光を現わしました。

5   今は，父よ，みそばで，わたしを榮光で輝かせてください。世界が存在する前に，ごいっしょにいて持っていましたあの榮光で輝かせてください。

6   나는, 아버지께서 세상에서 택하셔서 내게 주신 사람들에게 아버지의 이름을 드러냈습니다. 그들은 본래 아버지의 사람들인데, 아버지께서 그들을 나에게 주셨습니다. 그들은 아버지의 말씀을 지켰습니다.

7   지금 그들은, 아버지께서 내게 주신 모든 것이, 아버지께로부터 온 것임을 알고 있습니다.

8   나는 아버지께서 내게 주신 말씀을 그들에게 주었습니다. 그들은 그 말씀을 받아들였으며, 내가 아버지께로부터 온 것을 참으로 알았고, 또 아버지께서 나를 보내신 것을 믿었습니다.

9   나는 그들을 위하여 빕니다. 나는 세상을 위하여 비는 것이 아니고, 아버지께서 내게 주신 사람들을 위하여 빕니다. 그들은 모두 아버지의 사람들입니다.

10 나의 것은 모두 아버지의 것이고, 아버지의 것은 모두 나의 것입니다. 나는 그들로 말미암아 영광을 받았습니다.

6   "I have revealed you to those whom you gave me out of the world. They

were yours; you gave them to me and they have obeyed your word.

7 Now they know that everything you have given me comes from you.

8 For I gave them the words you gave me and they accepted them. They knew with certainty that I came from you, and they believed that you sent me.

9 I pray for them. I am not praying for the world, but for those you have given me, for they are yours.

10 All I have is yours, and all you have is mine. And glory has come to me through them.

6 わたしは, あなたが世から取り出してわたしに下さった人々に, あなたの御名を明らかにしました。彼らはあなたのものであって, あなたは彼らをわたしに下さいました。彼らはあなたのみことばを守りました。

7 いま彼らは, あなたがわたしに下さったものはみな, あなたから出ていることを知っています。

8 それは, あなたがわたしに下さったみことばを, わたしが彼らに與えたからです。彼らはそれを受け入れ, わたしがあなたから出て來たことを確かに知り, また, あなたがわたしを遣わされたことを信じました。

9 わたしは彼らのためにお願いします。世のためにではなく, あなたがわたしに下さった者たちのためにです。なぜなら彼らはあなたのものだからです。

10 わたしのものはみなあなたのもの, あなたのものはわたしのものです。そして, わたしは彼らによって榮光を受けました。

11 나는 이제 더 이상 세상에 있지 않으나, 그들은 세상에 있습니다. 나는 아버지께로 갑니다. 거룩하신 아버지, 아버지께서 내게 주신 아버지의 이름으로 그들을 지켜주셔서, 우리가 하나인 것 같이, 그들도 하나가 되게 하여 주십시오.

12 내가 그들과 함께 지내는 동안은, 아버지께서 내게 주신 아버지의 이름으로 그들

을 지키고 보호하였습니다. 그러므로 그들 가운데서는 한 사람도 잃지 않았습니다. 다만, 멸망의 자식만 잃은 것은 성경 말씀을 이루기 위함이었습니다.

13 이제 나는 아버지께로 갑니다. 내가 세상에서 이것을 아뢰는 것은, 내 기쁨이 그들 속에 차고 넘치게 하려는 것입니다.

14 나는 그들에게 아버지의 말씀을 주었는데, 세상은 그들을 미워하였습니다. 그것은, 내가 세상에 속하여 있지 않은 것과 같이, 그들도 세상에 속하여 있지 않기 때문입니다.

15 내가 아버지께 비는 것은, 그들을 세상에서 데려 가시는 것이 아니라, 악한 자에게서 그들을 지켜 주시는 것입니다.

11 I will remain in the world no longer, but they are still in the world, and I am coming to you. Holy Father, protect them by the power of your name—the name you gave me—so that they may be one as we are one.

12 While I was with them, I protected them and kept them safe by that name you gave me. None has been lost except the one doomed to destruction so that Scripture would be fulfilled.

13 "I am coming to you now, but I say these things while I am still in the world, so that they may have the full measure of my joy within them.

14 I have given them your word and the world has hated them, for they are not of the world any more than I am of the world.

15 My prayer is not that you take them out of the world but that you protect them from the evil one.

11 わたしはもう世にいなくなります。彼らは世におりますが, わたしはあなたのみもとにまいります。聖なる父。あなたがわたしに下さっているあなたの御名の中に, 彼らを保ってください。それはわたしたちと同様に, 彼らが一つとなるためです。

12 わたしは彼らといっしょにいたとき, あなたがわたしに下さっている御名の中

に彼らを保ち, また守りました。彼らのうちだれも滅びた者はなく, ただ滅び の子が滅びました。それは, 聖書が成就するためです。

13 わたしは今みもとにまいります。わたしは彼らの中でわたしの喜びが全うされるために, 世にあってこれらのことを話しているのです。

14 わたしは彼らにあなたのみことばを與えました。しかし, 世は彼らを憎みました。わたしがこの世のものでないように, 彼らもこの世のものでないからです。

15 彼らをこの世から取り去ってくださるようにというのではなく, 悪い者から守ってくださるようにお願いします。

16 내가 세상에 속하지 않은 것과 같이, 그들도 세상에 속하지 않았습니다.

17 진리로 그들을 거룩하게 하여 주십시오. 아버지의 말씀은 진리입니다.

18 아버지께서 나를 세상에 보내신 것과 같이, 나도 그들을 세상으로 보냈습니다.

19 그리고 내가 그들을 위하여 나를 거룩하게 하는 것은, 그들도 진리로 거룩하게 하려는 것입니다."

20 "나는 이 사람들을 위해서만 비는 것이 아니고, 이 사람들의 말을 듣고 나를 믿는 사람들을 위해서도 빕니다.

16 They are not of the world, even as I am not of it.

17 Sanctify them by the truth; your word is truth.

18 As you sent me into the world, I have sent them into the world.

19 For them I sanctify myself, that they too may be truly sanctified.

20 "My prayer is not for them alone. I pray also for those who will believe in me through their message,

16 わたしがこの世のものでないように, 彼らもこの世のものではありません。

17 眞理によって彼らを聖め別ってください。あなたのみことばは眞理です。

18 あなたがわたしを世に遣わされたように, わたしも彼らを世に遣わしました。

19 わたしは, 彼らのため, わたし自身を聖め別ちます。彼ら自身も眞理によって聖め別たれるためです。

20 わたしは, ただこの人々のためだけでなく, 彼らのことばによってわたしを信じる人々のためにもお願いします。

21 아버지, 아버지께서 내 안에 계시고, 내가 아버지 안에 있는 것과 같이, 그들도 하나가 되어서 우리 안에 있게 하여 주십시오. 그래서 아버지께서 나를 보내셨다는 것을, 세상이 믿게 하여 주십시오.

22 나는 아버지께서 내게 주신 영광을 그들에게 주었습니다. 그것은, 우리가 하나인 것과 같이, 그들도 하나가 되게 하려는 것입니다.

23 내가 그들 안에 있고, 아버지께서 내 안에 계신 것은, 그들이 완전히 하나가 되게 하려는 것입니다. 그것은 또, 아버지께서 나를 보내셨다는 것과, 아버지께서 나를 사랑하신 것과 같이 그들도 사랑하셨다는 것을, 세상이 알게 하려는 것입니다.

24 아버지, 아버지께서 내게 주신 사람들도, 내가 있는 곳에 나와 함께 있게 하여 주시고, 창세 전부터 아버지께서 나를 사랑하셔서 내게 주신 내 영광을, 그들도 보게 하여 주시기를 빕니다.

25 의로우신 아버지, 세상은 아버지를 알지 못하였으나, 나는 아버지를 알았으며, 이 사람들도 아버지께서 나를 보내신 것을 알고 있습니다.

21 that all of them may be one, Father, just as you are in me and I am in you. May they also be in us so that the world may believe that you have sent me.

22 I have given them the glory that you gave me, that they may be one as we are one:

23 I in them and you in me. May they be brought to complete unity to let the world know that you sent me and have loved them even as you have loved me.

24 "Father, I want those you have given me to be with me where I am, and to see my glory, the glory you have given me because you loved me before the creation of the world.

25 "Righteous Father, though the world does not know you, I know you, and they know that you have sent me.

21 それは, 父よ, あなたがわたしにおられ, わたしがあなたにいるように, 彼らがみな一つとなるためです。また, 彼らもわたしたちにおるようになるためです。そのことによって, あなたがわたしを遣わされたことを, 世が信じるためなのです。

22 またわたしは, あなたがわたしに下さった榮光を, 彼らに與えました。それは, わたしたちが 一つであるように, 彼らも一つであるためです。

23 わたしは彼らにおり, あなたはわたしにおられます。それは, 彼らが全うされて一つとなるためです。それは, あなたがわたしを遣わされたことと, あなたがわたしを愛されたように彼らをも愛されたこととを, この世が知るためです。

24 父よ。お願いします。あなたがわたしに下さったものをわたしのいる所にわたしといっしょにおらせてください。あなたがわたしを世の始まる前から愛しておられたためにわたしに下さったわたしの榮光を, 彼らが見るようになるためです。

25 正しい父よ。この世はあなたを知りません。しかし, わたしはあなたを知っています。また, この人々は, あなたがわたしを遣わされたことを知りました。

26 나는 이미 그들에게 아버지의 이름을 알렸으며, 앞으로도 알리겠습니다. 그것은, 아버지께서 나를 사랑하신 그 사랑이 그들 안에 있게 하고, 나도 그들 안에 있게 하려는 것입니다."

26 I have made you known to them, and will continue to make you known in order that the love you have for me may be in them and that I myself may be in them."

26 そして, わたしは彼らにあなたの御名を知らせました。また, これからも知らせます。それは, あなたがわたしを愛してくださったその愛が彼らの中にあり, またわたしが彼らの中にいるためです。」

예수의 기도

자료: ko.wikipedia.org

人語

개요

주님은 제자들을 끝까지 사랑하셨다. 그러므로 주님은 대속의 죽음을 앞에 두고 세상에 남아 있을 제자들이 믿음 안에 굳게 서도록 권고의 말씀을 주셨고13-16장, 마지막으로 그들을 위하여 기도하셨다. 여기 17장은 주님께서 제자들을 위하여 기도하신 내용을 기록하고 있다. 이 기도에서 주님은 하나님의 영광을 위하여, 교회를 위하여, 그리고 세상의 구원을 위하여 기도하셨다. 주님은 지상에서 이 세 가지를 위하여 사셨고, 또한 제자들도 이를 위하여 살기 원하셨다. 따라서 이 세 가지 주제는 주님의 마음이라고 할 수 있다.

요한복음 17장은 예수가 아버지께 기도하는 말씀으로 시작되고 있다. 이 기도는 예수가 제자들이 듣도록 큰 목소리로, 공개적으로 하신 것이다. 이것은 예수가 아버지와 개인적으로 기도로 교제를 나누시는 것뿐만 아니라, 제자들에게 기도에 대한 가르침을 주시는 의미도 가지고 있다.

요한복음 17장 해설[1]

1절에서 예수는 눈을 들어 하늘을 보시면서 때가 이르렀다고 기도하고 계신다. 이제 아버지의 아들을 영광스럽게 하셔서, 아버지의 아들도 아버지를 영광

[1] 요한복음 John – 로빈박스, 2014. 11. 4.

스럽게 하도록 하시라고 기도하고 있다. 이것은 무슨 말씀일까? 바로 아들이신 예수가 영광스럽게 되시면, 하늘에 계신 아버지께서도 영광스럽게 되신다는 것이다. 왜 그럴까? 아버지와 아들이 하나이기 때문이다. 또한 2절에서 예수는 아버지께서 아들에게 모든 육체를 다스리는 권능을 주셨다고 말씀하고 있다. 그 이유는 예수가 아버지께서 그에게 주신 모든 자들에게 영원한 생명을 주게 하려 하심이라고 말씀하고 있다. 예수가 모든 육체를 다스리는 권능을 받았다는 것은 원래 예수가 처음부터 가지지 않으셨던 것을 나중에 받으셨다는 의미가 아니다. 예수는 창조주 하나님으로서, 또한 삼위일체 하나님으로서, 처음부터 모든 육체를 다스리는 권능을 가지고 계셨다. 그럼에도 불구하고 이렇게 말씀하시는 것은, 예수가 모든 육체를 다스리는 권능을 가지셨음을 제자들에게 강조하시는 것이다. 또한 그 권능이 모든 사람에게, 영원한 생명을 주는 것임을 알려주시는 것이다.

우리는 이와 비슷한 표현을 마태복음 28장에서도 발견할 수가 있다. 우리 함께 마태복음 28장 18-20절 말씀을 보자.

18. 예수께서 다가와서, 그들에게 말씀하셨다. "나는 하늘과 땅의 모든 권세를 받았다.

19. 그러므로 너희는 가서, 모든 민족을 제자로 삼아서, 아버지와 아들
과 성령의 이름으로 세례를 주고,

20. 내가 너희에게 명령한 모든 것을 그들에게 가르쳐 지키게 하여라.
보아라, 내가 세상 끝날까지 항상 너희와 함께 있을 것이다."

여기서도 우리는 예수가 하늘과 땅에 있는 모든 권능이 내게 주어졌다고 말씀하시는 장면을 볼 수가 있다. 그리고 나서 이어지는 말씀은, 그러므로 너희는 가서 모든 민족들에게 복음을 선포하라는 것이다. 이것은 우리가 지금 살펴보고 있는 요한복음 17장 2절의 말씀과 정확히 일치하는 것이다. 예수가 가지신 권능은 바로 모든 사람에게 영원한 생명을 주시는 권능이라는 것이다. 우리 함께 에베소서 1장 20-22절도 보자.

20. 하나님께서는 이 능력을 그리스도 안에 발휘하셔서, 그분을 죽은
사람들 가운데서 살리시고, 하늘에서 자기의 오른쪽에 앉히셔서

21. 모든 정권과 권세와 능력과 주권 위에, 그리고 이 세상뿐만 아니라
오는 세상에서 일컬을 모든 이름 위에 뛰어나게 하셨습니다.

22. 하나님께서는 만물을 그리스도의 발 아래 굴복시키시고, 그분을 만
물 위에 교회의 머리로 삼으셨습니다.

예수는 모든 것 위에 머리가 되시며, 모든 것 위에 권능을 가지신 분이시다. 그런데 이상한 것은 모든 것 위에 권능을 가진 분께서, 십자가에서 죽으셨다는 것이다. 예수는 자신의 power, 권능을 우리를 구원하는 데 사용하셨다. 우리가 오늘 예수를 닮는다는 것은 과연 무엇일까? 그것은 자신의 권능을 오직 사람들을 구원하는 데 사용하는 것이다. 우리는 오늘 우리의 힘을 어디에 사용하고 있는가? 1, 2절

Vox populi, vox Dei.

 3절에서는 예수가 가르쳐주시는 영생에 대하여 볼 수가 있다. 2절에서는 우리에게 영원한 생명을 주시는 권능에 대하여 말씀하셨고, 이제 3절에서는 바로 그 영원한 생명이 무엇인지를 보여주시는 것이다. 그것은 무엇일까? 예수가 말씀하시는 영원한 생명은 바로 참 하나님이신 아버지와 아버지께서 보내신 자인 예수 그리스도를 아는 것이다. 우리는 보통 영원한 생명이라는 말을 들으면 시간적으로 끝이 없이 계속된다는 개념으로만 생각하기가 쉽다. 그러나 여러분 생각해 보시기 바란다. 지옥에서도 모든 사람은 영원히 살게 되어있다. 그들이 차라리 죽기를 구할지라도, 지옥에서는 죽을 수가 없다. 영원한 불 속에서 죽지도 않고 영원히 고통을 받는 것이 바로 지옥의 고통인 것이다. 그러나 우리는 그것을 영원한 생명이라고 부를 수 없다. 오히려 우리는 그것을 영원한 멸망이라고 부르게 된다. 그렇다면 우리는 하나님께서 가르쳐주시는 구원이 무엇인가 다시 한 번 생각해 볼 필요가 있다. 그것은 바로 시간적으로 영원히 끝이 없다는 의미만이 아니라는 것이다. 예수가 가르쳐주시는 영원한 생명은 시간적인 개념만 있는 것이 아니고, 질적인 개념이 들어가 있는 것이다. 얼마나 높은 수준과 높은 질의 생명이며 삶인가를 말씀해 주시는 것이다. 그렇다면 유일하신 참 하나님인 아버지와 예수 그리스도를 아는 것이 과연 무엇일까? 이것은 우리가 단순히 누군가를 아는 것과는 조금 다르다. 우리는 미국 메이저리그 야구 선수 중에 크레이튼 커쇼라는 선수를 알고 있다. 그러나 그 선수는 우리를 모른다. 우리는 축구 선수 중에 리오넬 메시라는 선수를 알고 있다. 그러나 그 선수는 우리를 모른다. 우리는 김연아 선수를 알고 있다. 그러나 김연아 선수는 우리를 모른다. 이것은 무엇을 의미할까? 그 선수들이 우리와 개인적으로는 아무런 관계도 없다는 것이다. 그런데 지금 예수가 아는 것이라고 말씀하신, 안다는 의미는 단순히 우리가 하나님과 아무런 관계도 없이 하나님에 대하여 조금 지식적으로, 정보를 가지고 안다는 의미가 아니다. 주님께서 말씀하시는 안다는 의미는 아주 개인적이고도 매우 친밀한 관계를 의미하고 있는 것이다. 우리 함께 마태복음 7장 22-23절을 보자.

22. 그 날에 많은 사람이 나에게 말하기를 '주님, 주님, 우리가 주님의

이름으로 예언을 하고, 주님의 이름으로 귀신을 쫓아내고, 또 주님의 이름으로 많은 기적을 행하지 않았습니까?' 할 것이다.

23. 그 때에 내가 그들에게 분명히 말할 것이다. '나는 너희를 도무지 알지 못한다. 불법을 행하는 자들아, 내게서 물러가라.'

여기 보면 주님께서는 불법을 행하는 자들을 모른다고 말씀하신다. 하나님은 전지하신 분이신데, 과연 누구를 모르실 수가 있을까? 여기서 말씀하시는 모른다는 의미는 주님과 관계가 없다는 의미인 것이다. 성경에서 안다고 표현했을 때, 그것은 지식적인 것이 아니다. 지식적으로 따진다면, 마귀, 사탄이 주님을 가장 잘 알지 않겠는가? 그러나 사탄은 영원한 생명을 가지지 못하였다. 주님이 우리에게 알려주시고자 하는 영원한 생명은, 아버지 하나님과 예수 그리스도와 밀접한 교제와 관계를 가지고 동행하는 삶을 말씀하시는 것이다. 주님께서는 이러한 영원한 생명을 우리에게 주시기를 원하시는 것이다. 이 생명은 단지 천국에 가서 누리는 것이 아니라 오늘 우리가 누려야 하는 생명이다. 3절

4-8절에서 우리는 아버지 하나님과 아들 하나님의 관계를 볼 수가 있다. 먼저 간단하게 각 구절의 의미를 살펴보다. 4절에서, 예수 그리스도께서는 땅에서

당신은 영생을 얻으셨습니까?

자료: light-of-truth.org

아버지를 영화롭게 하셨다. 오직 아버지께 영광을 돌렸다. 그리고 아버지께서 하라고 주신 일을 끝마쳤다고 말씀하고 있다. 또한 5절에서는 아버지께서 세상에 있기 전에 함께 가졌던 영광으로 영화롭게 하시라고 기도하고 계신다. 이것은 이 세상이 있기 전에 아버지와 아들이 함께 영광을 누렸다는 것을 말씀하고 있다. 4절과 연관지어 보면, 원래 영광이라는 것은 삼위일체 하나님께서 동등하게 공유하셨던 것이다. 그런데 예수는 이 땅에 계시면서, 4절 말씀처럼, 예수 자신의 영광을 구하지 않으시고 오직 아버지의 영광을 구하셨다. 6절에서 예수는 자신의 제자들이 아버지께서 내게 주신 자들이라고 말씀하고 계신다. 본래 아버지의 것이었는데, 아버지께서 주셨다고 말씀하신다. 그리고 그들은 아버지의 말씀을 지켰다고 말씀하고 있다. 여기서 예수가 말씀하시는 것은 이 땅에서 예수 자신의 것이 아무것도 없음을 의미하시는 것이다. 7절에서는 제자들이 예수가 가지신 모든 것이 아버지로부터 나왔음을 알게 되었다고 말씀하고 계신다. 또한 8절에서는 예수는 아버지께서 주신 말씀들을 제자들에게 주었다고 말씀하고 있다. 또한 예수가 아버지로부터 나오고, 보내심을 받았음을 제자들이 알게 되었다고 말씀하고 있다.

우리는 이렇게 4-8절 말씀을 통해서 예수가 아버지를 어떻게 대하고 계신지를 볼 수가 있다. 예수는 삼위일체 하나님이시며, 아버지 하나님과 동등하시다. 그럼에도 불구하고 지금 예수는 모든 것을 아버지의 소유로 인정하시고, 자기 자신을 아무것도 아닌 자인 것처럼 겸손하게 말씀하고 계신다. 예수가 이렇게 하시는 이유는, 바로 제자들이 이렇게 살아야 한다는 것을 보여주시기 위함이다. 우리 함께 빌립보서 2장 5-8절을 보자.

5. 여러분 안에 이 마음을 품으십시오. 그것은 곧 그리스도 예수의 마음이기도 합니다.

6. 그는 하나님의 모습을 지니셨으나, 하나님과 동등함을 당연하게 생각하지 않으시고,

7. 오히려 자기를 비워서 종의 모습을 취하시고, 사람과 같이 되셨습니다. 그는 사람의 모양으로 나타나셔서,

8. 자기를 낮추시고, 죽기까지 순종하셨으니, 곧 십자가에 죽기까지 하셨습니다.

예수는 하나님의 형체이시며, 하나님과 동등하신 분이셨다. 그러나 그분께서는 스스로 무명한 자가 되셨고, 종의 형체를 취하셨으며, 자기를 낮추셨고, 십자가의 죽음에까지 순종하셨다. 이것은 예수가 자격이 없거나, 능력이 없어서가 아니라 오직 우리를 사랑하시고 구원하시기 위하셨기 때문이다. 그리고 예수는 부활하신 후에, 세상이 있기 전에 아버지와 함께 누렸던 그 영광을 다시 회복하셨다. 우리 함께 요한복음 5장 30절을 보자.

30. "나는 아무것도 내 마음대로 할 수 없다. 나는 아버지께서 하라고 하시는 대로 심판한다. 내 심판은 올바르다. 그것은 내가 내 뜻대로 하려 하지 않고, 나를 보내신 분의 뜻대로 하려 하기 때문이다."

예수는 이 땅에 계실 때, 아무것도 스스로 하지 않으셨다. 오직 아버지의 뜻만을 구하셨다. 이것은 예수가 사람의 대표가 되셔서, 사람이 마땅히 살아야 할 삶의 모범을 보여주신 것이다. 우리도 예수처럼 살기를 원한다. 오직 모든 것을 주시는 아버지께 영광을 돌리기 원한다. 4-8절

이제 9-11절 말씀에서 예수는 제자들을 위하여 기도하시는 것을 볼 수가 있다. 예수는 이 세상을 위해서 기도하지 않으신다고 말씀하셨다. 그 이유는 이 세상에는 소망이 없기 때문이다. 하나님께서 이 세상을 이처럼 사랑하셨다고 하셨을 때에는, 이 세상에 있는 사람들, 영혼들을 의미하는 것이었다. 그런데 여기서 예수가 세상을 위해서 기도하지 아니하신다는 것은 이 세상의 체계와 문화와

Vox populi, vox Dei.

남겨질 자를 위한 예수의 기도

자료: post.naver.com

역사가 변화되기를 기도하지 않으신다는 것이다. 예수는 단 한 번도 이 세상을 변화시키고자 하지 않으셨다. 다만 이 세상에서 영혼들을 구원하고자 하셨다. 또한 예수는 제자들을 위해서 기도하셨다. 10절에서 예수는 아버지와 모든 것을 공유하신다는 사실을 말씀하고 있다. 내 것은 다 아버지의 것이고, 아버지의 것은 다 내 것이라는 것이다. 또한 예수는 제자들 가운데서 영광을 얻으셨다. 그리고 이제 그 영광은 아버지의 영광이기도 하다. 11절 말씀처럼, 이제 예수는 이 세상에 더 계시지 않고 떠나가실 계획이셨다. 그러나 이제 예수의 제자들은 이 세상에 남게 될 것이었다. 이때 예수가 제자들을 위해서 기도하신 내용은 무엇일까? 그것은 바로 거룩하신 아버지께서 이 제자들을 아버지의 이름으로 지키시고 하나가 되게 하시라는 것이었다.

9-11절에서 두 가지 내용을 집중해서 보기 원한다. 첫 번째는 아버지의 이름으로 지키신다는 것이다. 두 번째는 예수가 우리들이 하나가 되기를 원하신다는 것이다. 마치 아버지와 예수 같이 그렇게 하나가 되기를 원하신다는 것이다. 먼저 예수는 거룩하신 아버지의 이름으로 제자들을 지켜달라고 기도하셨다. 이것은 우리에게 얼마나 든든하고 안전한 사실인지 모른다. 하나님께서 우리를 지켜주시는데, 그 근거가 우리 각자의 이름이 아니라 아버지의 이름이고, 또한 예수 그리스도의 이름이기 때문이다. 주님의 이름은 결코 변하지 않고, 주님의 영광과 명예와 권능은 결코 흔들리지 않기 때문에, 아버지께서는 우리를 변함없이 지켜주실

것이다. 예수는 바로 이것을 위해 기도하셨다. 또한 예수는 제자들이 하나가 되게 해달라고 기도하셨다. 이것은 정말 예수가 원하시는 것이다. 주님께서는 우리가 서로 사랑하고 하나가 되기를 원하신다. 우리가 하나님을 닮는다는 것은 무엇일까? 그것은 바로 우리가 서로 사랑하고, 용서하고, 하나가 되는 것이다. 나에게 잘해주는 친구와만 하나가 되는 것이 아니라, 나와 성격이 다르고, 생각이 다르고, 좋아하는 것이 다른 형제자매들과, 친구들과 하나가 되는 것이 바로 예수를 닮은 것이다. 예수는 거룩하신 하나님이시지만, 이 땅에서 기꺼이 세리들과 창녀들과 같은 더러운 죄인들의 친구가 되어주셨다. 예수는 자신을 곧 배신할 제자들을 끝까지 사랑하시고, 미리 용서하고 계셨으며, 그들과 함께 하기를 기뻐하셨다.

우리가 예수를 따르고, 예수를 닮는다는 것은 바로 이러한 것이다. 우리의 말이 더 논리적이 되고, 우리의 지식이 더 늘어나서, 어떤 일들을 정확히 따질 줄 알게 되는 것이 우리의 갈 길이 아니다. 손해 보지 않으려 하고, 잘잘못을 잘 따지고, 내가 옳다는 것을 잘 설명하는 길이 우리의 갈 길이 아니다. 우리가 오늘 걷고자 하는 길은 예수와 같은 길이다. 예수는 우리가 하나 되기를 원하셨다. 하나가 되려면, 교만과 고집이 십자가 위에서 사라져야 한다. 주님만 닮기 원한다. 9-11절

이제 12-16절 말씀에서 우리는 예수가 다시 한 번 세상과 제자들의 관계에 대하여 말씀하시는 것을 볼 수가 있다. 12-16절까지 공통적으로 나오는 단어가 무엇일까? 바로 "세상"이라는 단어이다. 잠시 간단하게 내용을 살펴보자. 12절에서 예수는 세상에 계실 동안 멸망의 아들, 즉 가룟 유다 외에는 모든 제자들을 아버지의 이름으로 지키셨다고 말씀하셨다. 13절에서 예수는 이제 아버지께로 가시면서, 세상에서 이것들을 말씀하시는 이유는 제자들이 이 말씀을 듣고 기쁨을 얻기를 원하셨기 때문이라고 말씀하셨다. 14절에 보니까, 예수는 아버지의 말씀을 제자들에게 주었을 때 세상이 그들을 미워하였다고 말씀하고 계신다. 세상이 제자들을 미워하는 이유는 예수가 세상에 속하지 않은 것같이, 제자들 역시 세상에 속하지 않기 때문이다. 세상에 속한다는 것은 우리의 사고방식과 선호도가 세상과 일치하는 것을 의미한다. 세상이 좋아하는 것을 좋아하고, 세상이 싫어

Vox populi, vox Dei.

하는 것을 똑같이 싫어하는 것이 바로 세상에 속한다는 것이다. 그렇다면 우리가 주님께 속했다는 것은 어떤 의미일까? 바로 주님께서 좋아하시는 것을 좋아하고, 주님께서 싫어하시는 것을 싫어하는 것이다. 우리는 오늘 세상에 속했을까? 아니면 주님께 속했을까? 15절에 보니까 예수가 기도하신 내용은 제자들을 세상에서 데려가시는 것이 아니라, 악에서 지켜주시라는 것이었다. 세상에서 데려간다는 것은 천국에 올라간다는 것이다. 더 이상 이 세상에 살지 않는다는 것이다. 예수는 그것을 원하신 것이 아니었다. 왜냐하면 제자들은 아직 이 땅에서 감당해야 할 사명이 있었기 때문이다. 예수가 기도하신 것은 그들을 다만 악에서 지켜주시라는 것이었다. 왜냐하면 이 세상은 악이 가득한 곳이기 때문이다. 제자들은 이 세상의 모든 악과 맞서 싸우면서 주님의 사명을 완수해야 하는 사람들이었다. 16절에서 예수는 다시 한 번 제자들이 이 세상에 속하지 않았다는 것을 말씀하셨다. 바로 예수가 이 세상에 속하지 아니한 것같이 제자들도 이 세상에 속하지 아니하였다는 것이다.

12-16절에서 우리가 예수를 따르는 사람들이라면, 예수에게 속한 사람들이라면 그 특징은 세상에 속하지 않는다는 것이다. 세상에 속하지 않는다는 것은 세상의 방식을 따르지 않는 것이다. 우리가 가야 할 방향은 세상에 속하지 않는 방향이고, 주님께 속하는 방향이다. 세상의 방식을 따르지 않는 것이고, 주님의 방식을 따르는 것이다. 세상의 것을 좋아하지 않고, 주님의 것을 좋아하는 것이다.

우리가 하루아침에 완전하게 될 수는 없지만, 그렇다고 우리 마음에 아무런 목표조차 없어서는 안 된다. 우리가 한 번에 완전히 변화될 수 없다 할지라도, 변화될 마음조차 없으면 안 된다. 왜 우리에게 세상이 좋은 것으로 다가올까? 그 이유는 사탄이 이 세상의 신이며, 사탄은 거짓말의 아버지이기 때문이다. 우리가 아무리 눈을 크게 뜨고, 정신을 차리려고 하여도, 사탄에게는 속아 넘어갈 수밖에 없다. 우리가 사탄의 모든 간교한 술수와 거짓말을 간파할 수 있는 유일한 방법은 오직 진리의 말씀, 하나님의 말씀인 성경을 붙잡는 방법 밖에 없다. 그래서 17절에서는 무엇이라고 말씀하고 있을까?

제자의 길

자료: blog.daum.net

17. 진리로 그들을 거룩하게 하여 주십시오. 아버지의 말씀은 진리입니다.

정확한 것은 우리가 성경 말씀을 통하여서만 사탄의 거짓말을 구별할 수가 있다는 것이다. 우리 눈에는 세상이 좋아 보이고, 그다지 사악해 보이지도 않는다. 왜 그럴까? 우리가 속임수에 넘어가기 때문인 것이다. 예수는 우리가 세상에 속하지 않고, 아버지의 말씀을 받아들였기 때문에, 세상에 속하지 않고, 또 세상이 우리를 미워한다고 하였다. 우리가 예수의 제자로서 걸어가야 할 한 걸음은 과연 무엇일까? 12-16절

🐟 17-19절 말씀에서 우리는 진리의 말씀과 거룩히 구별되는 것의 관계에 대하여 볼 수가 있다. 17절에서 예수는 아버지의 진리로 제자들을 거룩히 구별해주시라고 기도하셨다. 또한 아버지의 말씀이 진리라고 말씀하셨다. 18절에서 예수는 하나님 아버지께서 독생자 예수를 이 땅에 보내신 것과 같이, 예수도 제자들을 이 세상에 보내신다고 말씀하고 계신다. 바로 예수는 제자들에게 위대한 사명을 맡겨서 보내시는 것이다. 그것은 무엇일까? 바로 온 세상 땅 끝까지 복음을 선포하고, 주님께서 명령하신 모든 것을 가르쳐서 지키게 하는 것이다. 그것이 바로 제자들이 세상에 보내어진 목적이고, 우리들이 이 땅에 살아가고 있는 목적이다.

혹시 내 인생에서 무엇을 해야 하는지 모르겠다면, 예수가 제자들에게 기본적으로 주신 대 사명에 대해 생각해 보시기 바란다. 예수는 제자들에게 세상의 끝까지 함께하신다고 말씀하시면서, 땅 끝까지 복음을 전하라고 하셨다. 그것이 바로 제자들이 이 세상에 남겨진 목적이었으며, 오늘 우리가 이 땅을 살고 있는 목적인 것이다. 19절에서 예수는 그가 제자들을 위하여 예수 자신을 거룩히 구별하신다고 말씀하시고, 또한 제자들이 진리를 통해 거룩히 구별되기를 원하심을 말씀하고 계신다. 거룩히 구별된다는 것은 우리가 오직 하나님만을 위한 용도로 사용되기 위하여 구분되는 것을 의미한다.

똑같이 금으로 만들어진 그릇과 잔이라고 할지라도, 우상의 신전에서 우상들에게 제사를 지내는 일에 사용되었던 것은 가증히 여김을 받았고, 하나님의 성막에서 주께 헌물을 드릴 때 사용되었던 것은 거룩히 여김을 받았다. 그것은 그 금의 성분이 달랐던 것이 아니라, 바로 그 용도가 달랐던 것이다. 이처럼 하나님께서는 우리가 진리의 말씀을 통하여 거룩히 구별되기를 원하신다. 우리의 눈과 입과 귀와 손과 발이 오직 하나님만을 위한 용도로 구별되어 사용되어지기를 원하신다. 우리의 그릇에 세상도 담고, 주님도 담고, 많은 것들을 섞어서 담는 것이 아니라, 오직 주님만을 담고, 진리만을 담는, 거룩히 구별된 그릇이 되기를 원하신다는 것이다. 우리의 삶이 하나님만을 위한 용도로 거룩히 구별되는 것은 우리의 노력이나 결심으로 가능한 것이 아니라, 진리의 말씀을 통하여서만 가능하다. 우리가 날마다 진리의 말씀을 읽고 배우고 암송하고 묵상함을 통해, 진리의 말씀을 우리의 마음에 담는 것을 통해, 말씀을 양식으로 먹는 것을 통해, 우리는 더욱더 하나님을 향하여 거룩히 구별될 수가 있는 것이다. 우리 함께 시편 119편 9절을 보자.

> 9. 젊은이가 어떻게 해야 그 인생을 깨끗하게 살 수 있겠습니까? 주님의 말씀을 지키는 길, 그 길뿐입니다.

성경은 청년이, 젊은이들이 무엇으로 자기의 길을 깨끗하게 할 수 있는지를 알려주고 있다. 그것은 바로 주의 진리의 말씀을 통해 자기 길을 조심하는 것이다. 우리는 말하고 행동할 때 주의 말씀을 따라 조심할 필요가 있다. 그렇게 조심하는 것은 우리 자신에게 안전하고, 또 우리가 만나는 다른 사람들에게도 안전한 길이며, 깨끗하고 거룩한 길이다. 또한 11절을 보자.

> 11. 내가 주님께 범죄하지 않으려고, 주님의 말씀을 내 마음 속에 깊이
>   간직합니다.

그렇다, 여기서 시편의 기록자는 죄를 짓지 아니하려고 주의 말씀을 마음속에 숨겼다고 말하고 있다. 우리가 죄를 짓지 않기 위해 필요한 것은 우리의 결심과 노력만이 아니라, 바로 주의 말씀의 권능이다. 숨겼다는 것은 깊이깊이 새겨두고 보관해 두었다는 것을 의미한다. 우리도 말씀을 마음 깊이 담기 원한다. 17-19절

우리는 20절에서 너무나 감동적이고 놀라운 말씀을 발견할 수가 있다. 왜냐하면 예수가 바로 그와 함께 있던 제자들만을 위해서 기도하신 것이 아니라, 바로 우리들을 위해서 기도하셨기 때문이다. "나는 이 사람들을 위해서만 비는 것이 아니고, 이 사람들의 말을 듣고 나를 믿는 사람들을 위해서도 빕니다." 예수는 앞으로 그를 믿을 자들인 우리들을 위해서도 기도하셨다. 그리고 그 기도의 내용을 성경에 기록해 놓으셨다. 이것이 얼마나 놀랍고 감사한 말씀인지 한번 생각해 보시기 바란다. 영원하신 주 예수의 눈에는 오늘 우리들의 모습이 들어와 있었고, 예수는 바로 우리들을 위해서 2천 년 전에 기도해 주셨다. 21절에서는 기도의 내용이 기록되어 있다. 예수가 우리들을 위해 기도하신 내용은 무엇일까? 바로 우리들이 다 하나가 되는 것이다. 아버지께서 예수 안에 계시고, 또 예수가 아버지 안에 계셔서 완전히 삼위일체 하나님이신 것처럼, 이제 예수는 우리들도 다 하나가 되기를 기도하셨고, 그 결과로 이 세상이 예수를 믿게 해달라고 기도하셨다. 예수는 우리가 하나가 되기를 기도하셨다. 그리고 우리가 다 하나가 된 것으로 인하여 세상이 예수를 믿게 해 달라고 기도하셨다. 이 말씀은 우리가

마음에 잘 새겨보아야 한다. 세상은 무엇을 보고 예수를 믿게 되겠느냐 하는 것이다. 우리가 논리적으로, 놀라운 증거들로 설명하고 복음을 전하는 일도 중요하다. 그런데 여기서 예수는 우리가 다 하나가 된 것을 보고 세상이 그를 믿을 것이라고 말씀하셨다. 그러므로 우리가 서로 사랑하는 것이 너무나 중요하다. 우리가 하나 되는 것이 너무나 중요하다. 우리가 축구를 할 때 이기는 것보다, 맛있는 음식을 먹을 때 내가 더 많이 먹는 것보다, 더 중요한 것은 주님 안에 있는 우리 형제자매들이 서로 사랑하고 하나가 되는 것이다. 오늘 우리들의 삶의 목적은 무엇일까? 우리가 서로 사랑하고 하나가 되는 것이다. 예수는 바로 그것을 위해서 2천 년 전에 우리를 위해서 기도하셨다.

이제 22절 말씀에서 예수는 우리들에게 영광을 주셨다고 말씀하고 있다. 바로 아버지께서 내게 주신 영광을 내가 그들에게 주었다고 말씀하고 있다. 그 목적은 또한 아버지와 아들이 하나이신 것같이, 우리도 서로 하나가 되게 하려 함이라고 말씀하시는 것이다. 먼저 예수가 우리에게 영광을 주셨다는 것을 생각해 보자. 예수는 하나님의 놀라운 영광을 우리에게도 허락해 주셨다. 우리는 다 영원한 지옥의 멸망에 떨어져야 마땅한 사람들인데 예수는 우리 대신 십자가에 피 흘려 죽으시고 부활하셔서, 우리를 구원해 주셨을 뿐만 아니라, 우리에게 영광을 주셨다는 것이다. 이것은 정말 놀랍고 큰 은혜이다. 또 한 가지 생각해 볼 것은 예수가 그 영광을 우리에게 주신 목적인 바로 우리가 하나가 되기 위함이라는 것이다. 예수는 그토록 우리가 서로 하나 되기를 원하신다. 우리는 성격도 다르고, 생김새도 다르고, 좋아하는 것도 다르고, 싫어하는 것도 다르고, 스타일도 다르고, 말투도 다르다. 그런데 우리가 어떻게 하나가 될 수 있을까? 오직 주님의 십자가를 통해서만 가능하다. 내가 아니요 그리스도께서 내 안에 사실 때, 우리는 나의 어떤 주장을 내려놓고, 오직 용서하고 사랑할 수가 있게 되는 것이다. 20-22절

23-26절에서 우리는 예수의 기도를 마지막으로 살펴보는 것이다. 우리 먼저 각 구절에 나타난 의미를 간략하게 살펴보자. 23절에서 예수는 우리 안에 계심을 말씀하고 계신다. 그 목적은 우리가 하나 안에서 완전해지게 하려 하심이라

우리를 위한 예수의 기도

자료: m.blog.daum.net

고 말씀하고 계신다. 또한 아버지께서 우리를 사랑하시는 것을 세상이 알게 하기를 원하심을 말씀하고 계신다. 24절에서 예수는 우리들이 예수와 함께 있어서 아버지 하나님께서 그를 얼마나 사랑하시며, 또 예수가 얼마나 영광스러운지를 우리가 보기를 원하신다. 25절에서 세상은 아버지를 알지 못하였지만, 제자들은 예수를 알았고, 아버지께서 보내신 줄을 알았다고 말씀하고 있다. 그리고 26절에서 예수는 제자들에게 아버지의 이름을 밝히 드러내었고 또 드러내실 것이라고 말씀하셨다. 그 목적은 주님의 사랑이 우리들 안에 있게 하시고, 또 예수 자신도 우리 안에 있게 하려 하심이라고 말씀하셨다.

　이 기도의 내용이 어찌 보면 조금 딱딱하기도 하고, 우리가 이해하기에 쉽지 않을 수도 있다. 그래서 우리가 이 말씀에서 "사랑"이라는 한 가지 주제만 한 번 집중해서 보겠다. 23절 뒷부분에 보면, "아버지께서 나를 사랑하신 것과 같이 그들도 사랑하셨다는 것을, 세상이 알게 하려는 것입니다."라고 말씀하고 있다. 예수는 하나님 아버지께서 우리를 사랑하신다고 말씀하고 계신다. 그런데 우리를 어떻게 사랑하는가 하면, 바로 예수를 사랑하신 것 같이 우리를 그렇게 사랑하신다고 말씀하고 있다. 어찌 보면 아버지께서는 우리를 예수보다 더 사랑하셨기에, 그를 십자가에 못 박으시면서 우리를 구원하셨는지도 모른다. 하나님 아버지께서 우리를 너무나 사랑하셨다. 우리가 24절에 중간쯤에 보면 "창세 전부터 아버

예수의 사랑

자료: kbmaeil.com

지께서 나를 사랑하셔서 내게 주신 내 영광을, 그들도 보게 하여 주시기를 빕니다."라고 말씀하고 있다. 아버지께서는 예수를 사랑하셨고, 모든 영광을 삼위일체하나님으로서 함께 가지고 계셨다. 지금은 예수가 그 영광을 잠시 내려놓고 이 땅에 사람으로 오셨지만, 예수는 다시 그 영광을 향해 나아가고 계시며, 또한 제자들에게, 바로 우리들에게 보여주기를 원하신다. 26절에서 예수는 "아버지께서 나를 사랑하신 그 사랑이 그들 안에 있게 하고"라고 기도하고 계신다. 예수는 아버지의 사랑이 우리 안에 있기를 기도하셨다. 이렇게 예수는 구구절절이 우리를 위해 기도하시면서, 우리를 얼마나 사랑하시는지 보여주기를 원하셨고, 주님의 사랑이 우리 안에도 있기를 원하셨다. 우리를 정말 사랑하시는 분이 계신다. 그분은 살아계신 분이시며, 우리 모두를 만드신 분이시고, 우리 대신 십자가에 달리셔서 나의 모든 죄와 허물을 대신 담당해 주신 분이시다. 우리가 평생을 살면서 끊임없이 알아야 하는 한 가지가 있다면, 바로 하나님의 사랑이다. 23-26절

하나님의 뜻에 합당한 기도

자료: cine-world.tistory.com

Vox populi, vox Dei.

🔺 넝쿨장미 곱게 핀 난곡동성당 앞에 선 저자

요한복음
18장

天聲

1 예수께서 이 말씀을 하신 뒤에, 제자들과 함께 기드론 골짜기 건너편으로 가셨다. 거기에는 동산이 하나 있었는데, 예수와 그 제자들이 거기에 들어가셨다.

2 예수가 그 제자들과 함께 거기서 여러 번 모이셨으므로, 예수를 넘겨줄 유다도 그 곳을 알고 있었다.

3 유다는 로마 군대 병정들과, 제사장들과 바리새파 사람들이 보낸 성전 경비병들을 데리고 그리로 갔다. 그들은 등불과 횃불과 무기를 들고 있었다.

4 예수께서는 자기에게 닥쳐올 일을 모두 아시고, 앞으로 나서서 그들에게 물으셨다. "너희는 누구를 찾느냐?"

5 그들이 대답하였다. "나사렛 사람 예수요." 예수께서 그들에게 말씀하셨다. "내가 그 사람이다." 예수를 넘겨줄 유다도 그들과 함께 서 있었다.

1 When he had finished praying, Jesus left with his disciples and crossed the Kidron Valley. On the other side there was an olive grove, and he and his disciples went into it.

2 Now Judas, who betrayed him, knew the place, because Jesus had often met there with his disciples.

3 So Judas came to the grove, guiding a detachment of soldiers and some officials from the chief priests and Pharisees. They were carrying torches, lanterns and weapons.

4 Jesus, knowing all that was going to happen to him, went out and asked them, "Who is it you want?"

5 "Jesus of Nazareth,"they replied. "I am he," Jesus said. (And Judas the traitor was standing there with them.)

1   イエスはこれらのことを話し終えられると, 弟子たちとともに, ケデロンの川筋の向こう側に出て行かれた。そこに園があって, イエスは弟子たちといっしょに, そこにはいられた。

2   ところで, イエスを裏切ろうとしていたユダもその場所を知っていた。イエスがたびたび弟子たちとそこで會合されたからである。

3   そこで, ユダは一隊の兵士と, 祭司長, パリサイ人たちから送られた役人たちを引き連れて, ともしびとたいまつと武器を持って, そこに來た。

4   イエスは自分の身に起ころうとするすべてのことを知っておられたので, 出て來て,「だれを 捜すのか。」と彼らに言われた。

5   彼らは,「ナザレ人イエスを。」と答えた。イエスは彼らに「それはわたしです。」と言われ た。イエスを裏切ろうとしていたユダも彼らといっしょに立っていた。

6   예수께서 그들에게 "내가 그 사람이다" 하고 말씀하시니, 그들은 뒤로 물러나서 땅에 쓰러졌다.

7   다시 예수께서 그들에게 물으셨다. "너희는 누구를 찾느냐?" 그들이 대답하였다. "나사렛 사람 예수요."

8   예수께서 말씀하셨다. "내가 그 사람이라고 너희에게 이미 말하였다. 너희가 나를 찾거든, 이 사람들은 물러가게 하여라."

9   이렇게 말씀하신 것은, 예수께서 전에 '아버지께서 나에게 주신 사람을, 나는 한 사람도 잃지 않았습니다' 하신 그 말씀을 이루게 하시려는 것이었다.

10   시몬 베드로가 칼을 가지고 있었는데, 그는 그것을 빼어 대제사장의 종을 쳐서, 오른쪽 귀를 잘라버렸다. 그 종의 이름은 말고였다.

6   When Jesus said, "I am he," they drew back and fell to the ground.

7   Again he asked them, "Who is it you want?" And they said, "Jesus of Nazareth."

8 "I told you that I am he," Jesus answered. "If you are looking for me, then let these men go."

9 This happened so that the words he had spoken would be fulfilled: "I have not lost one of those you gave me."

10 Then Simon Peter, who had a sword, drew it and struck the high priest's servant, cutting off his right ear. (The servant's name was Malchus.)

6 イエスが彼らに,「それはわたしです。」と言われたとき, 彼らはあとずさりし, そして地に倒れた。

7 そこで, イエスがもう一度,「だれを捜すのか。」と問われると, 彼らは 「ナザレ人イエスを。」と言った。

8 イエスは答えられた。「それはわたしだと, あなたがたに言ったでしょう。もしわたしを捜しているのなら, この人たちはこのままで去らせなさい。」

9 それは,「あなたがわたしに下さった者のうち, ただのひとりをも失いませんでした。」とイエスが言われたことばが實現するためであった。

10 シモン・ペテロ は, 劍を持っていたが, それを拔き, 大祭司のしもべを擊ち, 右の耳を切り落とした。そのしもべの名はマルコスであった。

11 그 때에 예수께서 베드로에게 말씀하셨다. "그 칼을 칼집에 꽂아라. 아버지께서 나에게 주신 이 잔을, 내가 어찌 마시지 않겠느냐?"

12 로마 군대 병정들과 그 부대장과 유대 사람들의 성전 경비병들이 예수를 잡아 묶어서

13 먼저 안나스에게로 끌고 갔다. 안나스는 그 해의 대제사장인 가야바의 장인인데,

14 가야바는 '한 사람이 온 백성을 위하여 죽는 것이 유익하다'고 유대 사람에게 조언한 사람이다.

15 시몬 베드로와 또 다른 제자 한 사람이 예수를 따라갔다. 그 제자는 대제사장과 잘 아는 사이라서, 예수를 따라 대제사장의 집 안뜰에까지 들어갔다.

11　Jesus commanded Peter, "Put your sword away! Shall I not drink the cup the Father has given me?"

12　Then the detachment of soldiers with its commander and the Jewish officials arrested Jesus. They bound him

13　and brought him first to Annas, who was the father-in-law of Caiaphas, the high priest that year.

14　Caiaphas was the one who had advised the Jews that it would be good if one man died for the people.

15　Simon Peter and another disciple were following Jesus. Because this disciple was known to the high priest, he went with Jesus into the high priest's courtyard,

11　そこで, イエスはペテロに言われた。「劍をさやに收めなさい。父がわたしに下さった杯を, どうして飲まずにいられよう。」

12　そこで, 一隊の兵士と千人隊長, それにユダヤ人から送られた役人たちは, イエスを捕えて縛り,

13　まずアンナスのところに連れて行った。彼がその年の大祭司カヤパのしゅうとだったからである。

14　カヤパは, ひとりの人が民に代わって死ぬことが得策である, とユダヤ人に助言した人である。

15　シモン・ペテロともうひとりの弟子は, イエスについて行った。この弟子は大祭司の知り合いで, イエスといっしょに大祭司の中庭にはいった。

16　그러나 베드로는 대문 밖에 서 있었다. 그런데 대제사장과 잘 아는 사이인 그 다른 제자가 나와서, 문지기 하녀에게 말하고, 베드로를 데리고 들어갔다.

17　그 때에 문지기 하녀가 베드로에게 말하였다. "당신도 이 사람의 제자 가운데 한

사람이지요?" 베드로는 "아니오" 하고 대답하였다.

18 날이 추워서, 종들과 경비병들이 숯불을 피워 놓고 서서 불을 쬐고 있는데, 베드로도 그들과 함께 서서 불을 쬐고 있었다.

19 대제사장은 예수께 그의 제자들과 그의 가르침에 관하여 물었다.

20 예수께서 대답하셨다. "나는 드러내 놓고 세상에 말하였소. 나는 언제나 모든 유대 사람이 모이는 회당과 성전에서 가르쳤으며, 아무것도 숨어서 말한 것이 없소.

16 but Peter had to wait outside at the door. The other disciple, who was known to the high priest, came back, spoke to the girl on duty there and brought Peter in.

17 "You are not one of his disciples, are you?" the girl at the door asked Peter. He replied, "I am not."

18 It was cold, and the servants and officials stood around a fire they had made to keep warm. Peter also was standing with them, warming himself.

19 Meanwhile, the high priest questioned Jesus about his disciples and his teaching.

20 "I have spoken openly to the world," Jesus replied. "I always taught in synagogues or at the temple, where all the Jews come together. I said nothing in secret.

16 しかし, ペテロは外で門のところに立っていた。それで, 大祭司の知り合いである, もうひとりの弟子が出て來て, 門番の女に話して, ペテロを連れてはいった。

17 すると, 門番のはしためがペテロに,「あなたもあの人の弟子ではないでしょうね。」と言った。ペテロは,「そんな者ではない。」と言った。

18 寒かったので, しもべたちや 役人たちは, 炭火をおこし, そこに立って暖まっていた。ペテ ロも彼らといっしょに, 立って暖まっていた。

19 そこで, 大祭司はイエスに, 弟子たちのこと, また, 教えのことについて尋問した。

20 イエスは彼に答えられた。「わたしは世に向かって公然と話しました。わたしはユダヤ人がみな集まって來る會堂や宮で, いつも教えたのです。隠れて話したことは何もありません。

21 그런데 어찌하여 나에게 묻소? 내가 무슨 말을 하였는지를, 들은 사람들에게 물어 보시오. 내가 말한 것을 그들이 알고 있소."

22 예수께서 이렇게 말씀하시니, 경비병 한 사람이 곁에 서 있다가 "대제사장에게 그게 무슨 대답이냐?" 하면서, 손바닥으로 예수를 때렸다.

23 예수께서 그 사람에게 말씀하셨다. "내가 한 말에 잘못이 있으면, 잘못되었다는 증거를 대시오. 그러나 내가 한 말이 옳다면, 어찌하여 나를 때리시오?"

24 안나스는 예수를 묶은 그대로 대제사장 가야바에게로 보냈다.

25 시몬 베드로는 서서, 불을 쬐고 있었다. 사람들이 그에게 물었다. "당신도 그의 제자 가운데 한 사람이지요?" 베드로가 부인하여 "나는 아니오!" 하고 말하였다.

21 Why question me? Ask those who heard me. Surely they know what I said."

22 When Jesus said this, one of the officials nearby struck him in the face. "Is this the way you answer the high priest?" he demanded.

23 "If I said something wrong," Jesus replied, "testify as to what is wrong. But if I spoke the truth, why did you strike me?"

24 Then Annas sent him, still bound, to Caiaphas the high priest.

25 As Simon Peter stood warming himself, he was asked, "You are not one of his disciples, are you?" He denied it, saying, "I am not."

21 なぜ, あなたはわたしに尋ねるのですか。わたしが人々に何を話したかは, わたしから聞いた人たちに尋ねなさい。彼らならわたしが話した事がらを知っています。」

22 イエスがこう言われたとき, そばに立っていた役人のひとりが,「大祭司にそのような答え方をするのか。」と言って, 平手でイエスを打った。

23 イエスは彼に答えられた。「もしわたしの言ったことが悪いなら, その悪い證據を示しなさい。しかし, もし正しいなら, なぜ, わたしを打つのか。」

24 アンナスはイエスを, 縛ったままで大祭司カヤパのところに送った。

25 一方, シモン・ペテロは立って, 暖まっていた。すると, 人々は彼に言った。「あなたもあの人の弟子ではないでしょうね。」ペテロは否定して,「そんな者ではない。」と言った。

26 베드로에게 귀를 잘린 사람의 친척으로서, 대제사장의 종 가운데 한 사람이 베드로에게 말하였다. "당신이 동산에서 그와 함께 있는 것을 내가 보았는데 그러시오?"

27 베드로가 다시 부인하였다. 그러자 곧 닭이 울었다.

28 사람들이 가야바의 집에서 총독 관저로 예수를 끌고 갔다. 때는 이른 아침이었다. 그들은 몸을 더럽히지 않고 유월절 음식을 먹기 위하여 관저 안에는 들어가지 않았다.

29 빌라도가 그들에게 나와서 "당신들은 이 사람을 무슨 일로 고발하는 거요?" 하고 물었다.

30 그들이 빌라도에게 대답하였다. "이 사람이 악한 일을 하는 사람이 아니라면, 우리가 총독님께 넘기지 않았을 것입니다."

26 One of the high priest's servants, a relative of the man whose ear Peter had cut off, challenged him, "Didn't I see you with him in the olive grove?"

27 Again Peter denied it, and at that moment a rooster began to crow.

28 Then the Jews led Jesus from Caiaphas to the palace of the Roman go-vernor. By now it was early morning, and to avoid ceremonial unclean-ness the Jews did not enter the palace; they wanted to be able to eat the Passover.

29 So Pilate came out to them and asked, "What charges are you bringing against this man?"

30 "If he were not a criminal," they replied, "we would not have handed him over to you."

26 大祭司のしもべのひとりで, ペテロに耳を切り落とされた人の親類に當たる者が言った。「私が見なかったとでもいうのですか。あなたは園であの人といっしょにいました。

27 それで, ペテロはもう一度否定した。するとすぐ鷄が鳴いた。

28 さて, 彼らはイエスを, カヤパのところから總督官邸に連れて行った。時は明け方であった。彼らは, 過越の食事が食べられなくなることのないように, 汚れを受けまいとして, 官邸にはいらなかった。

29 そこで, ピラトは彼らのところに出て來て言った。「あなたがたは, この人に對して何を告發するのですか。」

30 彼らはピラトに答えた。「もしこの人が惡いことをしていなかったら, 私たちはこの人をあなたに引き渡しはしなかったでしょう。」

31 빌라도가 그들에게 말하였다. "그를 데리고 가서, 당신들의 법대로 재판하시오." 유대 사람들이 "우리는 사람을 죽일 권한이 없습니다" 하고 대답하였다.

32 이렇게 하여, 예수께서 자기가 어떠한 죽음으로 죽을 것인가를 암시하여 주신 말씀이 이루어졌다.

33 빌라도가 다시 관저 안으로 들어가, 예수를 불러내서 물었다. "당신이 유대 사람들의 왕이오?"

34 예수께서 대답하셨다. "당신이 하는 그 말은 당신의 생각에서 나온 말이오? 그렇지 않으면, 나에 관하여 다른 사람들이 말하여 준 것이오?"

35 빌라도가 말하였다. "내가 유대 사람이란 말이오? 당신의 동족과 대제사장들이 당신을 나에게 넘겨주었소. 당신은 무슨 일을 하였소?"

---

31 Pilate said, "Take him yourselves and judge him by your own law." "But we have no right to execute anyone," the Jews objected.

32 This happened so that the words Jesus had spoken indicating the kind of death he was going to die would be fulfilled.

33 Pilate then went back inside the palace, summoned Jesus and asked him, "Are you the king of the Jews?"

34 "s that your own idea," Jesus asked, "or did others talk to you about me?"

35 "Am I a Jew?" Pilate replied. "It was your people and your chief priests who handed you over to me. What is it you have done?"

---

31 そこでピラトは彼らに言った。「あなたがたがこの人を引き取り, 自分たちの律法に従ってさばきなさい。」ユダヤ人たちは彼に言った。「私たちには, だれを死刑にすることも許されてはいません。」

32 これは, ご自分がどのような死に方をされるのかを示して話されたイエスのことばが成就するためであった。

33 そこで, ピラトはもう一度官邸にはいって, イエスを呼んで言った。「あなたは, ユダヤ人の王ですか。」

34 イエスは答えられた。「あなたは, 自分でそのことを言っているのですか。それともほかの人が, あなたにわたしのことを話したのですか。」

35 ピラトは答えた。「私はユダヤ人ではないでしょう。あなたの同國人と祭司長たちが, あなたを私に引き渡したのです。あなたは何をしたのですか。」

36 예수께서 대답하셨다. "내 나라는 이 세상에 속한 것이 아니오. 나의 나라가 세상에 속한 것이라면, 나의 부하들이 싸워서, 나를 유대 사람들의 손에 넘어가지 않게 하였을 것이오. 그러나 사실로 내 나라는 이 세상에 속한 것이 아니오."

37 빌라도가 예수께 물었다. "그러면 당신은 왕이오?" 예수께서 대답하셨다. "당신이 말한대로 나는 왕이오. 나는 진리를 증언하기 위하여 태어났으며, 진리를 증언하기 위하여 세상에 왔소. 진리에 속한 사람은, 누구나 내가 하는 말을 듣소."

38 빌라도가 예수께 "진리가 무엇이오?" 하고 물었다. 빌라도는 이 말을 하고, 다시 유대 사람들에게로 나아와서 말하였다. "나는 그에게서 아무 죄도 찾지 못하였소.

39 유월절에는 내가 여러분에게 죄수 한 사람을 놓아주는 관례가 있소. 그러니 유대 사람들의 왕을 놓아주는 것이 어떻겠소?"

40 그들은 다시 큰 소리로 "그 사람이 아니오. 바라바를 놓아주시오" 하고 외쳤다. 바라바는 강도였다.

36 Jesus said, "My kingdom is not of this world. If it were, my servants would fight to prevent my arrest by the Jews. But now my kingdom is from another place."

37 "You are a king, then!" said Pilate. Jesus answered, "You are right in saying I am a king. In fact, for this reason I was born, and for this I came into the world, to testify to the truth. Everyone on the side of truth listens to me."

38 "What is truth?" Pilate asked. With this he went out again to the Jews and said, "I find no basis for a charge against him.

39 But it is your custom for me to release to you one prisoner at the time of the Passover. Do you want me to release 'the king of the Jews'?"

40 They shouted back, "No, not him! Give us Barabbas!" Now Barabbas had taken part in a rebellion.

36 イエスは答えられた。「わたしの國はこの世のものではありません。もしこの世のものであったなら, わたしのしもべたちが, わたしをユダヤ人に渡さないように, 戰ったことでしょう。しかし, 事實, わたしの國はこの世のものではありません。」

37 そこでピラトはイエスに言った。「それでは, あなたは王なのですか。」イエスは答えられた。「わたしが王であることは, あなたが言うとおりです。わたしは, 眞理のあかしをするために生まれ, このことのために世に來たのです。眞理に屬する者はみな, わたしの聲に聞き 從います。

38 ピラトはイエスに言った。「眞理とは何ですか。」 彼はこう言ってから, またユダヤ人たちのところに出て行って, 彼らに言った。「私は, あの人には罪を認めません。

39 しかし, 過越の祭りに, 私があなたがたのためにひとりの者を釋放するのがならわしになっています。それで, あなたがたのために, ユダヤ人の王を釋放することにしましょうか。」

40 すると彼らはみな, また大聲をあげて,「この人ではない。バラバだ。」と言った。このバラバは強盗であった。

Vox populi, vox Dei.

예수님과 재판

자료: blog.daum.net

개요

  요한복음 18장은 예수가 군병들에게 체포당하시고, 대제사장과 로마 총독 빌라도에게 재판을 받으시는 사건이다. 이런 일련의 사건 속에서 예수의 행하심과 베드로의 행동이 대조가 된다. 그리고 예수와 빌라도도 대조가 된다. 우리가 본문을 통해 진리에 속한 사람이 되어 진리의 왕 되신 예수의 다스림을 받기를 기도한다. 13장부터 계속되었던 예수의 고별 설교가 끝나고 수난 받으시는 모습이 나온다. 요한은 대제사장 가야바와 산헤드린 공회 앞에서의 심문을 생략하고 빌라도의 재판을 상세히 기록하고 있다. 이것은 예수의 무죄를 간접적으로 이방인들에게 밝히고자 하는 의도 때문인 것으로 풀이된다. 어쨌든 빌라도는 예수의 무죄에 대해 심증적으로 동의했으나 비난하는 여론에 굴복하여 주님을 죽음에 내어 줌으로써 나약한 인간의 표본이 되었다. 세속의 불의 앞에서도 의연히 자기 길을 가시는 주님의 모습이 재판의 전 과정을 통해 뚜렷하게 부각된다.

예수와 빌라도

자료: wol.jw.org

🏠 요한복음 18장 해설[1]

🐟 요한복음 18장 1절을 보자. 예수는 제자들과 최후의 만찬을 하시면서, 제자들의 발을 씻어주셨고, 주의 만찬 예식에 대하여 말씀해 주셨다. 최후의 만찬을 마치고는 길을 걸어오면서 제자들이 서로 사랑해야 할 것을 말씀하시고, 또 공개적으로 아버지께 기도하는 말씀을 들려주셨다. 이제 우리 예수는 마지막 여정으로 제자들과 함께 겟세마네 동산으로 들어가시게 되었다. 우리가 주목해서 살펴볼 표현은 기드론 시내 건너편으로 나가셨다는 말씀이다. 시냇물을 건넌 것이 무엇이 중요하느냐고 생각할 수가 있는데, 과거 구약시대에 이 기드론 시내가 어떻게 언급되었는지를 살펴본다면 상당히 흥미로울 것이다. 먼저 사무엘하 15장 23절을 보면, "이렇게 해서 다윗의 부하들이 모두 그의 앞을 지나갈 때에, 온 땅이 울음 바다가 되었다. 왕이 기드론 시내를 건너 가니, 그의 부하도 모두 그의 앞을 지나서, 광야 쪽으로 행군하였다."라고 되어 있다. 이 말씀은 바로 이스라엘의 왕이었던 다윗이 자기의 아들인 압살롬의 반역으로 인하여 예루살렘 성을 버리고 도피하는 모습을 보여주고 있다. 그날에 온 땅이 큰 소리로 울었고, 다윗 왕은 예루살렘 밖으로 쫓겨나가는 신세가 되었다. 이 모습은 마치 우리 주 예수가 유대인의 왕으로 오셨지만, 예루살렘에서 거절당하시고 배반당하시는 모습을 미리 예고편처럼 보여주고 있다. 열왕기하 23장 4절에는, "왕은 힐기야 대제사장과 부제사장들과 문지기들에게, 바알과 아세라와 하늘의 별을 섬기려고 하여 만든 기구들을, 주님의 성전으로부터 밖으로 내놓도록 명령하였다. 그리고 그는 예루살렘 바깥 기드론 들판에서 그것들을 모두 불태우고, 그 태운 재를 베델로 옮겼다."라고 되어 있다. 여기 보면 대제사장 힐기야가 모든 우상들을 예루살렘 밖의 기드론 밭에서 불태운 것을 볼 수가 있다. 이처럼 기드론이라는 곳은 정확히 예루살렘 밖을 의미하고 있고, 우상들을 불태울 만한, 쓰레기를 치울 만한 장소라고 볼 수 있다. 또 역대기하 30장 14절도 "그들은 먼저, 예루살렘 도성에 있는, 희

🐟1 요한복음 John – 로빈박스, 2014. 11. 4.

생제사를 지내던 제단들과, 향을 피우던 분향단들을 모두 뜯어 내어 기드론 냇가에 가져다 버렸다."라고 되어 있다. 이것도 우상들을 제거하여 기드론 시내에 내다 버리는 모습을 보여주고 있다. 이렇게 성경에서 기드론 시내를 언급할 때, 예루살렘으로부터 쫓겨나는 다윗 왕이라든지, 하나님의 성전에서 치워버려야 하는 우상들을 언급하고 있다. 예수가 유월절 양을 드실 때까지는 예루살렘에 계셨지만, 이제는 예루살렘 밖으로 나오셔서 기드론 시내를 건너셨다는 것이다. 그리고 겟세마네 동산에 이르셨다. 기드론의 뜻은 검은 시냇물이라는 뜻이다. 과거에 모세가 광야에서 이스라엘을 인도할 때 죄 헌물은 성막 안에서 태우지 않고 진영 밖으로 가져다가 태운 것을 볼 수가 있다. 진영 밖이라는 것은 나중에는 예루살렘 성 밖을 의미하는 것이 되고, 이것은 다른 말로 기드론 시내라고 볼 수가 있다.

그러므로 성경은 예수가 당하신 수치와 치욕을 우리도 짊어지고 진영 밖으로 나아가자고 말씀하고 있다. 진영 밖으로 나가자는 것은 우리들의 권리와 안락한 삶을 누릴 수 있는 예루살렘 밖으로, 사람들의 인기와 인정을 잃어버릴 수밖에 없는, 내 쫓기고 버림받는 장소로 나아가자는 말씀이다. 우리가 그렇게 나가야 하는 이유는, 예수가 진영 밖에 계시기 때문인 것이다. 1절

🐟 1-4절에서 우리는 예수가 가룟 유다와 만나시는 장면을 볼 수가 있다. 예수는 겟세마네 동산에 자주 가셨고, 유다도 그 장소를 알고 있었다. 구약성경에서 요셉은 예수를 예표하는데, 요셉을 이집트의 노예로 팔아넘긴 사람의 이름은 바로 유다였고, 지금 여기서도 가룟 출신의 유다가 예수를 배반하여 팔아넘기는 것을 볼 수가 있다. 유다는 수제사장들과 바리새인들로부터 넘겨받은 한 부대의 폭력배들을 데리고 예수를 잡으러 왔다. 그들은 등과 횃불과 칼과 몽둥이 같은 각종 무기를 가지고 예수에게 왔다. 우리가 요한복음에서는 읽을 수 없지만, 먼저 예수는 오랜 시간 동안 기도하셨다. 야고보와 베드로와 요한과 다른 제자들은 예수와 함께 한 시간도 깨어 있지 못하고 모두 잠들어 버렸다. 그리고 이제 예수는 제자들을 깨우시면서 유다의 무리들을 맞이하셨던 것이다.

예수는 세 번을 나누어서 겟세마네에서 기도하셨고, 아버지의 뜻을 다시 한 번

스승을 넘기는 유다

자료: blog.aladin.co.kr

마음에 확증하시면서, 십자가를 향해 더욱 가까이 전진해 나가셨다. 예수는 잠들어 있는 제자들을 보시고 이제 망했다고 말씀하지 않으시고, 이제는 자고 쉬라고 말씀하셨다. 마지막까지 예수는 다정하시고 따뜻한 스승이요 목자가 되셨다. 그리고 이제 예수는 모든 거역과 배반을 기꺼이 맞이할 준비를 하시고 일어나셨다. 이제 예수는 자기에게 임할 일들을 다 아셨다. 예수는 자신이 가고 있는 길을 정확히 아셨고, 기꺼이 맞이하셨다. 왜 그랬을까? 우리를 사랑하셨기 때문이다. 예수는 십자가의 고난과 고통만을 바라보신 것이 아니었다. 바로 구원을 받을 우리들을 바라보셨고, 또 하늘에서 다시 소유하실 영광을 바라보셨던 것이다. 우리도 이렇게 예수를 바라보면서, 영광을 향해 나아가기를 원한다. 1-4절

4-6절에서 우리는 매우 흥미롭고도 신기한 말씀을 보게 된다. 그것은 바로 예수를 잡으러 온 사람들이 예수 앞에서 뒤로 물러가 쓰러진 장면이다. 4절에서 예수는 유다와 그 무리들에게 너희가 누구를 찾느냐고 물으셨다. 5절에 그들이 나사렛 예수라고 대답을 하자, 예수는 "내가 그 사람이다."라고 말씀하셨다. 여기서 "내가 그 사람이다."라는 말씀을 영어로 보면 "I am he"라고 되어 있고, 특별히 he라는 단어가 이탤릭체로 되어 있는 것을 볼 수가 있다. 영어킹제임스성경은 원문을 영어로 번역할 때, 전체 문장의 의미를 파악해서 번역한 것이 아니라, 각각의 단어를 하나씩 하나씩 옮기는 식으로 번역하였다. 그러다 보니, 언어적인 차이가 있어서 의미를 정확하게 옮겨 넣기 위해서는 원본에는 없지만 새롭게 추

가되어야 하는 단어들이 있었다. 영어킹제임스성경의 번역자들은 그러한 추가된 단어들을 이탤릭체로 표기하여서, 어떤 단어가 추가되었는지를 보여주고 있다.

우리가 5절의 말씀에서 "내가 그 사람이다." "I am he."라는 말씀에서 이탤릭체를 제외하고 본다면, 우리는 "I AM"이라고 하는 주님의 이름을 발견할 수가 있게 되는 것이다.

모세의 기도에 설득 당하시는 하나님

자료: grace0675.iptime.org:8090

모세는 출애굽기 3장에서 하나님의 이름을 물었다. 그때 하나님께서는 "나는 곧 나다."라는 말씀을 주셨다. 이것을 영어로 보면 "I AM THAT I AM"이라고 되어 있다. 하나님의 이름은 다른 말로 하면 "I AM"인 것이다. 신약에서 예수는 자신을 "I AM" 하나님을 제시하셨다. "나는 선한 목자이다.", "나는 세상의 빛이다.", "나는 생명의 빵이다.", "나는 길이요, 진리요, 생명이다." 이러한 말씀들에서 예수는 계속해서 하나님께 속한 표현인 "I AM THAT I AM. I AM everything, all for you."라는 말씀을 주시고 계셨던 것이다.

너무나 흥미로운 것은 예수가 "내가 그 사람이다."라고 말씀하시자, 각종 무기를 들고 와서 예수를 붙들어가고자 했던 사람들이 뒤로 물러나 쓰러졌다는 것이다. 이 말씀은 예수의 권능을 보여주고 있다. 단지 한 말씀을 하셨을 뿐인데, "I AM", 그 한 말씀에 사람들이 다 엎드러졌다는 것이다. 예수는 누구인가? 요한복음 1장 1절에서 우리가 가장 처음에 보았던 것처럼 예수는 말씀 하나님이시다. 말씀이 육신이 되어 오신 분이 바로 주 예수 그리스도이시다. 그러므로 예수의 권능이 있는 한 말씀에 사람들이 모두 쓰러질 수밖에 없는 것이다. 예수가 십자가를 향해 가신 길은 약해 보이는 길이었다. 그러나 예수는 결코 약하지 않으셨고, 하나님의 권능을 가지고 계셨다. 예수는 언제라도 열두 군단이 없는 하늘의 천사들을 소환하실 수가 있었고, 실제로 천사들이 없이도 한 말씀으로 모든 것을 하실 수가 있으셨다. 예수는 어쩔 수 없이 생명을 빼앗기신 것이 아니라 친히 우리들을 위하여 생명을 내어주셨다. 우리를 너무나 사랑하셨기 때문이다. 이러한 주님의 사랑을 오늘 우리가 생각하기를 원한다. 4-6절

🐟 7-9절에서 우리는 예수가 자기 자신은 잡혀가실지라도, 제자들은 끝까지 보호해 주시는 모습을 볼 수가 있다. 8절에서 예수는 다음과 같이 말씀하셨다. "내가 그 사람이라고 너희에게 이미 말하였다. 너희가 나를 찾거든, 이 사람들은 물러가게 하여라." 너희가 나를 찾아서 잡으러 왔으니 어서 나를 잡아가고, 나의 제자들은 가게 하라고 말씀하시면서 그들을 보호하셨던 것이다. 이것에 대해 9절 말씀에서는 예수가 하신 말씀이 성취되게 하려 함이라고 설명해 주고 있다. 예수님께서 하신 말씀은 무엇일까? 그것은 바로 "아버지께서 나에게 주신 사람을, 나는 한 사람도 잃지 않았습니다."라고 하신 말씀이었다. 예수는 아버지께서 내게 주신 자들을 내가 지켰고, 하나도 잃어버리지 않았다고 말씀하셨다. 그 중에 잃어버린 자가 하나 있었는데, 그를 멸망의 아들이라고 부르고 계셨다. 시편 41편 9절 말씀을 보면, "내가 믿는 나의 소꿉동무, 나와 한 상에서 밥을 먹던 친구조차도, 내게 발길질을 하려고 뒤꿈치를 들었습니다."라고 되어 있다. 이 말씀은 예수와 함께 최후의 만찬에서 빵을 먹은 자가, 예수가 끝까지 "친구여"라고 부르셨던 자가 자기 발꿈치를 들어 주님을 대적할 것이라는 예언을 담고 있다. 발꿈치를 들었다는 것은 예수보다 키가 작은데, 입맞춤으로 예수를 배신하기 위해

서 발꿈치를 들어 올리는 모습을 그려주고 있는 것이다. 이렇게 하나님께서는 가룟 유다에 대하여 예언을 하여 두셨고, 예수는 이 가룟 유다 외에는 제자들을 하나도 잃어버리지 않고 모두 지켰다고 말씀하시는 것이다. 열두 제자 중 하나가 반드시 예수를 배반하고 대적하게 되는 것은 하나님의 말씀에 예언으로 기록되어 있었다. 그리고 또한 이 멸망의 아들 외에는 모든 제자들을 지키시겠다는 것도 예수가 친히 말씀을 예언하셨던 내용이었다. 이제 우리 다시 요한복음 18장 9절을 읽어보자. "이렇게 말씀하신 것은, 예수께서 전에 '아버지께서 나에게 주신 사람을, 나는 한 사람도 잃지 않았습니다' 하신 그 말씀을 이루게 하시려는 것이었다."

예수는 바로 이 말씀을 성취하시기 위하여 제자들을 끝까지 지키고 보호하셨다. 예수가 걸어가신 모든 걸음에는 하나님의 말씀을 성취하는 목적이 있었다. 그분의 말과 행동에는 오직 말씀을 성취하시고자 하는 목적이 있었다. 우리들의 삶도 그렇게 되기를 원한다. 하나님의 말씀은 결코 헛되이 되돌아가지 않고, 주님께서 기뻐하시는 일을 이룬다고 하셨다. 오늘 우리가 하나님의 말씀을 진정으로 우리의 마음에, 우리의 삶 속에 받아들인다면, 그것은 결코 헛되이 되돌아가지 않고 주님의 뜻을 이룰 것이다. 오늘 우리들의 각오나 결심에는 소망이 없지만, 주님의 말씀에는 소망이 있음을 기억하며, 오늘도 한 걸음 믿음으로 전진하기를 원한다. 7-9절

🐟 예수가 너희가 나를 잡으러 왔으니 나를 잡아가고, 제자들은 다 무사히 가게 하라고 말씀하시자, 사람들은 예수를 붙잡아 결박하고자 하였다. 그때 베드로가 칼을 뽑아 대제사장의 종이었던 말고의 귀를 베어버렸다. 베드로는 목숨을 걸고 싸워서 예수를 지키고야 말겠다는 결심으로 이렇게 행동하였을 것이다. 그러나 예수는 베드로를 말리시면서, 칼을 칼집에 꽂으라고 말씀하셨다. 그리고 내 아버지께서 내게 주신 잔을 마셔야 한다고 말씀하셨다. 예수가 마신 그 잔은 바로 아버지의 심판과 진노의 쓴잔이었다. 예수는 아버지의 뜻에 따라 모든 것을 받아들이시고, 마지막 십자가의 그 잔까지도 기꺼이 받으셨다.

말고의 귀

예수는 당장이라도 열두 군단이 넘는 천사들을 소환하실 수가 있었다. 그럼에도 불구하고 예수는 묵묵히 십자가의 길을 가셨다. 또한 예수는 말고의 귀에 손을 대셔서 그를 낫게 하신 것을 볼 수가 있다. 예수가 걸어가신 십자가의 길은 끝까지 영혼들을 사랑하시며, 고쳐주시고, 섬기는 길이었다. 그리고 끝내 제자들은 다 예수를 버리고 도망간 것을 우리가 볼 수 있다. 그들은 당장에라도 칼을 들고 예수를 위해 싸우려고 하더니 그들은 자기도 예수와 함께 잡혀가겠다고 말하지 않고, 다 도망가 버렸던 것이다. 그럼에도 불구하고 예수는 제자들을 끝까지 사랑하셨다. 또 예수를 잡으러 온 대제사장의 종 말고까지도 사랑하셨다. 오늘 우리가 따르는 예수는 바로 이러한 사랑의 예수다. 사랑의 예수가 우리 같은 죄인들을 사랑해 주셨다. 오늘도 우리는 주님을 믿고 따른다고 하지만, 여전히 죄 가운데 머무는 것을 볼 수가 있다. 그럼에도 불구하고 예수는 우리를 다시 긍휼로 불러주시며, 우리가 회복하여서 주님을 따르기를 원하신다. 오늘도 우리가 새롭게 용기를 내어 주님을 따르기 원한다. 10-13절

계속해서 예수가 걸어가신 십자가의 길에 대해서 보도록 한다. 사람들은 예수를 결박하여 안나스에게로 끌고 갔다. 안나스는 대제사장 가야바의 장인이었다. 가야바는 유대인들에게 한 사람이 백성을 위해 죽는 것이 유익하다고 말했

던 사람이었다. 성경은 가야바가 스스로 이 말씀을 하지 않았다고 말하고 있다. 이 말씀은 가야바가 말을 하긴 하였지만, 자기가 무슨 말을 하는지 잘 모른 채로 말했다는 의미이다. 다만 그가 하나님의 대제사장이었기 때문에, 하나님께서 가야바를 통해서 대언의 말씀을 주셨다는 것이다. 예수가 모든 사람을 위해 죽으시고, 그로 인해 모든 사람이 구원을 받을 수가 있게 된 것에 대해서 대언하였다는 것이다. 이처럼 하나님께서는 누구든지 사용하셔서 말씀하실 수가 있다. 대제사장 가야바는 이스라엘의 대제사장이었지만, 예수를 구원자 메시아로 받아들이지 않았다. 그는 예수를 알아보지 못했고 대적하는 사람이었다. 그럼에도 불구하고 하나님께서는 그를 통하여 진리를 말씀하셨다. 바로 그가 대제사장이었기 때문이다. 하나님께서는 누구든지 아무런 자격을 가지지 못한 사람이라 할지라도 그 사람을 통해 말씀하실 수가 있다. 물론 가야바는 주님과 동행하면서 말한 것이 아니기 때문에, 이 일로 인해서 하나님께 칭찬을 받는다든지 보상을 받는다고 말할 수 없을 것이다. 그럼에도 불구하고 하나님께서는 누구든지 사용하셔서 말씀하실 수가 있다는 것이다.

그러므로 우리에게 중요한 것은 열린 귀를 가지고 있는 것이다. 하나님께서 오늘 우리에게 누구를 통해 진리를 말씀하실지 모르기 때문에 우리는 항상 주님 앞에 겸손하게 귀를 열고 있어야 하는 것이다. 하나님께서는 오늘 우리에게 부모님을 통해서 말씀하실 수가 있고, 선생님들을 통해서도 말씀하실 수가 있다. 때로는 친구들을 통해서 말씀하실 수도 있다.

말하는 그 사람은 자신이 무슨 말을 하는지 모를 수도 있고, 또 전혀 다른 의미로 그 말을 할 수도 있다. 그러나 우리가 겸손히 하나님과 주파수를 맞추고 주님의 음성을 듣고자 한다면, 하나님께서는 우리에게 늘 진리의 말씀을 기억나게 하시고 다시 일깨워주고 계심을 알 수가 있는 것이다.

주님께서는 들을 귀 있는 사람은 들어라, 라고 말씀하셨다. 오늘도 주님께서는 여러 사람들을 통하여 우리에게 말씀하신다. 친구의 장난 섞인 말일지라도, 동생의 불평하는 말일지라도, 선생님이 오해하셔서 하신 것 같은 말씀일지라도, 우리가 귀를 기울인다면, 하나님께서 말씀하시는 음성을 듣게 될 것이다. 13-14절

Vox populi, vox Dei.

15-16절에서는 잠시 베드로와 요한에 대해서 살펴보겠다. 특별히 베드로에 대한 이야기가 여러 구절에서 등장하고 있는데, 우리가 다 살펴보지는 못하고, 조금만 살펴보겠다. 우리가 15절에 보면 시몬 베드로와 또 다른 제자 하나가 예수의 뒤를 따라간 것을 볼 수가 있다. 모든 제자들이 예수를 버리고 다 도망갔었는데, 이 두 제자만은 다시 예수를 따라온 것이다. 여기에 등장하는 또 다른 제자는 바로 요한을 의미하고 있다. 요한은 요한복음에서 자기 자신을 언급할 때, 이름을 불러서 요한이라고 말하지 않고 주께서 사랑하시던 제자라든지, 또 다른 제자 등의 이름으로 자신을 부르고 있다. 바로 여기서 우리는 그 사랑받던 제자가 다름 아닌 요한복음의 기록자라는 것을 알 수가 있다. 요한은 이렇게 자기 자신을 부를 때 주께서 사랑하시던 제자라든지, 또 다른 제자 등의 이름으로 불렀다. 이렇게 베드로와 요한은 안나스의 장막에까지 예수를 따라왔다. 이후로도 베드로와 요한은 아주 친밀하게 붙어 다녔다. 예수가 제자 세 사람을 꼭 불러서 다니실 때에도, 베드로와 야고보와 요한이었다. 또 예수의 부활에 대해서 알아보려고 예수의 무덤에 갔을 때에도 베드로와 요한이 함께 갔다. 베드로와 요한은 함께 예수의 무덤으로 달려갔다. 베드로와 요한은 둘이서 함께 기도하러 성전에 올라가고 있었다. 이처럼 우리는 성경에서 베드로와 요한이 매우 친밀하였고, 많은 곳에 함께 갔던 것을 볼 수가 있다. 이러한 말씀을 통해 우리가 오늘 생각해 볼 것은 바로 주님 안에 있는 형제, 친구의 사이다. 모든 제자들이 서로 사랑했겠지만, 베드로와 요한은 서로 특별한 사랑과 우정을 가지고 있었다. 이것이 가능했

던 이유는 그들이 서로 어부 출신으로 비슷한 생활 방식을 가졌기 때문일 수도 있지만, 그들이 주님 안에서 마음속에 있는 깊은 이야기들까지 함께 나눌 수 있는 참된 사랑과 우정의 지속적으로 쌓았기 때문이다. 15-16절

🐟 16-18절에서 베드로의 이야기를 조금 살펴보도록 하겠다. 베드로는 문을 지키는 소녀로부터 질문을 받았다. "당신도 이 사람의 제자 가운데 한 사람이지요?" 그러자 베드로는 "아니오"라고 말하였다. 그 날은 추운 밤이었다. 아무리 더운 중동 지방이라도 밤에는 매우 춥다. 그래서 안나스의 종들과 관속들은 숯불을 피워놓고 거기 주변에 둘러서서 몸을 녹이고 있었다. 베드로도 역시 그들과 함께 서서 몸을 녹이고 있었다. 여기서 잠시 베드로의 마음을 생각해 보자. 베드로는 지금 마음이 너무나 복잡하였을 것이다. 도대체 무슨 일이 일어나고 있는지 도무지 이해할 수가 없었을 것이다. 그의 머릿속에서는 예수가 메시아라면 로마 제국을 무너뜨리고 이스라엘을 구원하시며 온 땅의 왕이 되셔야 하는데, 지금 이렇게 사람들에게 붙잡혀 있으니 도무지 이해가 되지 않았다. 자기에게 칼을 도로 칼집에 꽂으라고 말씀하신 것도 이해가 되지 않고, 또 말고의 귀를 고쳐주신 것도 못마땅하였을 것이다. 지금 베드로는 너무나 혼란스럽고 복잡한 마음 중에 예수를 따라 오게 되었던 것이다. 저분이 정말 하나님의 아들 그리스도가 맞는

성 베드로

자료: blog.daum.net

가? 그동안 행하신 기적들을 보니 아니라고 할 수는 없겠는데, 지금 도대체 이것은 무슨 상황인가? 나는 무엇을 어떻게 해야 하는가? 너무나 복잡한 중에 문지기 소녀가 예수의 제자가 아니냐고 물었던 것이고, 베드로는 일단 아니라고 하고 장막 안으로 들어갔던 것이다.

그렇다면 베드로는 왜 이렇게 마음이 복잡해졌을까? 성경을 몰랐기 때문이다. 메시아 그리스도께서 이 땅에 오셔서 어떻게 고난을 받으셔야 하는지 몰랐기 때문에, 예수에 대하여 오해하고 있었던 것이다. 우리들도 마찬가지다. 우리가 하나님의 말씀에 대해 무지하고 주님의 뜻에 대해 무식하다면, 우리는 주님께서 가시는 길에 대해서 큰 혼란을 가질 수밖에 없을 것이다. 그리고 지금 베드로는 날이 추워서 숯불을 쬐면서 몸을 녹이고 있었다. 바로 지금 예수를 붙잡아 온 안나스의 종들과 함께 서서 숯불을 쬐고 있었던 것이다. 이 모습은 오늘날 주님을 믿는 사람들이 세상 사람들과 함께 모여 안락하고 즐거운 시간을 보내는 모습과도 같다. 날씨는 춥고 숯불은 따듯하다. 추운 밤에 숯불 앞에 서서 몸을 녹이는 것은 매우 포근하고 아늑한 일이다. 그래서 베드로는 믿지 않는 자들과 함께 서서 몸을 녹이고 있었다. 베드로가 왜 이렇게 하고 있을까? 예수에 대하여 마음이 복잡했기 때문이다. 예수에 대하여 혼란스러웠기 때문이다. 말씀에 대하여 무지했고, 하나님의 뜻에 대하여 알지 못했기 때문이다. 우리가 언제 왜 어떻게 세상의 숯불 앞에 서서 따듯하다고 느끼면서, 세상 사람들과 함께 서 있게 될까? 주님을 모를 때에 그렇다. 말씀을 모를 때 그렇다. 주님께 대한 믿음이 분명하지 않고, 흔들리거나, 혼란스러울 때 우리는 더욱 세상의 따듯한 숯불에 가까이 가게 된다는 것이다. 그리고 주님을 모른다고 부정하고, 부인하는 단계에 이르게 되는 것이다. 우리는 과연 세상 사람들 앞에서 주님을 모르는 사람처럼, 마치 베드로가 자신이 주님을 모른다고 하였던 것처럼, 그렇게 부정하고 있지는 않는지 한 번 생각해봐야 한다. 16-18절

예수는 대제사장의 장인이며 또한 대제사장이었던 안나스의 관저에서 범죄자와 같이 대우를 당하셨다. 안나스는 예수를 심문하듯이 그분의 제자들과 가

르침에 대하여 물었다. 예수는 백성들 앞에서 언제나 공개적으로 말씀하셨기 때문에, 백성들에게 직접 물어보라고 대답하셨다. 주님을 믿지 않는 사람들의 특징을 보면 의미 없는 질문들을 끊임없이 던진다는 것을 알 수가 있다. 진실을 알고 싶다든지, 진리를 찾기 위해서라든지, 정확한 답을 듣기를 원해서 질문을 하는 것이 아니라 다만 끊임없이 질문을 한다는 것이다. 요한복음 9장을 보라. 요한복음 9장에서는 태어날 때부터 소경이 된 자가 예수에게 고침을 받은 이야기를 볼 수가 있다. 사람들은 소경되었던 자에게 어떻게 눈이 열렸는지 물었다. 소경은 예수가 진흙을 이겨 눈에 바르고 실로암 못에 가서 씻으라고 하였다고 대답해 주었나다. 바리새인들이 계속 묻는다. 마침내 시력을 받은 사람의 부모까지 불러서 묻는 것을 볼 수가 있다. 너무 계속 물으니까 소경이었던 사람이 예수의 제자가 되려고 관심을 가지느냐고 물을 정도였다. 믿지 않는 사람들의 특징은 그냥 믿지 않는다는 것이다. 끊임없이 궁금해 하고 질문을 하지만, 대답을 몰라서 질문하는 것이 아니라 받아들이지 않기 때문인 것이다.

대제사장이 예수의 가르침에 대하여 물은 것을 다시 한 번 듣고자함이 아니라, 그냥 습관적인 질문이다. 그러므로 예수는 대답할 가치를 느끼지 못하시고, 공개적으로 가르쳤으니 백성들에게 물어보라 하신 것이었다. 예수가 대답하시자, 곁에 있던 관속들 중의 하나가 예수를 손으로 치면서 대제사장에게 예의를 갖추라고 말하였다. 정작 그 자신은 하나님 앞에서 너무나 무서울 정도로 무례하였지만, 무식함 가운데 용감해진 것이다. 예수는 정말 범죄자와 같이 취급을 받으셨지만, 그 십자가의 길을 묵묵히 걸어가셨다. 왜 그랬을까? 바로 우리들을 사랑하셨기 때문이다. 여기서 만약 예수가 자존심을 세운다면, 기분대로 하신다면, 우리의 구원을 이루지 못하셨을 것이다. 19-24절

🐟 25-27절에서 우리는 베드로가 끝내 예수를 세 번째 부인하는 장면을 읽게 되었다. 예수는 베드로가 수탉이 울기 전에 주님을 부인하고 배반할 것이라고 미리 말씀하셨다. 그리고 예수의 말씀대로 되었다. 만일 나의 친한 친구가 많은 사람들 앞에서 나를 모르는 사람이라고 말한다면 그것이 얼마나 당황스럽고 또 서

운하겠는가? 베드로는 예수를 위해 죽기까지 하겠다고 말했던 사람인데 이제는 주님을 모른다고 부인하였던 것이다. 원래 베드로는 주님을 끝까지 따르겠다고 말했다. 베드로는 결국 저주로 맹세를 하면서 주님을 모른다고 하였다. 맹세까지 하면서 예수를 부인하였던 것이다. 베드로가 예수를 세 번 부인하는 순간 수탉이 울었다. 예수는 안나스의 관저 안에서 뒤를 돌아보시고, 베드로를 바라보셨다. 베드로는 예수와 눈이 마주치는 순간 수탉의 울음소리를 들었고, 밖으로 나가 몹시 슬프고 비통하게 울었다. 자기 자신에 대한 신뢰가 산산조각 부서지는 순간이었다. 예수는 베드로가 예수를 부인할 것을 아셨고, 돌이킨 뒤에는 형제들을 강하게 세우고 섬기라고 말씀해 주셨다. 베드로를 바라보신 주님의 눈빛을 한 번 생각해 보시라. 그것은 과연 어떤 눈이었을까? 예수는 분명히 사랑과 긍휼의 눈으로 베드로를 바라보셨을 것이다. 그러므로 베드로의 마음이 더더욱 무너지고 아팠을 것이다. 그렇다면 주님은 과연 어떤 눈으로 우리를 바라보실까? 25-27절

⟨⟩ 예수는 이른 아침에 빌라도의 재판정으로 끌려가시게 되었다. 예수는 그 전 날밤 제자들의 발을 씻어주셨고, 제자들과 함께 최후의 만찬을 드셨으며, 겟세마네 동산에서 늦게까지 기도하셨고, 늦은 밤에 사람들에게 붙잡혀 안나스의 관저와 가야바의 장막에까지 가셨다가 이제 이른 아침이 되었을 때 빌라도의 재판정으로 끌려오시게 된 것이다. 그런데 정말 우스운 것은 빌라도의 재판정까지 예수를 끌고 왔던 유대인들이 유월절 어린양을 먹기 위해 자신들을 더럽히지 않으려고 재판정 안으로는 들어가지 않았다는 것이다. 재판정 안으로 들어가면, 이방인들의 영역이며 또 범죄자들이 재판을 받는 곳이므로 부정하다고 생각되었던 것이다. 그들이 유월절 어린양을 먹으려면 정결한 상태를 유지했어야 하는데, 그들은 바로 이것을 위해서 재판정 안으로 들어가지 않은 것이다.

지금 그들은 아무 죄도 없으신 예수를 죽이려고 하면서, 온 우주에서 가장 더럽고 사악한 일을 행하려고 하면서, 다만 빌라도의 재판정에 들어가지 않음으로 자신들을 거룩하게 지켜서 유월절 어린양을 먹고자 하고 있는 것이다. 빌라도는 로마의 총독으로서, 자기들이 체포하지 않은 어떤 죄수에 대하여 재판하는 것을

예수와 이야기를 하고 있는 니고데모

자료: ko.wikipedia.org

귀찮게 여겼다. 그리고 지금은 매우 이른 아침이었기 때문에, 상당히 귀찮았을 것이다. 그래서 빌라도는 너희 법대로 재판하라고 말하였다. 그런데 유대인들의 반응은 어땠는가? 그들은 예수를 죽이겠다고 이미 결정하고 있었던 것이다. 빌라도에게 어떤 재판을 해 달라는 것이 아니라, 이미 모든 재판을 다 끝냈고, 사형 집행만 해달라는 것이었다.

32절에서는 이러한 모든 상황이 바로 예수가 어떤 죽음을 맞이할지 표적으로 보여주시면서 하신 말씀을 성취하려 함이라고 알려주고 있다. 예수는 정확히 그분 자신이 십자가에 달리실 것을 예언하셨다. 니고데모에게 복음을 전하시면서도, 모세가 광야에서 놋뱀을 든 것 같이 예수도 그렇게 들려 올려져야 한다고 말씀하셨다. 또한 유월절 어린양은 뼈가 꺾여서는 안 되는데, 만약 예수가 유대인들의 처형방식대로 돌에 맞아 죽으셨다면, 예수의 뼈가 많이 상하게 되었을 것이다. 실제로 예수는 유대인들로부터 몇 번에 걸쳐 돌에 맞을 만한 상황들을 맞이하셨다. 그러나 예수는 반드시 십자가에 달리셔야 했다. 예수는 철저히 말씀을 성취하시면서 십자가로 나아가셨다. 28-32절

🐟 33-36절에서 예수와 빌라도의 대화를 볼 수가 있다. 빌라도는 예수를 향해

서 너는 유대인들의 왕이냐고 물었다. 현재 유대인들의 왕으로는 헤롯 왕이 있었다. 처음 예수가 태어나셨을 때, 두 살 아래로 모든 남자아이들을 죽였던 헤롯 왕은 이미 죽었고, 지금 있는 헤롯 왕은 바로 침례자 요한을 목 베어 죽인 헤롯 왕이었다. 로마 제국은 이스라엘 땅을 식민지로 삼고 통치하였지만, 여전히 유대인 왕을 인정해 주면서, 손쉽게 유대인들을 다스리고 통제하였다. 예수는 카이사르에게 공세 내는 것을 금하신 적이 없었지만, 유대인들은 거짓으로 예수를 고소하였다. 마치 예수가 정치적으로 로마 정부를 대항하면서 사람들을 선동하고 자기를 왕으로 내세운 것처럼 하면서 고소하였다. 물론 예수는 다윗의 계보를 정확히 따라서 이 땅에 태어나신 정통 왕이다. 그러나 예수는 지금 이 세상에 왕이 되어 심판하고 다스리려고 오신 것이 아니라, 종이 되어 구원하려고 오셨다. 예수는 왕이심이 틀림없다. 그러나 지금은 예수 왕이 이 세상에 속한 것이 아니었다. 그렇다면 지금은 누구에게 속했을까? 지금 이 세상의 왕국들은 사탄의 통치 아래 있다. 그러므로 지금 이 세상의 문화와 흐름은 사탄이 주도하고 있는 것이다. 그러나 얼마 지나지 않아 이 세상은 주님의 왕국, 그리스도의 왕국이 될 것이다.

예수 그리스도께서 이 땅에 오실 때, 이 세상 왕국들은 주와 그분의 그리스도 왕국들이 될 것이다. 어떤 사람들은 하나님의 왕국이 단지 영적이기만 하고, 눈에는 보이지 않는 왕국이라고 말한다. 그 말은 오늘날에는 틀림없는 사실이다. 그러나 주님께서 다시 오시는 그 날, 눈에 보이지 않던 영적인 왕국은 실제적인 왕국들이 될 것이다. 우리는 오늘 왕으로 다실 오실 예수를 기다리고 있다. 예수가 처음에 오실 때에는 하나님의 어린양이셨지만, 다시 오실 때에는 유다 지파의 사자로 오실 것이다. 처음 오실 때에는 종의 형체로 섬기러 오셨고 십자가에 달리기 위하여 오셨지만, 다시 오실 때에는 권능의 왕으로서 온 세상을 심판하실 것이다. 오늘 우리의 삶이 주님을 맞이할 준비를 하는 한 걸음이 되기를 원한다. 33-36절

☙ 우리는 빌라도의 두 가지 안타까운 모습을 볼 수가 있다. 첫 번째 안타까운 모습은 빌라도와 예수의 대화에서 볼 수가 있고, 두 번째 안타까운 모습은 빌라도와 유대인들의 대화에서 볼 수가 있다. 먼저 우리는 37-38절에서 빌라도와 예

Vox populi, vox Dei.

수님의 대화를 볼 수가 있다. 빌라도는 예수에게 왕이냐고 물었다. 이때 예수는 내가 왕이라고 네가 말한다고 대답하셨는데, 이것은 강력한 의미에서 "Yes, 그러하다"라고 말하는 것이다. 네가 말하는 그대로이다, 라는 의미로 말씀하시는 것이다. 또한 예수는 진리에 대하여 증언하기 위하여 이 세상에서 태어나시고, 이 세상에 오셨다고 말씀하셨다. 예수가 이 땅에 사람으로 태어나신 목적은 바로 진리를 증거하시는 것이었다. 우리도 오늘 예수처럼 고백할 수 있기를 원한다. "나는 진리를 증언하기 위하여 태어났으며, 진리를 증언하기 위하여 세상에 왔소."

우리는 38절에서 빌라도의 안타까운 모습을 보게 된다. 그는 예수가 진리에 대하여 말씀하시자, 아주 훌륭한 질문을 하였다. "진리가 무엇이오?"라는 질문이었다. 그러나 빌라도는 이 질문을 하고 어떻게 행동하였는가? 예수의 대답을 들었어야 한다. 그러나 그는 이 말을 하고 다시 유대인들에게 나가버렸다. 우리도 빌라도처럼 행동할 때가 많이 있다. 진리가 무엇이냐고 물었으면, 주님의 뜻이 무엇이냐고 물었으면, 주님 앞에 고요히 머물러서 대답을 들었어야 하는데 질문만 해 놓고는 휙 돌아서 자리를 떠나버리는 것이다. 이제 빌라도는 유대인들에게 나가서 아무 잘못도 찾지 못하였다고 말했다. 그리고 빌라도는 유월절 명절날 한 사람의 죄수를 풀어주는 관례를 이용하여 예수를 풀어주고자 하였다. 그러나 유대인들은 예수가 아니라 바라바를 선택하였다. 바라바는 로마 정부를 향해 폭동을 일으키면서 살인까지 저질렀던 사람이었다. 그는 아마도 로마 사람을 죽였을 것이다. 지금 유대인들은 자기들에게 왕이 카이사르밖에 없다고 말한다. 그리고 예수가 자신을 왕이라고 했으니, 로마 정부에 죄가 된다고 주장하면서 예수를 재판하고 있다. 그러면서 오히려 로마 정부를 향해 정식으로 폭동을 일으키고 살인까지 저지른 바라바를 놓아달라고 요구하고 있다. 이것처럼 모순되는 주장이 없다.

여기서 빌라도에게 안타까운 것은 그가 사람들을 두려워하여 자신이 옳다고 믿는 것을 제대로 수행하지 못하고 있다는 점이다. 재판관으로서 예수에 대하여 아무런 잘못도 찾지 못하였는데, 사람들의 압력에 의해 사형까지 선언하게 된다는 점이다. 우리가 사람을 두려워한다면 우리는 반드시 실족하게 될 것이다. 우리

는 사람들의 말이 아니라, 주님의 말씀을 듣기를 원한다. 주님께 뜻을 물었다면, 급히 돌아서서 사람들과 대화하지 말고 고요히 머물러서 주님의 음성을 들을 수 있기를 원한다. 37-40절

Vox populi, vox Dei.

요한복음
19장

 天聲

1 그 때에 빌라도는 예수를 데려다가 채찍으로 쳤다.

2 병정들은 가시나무로 왕관을 엮어서 예수의 머리에 씌우고, 자색 옷을 입힌 뒤에,

3 예수 앞으로 나와서 "유대인의 왕 만세!" 하고 소리치고, 손바닥으로 얼굴을 때렸다.

4 그 때에 빌라도가 다시 바깥으로 나와서, 유대 사람들에게 말하였다. "보시오, 내가 그 사람을 당신들 앞에 데려 오겠소. 나는 그에게서 아무 죄도 찾지 못했소. 나는 당신들이 그것을 알아주기를 바라오."

5 예수가 가시관을 쓰시고, 자색 옷을 입으신 채로 나오시니, 빌라도가 그들에게 "보시오, 이 사람이오" 하고 말하였다.

1 Then Pilate took Jesus and had him flogged.

2 The soldiers twisted together a crown of thorns and put it on his head. They clothed him in a purple robe

3 and went up to him again and again, saying, "Hail, king of the Jews!" And they struck him in the face.

4 Once more Pilate came out and said to the Jews, "Look, I am bringing him out to you to let you know that I find no basis for a charge against him."

5 When Jesus came out wearing the crown of thorns and the purple robe, Pilate said to them, "Here is the man!"

1 そこで, ピラトはイエスを捕えて, むち打ちにした。

2 また, 兵士たちは, いばらで冠を編んで, イエスの頭にかぶらせ, 紫色の着物を着せた。

3 彼らは, イエスに近寄っては, 「ユダヤ人の王さま。ばんざい。」と言い, またイエスの顔を平手で打った。

4 ピラトは, もう一度外に出て來て, 彼らに言った。「よく聞きなさい。あなたがたのところにあの人を連れ出して來ます。あの人に何の罪も見られないということを, あなたがたに知らせるためです。」

5 それでイエスは, いばらの冠と紫色の着物を着けて, 出て來られた。するとピラトは彼らに「さあ, この人です。」と言った。

6 대제사장들과 경비병들이 예수를 보고 외쳤다. "십자가에 못 박으시오. 십자가에 못 박으시오." 그러자 빌라도는 그들에게 "당신들이 이 사람을 데려다가 십자가에 못 박으시오. 나는 이 사람에게서 아무 죄도 찾지 못했소" 하고 말하였다.

7 유대 사람들이 그에게 대답하였다. "우리에게는 율법이 있는데 그 율법을 따르면 그는 마땅히 죽어야 합니다. 그가 자기를 가리켜서 하나님의 아들이라고 하였기 때문입니다."

8 빌라도는 이 말을 듣고, 더욱 두려워서

9 다시 관저 안으로 들어가서 예수께 물었다. "당신은 어디서 왔소?" 예수께서는 그에게 아무 대답도 하지 않으셨다.

10 그래서 빌라도가 예수께 말하였다. "나에게 말을 하지 않을 작정이오? 나에게는 당신을 놓아줄 권한도 있고, 십자가에 처형할 권한도 있다는 것을 모르시오?"

6 As soon as the chief priests and their officials saw him, they shouted, "Crucify! Crucify!" But Pilate answered, "You take him and crucify him. As for me, I find no basis for a charge against him."

7 The Jews insisted, "We have a law, and according to that law he must die, because he claimed to be the Son of God."

8 When Pilate heard this, he was even more afraid,

9 and he went back inside the palace. "Where do you come from?" he asked Jesus, but Jesus gave him no answer.

10 "Do you refuse to speak to me?" Pilate said. "Don't you realize I have power either to free you or to crucify you?"

---

6 祭司長たちや役人たちはイエスを見ると, 激しく叫んで, 「十字架につけろ。十字架につけろ。」と言った。ピラトは彼らに言った。「あなたがたがこの人を引き取り, 十字架につけなさい。私はこの人には罪を認めません。」

7 ユダヤ人たちは彼に答えた。「私たちには律法があります。この人は自分を神の子としたのですから, 律法によれば, 死に當たります。」

8 ピラトは, このことばを聞くと, ますます恐れた。

9 そして, また官邸にはいって, イエスに言った。「あなたはどこの人ですか。」しかし, イエスは彼に何の答えもされなかった。

10 そこで, ピラトはイエスに言った。「あなたは私に話さないのですか。私にはあなたを釋放する權威があり, また十字架につける權威があることを, 知らないのですか。」

11 예수께서 대답하셨다. "위에서 주지 않으셨더라면, 당신에게는 나를 어찌할 아무런 권한도 없을 것이오. 그러므로 나를 당신에게 넘겨준 사람의 죄는 더 크다 할 것이오."

12 이 말을 듣고서, 빌라도는 예수를 놓아주려고 힘썼다. 그러나 유대 사람들은 "이 사람을 놓아주면, 총독님은 황제 폐하의 충신이 아닙니다. 자기를 가리켜서 왕이라고 하는 사람은, 누구나 황제 폐하를 반역하는 자입니다" 하고 외쳤다.

13 빌라도는 이 말을 듣고, 예수를 데리고 나와서, 리토스트론이라고 부르는 재판석에 앉았다. (리토스트론은 히브리 말로 가바다인데, '돌을 박은 자리'라는 뜻이다.)

14 그 날은 유월절 준비일이고, 때는 낮 열두 시쯤이었다. 빌라도가 유대 사람들에게 말하였다. "보시오, 당신들의 왕이오."

15 그들이 외쳤다. "없애 버리시오! 없애 버리시오! 그를 십자가에 못박으시오!" 빌라도가 그들에게 말하였다. "당신들의 왕을 십자가에 못박으란 말이오?" 대제사장들이 대답하였다. "우리에게는 황제 폐하밖에는 왕이 없습니다."

11 Jesus answered, "You would have no power over me if it were not given to you from above. Therefore the one who handed me over to you is guilty of a greater sin."

12 From then on, Pilate tried to set Jesus free, but the Jews kept shouting, "If you let this man go, you are no friend of Caesar. Anyone who claims to be a king opposes Caesar."

13 When Pilate heard this, he brought Jesus out and sat down on the judge's seat at a place known as the Stone Pavement (which in Aramaic is Gabbatha).

14 It was the day of Preparation of Passover Week, about the sixth hour. "Here is your king," Pilate said to the Jews.

15 But they shouted, "Take him away! Take him away! Crucify him!" "Shall I crucify your king?" Pilate asked. "We have no king but Caesar," the chief priests answered.

11 イエスは答えられた。「もしそれが上から與えられているのでなかったら, あなたにはわたしに對して何の權威もありません。ですから, わたしをあなたに渡した者に, もっと大きい罪があるのです。」

12 こういうわけで, ピラトはイエスを釋放しようと努力した。しかし, ユダヤ人たちは激しく叫んで言った。「もしこの人を釋放するなら, あなたはカイザルの味方ではありません。自分を王だとする者はすべて, カイザルにそむくのです。」

13 そこでピラトは, これらのことばを聞いたとき, イエスを外に引き出し, 敷石（ヘブル語でガバタ）と呼ばれる場所で, 裁判の席に着いた。

14 その日は過越の備え日で, 時は六時ごろであった。ピラトはユダヤ人たちに言った。「さあ, あなたがたの王です。」

15 彼らは激しく叫んだ。「除け。除け。十字架につけろ。」ピラトは彼らに言った。「あなたがたの王を私が十字架につけるのですか。」祭司長たちは答えた。「カイザルのほかには, 私たちに王はありません。」

16 이리하여 이제 빌라도는 예수를 십자가에 처형하라고 그들에게 넘겨주었다. 그들은 예수를 넘겨받았다.

17 예수께서 십자가를 지시고 '해골'이라 하는 데로 가셨다. 그 곳은 히브리 말로 골고다라고 하였다.

18 거기서 그들은 예수를 십자가에 못 박았다. 그리고 다른 두 사람도 예수와 함께 십자가에 달아서, 예수를 가운데로 하고, 좌우에 세웠다.

19 빌라도는 또한 명패도 써서, 십자가에 붙였다. 그 명패에는 '유대인의 왕 나사렛 사람 예수' 라고 썼다.

20 예수께서 십자가에 달리신 곳은 도성에서 가까우므로, 많은 유대 사람이 이 명패를 읽었다. 그것은, 히브리 말과 로마 말과 그리스 말로 적혀 있었다.

16 Finally Pilate handed him over to them to be crucified. So the soldiers took charge of Jesus.

17 Carrying his own cross, he went out to the place of the Skull (which in Aramaic is called Golgotha).

18 Here they crucified him, and with him two others—one on each side and Jesus in the middle.

19 Pilate had a notice prepared and fastened to the cross. It read: JESUS OF NAZARETH, THE KING OF THE JEWS.

20 Many of the Jews read this sign, for the place where Jesus was crucified was near the city, and the sign was written in Aramaic, Latin and Greek.

---

16 そこでピラトは, そのとき, イエスを, 十字架につけるため彼らに引き渡した。

17 彼らはイエスを受け取った。そして, イエスはご自分で十字架を負って, 「どくろの地」という場所 (ヘブル語でゴルゴタと言われる) に出て行かれた。

18 彼らはそこでイエスを十字架につけた。イエスといっしょに, ほかのふたりの者をそれぞれ両側に, イエスを眞中にしてであった。

19 ピラトは罪狀書きも書いて, 十字架の上に掲げた。それには 「ユダヤ人の王ナザレ人イエス。」と書いてあった。

20 それで, 大ぜいのユダヤ人がこの罪狀書きを讀んだ。イエスが十字架につけられた場所は都に近かったからである。またそれはヘブル語, ラテン語, ギリシヤ語で書いてあった。

21 유대 사람들의 대제사장들이 빌라도에게 말하기를 "'유대인의 왕'이라고 쓰지 말고, '자칭 유대인의 왕'이라고 쓰십시오" 하였으나,

22 빌라도는 "나는 쓸 것을 썼다"하고 대답하였다.

23 병정들이 예수를 십자가에 못 박은 뒤에, 그의 옷을 가져다가 네 몫으로 나누어서, 한 사람이 한 몫씩 차지하였다. 그리고 속옷은 이음새 없이 위에서 아래까지 통째로 짠 것이므로

24 그들은 서로 말하기를 "이것은 찢지 말고, 누가 차지할지 제비를 뽑자" 하였다. 이는 '그들이 나의 겉옷을 서로 나누어 가지고, 나의 속옷을 놓고서는 제비를 뽑았다' 하는 성경 말씀이 이루어지게 하려는 것이었다. 그러므로 병정들이 이런 일을 하였다.

25 그런데 예수의 십자가 곁에는 예수의 어머니와 이모와 글로바의 아내 마리아와 막달라 사람 마리아가 서 있었다.

21 The chief priests of the Jews protested to Pilate, "Do not write 'The King of the Jews,' but that this man claimed to be king of the Jews."

22 Pilate answered, "What I have written, I have written."

23 When the soldiers crucified Jesus, they took his clothes, dividing them into four shares, one for each of them, with the undergarment remaining. This garment was seamless, woven in one piece from top to bottom.

24 "Let's not tear it," they said to one another. "Let's decide by lot who will get it." This happened that the scripture might be fulfilled which said, "They divided my garments among them and cast lots for my clothing." So this is what the soldiers did.

25 Near the cross of Jesus stood his mother, his mother's sister, Mary the wife of Clopas, and Mary Magdalene.

21 そこで, ユダヤ人の祭司長たちがピラトに 「ユダヤ人の王, と書かないで, 彼はユダヤ人の王と自称した, と書いてください。」と言った。

22 ピラトは答えた。「私の書いたことは私が書いたのです。」

23 さて, 兵士たちは, イエスを十字架につけると, イエスの着物を取り, ひとりの兵士に一つずつあたるよう四分した。また下着をも取ったが, それは上から全部一つに織った, 縫い目なしのものであった。

24 そこで彼らは互いに言った。「それは裂かないで, だれの物になるか, くじを引こう。」それは,「彼らはわたしの着物を分け合い, わたしの下着のためにくじを引いた。」という聖書が成就するためであった。

25 兵士たちはこのようなことをしたが, イエスの十字架のそばには, イエスの母と母の姉妹と, クロパの妻のマリヤとマグダラのマリヤが立っていた。

Vox populi, vox Dei.

26 예수께서는 자기 어머니와 그 곁에 서 있는 사랑하는 제자를 보시고, 어머니에게 "어머니, 이 사람이 어머니의 아들입니다" 하고 말씀하시고,

27 그 다음에 제자에게는 "자, 이분이 네 어머니시다" 하고 말씀하셨다. 그 때부터 그 제자는 그를 자기 집으로 모셨다.

28 그 뒤에 예수께서는 모든 일이 이루어졌음을 아시고, 성경 말씀을 이루시려고 "목 마르다"하고 말씀하셨다.

29 거기에 신 포도주가 가득 담긴 그릇이 있었는데, 사람들이 해면을 그 신 포도주에 듬뿍 적셔서, 우슬초 대에다가 꿰어 예수의 입에 갖다 대었다.

30 예수께서 신 포도주를 받으시고서, "다 이루었다" 하고 말씀하신 뒤에, 머리를 떨 어뜨리시고 숨을 거두셨다.

26 When Jesus saw his mother there, and the disciple whom he loved standing nearby, he said to his mother, "Dear woman, here is your son,"

27 and to the disciple, "Here is your mother." From that time on, this disciple took her into his home.

28 Later, knowing that all was now completed, and so that the Scripture would be fulfilled, Jesus said, "I am thirsty."

29 A jar of wine vinegar was there, so they soaked a sponge in it, put the sponge on a stalk of the hyssop plant, and lifted it to Jesus' lips.

30 When he had received the drink, Jesus said, "It is finished." With that, he bowed his head and gave up his spirit.

26 イエスは, 母と, そばに立っている愛する弟子とを見て, 母に 「女の方。そこ に, あなたの息子がいます。」と言われた。

27 それからその弟子に 「そこに, あなたの母がいます。」と言われた。その時 から, この弟子は彼女を自分の家に引き取った。

28 この後, イエスは, すべてのことが完了したのを知って, 聖書が成就するために, 「わたしは渇く。」と言われた。

29 そこには酸いぶどう酒のいっぱいはいった入れ物が置いてあった。そこで彼らは, 酸いぶどう酒を含んだ海綿をヒソプの枝につけて, それをイエスの口もとに差し出した。

30 イエスは, 酸いぶどう酒を受けられると, 「完了した。」と言われた。そして, 頭を垂れて, 靈をお渡しになった。

31 유대 사람들은 그 날이 유월절 준비일이므로, 안식일에 시체들을 십자가에 그냥 두지 않으려고, 그 시체의 다리를 꺾어서 치워달라고 빌라도에게 요청하였다. 그 안식일은 큰 날이었기 때문이다.

32 그래서 병사들이 가서, 먼저 예수와 함께 십자가에 달린 한 사람의 다리와 또 다른 한 사람의 다리를 꺾고 나서,

33 예수께 와서는, 그가 이미 죽으신 것을 보고서, 다리를 꺾지 않았다.

34 그러나 병사들 가운데 하나가 창으로 그 옆구리를 찌르니, 곧 피와 물이 흘러나왔다.

35 (이것은 목격자가 증언한 것이다. 그래서 그의 증언은 참되다. 그는 자기의 말이 진실하다는 것을 알고 있다. 그는 여러분들도 믿게 하려고 증언한 것이다.)

31 Now it was the day of Preparation, and the next day was to be a special Sabbath. Because the Jews did not want the bodies left on the crosses during the Sabbath, they asked Pilate to have the legs broken and the bodies taken down.

32 The soldiers therefore came and broke the legs of the first man who had been crucified with Jesus, and then those of the other.

33 But when they came to Jesus and found that he was already dead, they did not break his legs.

34 Instead, one of the soldiers pierced Jesus' side with a spear, bringing a sudden flow of blood and water.

35 The man who saw it has given testimony, and his testimony is true. He knows that he tells the truth, and he testifies so that you also may believe.

31 その日は備え日であったため, ユダヤ人たちは安息日に (その安息日は大いなる日であったので), 死體を十字架の上に殘しておかないように, すねを折ってそれを取りのける處置をピラトに願った。

32 それで, 兵士たちが來て, イエスといっしょに十字架につけられた第一の者と, もうひとりの者とのすねを折った。

33 しかし, イエスのところに來ると, イエスがすでに死んでおられるのを認めたので, そのすねを折らなかった。

34 しかし, 兵士のうちのひとりがイエスのわき腹を槍で突き刺した。すると, ただちに血と水が出て來た。

35 それを目擊した者があかしをしているのである。そのあかしは眞實である。その人が, あなたがたにも信じさせるために, 眞實を話すということをよく知っているのである。

36 일이 이렇게 된 것은, '그의 뼈가 하나도 부러지지 않을 것이다' 한 성경 말씀이 이루어지게 하려는 것이었다.

37 또 성경에 '그들은 자기들이 찌른 사람을 쳐다볼 것이다' 한 말씀도 있다.

38 그 뒤에 아리마대 사람 요셉이 예수의 시신을 거두게 하여 달라고 빌라도에게 청하였다. 그는 예수의 제자인데, 유대 사람이 무서워서, 그것을 숨기고 있었다. 빌라도가 허락하니, 그는 가서 예수의 시신을 내렸다.

39 또 전에 예수를 밤중에 찾아갔던 니고데모도 몰약에 침향을 섞은 것을 백 근쯤 가지고 왔다.

40 그들은 예수의 시신을 모셔다가, 유대 사람의 장례 풍속대로 향료와 함께 삼베로 감았다.

━━━━━━━━━━━━━ ✝ ━━━━━━━━━━━━━

36 These things happened so that the scripture would be fulfilled: "Not one of his bones will be broken,"

37 and, as another scripture says, "They will look on the one they have pierced."

38 Later, Joseph of Arimathea asked Pilate for the body of Jesus. Now Joseph was a disciple of Jesus, but secretly because he feared the Jews. With Pilate's permission, he came and took the body away.

39 He was accompanied by Nicodemus, the man who earlier had visited Jesus at night. Nicodemus brought a mixture of myrrh and aloes, about seventy-five pounds.

40 Taking Jesus' body, the two of them wrapped it, with the spices, in strips of linen. This was in accordance with Jewish burial customs.

━━━━━━━━━━━━━ ✝ ━━━━━━━━━━━━━

36 この事が起こったのは，「彼の骨は一つも砕かれない。」という聖書のことばが成就するためであった。

37 また聖書の別のところには，「彼らは自分たちが突き刺した方を見る。」と言われているからである．

38 そのあとで，イエスの弟子ではあったがユダヤ人を恐れてそのことを隠していたアリマタヤのヨセフが，イエスのからだを取りかたづけたいとピラトに願った。それで，ピラトは許可を與えた。そこで彼は來て，イエスのからだを取り降ろした。

39 前に，夜イエスのところに來たニコデモも，沒藥とアロエを混ぜ合わせたものをおよそ三十キログラムばかり持って，やって來た。

40 そこで，彼らはイエスのからだを取り，ユダヤ人の埋葬の習慣に從って，それを香料といっしょに亞麻布で卷いた。

Vox populi, vox Dei.

41 예수가 십자가에 달리신 곳에, 동산이 있었는데, 그 동산에는 아직 사람을 장사한 일이 없는 새 무덤이 하나 있었다.

42 그 날은 유대 사람이 안식일을 준비하는 날이고, 또 무덤이 가까이 있었기 때문에, 그들은 예수를 거기에 모셨다.

41 At the place where Jesus was crucified, there was a garden, and in the garden a new tomb, in which no one had ever been laid.

42 Because it was the Jewish day of Preparation and since the tomb was nearby, they laid Jesus there.

41 イエスが十字架につけられた場所に園があって, そこには, まだだれも葬られたことのない新しい墓があった。

42 その日がユダヤ人の備え日であったため, 墓が近かったので, 彼らはイエスをそこに納めた.

십자가 고난 당하시는 예수의 이미지

자료: m.blog.naver.com

개요

　요한복음 19장은 예수의 죽음을 중점적으로 다루고 있다. 예수의 십자가 상에서의 죽음은 하나님의 구속 사역의 완성을 위한 필수불가결한 관문이었다. 그래서 예수는 17장의 중보 기도를 통하여 이때를 아버지와 아들이 영화롭게 되는 시기로 보았던 것이다. 이러한 내용의 19장은 빌라도의 사형언도1-16절, 십자가에 처형되신 하나님의 아들17-30절, 하나님 아들의 장사되심31-42절으로 구성되어 있다. 본장을 통해 요한이 드러내고자 한 것은 예수의 십자가의 죽음을 둘러싼 모든 상황들이 완전히 하나님의 통제 안에 있었음을 알리고자 하는 것이다. 본장에서는 예수가 빌라도에게 재판받고 유대인들에 의해 십자가에 못박혀 죽으신 광경을 기록하였다. 예수께서 죽으심은 하나님의 주권적인 뜻에 의한 구원 사역의 성취였다. 이는 구약 성경의 예언이 그리스도의 죽음을 통해 성취됨을 보아 알 수 있다. 죄인을 위한 그리스도의 죽음은 죽을 수밖에 없는 인간에게 영생의 소망을 준 사건이었다.

요한복음 19장 해설[1]

　1-5절의 말씀은 빌라도가 예수를 채찍질하는 모습으로 시작되고 있다. 우

---

[1] 요한복음 John – 로빈박스, 2014. 11. 4.

리 주님은 이렇게 채찍을 맞으실 필요가 전혀 없으셨다. 그러나 이 모든 일이 일어난 이유는 성경의 예언을 정확히 성취하고자 함이었다. 성경은 예수가 채찍에 맞으심으로 우리가 고침을 받았다고 말씀하고 있다. 예수가 맞으신 채찍은 어떤 것일까? 이 당시 로마 군인들이 사용하던 채찍은 질긴 가죽끈으로 만든 것이었다. 채찍은 끝은 여러 갈래로 갈라져 있었고, 각각의 갈래 끝에는 쇠와 유리 조각이 붙어 있었다. 그래서 사람을 채찍으로 때리게 되면, 채찍이 사람의 몸에 감기면서 쇠와 유리 조각이 몸에 박히게 되고, 다시 채찍을 끌어당기면, 사람의 살점이 떨어져 나가게 되는 것이다. 예수는 이렇게 채찍에 맞으셔서 온몸이 피투성이가 되셨다. 또한 2절에 보면 군사들이 가시나무로 관을 엮어 주님의 머리에 씌웠다고 기록하고 있다. 중동 지방은 매우 덥고 건조한 지역이기 때문에, 가시의 크기가 매우 크다. 일반적으로 우리가 장미꽃의 가시를 보게 되면, 사람 손가락보다 조금 작은 크기이지만, 중동 지방의 가시는 매우 크고 긴 것을 볼 수가 있다. 거의 사람의 손가락 길이만큼 가시가 길다. 그래서 이것으로 관을 엮어서 머리에 씌우게 되면, 가시가 머리를 파고들면서 피가 흘러내리게 되는 것이다. 군사들은 이렇게 예수의 머리에 가시로 만든 관을 씌우고, 왕이 입는 옷을 상징하는 자주색 긴 옷을 입히고, "만세, 유대인들의 왕이여!"라고 외치면서 손으로 주님을 때렸다. 이것은 예수를 조롱하는 것이고, 크게 모욕하는 것이었다.

기둥에 묶여서 채찍질을 당하는 예수

자료: newsjesus.net

로마의 군사들은 갈대로 예수님의 머리를 쳤다. 또 예수에게 침을 뱉었다. 그리고 조롱하는 의미로 무릎을 꿇으면서 예수를 경배하기도 하였다. 예수는 누구인가? 온 우주를 창조하신 하나님이시다. 그런데 바로 이러한 전능자 하나님께서 이러한 수치와 모욕을 다 당하셨다. "자기 앞에 놓여 있는 기쁨을 내다보고서, 부끄러움을 마음에 두지 않으시고, 십자가를 참으셨습니다."라는 히브리서 12장 2절 말씀처럼 예수는 그 십자가와 수치를 견디셨다. 빌라도는 이렇게 비참한 모습의 예수를 이끌고 유대인들 앞에 나왔다. 이 정도면 되지 않느냐고 묻는 것이었다. 그러나 유대인들은 빌라도의 의견을 받아들이지 않았다.

예수는 우리를 사랑하셔서 이러한 고통과 수치와 모욕을 다 당하셨다. 우리가 만약 구원받은 자로서 이제 구원을 받았기 때문에, 과거와 현재와 미래의 모든 죄가 예수의 보혈로 씻음 받았기 때문에, 이제는 천국을 보장받았기 때문에, 죄를 지어도 아무 상관이 없는 것처럼 생각한다면, 예수의 십자가 고난이 어떠한 것이었는지 생각해 보기 바란다. 예수가 더러운 나를 구원하시려고 어떤 모욕과 고통을 당하셨는지 생각해 보기 바란다. 예수는 온 인류 역사상 가장 억울한 분이다. 말 그대로 아무런 죄도 없으신 분께서 이렇게 끔찍한 일을 당하셨던 것이다. 그러나 예수는 이들을 용서하셨고 이들을 위하여 죽으셨다. 오늘 이러한 사랑과 긍휼의 예수께서 우리 안에 살아계신 것이다. 1-5절

🐟 5절 말씀에서 빌라도는 예수를 채찍질한 후, 피투성이가 된 예수를 유대인들 앞에 세우고 보여주었다. 그리고 이제 이만하면 되었으니 그만 돌려보내자고 말하고 싶었을 것이다. 그러나 6절에서 유대인들은 확고하게 예수를 십자가에 못 박으라고 소리쳤다. 빌라도는 아무런 잘못도 찾지 못하였고 풀어주기를 원했다. 7절에서 유대인들은 예수가 자신을 하나님의 아들로 만들었다고 말하면서 더더욱 반드시 십자가에 못 박혀 죽어야 한다고 말하였다. 8절에 보니까 빌라도는 이 말을 듣고 더욱 두려워하게 되었다. 9절에서 빌라도는 재판정으로 들어가 예수가 어디에서 왔느냐고 다그쳐 물었다. 예수가 누구인지 궁금하게 되었던 것이다. 그러나 예수는 아무런 대답도 하지 않으셨다.

마침 빌라도의 아내는 사람을 보내어 예수를 해치지 말아야 한다고 말하였다. 그러므로 빌라도는 예수를 더욱 두려워하게 되었던 것이다. 10절에서 빌라도는 자신이 예수를 십자가에 못 박을 권한도 있고, 놓아줄 권한도 있다고 강조하였다. 그러나 빌라도는 사실 예수를 놓아줄 권한이 없었다. 권한이 있는 것 같았지만, 그는 예수를 놓아주고 싶어도 아무런 잘못이 없다고 판정을 내렸지만 놓아줄 수가 없었다. 11절에서 예수는 빌라도가 가진 권한이 하늘에서 주신 것임을 말씀하셨다. 예수는 자기 자신에 대한 물음에 대하여는 아무 말씀도 대답하지 않으셨지만, 하늘의 권한에 대해서는 기꺼이 대답하셨다. 12절에서 빌라도는 예수를 계속해서 놓아주려고 하였지만, 유대인들이 빌라도에게 정치적인 압력을 넣었을 때, 그는 굴복하고 말았다. 당신이 카이사르의 친구이고 로마 황제의 부하라면, 반드시 자기를 왕이라고 주장한 이 사람을 처형해야 마땅하다고 정치적으로 압력을 넣고 있었던 것이다. 빌라도는 누구의 친구가 되는 것을 선택하였을까? 바로 예수가 아니라 카이사르의 친구가 되는 것을 선택할 수밖에 없었다.

우리는 고통 받는 빌라도의 모습을 살펴보았다. 그는 자신의 권한을 가지고 어떻게든 예수를 살려보려고 노력하였지만 자신의 뜻대로 되지 않았다. 왜 그랬을까? 예수는 예언의 말씀대로 십자가에 달리셔야만 했기 때문이며, 유월절 어린 양으로서 유월절 날 잡히셔야 했기 때문인 것이다. 5-12절 말씀에서 우리는 권한이라는 단어를 주목해 보기 바란다. 우리는 살아가면서 여러 가지 모양의 권한을 가지게 될 것이다. 그런데 중요한 것은 모든 권한이 위에서부터, 아버지께로부터 나온다는 것이다. 권한이라는 것은 권위를 의미하는 것이다. 우리가 만약 권한을 가진 자라면, 그 권한이 위에서부터 아버지께로부터 온 것임을 기억하면서 겸손해야 할 것이다. 왜냐하면 우리가 권한을 가졌다고 해서 우리 마음대로 되는 것이 하나도 없기 때문인 것이다. 5-12절

13-22절의 말씀에서 우리는 예수가 십자가에 달리시는 모습을 볼 수가 있다. 유대인들은 자기들에게 카이사르만이 왕이라고 외치고 있었다. 그리고 로마의 총독이었던 빌라도는 예수의 죄목을 적는 명패에 유대인의 왕이라고 적었다.

빌라도는 예수를 향해서 자신이 십자가에 못 박을 권한도 있고 살려줄 권한도 있다고 말했다. 그러나 그는 결국 자기 권한대로 하지 못하고 예수를 십자가에 처형하도록 넘겨주고 말았다. 요한복음 1장 11절을 보면, "그가 자기 땅에 오셨으나, 그의 백성은 그를 맞아들이지 않았다."라고 되어 있다. 예수는 창조주로서 그리고 왕으로서 자기 백성에게 오셨지만 거부당하셨다. 그분의 백성이 그분을 받아들이지 않았다. 하나님의 특별한 선택을 받고 하나님의 통치를 받아야 하는 이스라엘 백성이 로마의 황제를 자기들의 왕으로 받아들이면서 예수를 거절하였던 것이다.

오늘날 우리는 구원받은 하나님의 자녀로서, 또한 하나님의 왕국의 자녀가 되었다. 그런데 우리는 생활 속에서 정말 주님을 우리의 왕으로 받아들이고 있는가? 아니면 세상의 다른 것들을 우리의 주인으로 왕으로 섬기고 있는가? 성경은 아무도 두 주인을 섬길 수 없다고 말씀하고 있다. 우리가 주님을 왕으로 모시든지 돈이나 세상의 다른 것을 왕으로 모시든지 둘 중 하나다. 13-22절의 말씀은 다른 어떤 설명을 필요로 하지 않는다. 다만 예수가 걸어가신 그 십자가의 길을 우리가 묵상하면서 어떻게 하면 구원을 받은 자녀답게 살아갈 것인지, 우리가 생각해 보는 하루가 되기를 바란다. 13-22절

Vox populi, vox Dei.

십자가에 달리신 예수

자료: good-faith.net

　　🐟 로마의 군사들은 예수를 십자가에 못 박은 뒤에 그분의 옷을 나눠가졌다. 로마의 군사들이 예수의 옷을 나눠가진 까닭은 먼저 성경 기록을 성취하기 위해서다. 로마의 군사들은 그분의 옷을 네 몫으로 나누어서 한 몫씩 차지하였고, 예수의 겉옷은 이음새 없이 뒤에서부터 통째로 짠 것이라 나누기가 불편하기 때문에 제비뽑기를 통해 한 사람이 가져갔다. 성경은 이것을 정확히 예언해 주고 있다. 우리 함께 시편 22편 18절을 보면, "자기들끼리 내 옷들을 나누고 내 겉옷을 놓고 제비를 뽑나이다."라고 되어 있다. 옷에 대해 조금 더 생각해 보겠다. 오늘날은 옷이 흔한 편이지만, 당시에는 천이나 옷감이 귀했다. 그래서 로마의 군사들은 십자가에 처형되는 죄수의 마지막 옷까지 부수입으로 다 챙겨간 것을 볼 수가 있다. 십자가에 매달리는 사형수는 마지막 한 벌의 옷까지도 빼앗겼고, 맨몸으로 수치를 당하게 되었다. 어쩌면 마지막 속옷까지 다 벗기지는 않았을지 모르지만, 매우 수치스럽고 모욕적인 일임에 틀림없다. 우리를 위해 모든 수치와 모욕을 기꺼이 감당하신 주님을 기억하며 감사해야 한다. 요한복음 19장 25절에 예수의 십자가 곁에까지 따라왔던 사람들이 있었다. 그 사람들은 바로 예수의 어머니 마리아와 그분의 이모이자, 글로바의 아내인 마리아와 마리아 막달라였다. 예수의 십자가 곁에 세 명의 마리아가 서 있었다. 여기에 등정하고 있는 마리아 막달라는 일곱 마귀에 시달렸던 마리아다. 누가복음 8장 2절을 보면, "그리고 악령과 질병에서 고침을 받은 몇몇 여자들도 동행하였는데, 일곱 귀신이 떨어져 나간 막달라라고 하는 마리아와"라고 되어 있다. 마리아 막달라는 나사로와 마르다의 동생 마리아가 아니라, 바로 일곱 마귀에 사로잡혔다가 고침을 받은 마리아였다. 그날 이후로부터 이 마리아 막달라는 주님을 따르는 제자가 되었다.

　　마태복음 28장 1절에는 "안식일이 지나고, 이레의 첫날 동틀 무렵에, 막달라 마리아와 다른 마리아가 무덤을 보러 갔다."라고 쓰여 있다. 또 요한복음 20장 1절을 보면, "주간의 첫날 이른 새벽에 막달라 사람 마리아가 무덤에 가서 보니, 무덤 어귀를 막은 돌이 이미 옮겨져 있었다."라고 되어 있다. 바로 마리아 막달라는 예수의 빈 돌무덤을 맨 처음 발견한 여인이었다. 마가복음 16장 9절에도 "예수께서 이레의 첫날 새벽에 살아나신 뒤에, 맨 처음으로 막달라 마리아에게 나타나셨

예수의 십자가 곁에 세 명의 마리아가
서 있었다.

자료: m.blog.naver.com

다. 마리아는 예수께서 일곱 귀신을 쫓아내 주신 여자이다."라고 되어 있다. 예수가 부활하신 후에 처음으로 누구에게 나타났는가 하면, 바로 마리아 막달라다. 또한 예수가 사랑하시던 제자인 요한이 십자가 곁에 서 있었다. 예수를 십자가 아래까지 따라갔던 유일한 제자였다. 예수는 요한에게 자신의 어머니인 마리아를 부탁하셨다. 그래서 그날부터 요한이 마리아를 자기 집으로 모셨다. 우리가 만약 예수 당시에 살았다면, 과연 예수를 어디까지 따를 수 있었을까? 다른 제자들은 안타깝게도 겟세마네 동산까지 따를 수가 있었다. 오늘날 우리가 십자가 곁에까지 주님을 따를 수 있기를 바란다. 더 나아가 주님과 함께 십자가에 달린 자로서, 하나님 아들의 믿음으로 살기를 바란다. 23-27절

🐟 예수는 십자가에 계시면서 목마르다고 말씀하셨다. 생수의 근원이신 분께서 목마르게 되셨던 것이다. 예수가 사람의 몸을 입으셨음을 생각할 때, 예수의 몸은 이미 한계에 달했다. 머리부터 발끝까지 피가 흘러내리고 있었고, 온몸은 이미 채찍을 맞으셨다. 사람이 그런 일을 당한다면 얼마 지나지 않아 몸은 쇼크 상태에 빠지게 될 것이다. 예수는 탈수 현상을 일으키고 심한 갈증을 겪으셨다. 성경은 예수가 십자가 위에서 목마르실 것과 식초를 받게 되실 것을 미리 예언해

"다 이루었다."

자료: blog.daum.net

주고 있었다. 마태복음 27장 34절을 보면, "포도주에 쓸개를 타서, 예수께 드려서 마시게 하였으나, 그는 그 맛을 보시고는, 마시려고 하지 않으셨다."라고 되어 있다. 예수는 또한 쓸개를 섞은 식초를 받으셨다. 우리는 정확히 시편 69편의 말씀들이 예수가 성취된 것을 살펴볼 수가 있다. 다윗은 예수가 태어나시기 약 천 년 전에 살았던 사람인데, 하나님의 영감으로 시를 쓰는 가운데 예수에 대한 많은 예언의 말씀들을 기록하게 되었다.

요한복음 19장 30절에는 "예수께서 신 포도주를 받으시고서, '다 이루었다' 하고 말씀하신 뒤에, 머리를 떨어뜨리시고 숨을 거두셨다."라고 하는 말씀이 나온다. 예수는 식초를 받으신 뒤에 "다 이루었다.", "It is finished."라고 말씀하시고, 머리를 숙이고 숨을 거두셨다. 이것은 무엇을 의미하는 것일까? 바로 우리 죄에 대한 값이 완전히 지불되었다는 것이고, 우리가 완전히 의롭게 되었다는 것이다.

일반 종교들이 'Do'의 종교라고 한다면, 성경의 믿음은 바로 'Done'의 종교이다. 'Do'는 현재 해야 한다는 의미이지만, 'Done'은 이미 완료되었다는 의미이다. 예수는 십자가의 죽으심을 통하여 우리의 구원을 완전히 이루셨다. 주님을 찬양하는 우리 모두가 되기를 바란다. 28-30절 예수를 십자가에 못 박으라고 외쳤던 유대인들은 이제 예수의 몸을 내려 달라고 요청하고 있다. 그 이유는 유월절 명절의 안식일에 사람을 나무에 매달아 놓는 것은 저주의 상징이었기 때문이다. 성경은 나무에 매달린 자가 저주받은 자라고 말씀하고 있다. 유대인들은 자신들의 명절에 저주의 어떤 상징도 두기를 원하지 않았기 때문에, 사람들을 나무로부터 십자가로부터 내려달라고 요청하였던 것이다. 성경은 예수가 우리를 위해 저주가 되사 율법의 저주에서 우리를 구속하셨다고 말씀하고 있다. 예수는 불뱀처럼 나무에 높이 달리셔서 우리를 위해 저주가 되셨고, 우리를 율법의 저주에서 구원하셨다. 로마의 병사들은 사람들을 빨리 죽게 하기 위해서 다리를 꺾었다. 십자가에서 사람을 처형하는 원리는 바로 사람을 질식해서 죽이는 것이었다. 사람을 십자가에 매달아두면, 몸이 쳐지고 갈비뼈가 가슴을 압박하면서 숨이 막히게 된다. 그러면 사람은 자연히 다리의 발판을 밀어서 숨을 쉬게 된다. 이때 사람의 다리를 꺾어버리면, 더 이상 발판을 밀 수 없어서 빨리 숨이 막혀 죽게 되는 것이다. 그래서 군사들은 예수 양 옆의 죄수들 다리를 꺾었다. 그러나 예수에게 이르러서는 이미 숨을 거두신 것을 보고 다리를 꺾지 않았다. 왜냐하면 예수는 스스로 생명을 내어주셨기 때문이다. 유월절 어린 양은 결코 뼈를 꺾지 않고, 통 바비큐로 구워서 요리를 하게 되어 있었다. 여기서 뼈를 꺾지 않는다는 것은 하나의 표적으로, 유월절 어린양이신 예수 그리스도께서 뼈가 꺾이지 않는 죽음을 맞이하실 것을 보여주는 것이다. 예수는 이러한 성경의 예언대로 뼈가 꺾이지 않으셨다. 그러나 군사들 중의 하나가 예수의 죽음을 확실시하기 위해서 창으로 옆구리를 찔렀다. 요한은 그것을 정확히 목격하고 기록하였는데, 바로 예수의 옆구리에서 피와 물이 나오는 것을 목격하였던 것이다. 요한은 단지 피라고 말하지 않고 피와 물이라고 하였다.

요한은 자기가 본 것을 증언하였다고 말했다. 의학박사인 William Stroud는 피와 물이 흘러나온 현상을 다음과 같이 설명하고 있다. "심장의 파열은 엄청난 정신적 고뇌로 인해 일어난다. 심장이 파열하면 즉시 사망이 찾아온다. 그리고 심낭에는 심장을 돌던 피가 터져 들어간다. 이러한 파열 현상이 일어나면, 혈액이 분리되어 물과 피로 나뉜다. 이 경우에 심낭이 팽창하여 혈청이 물과 피로 분리

예수의 옆구리를 꿰뚫는 창 ✿2
프라 안젤리코(1440년경)

자료: ko.wikipedia.org

된 채로 가득 차 있게 된다Treatise on the Physical Cause of the Death of Christ, London, 1847, p.74, 336." 예수는 심장 파열로 돌아가셨고, 죽음에 관련된 성경의 모든 예언을 성취하셨다. 31-37절

🐟 예수가 돌아가신 이후에 그를 장사지내기 위해 왔던 두 명의 제자를 볼 수가 있다. 그 두 사람은 바로 아리마대의 요셉이었고, 또 밤에 예수를 찾아왔던 니고데모였다. 이들은 지금까지 사람들을 두려워하여 은밀하게 예수를 따르는 비밀 제자였다. 그러나 예수가 돌아가시고, 모든 것이 끝나버린 것처럼 보이는 이 상황에서 자신들의 정체를 드러내었다. 성경은 예수가 죽어서는 부자와 함께 할 것이라고 미리 예언하고 있다. 바로 아리마대 요셉을 가리키는 것이었다. 우리는 또한 니고데모를 볼 수가 있다. 니고데모는 밤에 예수에게 찾아왔던 사람이다.

✿2 성창(聖槍, Sainte Lance)은 예수가 십자가에 못 박혔을 때 한 병사가 그의 죽음을 확인하기 위해 예수의 옆구리를 찔렀는데 예수의 피가 묻었다고 여겨지는 창이다. 기독교의 성유물 가운데 하나이다. 신약성경의 요한복음서 19장 34절에 기록되어 있으며, 일부에선 복음서의 저자인 사도 요한이 집필 당시 가현설(假現說) 논란이 있자 예수가 죽었음을 확실히 하고자 집어넣은 표현이라는 주장도 있다. 나중에 예수의 옆구리를 찌른 병사의 이름이 론지노라고 알려지면서 론지노의 창(lance de Longin) 또는 운명의 창이라고도 불리게 된다.

예수가 돌아가신 이후에 그를
장사지내기 위해 왔던 아리마대의
요셉과 니고데모

자료: blog.daum.net

니고데모가 이렇게 밤에 예수를 찾아왔던 이유는 무엇일까? 바로 사람들의 눈을 두려워했기 때문이다. 그는 몰래 예수를 찾아와서 예수를 따르고자 하였다. 나중에 니고데모는 공개적인 자리에서 예수를 변호하고 있는 것을 볼 수가 있다. 그는 바리새인이었기 때문에, 바리새인들과 함께 있었다. 여기서 니고데모는 자기가 예수의 제자라는 것을 분명하게 공개하지는 못하였지만, 그래도 바리새인들을 향해서 정확히 알아보지도 않고 심판하는 것은 옳지 않다고 말하고 있다.

38-42절의 말씀에서 우리는 니고데모가 예수를 장사지내기 위하여 몰약과 알로에 섞은 것을 백 근쯤 가지고 온 것을 볼 수가 있다. 아리마대 요셉과 니고데모는 모두 사람들을 두려워하여 은밀히 예수를 따르는 제자였지만, 이제는 공개적으로 사람들 앞에 자신의 정체를 드러내게 되었다. 오늘날 우리도 그렇게 사람들 앞에서 용감하게 믿음을 증거하여 나타낼 수 있기를 원한다. 38-42절

Vox populi, vox Dei.

요한복음
20장

天聲

1 주간의 첫날 이른 새벽에 막달라 사람 마리아가 무덤에 가서 보니, 무덤 어귀를 막은 돌이 이미 옮겨져 있었다.

2 그래서 그 여자는 시몬 베드로와 예수께서 사랑하시던 그 다른 제자에게 달려가서 말하였다. "누가 주님을 무덤에서 가져갔습니다. 어디에 두었는지 모르겠습니다."

3 베드로와 그 다른 제자가 나와서, 무덤으로 갔다.

4 둘이 함께 뛰었는데, 그 다른 제자가 베드로보다 빨리 달려서, 먼저 무덤에 이르렀다.

5 그런데 그는 몸을 굽혀서 삼베가 놓여 있는 것을 보았으나, 안으로 들어가지는 않았다.

1 Early on the first day of the week, while it was still dark, Mary Magdalene went to the tomb and saw that the stone had been removed from the entrance.

2 So she came running to Simon Peter and the other disciple, the one Jesus loved, and said, "They have taken the Lord out of the tomb, and we don't know where they have put him!"

3 So Peter and the other disciple started for the tomb.

4 Both were running, but the other disciple outran Peter and reached the tomb first.

5 He bent over and looked in at the strips of linen lying there but did not go in.

Vox populi, vox Dei.

1 さて, 週の初めの日に, マグダラのマリヤは, 朝早くまだ暗いうちに墓に來た。そして, 墓から石が取りのけてあるのを見た。

2 それで, 走って, シモン・ペテロと, イエスが愛された, もうひとりの弟子とのところに來て, 言った。「だれかが墓から主を取って行きました。主をどこに置いたのか, 私たちにはわかりません。」

3 そこでペテロともうひとりの弟子は外に出て來て, 墓のほうへ行った。

4 ふたりはいっしょに走ったが, もうひとりの弟子がペテロよりも速かったので, 先に墓に着いた。

5 そして, からだをかがめてのぞき込み, 亞麻布が置いてあるのを見たが, 中にはいらなかった。

6 시몬 베드로도 그를 뒤따라 왔다. 그가 무덤 안으로 들어가 보니, 삼베가 놓여 있었고,

7 예수의 머리를 싸맸던 수건은, 그 삼베와 함께 놓여 있지 않고, 한 곳에 따로 개켜 있었다.

8 그제서야 먼저 무덤에 다다른 그 다른 제자도 들어가서, 보고 믿었다.

9 아직도 그들은 예수께서 죽은 사람들 가운데서 반드시 살아나야 한다는 성경 말씀을 깨닫지 못하였다.

10 그래서 제자들은 자기들이 있던 곳으로 다시 돌아갔다.

6 Then Simon Peter, who was behind him, arrived and went into the tomb. He saw the strips of linen lying there,

7 as well as the burial cloth that had been around Jesus' head. The cloth was folded up by itself, separate from the linen.

8 Finally the other disciple, who had reached the tomb first, also went inside. He saw and believed.

9 (They still did not understand from Scripture that Jesus had to rise from the dead.)

10 Then the disciples went back to their homes,

6 シモン・ペテロも彼に續いて來て, 墓にはいり, 亞麻布が置いてあって,

7 イエスの頭に卷かれていた布切れは, 亞麻布といっしょにはなく, 離れた所に卷かれたままになっているのを見た。

8 そのとき, 先に墓についたもうひとりの弟子もはいって來た。そして, 見て, 信じた。

9 彼らは, イエスが死人の中からよみがえらなければならないという聖書を, まだ理解していなかったのである。

10 それで, 弟子たちはまた自分のところに歸って行った。

11 그런데 마리아는 무덤 밖에 서서 울고 있었다. 울다가 몸을 굽혀서 무덤 속을 들여다보니,

12 흰 옷을 입은 천사 둘이 앉아 있었다. 한 천사는 예수의 시신이 놓여 있던 자리 머리맡에 있었고, 다른 한 천사는 발치에 있었다.

13 천사들이 마리아에게 말하였다. "여자여, 왜 우느냐?" 마리아가 대답하였다. "누가 우리 주님을 가져갔습니다. 어디에 두었는지 모르겠습니다."

14 이렇게 말하고, 뒤로 돌아섰을 때에, 그 마리아는 예수께서 서 계신 것을 보았지만, 그가 예수이신 줄은 알지 못하였다.

15 예수께서 마리아에게 말씀하셨다. "여자여, 왜 울고 있느냐? 누구를 찾느냐?" 마리아는 그가 동산지기인 줄 알고 "여보세요, 당신이 그를 옮겨 놓았거든, 어디에다 두었는지를 내게 말해 주세요. 내가 그를 모셔 가겠습니다" 하고 말하였다.

11 but Mary stood outside the tomb crying. As she wept, she bent over to look into the tomb

12 and saw two angels in white, seated where Jesus' body had been, one at the head and the other at the foot.

13 They asked her, "Woman, why are you crying?" "They have taken my Lord away," she said, "and I don't know where they have put him."

14 At this, she turned around and saw Jesus standing there, but she did not realize that it was Jesus.

15 "Woman," he said, "why are you crying? Who is it you are looking for?" Thinking he was the gardener, she said, "Sir, if you have carried him away, tell me where you have put him, and I will get him."

11 しかし, マリヤは外で墓のところにたたずんで泣いていた。そして, 泣きながら, からだをかがめて墓の中をのぞき込んだ。

12 すると, ふたりの御使いが, イエスのからだが置かれていた場所に, ひとりは頭のところに, ひとりは足のところに, 白い衣をまとってすわっているのが見えた。

13 彼らは彼女に言った。「なぜ泣いているのですか。」彼女は言った。「だれかが私の主を取って行きました。どこに置いたのか, 私にはわからないのです。」

14 彼女はこう言ってから, うしろを振り向いた。すると, イエスが立っておられるのを見た。しかし, 彼女にはイエスであることがわからなかった。

15 イエスは彼女に言われた。「なぜ泣いているのですか。だれを捜しているのですか。」彼女は, それを園の管理人だと思って言った。「あなたが, あの方を運んだのでしたら, どこに置いたのか言ってください。そうすれば私が引き取ります。」

16 예수께서 "마리아야!" 하고 부르셨다. 마리아가 돌아서서 히브리 말로 "라부니!" 하고 불렀다. (그것은 '선생님!'이라는 뜻이다.)

17 예수께서 마리아에게 말씀하셨다. "내게 손을 대지 말아라. 내가 아직 아버지께로 올라가지 않았다. 이제 내 형제들에게로 가서 이르기를, 내가 나의 아버지 곧 너희의 아버지, 나의 하나님 곧 너희의 하나님께로 올라간다고 말하여라."

18 막달라 사람 마리아는 제자들에게 가서, 자기가 주님을 보았다는 것과 주님께서 자기에게 이런 말씀을 하셨다는 것을 전하였다.

19 그 날, 곧 주간의 첫날 저녁에, 제자들은 유대 사람들이 무서워서, 문을 모두 닫아 걸고 있었다. 그 때에 예수께서 와서, 그들 가운데로 들어서서서, "너희에게 평화가 있기를!" 하고 인사말을 하셨다.

20 이 말씀을 하시고 나서, 두 손과 옆구리를 그들에게 보여 주셨다. 제자들은 주님을 보고 기뻐하였다.

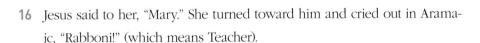

16 Jesus said to her, "Mary." She turned toward him and cried out in Aramaic, "Rabboni!" (which means Teacher).

17 Jesus said, "Do not hold on to me, for I have not yet returned to the Father. Go instead to my brothers and tell them, 'I am returning to my Father and your Father, to my God and your God.'"

18 Mary Magdalene went to the disciples with the news: "I have seen the Lord!" And she told them that he had said these things to her.

19 On the evening of that first day of the week, when the disciples were together, with the doors locked for fear of the Jews, Jesus came and stood among them and said, "Peace be with you!"

20 After he said this, he showed them his hands and side. The disciples were overjoyed when they saw the Lord.

16 イエスは彼女に言われた。「マリヤ。」 彼女は振り向いて, ヘブル語で, 「ラボニ (すなわち, 先生)。」とイエスに言った。

17 イエスは彼女に言われた。「わたしにすがりついていてはいけません。わたしはまだ父のもとに上っていないからです。わたしの兄弟たちのところに行っ

Vox populi, vox Dei.

て, 彼らに『わたしは, わたしの父またあなたがたの父, わたしの神またあなたがたの神のもとに上る。』と告げなさい。」

18 マグダラのマリヤは, 行って, 「私は主にお目にかかりました。」と言い, また, 主が彼女にこれらのことを話されたと弟子たちに告げた。

19 その日, すなわち週の初めの日の夕方のことであった。弟子たちがいた所では, ユダヤ人を恐れて戸がしめてあったが, イエスが來られ, 彼らの中に立って言われた。「平安があなたがたにあるように。」

20 こう言ってイエスは, その手とわき腹を彼らに示された。弟子たちは, 主を見て喜んだ。

21 [예수께서] 다시 그들에게 말씀하셨다. "너희에게 평화가 있기를 빈다. 아버지께서 나를 보내신 것 같이, 나도 너희를 보낸다."

22 이렇게 말씀하신 다음에, 그들에게 숨을 불어넣으시고 말씀하셨다. "성령을 받아라.

23 너희가 누구의 죄든지 용서해 주면, 그 죄가 용서될 것이요, 용서해 주지 않으면, 그대로 남아 있을 것이다."

24 열두 제자 가운데 하나로서 쌍둥이라고 불리는 도마는, 예수께서 오셨을 때에 그들과 함께 있지 않았다.

25 다른 제자들이 그에게 "우리는 주님을 보았소" 하고 말하였으나, 도마는 그들에게 "나는 내 눈으로 그의 손에 있는 못자국을 보고, 내 손가락을 그 못자국에 넣어 보고, 또 내 손을 그의 옆구리에 넣어 보지 않고서는 믿지 못하겠소!" 하고 말하였다.

21 Again Jesus said, "Peace be with you! As the Father has sent me, I am sending you."

22 And with that he breathed on them and said, "Receive the Holy Spirit.

23 If you forgive anyone his sins, they are forgiven; if you do not forgive them, they are not forgiven."

24 Now Thomas (called Didymus), one of the Twelve, was not with the disciples when Jesus came.

25 So the other disciples told him, "We have seen the Lord!" But he said to them, "Unless I see the nail marks in his hands and put my finger where the nails were, and put my hand into his side, I will not believe it."

21 イエスはもう一度, 彼らに言われた。「平安があなたがたにあるように。父がわたしを遣わしたように, わたしもあなたがたを遣わします。」

22 そして, こう言われると, 彼らに息を吹きかけて言われた。「聖靈を受けなさい。

23 あなたがたがだれかの罪を赦すなら, その人の罪は赦され, あなたがたがだれかの罪をそのまま殘すなら, それはそのまま殘ります。」

24 十二弟子のひとりで, デドモと呼ばれるトマスは, イエスが來られたときに, 彼らといっしょにいなかった。

25 それで, ほかの弟子たちが彼に 「私たちは主を見た。」と言った。しかし, トマスは彼らに「私は, その手に釘の跡を見, 私の指を釘のところに差し入れ, また私の手をそのわきに差し入れてみなければ, 決して, 信じません。」と言った。

26 여드레 뒤에 제자들이 다시 집 안에 모여 있었는데 도마도 함께 있었다. 문이 잠겨 있었으나, 예수께서 와서 그들 가운데로 들어서서서 "너희에게 평화가 있기를!" 하고 인사말을 하셨다.

27 그리고 나서 도마에게 말씀하셨다. "네 손가락을 이리 내밀어서 내 손을 만져 보고, 네 손을 내 옆구리에 넣어 보아라. 그래서 의심을 떨쳐버리고 믿음을 가져라."

28 도마가 예수께 대답하기를 "나의 주님, 나의 하나님!" 하니,

29 예수께서 도마에게 말씀하셨다. "너는 나를 보았기 때문에 믿느냐? 나를 보지 않고도 믿는 사람은 복이 있다."

한 소리 **사람의 말씀**

30 예수께서는 제자들 앞에서 이 책에 기록하지 않은 다른 표징도 많이 행하셨다.

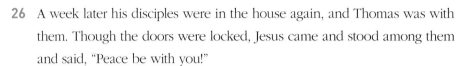

26 A week later his disciples were in the house again, and Thomas was with them. Though the doors were locked, Jesus came and stood among them and said, "Peace be with you!"

27 Then he said to Thomas, "Put your finger here; see my hands. Reach out your hand and put it into my side. Stop doubting and believe."

28 Thomas said to him, "My Lord and my God!"

29 Then Jesus told him, "Because you have seen me, you have believed; blessed are those who have not seen and yet have believed."

30 Jesus did many other miraculous signs in the presence of his disciples, which are not recorded in this book.

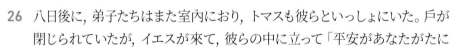

26 八日後に, 弟子たちはまた室内におり, トマスも彼らといっしょにいた。戸が閉じられていたが, イエスが来て, 彼らの中に立って「平安があなたがたにあるように。」と言われた。

27 それからトマスに言われた。「あなたの指をここにつけて, わたしの手を見なさい。手を伸ばして, わたしのわきに差し入れなさい。信じない者にならないで, 信じる者になりなさい。」

28 トマスは答えてイエスに言った。「私の主。私の神。」

29 イエスは彼に言われた。「あなたはわたしを見たから信じたのですか。見ずに信じる者は幸いです。」

30 この書には書かれていないが, まだほかの多くのしるしをも, イエスは弟子たちの前で行なわれた.

31 그런데 여기에 이것이나마 기록한 목적은, 여러분으로 하여금 예수가 그리스도요

하나님의 아들이심을 믿게 하고, 또 그렇게 믿어서 그의 이름으로 생명을 얻게 하려는 것이다.

---

31 But these are written that you may believe that Jesus is the Christ, the Son of God, and that by believing you may have life in his name.

---

31 しかし, これらのことが書かれたのは, イエスが神の子キリストであることを, あなたがたが信じるため, また, あなたがたが信じて, イエスの御名によっていのちを得るためである。

예수 부활의 증인들

자료: blog.daum.net

Vox populi, vox Dei.

人語

개요

요한복음 20장은 부활하신 예수를 목격한 증인들에 대한 기록이다. 막달라 마리아와 제자들 그리고 의심했던 도마까지 부활하신 예수를 만나고, 그들의 삶이 변화된다. 두려움에서 확신과 담대함으로 변화한 제자들의 이야기가 담겨 있다.

요한복음 20장 해설[1]

🐟 1-10절에서 우리는 십자가에 돌아가셨던 예수가 부활하신 기록을 읽어볼 수가 있다. 당시에 여자들은 법적으로 증인을 설 수가 없었다. 여자가 유일한 목격자라면, 증거가 없는 사건으로 분류가 되었다는 것이다. 그런데 성경은 마리아 막달라를 최초의 목격자로 제시하고 있다. 이것은 당시 사회적으로 볼 때 매우 불리한 기록이었지만, 성경은 있는 그대로 사실을 기록하고 있기 때문에, 당당히 마리아 막달라를 첫 번째 목격자로 기록하고 있다. 마리아는 주의 첫날 새벽에 예수의 무덤을 찾아갔다. 주의 첫날이라는 것은 바로 일요일, Sunday다. 그리고 우리는 그 날을 주일, Lord's day라고 부르고 있다. 원래 유대인들은 토요일인 안식일날 모였다. 그러나 이제 우리는 주님께서 부활하신 한 주의 첫날, 바로 일요일날 모이고 있는 것이다. 사도행전 20장 7절을 보면, "주간의 첫날에, 우리는

---

[1] 요한복음 John – 로빈박스, 2014. 11. 4.

무덤에서 부활하신 예수를 처음 만나는 막달라 마리아. 예수를 붙잡으려 하자 예수는 "내 몸을 붙잡으려 하지 마라. 아직 하나님께로 올라가지 않았기 때문이니라"라고 말씀하셨다.

자료: blog.daum.net

빵을 떼려고 모였다. 바울은 그 다음날 떠나기로 되어 있어서 신도들에게 강론을 하는데, 강론이 밤이 깊도록 계속되었다."라는 말씀이 있다. 여기를 보면, 주의 첫 날에 제자들과 바울이 모여서 말씀을 나눈 것을 볼 수가 있다. 또한 고린도전서 16장 2절을 보면, "매주 첫날에, 여러분은 저마다 수입에 따라 얼마씩을 따로 저 축해 두십시오. 그래서 내가 갈 때에, 그제야 헌금하는 일이 없어야 할 것입니다." 라고 되어 있다. 여기 보면, 사도 바울은 고린도 교회에서 주의 첫날에 모여서 헌 금을 모으고, 성도들을 도우라고 권면하고 있다. 이처럼 오늘 우리가 주일날 모이 는 이유는 바로 주의 첫날이 예수가 부활하신 날이고, 또 사도들과 예수의 제자 들이 모였던 날이기 때문이다. 요한복음 20장으로 돌아와서 7절을 보자. "예수의 머리를 싸맸던 수건은, 그 삼베와 함께 놓여 있지 않고, 한 곳에 따로 개켜 있었 다." 마리아의 이야기를 듣고, 돌무덤으로 달려간 베드로와 요한은 예수가 입으 셨던 아마포와 수건이 놓여 있는 것을 보았다. 그런데 재미있는 것은 예수의 머 리 주변에 있던 수건과 아마포가 가지런히 개어져서 정리되어 있었다는 것이다.

우리 주님은 혼란의 창시자가 아니라 화평과 질서의 창시자이시다. 그러므로 예수는 부활하시면서 모든 것을 다 부서뜨리고 흩어버리신 것이 아니라, 모든 것 을 가지런히 질서정연하게 정리하셨다는 것입니다. 고린도전서 14장 33절을 보면,

"하나님은 무질서의 하나님이 아니라, 평화의 하나님이십니다. 성도들의 모든 교회에서 그렇게 하는 것과 같이,"라고 하는 말씀이 있다.

예수를 따르는 표시는 무엇일까? 아주 많은 것이 있겠지만, 그 중의 한 가지는 바로 모든 것을 품위 있고 질서 있게 행한다는 것이다. 주님과 동행하는 그리스도인의 표시는 바로 왕과 여왕처럼, 왕자와 공주처럼, 품위가 있고 질서가 있다는 것이다. 우리가 자기 주변을 깔끔하게 정리해야 하는 이유는 무엇일까? 우리가 옷을 단정히 입어야 하는 이유가 무엇일까? 그것이 바로 주님을 닮은 모습이기 때문이다. 부활하신 예수가 가장 먼저 하신 일은 무엇일까? 바로 예수가 입으셨던 아마포와 수건을 정리하시는 것이었다. 우리가 예수를 따른다는 것은 남들이 할 수 없는 어떤 대단한 일을 하는 것 이전에, 나 자신과 내 주변을 품위 있고 질서 있게 정리하는 것부터 시작하는 것이다. 1-10절

🐟 11-16절에서 마리아가 바깥의 돌무덤에 서서 슬피 우는 모습을 볼 수가 있다. 마리아는 울면서 다시 돌무덤 속을 들여다보았다. 그런데 마침 흰 옷을 입은 두 천사가 앉아 있는 것을 보게 되었다. 그러자 그들이 마리아에게 물었다. 13절 말씀이다. "여자여, 왜 우느냐?" 그러자 마리아가 무엇이라고 대답하였을까? "누가 우리 주님을 가져갔습니다. 어디에 두었는지 모르겠습니다." 지금 마리아는 예수가 부활하신 것을 알거나 믿고 있을까? 그렇지 않다. 그렇다면 앞서 왔던 베드로와 요한은 어떤가? 다시 한 번 8-10절을 보도록 한다.

- 8. 그제서야 먼저 무덤에 다다른 그 다른 제자도 들어가서, 보고 믿었다.
- 9. 아직도 그들은 예수께서 죽은 사람들 가운데서 반드시 살아나야 한다는 성경 말씀을 깨닫지 못하였다.
- 10. 그래서 제자들은 자기들이 있던 곳으로 다시 돌아갔다.

그렇다면 지금 여기서 베드로와 요한은 무엇을 확인하고 돌아간 것일까? 그들

베드로와 요한은 빈 무덤을 확인하고 집으로 돌아갔다.

자료: blog.daum.net

은 예수가 부활하셨음을 확인하고 간 것이 아니었다. "예수님을 어디에 옮겼지? 진짜 무덤이 비었네?"라고 하는 것을 확인하고 집으로 돌아갔다는 것이다. 마리아에게도 예수가 부활하셨다고 말하지 못했다. 그렇기 때문에 마리아는 계속 울고 있었던 것이다. 진짜 울어야 하는 것은 예수가 부활하시지 않고 그대로 누워 계셨다면, 그것이 바로 울어야 하는 일이었을 것이다.

14절에 보니까 마리아가 뒤를 돌아보았을 때, 예수가 서 계셨다. 그러나 마리아는 그분이 예수이신 줄을 알지 못하였다. 그 이유는 부활하신 예수의 모습이 다소 달라지셨기 때문이기도 하지만, 마리아는 예수가 부활하셨다는 사실을 믿기는커녕 상상조차 하지 못하고 있었기 때문이다. 뒤에 예수가 서 계실 것이라고는 0.1%의 가능성도 생각하지 않고 있었기 때문에 예수를 알아볼 수가 없었다. 이처럼 우리가 우리만의 생각에 사로잡혀 있다면, 우리는 주님을 볼 수가 없고 믿을 수도 없다. 그러므로 우리는 언제나 우리의 눈을 열어달라고 기도해야 한다. 우리가 무엇을 보고 듣든지 우리가 우리 자신의 생각 속에 사로잡혀 있다면, 우리는 주님을 볼 수 없고, 정확한 사실을 볼 수가 없고, 우리 자신의 편견과 고정관념 속에 갇혀있게 되는 것이다. 마리아는 예수를 보고서도, 예수이신 줄을 알지 못했다. 지금 머릿속에 온통 예수 생각만 가득 차 있는 것 같은 마리아인데,

예수를 못 알아본다는 것을 우리는 눈여겨볼 필요가 있다. 15절에서 예수는 어찌하여 슬피 우느냐고 물으셨다. 이것은 그 이유를 몰라서 물으신 것이 아니었다. 이것은 울지 말라는 의미가 들어있는 말씀이다.

마리아는 또 다시 이유를 설명한다. 동산지기께서 주님의 몸을 옮기셨다면, 그 장소를 알려주시라고 요청하고 있다. 제가 다시 모셔갈 터이니 그분의 시체라도 볼 수 있게 해달라고 요청하고 있는 것이다. 16절에서 예수는 다시 마리아를 부르셨다. 그런데 바로 그때 마리아의 눈이 열리게 되었다. 마리아는 비록 처음에는 주님을 알아보지 못했지만, 주님께서 다시 부르셨을 때, 주님을 알아볼 수가 있었다. 이처럼 우리들도 한 번에 주님을 알아보지 못한다 할지라도, 주님께서 다시 부르실 때만큼은 주님을 알아볼 수 있기를 원한다. 마리아를 부르신 주님께서 오늘도 우리를 부르고 계신다. 주님께서 우리를 부르실 때 우리의 눈이 열리기 원한다. 우리의 눈이 열려서 주님을 볼 수 있기를 바란다. 11-16절

🐟17절에서 아주 뜻깊은 말씀을 볼 수가 있다. 그것은 먼저 예수가 정식으로 승천하시기 전에 하늘에 다녀오시는 일을 보여주는 말씀이다. 그리고 또한 제자들을 형제들이라고 부르신 것이다. 18절에서 마리아는 제자들에게 가서 자신이 부활하신 예수를 보았다고 증언하였다. 먼저 우리 17절에서 예수가 마리아에게 손을 대지 말라고 말씀하시면서, 아직 아버지께로 올라가지 않았다고 하신 것을 생각해 본다. 예수가 분명히 나중에 제자들에게 나타나셔서는 손을 대어보라고 말씀하셨다. 그런데 이제 마리아에게는 아직 손을 대지 말라고 말씀하시는 것이다. 우리가 정확히 어떤 일들이 이루어진 것인지 구체적으로 다 알 수는 없을지라도, 우리는 성경을 통해서 조금이나마 살펴볼 수가 있다. 먼저 예수는 십자가에서 흘리신 자기 피를 가지고 하늘에 올라가셔서 속죄 사역을 완성하신 것을 볼 수가 있다. 예수는 우리를 위한 대제사장이셨고, 또한 우리를 위한 속죄헌물이셨다. 예수는 속죄헌물의 피를 가지고 바로 하나님의 어린양이신 자기의 피를 가지고, 하늘 그 자체 안에 있는 거룩한 곳의 그 본체 안으로 들어가셔서 우리를 위하여 속죄를 이루셨다. 그러므로 예수는 마리아에게 아직 아버지께 다녀와야 한

다고 말씀하셨던 것이다.

우리가 또한 살펴볼 놀라운 말씀은 바로 예수가 제자들을 형제들이라고 부르셨다는 것이다. 내 아버지 곧 너희 아버지, 내 하나님 곧 너희 하나님이라고 표현하시면서, 예수는 정말 제자들을 형제로 대하셨다. 그 이전에 예수는 제자들을 친구라고 부르시고 하셨지만, 이제는 형제라고 부르고 계신다. 예수는 우리를 형제라고 부르셨고, 그렇게 부르시는 것을 부끄러워하지 않으셨다. 우리는 우리보다 못나고 수준이 떨어지는 사람을 친구라 부르는 것도 부끄러워할 때가 있다. 그런데 예수는 더럽고 죄 많고 하나님 앞에 아무것도 아닌 자를 형제라 부르셨다. 지금 제자들을 향해서도 형제라고 불러주고 계신데, 바로 이 제자들은 누구일까? 바로 예수를 버리고 도망갔던 제자들이다. 예수는 바로 이러한 자격이 없는 우리들을 형제라고 불러주셨다. 우리가 서로 형제와 자매로 부르는 이유는, 바로 예수가 우리를 형제자매로 대하셨기 때문이다. 형제자매라는 것은 가족을 의미한다. 우리는 다 예수의 한 피로 엮어지고 묶여진 한 가족이며, 형제자매이다. 17, 18절

🐟 예수가 부활하신 날은 바로 주의 첫날, 일요일이었다. 그리고 막달라 마리아가 처음 빈 무덤을 본 것은 새벽이었다. 마리아는 제자들에게 가서 그 소식을 전달하고, 베드로와 요한이 와서 빈 무덤을 확인하고 돌아갔다. 그리고 다시 마리아가 예수를 만난 때는 늦은 아침 시간 쯤 되었을 것이다. 19-20절의 말씀은 저녁때의 이야기를 보여주고 있다. 제자들은 이미 막달라 마리아를 통해서 예수가 부활하셨다는 소식을 들었다. 또한 제자들은 엠마오로 가던 두 제자로부터 부활하신 예수를 보았다는 말도 들었다. 이렇게 예수는 엠마오로 가던 두 제자에게 나타나셔서 제자들에게 소식을 전하게 하셨다. 처음에 제자들은 예수를 알아보지 못했지만, 빵을 떼어주실 때 못자국난 손을 보고 주님을 알아보았다.

예수는 제자들에게 나타나셔서 그들에게 평강이 있으라고 말씀하셨다. 예수가 부활하신 몸은 물질세계를 초월하는 몸이었다. 문들을 닫고 잠갔어도 한가운데 나타나실 수 있었고, 엠마오로 가던 제자들과 빵을 떼시다가 한순간이 사라지실

엠마오로 가는 두 제자에게
나타나시다.

자료: blog.daum.net

수도 있으셨으며, 또 제자들 앞에서 음식을 맛있게 드실 수도 있었다. 성경은 예수가 영으로 부활하신 것이 아니라 몸으로 부활하신 것을 정확히 기록해 주고 있다. 예수는 사람의 몸을 입고 이 땅에 오셨고, 사람의 대표로서, 모든 피를 다 흘리시고 우리의 죄값을 지불하셨다. 그리고 이제 예수는 새로운 몸으로 부활하셨다. 또한 예수는 그들 앞에서 구운 생선과 벌집을 잡수셨다. 제자들은 너무 갑작스럽고 또 기뻐서 아직도 믿지 못하고 있었고, 부활하신 예수를 받아들이기에 어리둥절해 하고 있었다. 그래서 예수는 그들 앞에서 음식을 드셨다. 이것을 그들 앞에서 잡수신 것은 배가 고프셨기 때문이 아니라, 예수가 몸을 입고 부활하셨음을 제자들 앞에서 분명히 보여주시는 것이었다.

또한 예수는 모세의 율법과 대언자들의 글과 시편에 예수에 관하여 성취되어야 하는 예언의 말씀들을 제자들에게 깨닫게 해주셨다. 그리스도께서 반드시 고난을 받고 셋째 날에 부활하셨어야 함을 말씀해 주셨다. 우리가 믿고 따르는 예수는 사망을 이기고 부활하신 분이시다. 예수가 다만 죽으시기만 하셨다면, 그분은 간디나 석가모니 같은 어떤 대단한 사람에 불과하였을 것이다. 그러나 예수는 부활하심으로써 하나님의 아들로 권능 있게 밝히 드러나셨다. 부활하신 주님은 오늘 우리 안에 살아계신다. 19, 20절

부활하신 예수는 제자들에게 찾아오셔서, 두려움에 떨고 있던 그들에게 평강을 주셨다. 그리고 21절 말씀에서는 아버지께서 예수를 보내신 것과 같이, 예수가 제자들을 보내신다고 말씀하셨다. 예수가 제자들을 보내신다는 것은 무슨 의미일까? 그것은 바로 예수가 이 세상 죄인들을 구원하시기 위하여 자기 자신을 내어주신 것처럼, 제자들을 보내신다는 것이다. 이것은 여기에 등장하는 제자들만을 향한 말씀이 아니라, 오늘날 우리들 모두를 향한 말씀이다. 예수는 우리들을 이 세상에 보내셨다. 예수가 이 땅에 보내심을 받아오셔서 아버지의 뜻대로 온전히 순종하시고, 자신을 내어주시며 우리를 구원하신 그 목적 그대로 우리를 똑같이 보내셨다. 우리는 예수와 같이 아버지의 뜻에 온전히 순종하며 우리 자신을 내어주고, 예수의 복음을 선포함으로 세상 사람들을 구원하기 위하여 보냄을 받은 사람들이라는 것이다. 우리는 다 이 세상에 사명을 가지고 살고 있는데, 그것은 바로 예수가 가지셨던 사명 그대로이다.

그러나 우리 자신의 능력으로는 이 일을 결코 할 수가 없다. 그러므로 22절의 말씀처럼 예수는 성령을 받으라고 말씀하시는 것이다. 성령님의 권능이 없이는 우리가 주님의 사명을 결코 감당할 수 없고 이뤄낼 수가 없다. 그러므로 예수는 우리에게 성령님을 허락하여 주셨다. 23절에서는 아주 놀라운 말씀을 볼 수가 있다. 만약 이 땅에서 제자들이, 바로 우리들이 누구의 죄들을 사면하면 그것이 사면될 것이고 우리가 누구의 죄들을 그대로 두면 그것들이 그대로 있게 된다는 것이다. 이것은 특별히 교회에 해당하는 말씀으로 볼 수가 있는데, 그것은 하나님께서 교회의 결정, 제자들의 결정을 하늘의 결정으로 여기시겠다는 것이다. 오해하지 말 것은 우리 각자가 마음대로 함부로 무엇인가를 결정할 수 있다는 의미가 아니라는 것이다. 그러나 예수는 제자들의 어떠한 결정에 대해서 그것이 바로 하나님 자신의 결정인 것처럼 여겨주시겠다고 말씀하시는 것이다.

성경은 육신이 결코 하나님을 기쁘시게 할 수 없고, 오히려 하나님과 원수가 된다고 말씀하고 있다. 그러므로 우리가 만약 주님과 동행하기를 원하고 주님을 기쁘시게 하기를 원한다면, 우리는 반드시 성령이 충만해야 한다. 그러므로 예수는 우리들을 세상에 보내시면서 성령님을 주셨다. 우리에게 주신 성령님은 아들의

예수가 이 세상 죄인들을 구원하시기 위하여 자기 자신을 내어주신 것처럼, 제자들을 보내신다   자료: m.blog.naver.com

영이며 상속자의 영이다. 우리가 성령님을 힘입어 모두 영원한 영광을 향해 고난으로 나아가기를 원한다. 주님을 위해 포기하고, 희생하고, 고난도 기꺼이 당하면서 하늘의 영광을 더욱 바라보는 우리가 되기를 원한다. 21-23절

🐟 우리는 도마의 이야기를 볼 수가 있다. 도마는 예수가 다른 제자들에게 나타나셨을 때, 그 자리에 있지 않았다. 그리고 다른 제자들이 부활하신 예수를 보았다고 증언하는 말을 다 듣고 나서도 믿지 않았다. 그러면서 자기가 직접 눈으로 보고 손으로 만져보기 전에는 믿지 않겠다고 말하였다. 바로 이 말 한마디 때문에 교회사 2천 년 동안 도마에게 별명이 붙어 다녔는데, 그것은 바로 의심 많은 도마였다. 이처럼 우리도 단 한 번의 실수로 어떤 별명을 가지게 되기도 한다. 그러나 우리는 믿음 안에서 좋은 별명을 가지게 되기를 원한다. 26절에 보니까, 예수가 팔일 후에, 즉 일주일 정도 후에 다시 제자들에게 나타나셨다. 그리고 믿지 않는 도마를 포함한 다른 많은 제자들을 향하여 또 다시 한 번 "너희에게 평화가 있기를!"라고 말씀하셨다.

예수는 문이 잠겨 있는 방의 한 가운데 나타나서서 그들에게 평화가 있기를 바

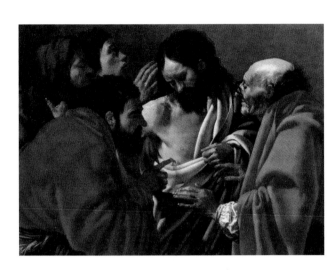

의심 많은 도마

자료: ecumenian.com

라시고, 바로 도마에게 말씀을 하셨다. 그 뒤에 도마에게 이르시되, "네 손가락을 이리 내밀어서 내 손을 만져 보고, 네 손을 내 옆구리에 넣어 보아라. 그래서 의심을 떨쳐버리고 믿음을 가져라." 예수가 도마가 말하는 것을 과연 언제 들으셨을까? 도마는 제자들끼리 있는 자리에서 그렇게 말하였다. 그런데 예수는 그 모든 것을 들으시고, 도마를 보시자마자 어서 와서 보고 만져보라고 말씀하시는 것이었다. 그리고 믿음 없는 자가 되지 말고 믿는 자가 되라고 말씀하셨다. 하나님을 기쁘시게 하는 유일한 것이 있다면, 그것은 바로 믿음이다. 하나님께서는 어떻게 해서든지 도마가 믿는 자가 되기를 원하셨다. 그런데 우리는 성경에서 도마가 그렇게 예수의 손바닥을 만져보고, 옆구리에 손을 넣어보았다는 말씀을 볼 수가 없다. 도마는 다만 예수가 말씀하시는 것만을 듣고, "나의 주님, 나의 하나님!"이라고 고백하였다. 도마는 예수의 말씀을 듣고 움찔하였을 것이다. 그리고 주님께서 정말 모든 것을 아시고, 모든 것을 들으시는 하나님이신 줄 확신하게 되었을 것이다.

예수는 보지 않고 믿은 자들이 복이 있다고 말씀하셨다. 미국 속담에 보는 것이 믿는 것이라는 말이 있다. "To see is to believe." 그렇기 때문에 사실 보는 것은 믿을 필요가 없다. 눈으로 보이기 때문에 그냥 그대로 받아들일 뿐이지, 따

예수는 보지 않고도 믿은 자들이 복이 있다고 말씀하고 있다.　　　　　　자료: almightygodlifeonthetruth.tistory.com

로 무엇인가를 믿을 필요가 없다는 것이다. 그러나 예수는 보지 않고도 믿은 자들이 복이 있다고 말씀하고 있다. 성경은 우리가 그분을 보지 못하였으나, 믿으며 사랑하며 기뻐한다고 말씀하고 있다. 이러한 우리들을 주님께서 복이 있다고 말씀하셨다. 24-29절

　　30-31절에서 우리는 요한복음 20장을 마무리하게 되었다. 요한은 이 책에 기록하지 않은 많은 다른 표적들도 있다고 증거하고 있다. 그럼에도 불구하고 이것들을 기록한 것은 예수가 하나님의 아들 그리스도이심을 우리가 믿게 하려 함이라고 증거하고 있다. 또한 우리가 그분의 이름을 통해 생명을 얻게 하려 함이라고 증거하고 있다. 이 말씀을 통해 표적과 믿음의 관계에 대하여 한 번 생각해 보자. 표적은 영어로 "sign"이라고 되어 있다. 이것은 예수가 하나님께서 보내신 메시아, 그리스도이심을 보여주는 표시라는 것이다. 이 표시는 사람으로서는 할 수가 없는 초자연적인 일들을 의미하고 있다. 우리는 어쩌면 더 많은 표적들이 있으면 더 잘 믿을 수 있을 것이라고 생각할지도 모른다. 그러나 성경은 그렇게 말씀

자료: wmm119.com

"네 믿음이 너를 구원하였다."
(누가복음 17장 19절)

Vox populi, vox Dei.

하고 있지 않다. 만약 더 많은 표적이 있어야 더 잘 믿을 수 있다면, 요한복음은 아마 100장이 넘었을지도 모른다. 아마 성경책은 도서관을 가득 채울 만큼 두꺼웠을지도 모른다. 요한은 어떤 표적도 빠짐없이 다 기록하였을 것이다. 그러나 요한은 더 많은 표적들이 있지만, 이렇게 꼭 알아야 하는 것들 믿음에 꼭 필요한 내용들만을 기록하였다고 밝히고 있다. 왜냐하면 믿음은 많은 표적에서 나오는 것이 아니기 때문이다.

때로 우리는 믿음을 가지기 위해서 많은 말씀이 필요하고, 많은 설명이 필요하다고 생각할지도 모른다. 그러나 믿음은 그런 것이 아니다. 모세는 어떠했나? 모세의 손에 어떤 성경이 들려있었나? 아무것도 없었다. 모세는 창세기부터 출애굽기, 레위기, 민수기, 신명기를 기록한 사람이었다. 모세에게는 기록된 말씀이 하나도 없었다. 그에게는 다만 성경을 대신할 놀라운 기적들과 하나님의 음성이 있었다. 그렇다면 에스더나 에스라 같은 사람들은 어떠했을까? 그들은 초자연적인 어떤 기적들을 본 적이 없다. 단지 구약 성경의 몇몇 두루마리와 하나님께서 놀랍게 인도하신 어떤 일들의 경험만을 가졌을 뿐이었다. 예수는 부자와 나사로의 이야기를 하시면서, 부자가 했던 말을 들려주셨다. 부자는 죽었던 나사로가 살아나서 자기 형들에게 복음을 전해준다면, 그들이 믿을 것이라고 말하였다. 그러나 예수는 그들에게 모세와 대언자들이 있으니, 충분한 성경 기록이 있으므로 그것을 통해 믿을 수 있다고 대답하였던 아브라함의 말씀을 이야기해 주셨다.

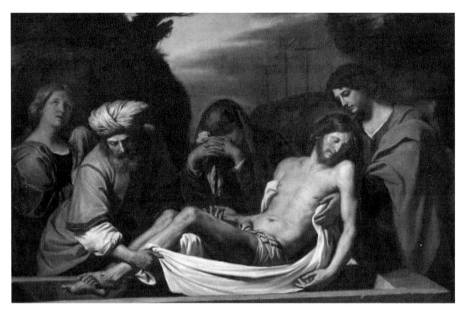

예수의 시신을 수습하는 니고데모, 구에르치노(Guercino)　　　　　　　　　자료: skhbundang.or.kr

　　요한은 우리에게 믿음이 무엇인가를 알려주고 있다. 성경은 이미 우리가 주님을 믿을 수 있을 만한 충분한 말씀을 기록하고 있다는 것이다. 누군가가 성경을 손에 들고서 믿음을 가지지 못한다고 말한다면, 그것은 거짓말하는 것이다. 우리는 이미 우리에게 기록된 성경 말씀을 통하여 예수가 하나님의 아들 그리스도이심을 믿을 수가 있고 확신할 수가 있다. 믿음은 세상이 요구하는 많은 지혜나 표적에서 나오는 것이 아니다. 다만 주님을 바라보아야 하는 것이다. 30, 31절

하늘의 소리 사람의 믿음

Vox populi, vox Dei.

요한복음
21장

天聲

Vox populi, vox Dei.

1 그 뒤에 예수께서 디베랴 바다에서 다시 제자들에게 자기를 나타내셨는데, 그가 나타나신 경위는 이러하다.

2 시몬 베드로와 쌍둥이라고 불리는 도마와 갈릴리 가나 사람 나다나엘과 세베대의 아들들과 제자들 가운데서 다른 두 사람이 한 자리에 있었다.

3 시몬 베드로가 그들에게 말하기를 "나는 고기를 잡으러 가겠소" 하니, 그들이 "우리도 함께 가겠소" 하고 말하였다. 그들은 나가서 배를 탔다. 그러나 그 날 밤에는 고기를 한 마리도 잡지 못하였다.

4 이미 동틀 무렵이 되었다. 그 때에 예수께서 바닷가에 들어서셨으나, 제자들은 그가 예수이신 줄을 알지 못하였다.

5 그 때에 예수께서 제자들에게 물으셨다. "얘들아, 무얼 좀 잡았느냐?" 그들이 대답하였다. "못 잡았습니다."

1 Afterward Jesus appeared again to his disciples, by the Sea of Tiberias. It happened this way:

2 Simon Peter, Thomas (called Didymus), Nathanael from Cana in Galilee, the sons of Zebedee, and two other disciples were together.

3 "I'm going out to fish," Simon Peter told them, and they said, "We'll go with you." So they went out and got into the boat, but that night they caught nothing.

4 Early in the morning, Jesus stood on the shore, but the disciples did not realize that it was Jesus.

5 He called out to them, "Friends, haven't you any fish?" "No," they answered.

1 この後, イエスはテベリヤの湖畔で, もう一度ご自分を弟子たちに現わされた。その現わされた次第はこうであった。

2 シモン・ペテロ, デドモと呼ばれるトマス, ガリラヤのカナのナタナエル, ゼベダイの子たち, ほかにふたりの弟子がいっしょにいた。

3 シモン・ペテロが彼らに言った。「私は漁に行く。」 彼らは言った。「私たちもいっしょに行きましょう。」 彼らは出かけて, 小舟に乗り込んだ。しかし, その夜は何もとれなかった。

4 夜が明けそめたとき, イエスは岸べに立たれた。けれども弟子たちには. それがイエスであることがわからなかった。

5 イエスは彼らに言われた。「子どもたちよ。食べる物がありませんね。」彼らは答えた。「はい。ありません。」

6 예수께서 그들에게 말씀하셨다. "그물을 배 오른쪽에 던져라. 그리하면 잡을 것이다." 제자들이 그물을 던지니, 고기가 너무 많이 걸려서, 그물을 끌어올릴 수가 없었다.

7 예수가 사랑하시는 제자가 베드로에게 "저분은 주님이시다" 하고 말하였다. 시몬 베드로는 주님이시라는 말을 듣고서, 벗었던 몸에다가 겉옷을 두르고, 바다로 뛰어내렸다.

8 그러나 나머지 제자들은 작은 배를 탄 채로, 고기가 든 그물을 끌면서, 해안으로 나왔다. 그들은 육지에서 백 자 남짓밖에 떨어지지 않은 곳에 들어가서 고기를 잡고 있었던 것이다.

9 그들이 땅에 올라와서 보니, 숯불을 피워 놓았는데, 그 위에 생선이 놓여 있고, 빵도 있었다.

10 예수께서 제자들에게 말씀하셨다. "너희가 지금 잡은 생선을 조금 가져오너라."

6 He said, "Throw your net on the right side of the boat and you will find

some." When they did, they were unable to haul the net in because of the large number of fish.

7 Then the disciple whom Jesus loved said to Peter, "It is the Lord!" As soon as Simon Peter heard him say, "It is the Lord," he wrapped his outer garment around him (for he had taken it off) and jumped into the water.

8 The other disciples followed in the boat, towing the net full of fish, for they were not far from shore, about a hundred yards.

9 When they landed, they saw a fire of burning coals there with fish on it, and some bread.

10 Jesus said to them, "Bring some of the fish you have just caught."

6 イエスは彼らに言われた。「舟の右側に網をおろしなさい。そうすれば, とれます。」そこで, 彼らは網をおろした。すると, おびただしい魚のために, 網を引き上げることができなかった。

7 そこで, イエスの愛されたあの弟子がペテロに言った。「主です。」すると, シモン・ペテロは, 主であると聞いて, 裸だったので, 上着をまとって, 湖に飛び込んだ。

8 しかし, ほかの弟子たちは, 魚の満ちたその網を引いて, 小舟でやって來た。陸地から遠くなく, 百メ—トル足らずの距離だったからである。

9 こうして彼らが陸地に上がったとき, そこに炭火とその上に載せた魚と, パンがあるのを見た。

10 イエスは彼らに言われた。「あなたがたの今とった魚を幾匹か持って來なさい。」

11 시몬 베드로가 배에 올라가서, 그물을 땅으로 끌어내렸다. 그물 안에는, 큰 고기가 백쉰세 마리나 들어 있었다. 고기가 그렇게 많았으나, 그물이 찢어지지 않았다.

12 예수께서 그들에게 말씀하셨다. "와서 아침을 먹어라." 제자들 가운데서 아무도 감

Vox populi, vox Dei.

히 "선생님은 누구십니까?" 하고 묻는 사람이 없었다. 그가 주님이신 것을 알았기 때문이다.

13 예수께서 가까이 오셔서, 빵을 집어서 그들에게 주시고, 이와 같이 생선도 주셨다.

14 예수께서 죽은 사람들 가운데서 살아나신 뒤에 제자들에게 자기를 나타내신 것은, 이번이 세 번째였다.

15 그들이 아침을 먹은 뒤에, 예수께서 시몬 베드로에게 물으셨다. "요한의 아들 시몬아, 네가 이 사람들보다 나를 더 사랑하느냐?" 베드로가 대답하였다. "주님, 그렇습니다. 내가 주님을 사랑하는 줄을 주님께서 아십니다." 예수께서 그에게 말씀하셨다. "내 어린 양 떼를 먹여라."

11 Simon Peter climbed aboard and dragged the net ashore. It was full of large fish, 153, but even with so many the net was not torn.

12 Jesus said to them, "ome and have breakfast." None of the disciples dared ask him, "Who are you?" They knew it was the Lord.

13 Jesus came, took the bread and gave it to them, and did the same with the fish.

14 This was now the third time Jesus appeared to his disciples after he was raised from the dead.

15 When they had finished eating, Jesus said to Simon Peter, "Simon son of John, do you truly love me more than these?" "Yes, Lord," he said, "you know that I love you." Jesus said, "Feed my lambs."

11 シモン・ペテロは舟に上がって, 網を陸地に引き上げた。それは百五十三匹の大きな魚でいっぱいであった。それほど多かったけれども, 網は破れなかった。

12 イエスは彼らに言われた。「さあ來て, 朝の食事をしなさい。」弟子たちは主であることを知っていたので, だれも「あなたはどなたですか。」とあえて尋ねる者はいなかった。

13 イエスは來て, パンを取り, 彼らにお與えになった。また, 魚も同じようにされた。

14 イエスが, 死人の中からよみがえってから, 弟子たちにご自分を現わされたのは, すでにこれで三度目である。

15 彼らが食事を濟ませたとき, イエスはシモン・ペテロに言われた。「ヨハネの子シモン。あなたは, この人たち以上に, わたしを愛しますか。」ペテロはイエスに言った。「はい。主よ。私があなたを愛することは, あなたがご存じです。」イエスは彼に言われた。「わたしの小羊を飼いなさい。」

16 예수께서 두 번째로 그에게 물으셨다. "요한의 아들 시몬아, 네가 나를 사랑하느냐?" 베드로가 대답하였다. "주님, 그렇습니다. 내가 주님을 사랑하는 줄을 주님께서 아십니다." 예수께서 그에게 말씀하셨다. "내 양 떼를 쳐라."

17 예수께서 세 번째로 물으셨다. "요한의 아들 시몬아, 네가 나를 사랑하느냐?" 그 때에 베드로는, [예수께서 "네가 나를 사랑하느냐?" 하고 세 번이나 물으시므로, 불안해서 "주님, 주님께서는 모든 것을 아십니다. 그러므로 내가 주님을 사랑하는 줄을 주님께서 아십니다" 하고 대답하였다. 예수께서 그에게 말씀하셨다. "내 양 떼를 먹여라.

18 내가 진정으로 진정으로 네게 말한다. 네가 젊어서는 스스로 띠를 띠고 네가 가고 싶은 곳을 다녔으나, 네가 늙어서는 남들이 네 팔을 벌릴 것이고, 너를 묶어서 네가 바라지 않는 곳으로 너를 끌고 갈 것이다."

19 예수께서 이렇게 말씀하신 것은, 베드로가 어떤 죽음으로 하나님께 영광을 돌릴 것인가를 암시하신 것이다. 예수께서 이 말씀을 하시고 나서, 베드로에게 "나를 따라라!" 하고 말씀하셨다.

20 베드로가 돌아다보니, 예수께서 사랑하시던 제자가 따라오고 있었다. 이 제자는 마지막 만찬 때에 예수의 가슴에 기대어서, "주님, 주님을 넘겨줄 자가 누구입니까?" 하고 물었던 사람이다.

16 Again Jesus said, "Simon son of John, do you truly love me?" He answered, "Yes, Lord, you know that I love you." Jesus said, "Take care of my sheep."

17 The third time he said to him, "Simon son of John, do you love me?" Peter was hurt because Jesus asked him the third time, "Do you love me?" He said, "Lord, you know all things; you know that I love you."

18 Jesus said, "Feed my sheep. I tell you the truth, when you were younger you dressed yourself and went where you wanted; but when you are old you will stretch out your hands, and someone else will dress you and lead you where you do not want to go."

19 Jesus said this to indicate the kind of death by which Peter would glorify God. Then he said to him, "Follow me!"

20 Peter turned and saw that the disciple whom Jesus loved was following them. (This was the one who had leaned back against Jesus at the supper and had said, "Lord, who is going to betray you?")

16 イエスは再び彼に言われた。「ヨハネの子シモン。あなたはわたしを愛しますか。」ペテロはイエスに言った。「はい。主よ。私があなたを愛することは, あなたがご存じです。」イエスは彼に言われた。「わたしの羊を牧しなさい。」

17 イエスは三度ペテロに言われた。「ヨハネの子シモン。あなたはわたしを愛しますか。」ペテロは, イエスが三度「あなたはわたしを愛しますか。」と言われたので, 心を痛めてイエスに言った。「主よ。あなたはいっさいのことをご存じです。あなたは, 私があなたを愛することを知っておいでになります。」イエスは彼に言われた。「わたしの羊を飼いなさい。

18 まことに, まことに, あなたに告げます。あなたは若かった時には, 自分で帯を締めて, 自分の歩きたい所を歩きました。しかし年をとると, あなたは自分

の手を伸ばし, ほかの人があなたに帶をさせて, あなたの行きたくない所に連れて行きます。」

19 これは, ペテロがどのような死に方をして, 神の榮光を現わすかを示して, 言われたことであった。こうお話しになってから, ペテロに言われた。「わたしに從いなさい。」

20 ペテロは振り向いて, イエスが愛された弟子があとについて來るのを見た。この弟子はあの晩餐のとき, イエスの右側にいて, 「主よ。あなたを裏切る者はだれですか。」と言った者である。

21 베드로가 이 제자를 보고서, 예수께 물었다. "주님, 이 사람은 어떻게 되겠습니까?"

22 예수께서 말씀하셨다. "내가 올 때까지 그가 살아 있기를 내가 바란다고 한들, 그것이 너와 무슨 상관이 있느냐? 너는 나를 따라라!"

23 이 말씀이 믿는 사람들 사이에 퍼져 나가서, 그 제자는 죽지 않을 것이라고들 하였지만, 예수께서는 그가 죽지 않을 것이라고 말씀하신 것이 아니라, "내가 올 때까지 그가 살아 있기를 내가 바란다고 한들, [그것이 너와 무슨 상관이 있느냐?]" 하고 말씀하신 것뿐이다.

24 이 모든 일을 증언하고 또 이 사실을 기록한 사람이 바로 이 제자이다. 우리는 그의 증언이 참되다는 것을 알고 있다.

25 예수께서 하신 일은 이 밖에도 많이 있어서, 그것을 낱낱이 기록한다면, 이 세상이라도 그 기록한 책들을 다 담아 두기에 부족할 것이라고 생각한다.

21 When Peter saw him, he asked, "Lord, what about him?"

22 Jesus answered, "If I want him to remain alive until I return, what is that to you? You must follow me."

23 Because of this, the rumor spread among the brothers that this disciple would not die. But Jesus did not say that he would not die; he only said, "If I want him to remain alive until I return, what is that to you?"

24 This is the disciple who testifies to these things and who wrote them down. We know that his testimony is true.

25 Jesus did many other things as well. If every one of them were written down, I suppose that even the whole world would not have room for the books that would be written.

21 ペテロは彼を見て, イエスに言った。「主よ。この人はどうですか。」

22 イエスはペテロに言われた。「わたしの來るまで彼が生きながらえるのをわたしが望むとしても, それがあなたに何のかかわりがありますか。あなたは, わたしに從いなさい。」

23 そこで, その弟子は死なないという話が兄弟たちの間に行き渡った。しかし, イエスはペテロに, その弟子が死なないと言われたのでなく, 「わたしの來るまで彼が生きながらえるのをわたしが望むとしても, それがあなたに何のかかわりがありますか。」と言われたのである。

24 これらのことについてあかしした者, またこれらのことを書いた者は, その弟子である。そして, 私たちは, 彼のあかしが眞實であることを, 知っている。

25 イエスが行なわれたことは, ほかにもたくさんあるが, もしそれらをいちいち書きしるすなら, 世界も, 書かれた書物を入れることができまい, と私は思う。

人語

개요

　요한복음의 마지막 장은 '일'에 대한 고찰보다는 '일하는 사람'의 정체성에 대해 고민하고 고찰할 기회를 준다. 예수를 다시 만났을 때 제자들은 물고기를 잡고 있었다. 제자들이 하나님 나라를 전파하는 대신에 물고기를 잡고 있었다고 부정적인 시각으로 보는 이들도 있다. 하지만 본문에서 예수는 제자들에게 어떠한 불만의 표시도 나타내지 않으신다. 오히려 예수는 그물에 고기를 가득 채워 주심으로 제자들의 노동에 축복하신다. 이후, 제자들은 예수가 주신 전도자의 임무로 돌아가지만, 각자의 특정한 부르심일 뿐 고기 잡는 일을 하찮게 여기지 않는다. 요한복음 21장의 배경과 흐름은 베드로의 회복, 베드로의 미래와 "예수께서 사랑하시는 그 제자"의 미래를 대비하는 구도로 진행된다. 베드로가 예수를 세

베드로의 세 번 부인

번 부인함으로 무너졌던 관계를 주님은 세 번 사랑을 반복해 고백하게 하심으로 회복하신다. 본문의 시점에서 가까운 미래를 내다보면 베드로가 겪어야 할 순교가 있고, 주의 사랑하시는 제자가 긴 수명을 누릴 것임을 암시하는 수수께끼 같은 말씀이 있다.

요한복음 21장 해설[1]

이제 우리는 요한복음의 마지막 장에 왔다. 요한복음 21장의 무대는 바로 디베랴 바닷가이다. 디베랴 바닷가는 갈릴리 호수라고도 부르고, 게네사렛 호수라고도 부르는 모두 같은 장소이다. 예수는 디베랴 바닷가에서 다시 제자들에게 보이셨다. 2절에서 우리는 몇 명의 제자들을 볼 수가 있다. 시몬 베드로가 먼저 등장을 하고, 디두모라 하는 도마가 등장을 한다. 그리고 요한복음 1장에 등장하였던 나다나엘이 등장을 하고 있다. 또 세베대의 아들들인 야고보와 요한이 등장을 하고 있다. 그리고 이름이 밝혀지지 않은 제자들 중의 두 사람이 등장하고 있다. 이렇게 총 7명의 제자들이 고기를 잡으러 갔다. 3절에서 베드로는 "나는 고기 잡으러 가노라."라고 말하였는데, 이것은 베드로가 제자로서의 자격을 잃어버린 것 같은 실망한 마음 상태로 말한 것이다. 나는 이제 제자의 자격도 없기 때문에, 다시 어부로 돌아가서 고기나 잡겠다는 말처럼 보인다. 그리고 도마 역시도 자기 자신이 주님의 부활을 믿지 못하였던 제자였기 때문에 자격이 없다고 여겼는지도 모른다. 나머지 제자들도 어찌할 바를 잘 몰랐기 때문인지 그냥 베드로를 따라갔다. 그들은 즉시 배에 올랐지만 그 밤에 아무것도 잡지 못했다. 베드로와 다른 제자들이 고기를 잡으러 간 때는 또 공교롭게도 밤 시간이었다. 밤 시간이었다는 것은 그들의 영적인 상태가 매우 어두웠다는 것을 보여주기도 한다. 그들은 아침이 될 때까지 밤새도록 고기를 잡았지만 아무것도 잡지 못했다. 왜냐하면

[1] 요한복음 John − 로빈박스, 2014. 11. 4.

그들은 주님이 없이 아무것도 할 수가 없기 때문이었던 것이다.

4절을 다시 한 번 보면, "이미 동틀 무렵이 되었다. 그 때에 예수께서 바닷가에 들어서셨으나, 제자들은 그가 예수이신 줄을 알지 못하였다."라도 되어 있다. 예수는 언제부터 제자들을 지켜보고 계셨는지 모르지만, 아침이 될 때 바닷가에서 계셨다. 제자들은 망연자실하여 자기들이 더 이상 제자의 자격이 없다고 느끼면서 고기나 잡으러 나왔지만, 예수는 그들을 지켜보고 계셨다. 그리고 5절에서 먼저 그들을 불러 대화를 건네셨다. "얘들아, 무얼 좀 잡았느냐?", "못 잡았습니다." 우리가 주님을 떠나게 되면, 우리는 아무것도 이룰 수가 없고 아무런 영적인 공급도 얻을 수가 없다. 주님을 떠나서 우리는 영적으로 지치고, 피곤하고, 메마르고, 굶주릴 수밖에 없다는 것이다. 요한복음 15장 5절을 보면, "나는 포도나무요, 너희는 가지이다. 사람이 내 안에 머물러 있고, 내가 그 안에 머물러 있으면, 그는 많은 열매를 맺는다. 너희는 나를 떠나서는 아무것도 할 수 없다."는 말씀이 나온다. 성경은 우리에게 이 진리를 분명하게 가르쳐주기를 원하신다. 제자들은 전문 어부였지만, 밤새도록 아무것도 잡지 못했다. 그 이유는 무엇일까? 우리가 주님 없이는 아무것도 할 수가 없기 때문이다. 그 반대로 우리가 주님과 함

디베랴 호수에서의 만남

자료: m.blog.naver.com

께라면 모든 것을 할 수가 있다. 예수는 어떤 분이신가? 먼저 우리를 찾아와주시는 분이시다. 우리 스스로 자격이 없다 여길지라도, 예수는 우리들을 먼저 찾아와주시고, 먼저 우리에게 말씀해 주시는 분이시다. 우리가 주님 없이는 아무것도 할 수 없지만, 주님과 함께라면 모든 것을 할 수가 있다. 1-5절

예수는 밤새도록 헛수고만 한 제자들에게 그물을 배 오른편에 던지라고 말씀하셨다. 제자들은 오기가 났던지, 밤새도록 안 잡혔는데 포기도 안하고 아침까지 그물을 던지고 있었다. 그들이 고기를 잡기 위해 오른쪽, 왼쪽으로 얼마나 많이 그물을 던졌겠는가? 그러나 이제 그들이 예수의 말씀에 따라 배 오른편에 그물을 던지자 엄청난 물고기가 잡혔다. 우리가 11절을 보면 물고기가 모두 153마리나 되었다고 말씀하고 있다. 한 마리당 2kg 정도만 된다고 해도 300kg이 넘는 무게였다. 제자들은 그 고기를 배에 올려 담지 못하고 그물째 끌어다가 바닷가로 이동하였다. 제자들이 배 오른편에 그물을 던졌을 때, 갑자기 많이 물고기가 잡혔다. 제자들은 황당하기도 하고 매우 놀라기도 하였을 것이다. 그물을 당길 수도 없었다. 바로 그 때 7절에서, 주께서 사랑하시던 제자인 요한이 베드로에게 주님이라고 말했다. 베드로도 물론 눈치를 채고 있었겠지만, 요한이 주님이라고 말하

던지라 그리하면 잡으리라

자료: blog.daum.net

는 말을 듣자마자, 어부 덧옷을 걸치고 바다로 뛰어 들었다. 배는 해변으로부터 약 200큐빗, 100미터 정도 떨어져 있었다. 베드로는 곧바로 100미터를 헤엄쳐서 주님 앞에 나아갔고, 다른 제자들은 주님께서 주신 귀한 물고기들을 끌어가지고 오고 있었다.

9절에서 베드로와 제자들은 해변에 숯불이 있음을 보았는데, 이미 숯불 위에 물고기가 놓여 있고 빵도 있었다. 예수는 밤새도록 지친 제자들을 위해서 따듯한 숯불과 노릇노릇 구워진 맛있는 물고기와 빵을 예비하고 계셨던 것이다. 얼마나 사랑과 긍휼이 풍성하신 주님이시며, 세심하고 따듯하고 다정한 주님이신가? 우리 주님처럼 좋으신 분이 또 어디 있겠는가? 여기에서 우리는 몇 가지를 생각해 볼 수 있다. 먼저 제자들의 모습인데, 제자들은 밤새도록 고기가 안 잡혔어도 아침까지 시도하는 열심과 끈기의 사람들이었다. 그들은 한두 시간 시도하고 쉽게 포기하는 사람들이 아니었다는 것이다. 주님께서 제자들을 선택하신 기준이 무엇이었는지 우리는 다 알 수 없지만, 한 가지 특징이 있다면 이렇게 쉽게 포기하지 않는 사람들이었다는 것이다. 말 그대로 밤새도록 바다에서 고기를 잡을 수 있을 정도의 인내심과 한 마리도 못 잡았어도 포기하지 않는 근성과 끈기가 있었다는 것이다.

또 우리는 베드로의 모습을 생각해 볼 수 있다. 그는 주님이 오셨음을 확신하자마자 바다에 뛰어들어서 주님께 나아갔다. 그는 그토록 주님을 사랑했다는 것이다. 자기 자신이 어떤 상태에 있었어도, 무엇을 하고 있었더라도, 다 내려놓고 주님 앞에 즉시로 나아가는 순수한 사랑과 열정을 가지고 있었다. 우리도 역시 언제라도 주님이 서 계시면, 모든 것을 다 내려놓고 주님 앞에 나아갈 수 있는 사람들이 되기를 원한다. 제자들은 밤새도록 아무것도 잡지 못했지만, 예수의 한 말씀을 듣고 배 오른편에 그물을 던졌을 때, 배에 끌어 올릴 수도 없을 만큼 많은 물고기가 잡혔다. 이처럼 우리 주님께서 함께하시면, 우리는 풍성한 열매와 성과를 거둘 수가 있는 것이다. 중요한 것은 밤새도록 수고하는 것보다, 주님의 말씀에 따라서 하는 것이다. 마지막으로 생각해 볼 점은 예수가 해변에 숯불을 피워 놓고 물고기와 빵을 구워놓으셨다는 것이다. 얼마나 다정하고 좋으신 주님이

고기잡이를 하던 제자들에게
나타나시다.

자료: wol.jw.org

신가? 제자들은 주님을 만나기 전의 옛 생활로 돌아간 것이었는데, 주님께서는 그들을 다시 찾아와주시고, 불러주시고, 위로의 식탁을 마련해 놓으셨다는 것이다. 6-9절

🐟 예수는 제자들을 위해 숯불을 준비해 놓으셨다. 베드로가 어디서 예수를 세 번이나 부인하였나? 바로 숯불가에서 몸을 녹이다가 그렇게 하였다. 그렇기 때문에, 베드로는 어쩌면 숯불을 보자마자 자신의 실패를 기억하게 되었을 것이다. 그렇다면 예수는 과연 우연히 숯불을 피워 놓으셨을까? 예수께서 일부러 숯불을 피우셨을 것이라고 생각한다. 그 이유는 숯불가에서 실패한 베드로를 다시 숯불가에서 회복시키시기 위해서이다. 예수는 지치고 어리둥절하고 또 어색한 제자들에게 방금 잡은 물고기를 가져오라고 말씀하셨다. 이미 예수는 물고기를 구워놓으셨지만, 지금 제자들이 잡은 물고기도 가져오라고 말씀하셨다. 이 말씀에서는 우리는 언제든지 예수에게 방금 잡은 물고기를 가져다 드릴 수 있어야 한다는 것을 생각해 보기 바란다. 물고기라는 것은 먼저 우리가 복음을 전해서 구원한 영혼들이라고 할 수가 있을 것이고, 또한 주님께 순종한 열매라고도 할 수가 있겠다.

12절에 보면 예수는 "와서 아침을 먹어라."고 제자들에게 말씀하셨다. 이것은 예수가 제자들에게 최후에 만찬 때에 주셨던 음식 이후에 다시 처음으로 먹이시는 것이다. 와서 아침을 먹으라. 예수는 밤새도록 지치고 피곤한 제자들을 위해,

예수가 준비하신 아침식사

자료: blog.daum.net

그리고 자기들은 다 주님을 배반하고 부활을 믿지 못하였던 자로서 자격이 없다고 여기던 제자들을 위해 와서 먹으라고 초대해 주시는 것이다. 이처럼 주님께서는 우리를 먹이시는 분이시다. 오늘 우리가 실제로 먹고 살아갈 모든 양식을 공급하여 주신 분일 뿐만 아니라, 영적으로 우리가 날마다 먹을 양식을 공급하여 주시는 분이시다. 수고하고 무거운 짐 진 모든 자들에게 내게로 오라, 내가 너희에게 안식을 주리라, 목마른 자들아 다 이리로 오라, 하고 초청하신 주님께서 지금은 제자들에게 너무나 다정하게 와서 먹으라고 말씀하고 계신다.

예수는 제자들에게 빵을 주시고 물고기를 주셨다. 이제 이것은 예수가 제자들에게 세 번째 나타나신 경우라고 말씀하고 있다. 베드로를 기준으로 생각해 본다면, 처음에 문을 잠갔을 때 한 번, 그리고 두 번째 도마와 함께 있을 때, 그리고 지금 마지막으로 물고기를 잡을 때이다. 이렇게 예수는 제자들에게 계속 찾아오셨다. 그들에게 평강이 있도록 복을 주셨고, 성령을 받으라고 말씀하시고, 그들의 믿지 못함을 깨우쳐 주시고, 이제 또한 음식을 예비하셔서 배불리 먹고 만족하며 힘을 얻게 하셨던 것이다.

이제 부활하신 예수는 다시 빌라도나, 온 이스라엘 백성이나, 제사장들이나, 바리새인들 앞에 나타나지 않으셨다. 만약 예수가 그들 앞에 나타나셨다면 그들이

더 쉽게 믿을 수도 있었을 것 같지만, 예수는 복음 전파를 통해 믿게 하시기를 기뻐하셨기 때문에, 부활하신 이후에는 오직 제자들에게 관심을 쏟고 계신 것이다. 이제 예수의 관심은 바로 우리들이다. 예수는 우리들 각자에게 관심을 가지고 계시며, 우리들의 삶에 개입하기를 원하시며, 우리와 동행하기를 원하신다. 주님께서는 우리에게 많은 물고기를 주기 원하시고, 우리를 먹이기를 원하신다. 우리는 어떠한가? 숯불가에서 주님과 함께 따듯한 불을 쬐며, 맛있는 음식을 먹고 교제하기를 원하지 않을까? 주님이 우리에게 말씀하신다. "와서 아침을 먹으라."

10-14절

🐟 15-17절 말씀은 성경에서 너무나 유명한 말씀이기도 하고 아주 깊고 풍성한 영적 진리를 담고 있다. 먼저 15절에서 우리는 "그들이 아침을 먹은 뒤에"라는 말씀을 볼 수가 있다. 예수는 심각하고 엄중한 말씀을 식사 후에 꺼내셨다는 것이다. 이것은 모든 방해의 요소를 제거하는 것인데, 우리가 배고픈 상태에서, 무엇인가 마음이 부족하고 조급한 상태에서는 집중을 하기가 힘들다. 그래서 예수도 먼저 베드로에게 맛있는 식사를 먹여 주셨다. 그러나 예수는 너무 많은 시간을 흘려보내지 않으셨다. 베드로는 지금 밤새 고기를 잡아서 매우 피곤하고 졸린 상황이었을 것이고, 식사를 마친 후라 이제 잠이 솔솔 오고 있었을지도 모르

네가 나를 사랑하느냐고 세 번 물으셨다.

자료: m.blog.naver.com

겠다. 그러나 예수는 이 대화를 결코 다음으로 미루지 않으셨다. 예수는 세 번 주님을 부인하였던 베드로를 위하여, 네가 나를 사랑하느냐고 세 번 물으셨다. 이것은 바로 베드로가 실패하고 넘어졌던 그것을 그대로 온전히 다시 회복시키시는 것이다. 우리는 이러한 모습을 야곱의 생애에서도 볼 수 있다. 야곱은 과거에 아버지 이삭이 네가 누구냐고 물었을 때, 에서라고 거짓말을 한 적이 있다. 그러나 하나님께서는 얍복 여울에서 야곱과 씨름을 하시고, 그의 다리를 절게 만드시면서 또 다시 너의 이름이 무엇이냐고 물으셨다. 그 때 야곱은 자신이 야곱이라고, 바로 사기꾼이며, 발꿈치를 붙잡는 자를 의미하는 야곱이라고 대답하였다. 이처럼 주님께서는 우리가 주님을 거슬렀던 중대한 순간들을 다시 반복하여 이번에는 승리하게 하도록 비슷한 환경, 비슷한 상황, 비슷한 질문을 경험하게 하신다.

우리의 삶 속에서 자꾸 넘어지는 어떤 유혹들이 왜 반복되는가를 곰곰이 생각해 보시기 바란다. 주님께서 이번에는 승리하라고 주시는 또 다시 한 번의 기회일지도 모른다. 베드로는 세 번 주님을 부인하였기 때문에, 주님께서는 다시 그를 회복시키시려고 세 번에 걸쳐서 네가 나를 사랑하느냐고 물으셨다. 베드로의 대답은 무엇이었을까? 그는 자신이 무슨 짓을 했는지 잘 알고 있었다. 그는 저주하며 맹세하며 주님을 모른다고 부인하였다. 그러나 그는 부끄러우면서도, 또 담대하게 자기가 주님을 사랑한다고 대답하였다. 내가 주님을 사랑하는 것은 사실이고, 주님께서 그것을 아신다고 대답하였다. 비록 내가 실패하고 넘어졌지만, 주님을 사랑하는 줄을 주님이 아신다고 대답하였다. 그러자 예수는 주님을 사랑하는 베드로에게 내 양들을 먹이라고 말씀하셨다. 누가 주님을 섬기고 주님의 양들인 영혼들, 형제자매들을 돌보고 먹일 수가 있는가? 바로 주님을 사랑하는 사람이다. 성경 지식이 뛰어난 사람도 아니고, 영적으로 훌륭한 믿음을 가진 사람도 아니다. 바로 주님을 사랑하는 사람이다. 여러분의 부모님이 정말 훌륭하시고 존경스러운 이유는 무엇인가? 이 세상에서 가장 멋있고, 가장 아름답고, 가장 돈도 많고, 가장 능력 있고, 가장 똑똑하고, 가장 유명하고, 가장 높은 지위를 가졌기 때문일까? 아니다. 우리들의 부모님이 이 세상에서 최고인 이유는, 나를 그 누구보다도 가장 사랑하기 때문인 것이다.

Vox populi, vox Dei.

예수의 못 자국난 손

자료: kr.christianitydaily.com

우리가 주님을 따를 수 있는 자격은 무엇일까? 우리가 무엇인가 대단하기 때문일까? 아니다. 주님께서는 우리에게 단 한 가지를 묻고 계신다. 못 자국난 손으로 우리를 격려하시면서, 너는 나를 사랑하느냐고 묻고 계신다. 15-17절

🐟 이제 요한복음의 마지막 장, 마지막 절에 이르렀다. 이제 예수는 베드로가 어떤 죽음으로 죽게 될지 말씀해 주셨다. 젊어서는 베드로가 마음껏 다니면서 복음을 전하겠지만, 늙어서는 다른 사람들에 의해서 원하지 않는 곳으로 끌려가게 될 것이라고 말씀해 주셨다. 이것은 베드로가 늙을 때까지 살아남는 것을 알려주시는 것이었고, 늙어서 누군가에게 죽임을 당하게 될 것임을 알려주시는 것이었다. 그리고 예수는 19절 말씀에서 다시 한 번 "나를 따라라!"고 말씀하셨다. 우리는 사도행전에서 베드로가 헤롯에 의하여 죽임을 당할 뻔한 모습을 볼 수가 있는데, 그 때 하나님께서는 천사를 보내어 베드로를 감옥에서 나오게 하셨다. 그 이유는 베드로가 아직 죽을 때가 되지 않았기 때문이다. 그리고 우리가 베드로후서에 보면 베드로는 자신이 죽을 날이 가까웠다고 말하는 것을 볼 수가 있다. 베드로는 정확하지 않을지라도, 자신이 언제쯤 죽게 될 것인지 예상할 수가 있었다.

재미있게도 성경에 나타난 많은 사람들은 죽음이 임박하였을 때, 그것을 알 수가 있었고 대비할 수가 있었다. 아브라함이 그러했고, 모세가 그러했다. 엘리야는 자신이 불병거를 타고 하늘에 올라갈 것을 예상하고 엘리사에게 자신의 능력을

"그것이 너와 무슨 상관이 있느냐?
너는 나를 따라라!"(21:22)

자료: m.blog.naver.com

전수하기도 하였다. 사도 바울도 역시 자신의 죽을 때는 예상하고 있었다. 이처럼 주님과 가까이 동행하는 사람들은 때로 예상외의 갑작스러운 죽음을 맞기도 하지만, 많은 경우는 자신의 죽음을 인지하는 것을 볼 수가 있다. 그래서 주님께서는 그들로 하여금 이 땅에서의 마지막 시간을 잘 정리할 수 있도록 도와주신 것을 볼 수가 있다는 것이다.

21절에서 베드로는 이제 요한을 보다가 요한은 어떻게 되겠느냐고 질문하였다. 그러자 예수는 너와 무슨 상관이냐고 말씀하셨다. 그리고 너는 나를 따르라고 말씀하셨다. 여기서 우리는 몇 가지 진리를 생각해 볼 수 있다. 먼저 예수는 "내가 올 때까지 그가 살아 있기를 내가 바란다고 한들"이라고 말씀하셨는데, 이것은 요한이 재림하시는 예수를 미리 보고 계시록을 기록하게 될 것을 예고해 주신 것이었다. 실제로 요한은 로마 황제에 의해 끓는 가마솥에 던져졌는데 죽지 않았고, 전혀 상처를 입지도 않았다고 역사 기록에서 전해지고 있다. 그래서 로마 황제는 하는 수 없이 밧모라는 섬으로 요한을 보내버렸는데, 요한은 바로 그 밧모 섬에서 계시록을 기록하게 되었던 것이다. 이 말씀에서 우리는 또한 "그것이 너와 무슨 상관이 있느냐? 너는 나를 따라라!"라는 말씀을 볼 수가 있다. 이것은 우

밧모섬의 요한

자료: blog.daum.net

리가 주님을 따르는 면에서 다른 사람들이 중요하지 않다는 것을 보여주고 있다. 방금 전에 예수는 베드로에게 내 양들을 먹이라고 말씀하셨는데, 이것은 그와 또 다른 측면이다. 우리는 주님을 따르는 일에 있어서 다른 사람이 어떻게 하는지에 대해서 상관하지 말아야 한다. 중요한 것은 오늘 내가 주님을 따르는 것이다.

요한[2]은 이제 모든 말씀을 마무리하면서, 만약 예수의 생애에 있었던 일들을 모두 다 쓴다면, 이 세상에 그 책들은 다 남지 못할 것이라고 말하였다. 우리 주님은 이렇게 무궁무진하신 분이시다. 우리가 이러한 주님을 더 알기를 원한다.

요한복음 21장 25절 말씀이다.

"예수께서 하신 일은 이 밖에도 많이 있어서, 그것을 낱낱이 기록한다면, 이 세상이라도 그 기록한 책들을 다 담아 두기에 부족할 것이라고 생각한다." 18-25절

[2] 사도 요한(6년경~100년경)은 예수 그리스도의 부르심을 받은 열두 사도 가운데 한 사람이다. 요한이라는 이름의 뜻은 '주님께서는 은혜로우시다'이며, 사도 요한은 야고보와 형제로도 알려져 있다. 전통적으로 요한의 복음서를 기록한 인물로서, 요한 서신과 요한 계시록의 저자로도 알려져 있기도 하다. 또한 기독교의 성인으로, 로마 가톨릭 교회에서의 축일은 12월 27일이며, 동방 정교회에서의 축일은 5월 8일이다. 사도 요한의 상징은 독수리인데, 그 이유는 다른 복음서에서는 예수의 구세 사업만 기술한 반면, 그의 저서 요한복음서에서는 예수에 관해 하느님의 아들로서의 신성을 주로 기록했기 때문이다. 하지만 예수는 인간의 탈을 쓰고 온 것이지 인간이 아니라는 이단자 마르키온의 주장인 가현설을 반박하기 위해서 예수의 죽음을 자세히 묘사하였다는 설도 있는 등 예수의 인성도 강조하였다. 그리하여 요한의 복음서의 사가로서의 저술 활동은 하늘 높이 나는 독수리에 빗대었다. 이 밖에도 책, 뱀이 기어나오려고 하는 컵 등이 그의 상징이다.

하늘의 소리 사람의 말씀

Vox populi, vox Dei.

지은이 김청자

1945년 1월 3일 전남 여수에서 태어나서 여수여자중하교, 광주여자고등학교를 졸업하고, 1963년에 광주체신청 공무원으로 사회생활을 시작했다. 1967년에 서울체신부로 전근되어 서울생활이 시작되었다. 1970년 공무원 퇴직 후 결혼하여 슬하에 남매를 두고, 1987년 거주 목적으로 일본으로 출국하여 1992년 재류자격을 취득한 후 영주권자로 살고 있다. 생활의 불편함을 극복하고자 1997년 요코하마 우라시마 야간중학교를 졸업하고, 2년간 요코하마 우라시마 야간고등학교에서 수학했다. 2015년 남편과 사별 후 한국에 자주 내왕하면서 가족들과 어울려 지내고 있다. 우연히 정철영어 TV를 통하여 영어 공부를 시작했는데, 소위 '요한복음 영어로 듣고 말하기' 프로에서 학습한 노트가 10여 권에 이른다. 그것도 성경을 한국어, 영어, 일본어 등 3개국어로 필사하면서 하는 공부로 고생을 낙으로 알고 계속하고 있다. 한국에 살고 있는 딸 가족과 교회를 다니기 시작하다가 최근에는 천주교로 개종하여 성당에 다니고 있다. 교회의 목사님들, 성당의 신부님들, 주변의 많은 일가친척과 교우들 틈에서 넘치는 은혜와 은총으로 하루하루를 행복하게 보내고 있다. 얼마 전부터는 새벽기도에 참여하여 믿음을 더욱 신실하게 하고 있다.

하늘의 소리 사람의 말씀

초판 1쇄 인쇄   2022년 7월 10일
초판 1쇄 발행   2022년 7월 15일

저   자   김 청 자 마리아
펴 낸 이   임 순 재
펴 낸 곳   (주)한올출판사
등   록   제11-403호
주   소   서울시 마포구 모래내로 83(성산동 한올빌딩 3층)
전   화   (02) 376-4298(대표)
팩   스   (02) 302-8073
홈페이지   www.hanol.co.kr
e - 메일   hanol@hanol.co.kr
ISBN   979-11-6647-240-4

하늘의 소리 사람의 믿음

하늘의 소리 사랑의 말씀

하늘의 소리 사람의 말씀